비전의 가르침

The Ancient Wisdom

베타테스터 여러분께 깊은 감사를 드립니다.

조서원, 이한나, 김성환, 박미숙 선생님께서는 이 책의 초고를 가장 먼저 읽고, 정성 어린 피드백을 아끼지 않으셨습니다. 네 분의 조언은 원문의 내용을 온전히 유지하면서, 일반 독자들이 보다 쉽게 이해할 수 있도록 책의 방향과 표현을 가다듬는 데 큰 힘이 되어 주셨습니다.

문장 하나하나를 꼼꼼히 살펴 주신 세심한 통찰과 애정 어린 조언은, 이 책이 지닌 본래의 뜻을 더욱 명확하고 깊이 있게 전달할 수 있도록 이끌어 주는 든든한 밑거름이 되었습니다. 깊은 감사의 마음을 전합니다.

비전의 가르침
원서: The Ancient Wisdom

초판 1쇄 발행 2025년 6월 30일

저자명 애니 베전트
편집·번역 남우현
펴낸이 남우현
펴낸곳 지식나무
출판등록 제2024-000043호

교정 한장희
디자인 이현
편집 이현
검수 이주연
마케팅 김윤길

주소 인천 부평구 마장로 10 4층(십정동, 함흥관)
전화 0507-1459-4145
팩스 0504-220-4142
이메일 treeok31@naver.com
블로그 blog.naver.com/treeok31

ISBN 979-11-990745-4-5(03200)
값 22,000원

- 이 책의 판권은 지은이에게 있습니다.
- 이 책 내용의 전부 또는 일부를 재사용하려면 반드시 지은이의 서면 동의를 받아야 합니다.
- 잘못된 책은 구입하신 곳에서 바꾸어 드립니다.

비전의 가르침

The Ancient Wisdom

저자 애니 베전트
편집·번역 남우현

지식나무

목차

비전으로의 초대   12

머리말(PREFACE)   21
서문   22

제1장 우주 기원과 진화

우주의 시작   26
로고스와 태양   29
일곱 로고스와 하위 존재들   31
우주의 진화와 영-물질   34
    1) 행성 로고스와 물질의 진화   34
    2) 로고스와 우주 창조의 원리   36
    3) 영-물질의 일곱 차원   39
    4) 진화의 세 가지 흐름   42

제2장 물질계와 의식의 몸체

물질 우주의 구성 요소   46
    1) 물질과 에테르 그리고 생명   46
    2) 생명체의 진화와 흐름   51
의식과 인간의 육체   54

제3장 심령계와 심령체

심령계의 특징과 구성   66
   1) 심령계의 구조   66
   2) 심령체와 에테르 원소   69
   3) 심령계의 영향과 현상   76
   4) 원소의 정령들   77
   5) 동물의 심령체   81
   6) 심령계의 여행자들   83

인간의 심령체   86
   1) 미성숙한 인간의 심령체   87
   2) 평범한 인간의 심령체   90
   3) 진보한 인간의 심령체   92
   4) 심령체의 구성과 역할   94

제4장 사후 정화의 여정, 카마로카

욕망의 거울 카마로카   100
죽음 이후의 과정   103
영혼의 중간 여정, 카마로카   109
   1) 지옥의 풍경   110
   2) 물질계의 그림자 영역   116
   3) 종교적 천국의 환영   120
   4) 예술과 지식의 천국   122
   5) 카마 루파와 기도   125

제5장 정신계와 정신체

생각의 세계, 정신계 … 130
  1) 정신계의 특징과 구조 … 130
  2) 정신계의 역할과 기능 … 136
  3) 정신계의 존재들 … 139
  4) 고차원적 지식의 근원 … 142

생각의 옷을 입은 나, 정신체 … 146
  1) 정신체의 역할과 기능 … 146
  2) 정신체의 3유형 … 149

상위 정신계와 하위 정신계 … 156

제6장 영혼의 천국 여정, 데바찬

영혼의 안식처, 데바찬 … 168
  1) 영원한 빛의 땅 … 168
  2) 데바찬, 진정한 실재에 대한 앎 … 170
  3) 무한한 창조의 영역 … 173
  4) 천상의 교감 … 176
  5) 정화와 성장 … 178

데바찬에서의 여정 … 182
  1) 데바찬의 하위 4계층 … 182
  2) 데바찬의 상위 3계층 … 189

다음 생을 위한 준비, 윤회의 바퀴 … 195

제7장 붓디계와 아트믹계

신성한 본질과 모나드	200
붓디와 아트마, 신성한 의식의 발현	204
영혼의 고향 붓디계: 분리를 넘어 하나 됨	210
인간의 다차원적 몸체	216

제8장 영혼의 탄생과 윤회

자연의 보편적 원리, 윤회	222
모나드의 진화와 생명의 연속성	225
1) 모나드의 본질과 기본 원리	225
2) 생명과 형체의 연속성	226
3) 모나드의 진화와 세분화	229
4) 물질계에서의 모나드 발현	234
5) 생명체의 진화와 개체성의 발달	235
영혼의 탄생과 진화	240
1) 진화의 시작	240
2) 진화 초기 영혼의 특징	244
3) 경험하고 성장하는 영혼	248
윤회의 메커니즘	251

제9장 윤회, 의식과 몸의 진화

의식 진화의 4단계 260
   1) 초기 의식 단계의 특징 260
   2) 의식의 발달 과정 262
   3) 고차원 의식의 발달 270

의식의 몸체 활성화 273
   1) 육체의 활성화 273
   2) 심령체의 활성화 277
   3) 정신체의 활성화 278
   4) 원인체와 붓디체의 활성화 280
   5) 상위 의식의 깨움과 그 준비 281

전생의 그림자 재능 285
   1) 예정설과 윤회 285
   2) 영혼 진화의 장 287
   3) 재능의 숨겨진 연결 고리 288
   4) 숨겨진 기억의 문 294

제10장 카르마

우리가 만드는 운명, 카르마 300
   1) 원인과 결과의 순환 300
   2) 운명을 만드는 에너지 305

카르마의 구조와 작동 원리 309
   1) 생각 에너지체의 작용, 생각의 카르마 309

2) 욕망 에너지체의 작용, 욕망의 카르마	313
3) 행동, 생각과 욕망 에너지체의 결과	315

물질적 행복과 불행의 연결 고리	316
카르마의 종류와 운명의 직조	321
1) 성숙한 카르마, 피할 수 없는 운명	321
2) 생각 축적의 결과 행동의 카르마	323
3) 과거의 그림자 숨겨진 카르마	325
4) 인격 형성과 축적된 카르마	326
5) 공동체와 개인의 얽힌 카르마	327

운명의 설계자, 카르마의 대천사	329
카르마에서 벗어나는 길	331

제11장 영혼 진화의 열쇠

우주 진화의 원리들	342
1) 우주의 근본 원리	342
2) 로고스의 창조 원리	344
3) 물질의 속박과 생명의 자유	346

생명의 순환과 인간계의 진화	348
1) 생명의 순환	348
2) 인간계의 진화	350

인간 진화의 열쇠	355

제12장 상승의 길, 입문에서 해탈까지

해방을 위한 결단	364
입문의 네 가지 자격	368
1) 입문의 길과 스승의 역할	368
2) 제자의 자격	370
상승의 길과 성장	377
1) 상승의 길에 들어선 제자	377
2) 제자의 환생	378
3) 완전한 제자와 족쇄의 극복	380
눈부신 신성의 완성	382

제13장 우주의 순환과 인류의 진화

행성 사슬과 만반타라의 순환	390
1) 일곱 글로브의 행성 진화 체계	390
2) 만반타라의 순환	394
3) 달과 지구와의 관계	396
인류의 진화: 일곱 인종과 일곱 주기	398
1) 인류의 기원, 피트리스	398
2) 행성 영역의 진화 과정	400
3) 주기별 진화의 특성	401
4) 인류의 진화와 인종의 발달	403
5) 행성계의 미래와 완성	406

제14장 종교의 기원과 백색 형제단

종교의 기원과 신지학   410
세계 종교의 공통적 가르침   415
세계 종교의 유사성의 근원   464

미주

부록: 핵심 용어 해설집

비전으로의 초대

애니 베전트의《비전의 가르침》은 우주의 근본 원리와 영적 통찰을 체계적으로 정리한 신지학의 정수가 담긴 작품입니다. 이 책은 에소테릭(비전, 祕傳) 철학, 즉 고대로부터 비밀리에 전승되어 온 심오한 가르침을 바탕으로 존재의 궁극적 진리와 우주적 법칙을 탐구합니다. 그러나 "비전"을 온전히 이해하기 위해서는 신지학의 핵심 개념과 사상을 명확히 파악하는 것이 우선되어야 합니다.

많은 사람들이 신지학을 어려워하는 이유는 바로 복잡한 용어들의 관계와 정의, 함축적 의미를 제대로 숙지하지 못했기 때문입니다. 이번 한국어 편집판에서는 이러한 독자들의 어려움을 덜어드리고자, 부록에 핵심 용어 해설을 수록함과 동시에 본문 진입 전에 신지학의 핵심 개념들을 미리 정리하여 제공합니다.

따라서《비전의 가르침》본문에 들어가기 전에, 부록에 포함된 〈핵심 용어 해설집〉의 **'차례'**를 3~4번 정독하여 용어들을 익히고 각 용어 간의 위계와 맥락을 파악하는 것이 좋습니다. 이러한 준비 과정을 통해 독자 여러분은 본문 내용을 보다 깊이 있고 풍부하게 이해하고, "비전"이 전하는 지혜를 온전히 자신의 것으로 만들 수 있을 것입니다.

본 한국어 편집판은 바로 이 신지학의 정수를 담아낸 고전을 한국 독자들에게 소개하려는 열정으로 정성껏 준비한 결실입니다. 《비전의 가르침》은 우리 각자가 내면에 신성한 불꽃을 지닌 영적 존재임을 일깨워 주고, 진정한 행복과 자유를 향한 여정에서 든든한 나침반이 되어 줄 것입니다.

부디 이 책이 여러분께 삶의 진정한 의미를 발견하는 영감을 선사하며, 내면의 신성과 하나 되는 숭고한 여정에 동참하는 기회를 열어 주기를 진심으로 바랍니다.

편집 번역자 남우현

"비전의 가르침"의 집필 배경

애니 베전트(1847-1933)는 19세기 후반, 격동의 시대를 살았던 선구자였습니다. 그녀는 급진적 사회운동가이자 여성 참정권 운동가로서 여성, 노동자, 빈민 등 사회적 약자들을 억압하는 부당한 사회 구조에 맞서 싸우고 사회 개혁을 위해 헌신했습니다. 그러던 중 헬레나 블라바츠키(Helena P. Blavatsky)의 저서 《비밀의 교리(The Secret Doctrine)》를 접하게 되었고, 이는 그녀의 삶에 거대한 전환점이 되었습니다. 베전트는 종교적 교리에 얽매이지 않고 인간의 본질, 삶의 의미와 목적에 대해 깊이 탐구하던 중, 《비밀의 교리》를 통해 신지학의 심오한 가르침을 만나게 되었고, 마침내 그녀가 그토록 찾아 헤매던 삶의 목적과 진리를 발견했다고 고백합니다.

베전트는 신지학회 가입 이후, 뛰어난 지성과 웅변술, 그리고 신지학에 대한 헌신으로 신지학 운동의 핵심 지도자로 빠르게 부상했습니다. 블라바츠키로부터 직접 체계적인 훈련을 받은 후, 그녀는 전 세계를 무대로 신지학을 전파하며 수많은 사람들에게 신지학의 가르침을 알렸습니다. 하지만 당시 《비밀의 교리》와 같은 신지학의 주요 저작은 그 방대한 분량과 난해한 내용으로 인해 일반 독자들이 이해하기가 어려웠습니다. 이에 베전트는 신지학의 심오한 가르침을 보다 명료하고 체계적으로 전달해야 할 시대적 필요성을 절감했고, 그녀의 개인적 사명감과 영적 여정의 결실로 탄생한 책이 바로 《The Ancient Wisdom(비전의 가르침)》입니다. 이 책은 출간 직후부터 큰 반향을 일으키며, 신지학 운동을 전 세계로 확산시키는 데 결정적인 기여를 합니다.

신지학의 우주관

신성한 통일성
신지학의 첫 번째 핵심 개념은 우주 만물이 근원적으로 하나의 본질로 연결되어 있다는 일원론적 사상입니다. 이는 모든 존재와 현상이 하나의 신성한 근원, 즉 '절대자(The Absolute)'로부터 비롯되었음을 의미합니다. 마치 태양에서 발산된 무수한 빛줄기가 결국 하나의 근원에서 나온 것처럼, 우리 모두, 그리고 우주 만물은 하나의 우주적 에너지, 신성한 생명의 발현입니다. 이러한 관점은 우리 인간뿐만 아니라 동물, 식물, 광물, 더 나아가 행성과 항성, 그리고 눈에 보이지 않는 미세한 입자까지도 모두 보이지 않는 끈으로 연결된, 거대한 생명망의 일부임을 깨닫게 해 줍니다. 신지학에서는 이처럼 모든 존재의 근원이 되는 단일한 실재를 '하나(The One)' 또는 '근원의 존재(The One Existence)'라고 부르기도 합니다.

순환하는 우주

신지학적 관점에서 우주는 시작도 끝도 없이 영원히 순환하는 거대한 생명체와 같습니다. 우주의 리드미컬한 순환은 "*만반타라[1]"와 "*프랄라야[2])[3]라는 두 가지 주기로 설명됩니다. 마치 거대한 생명체의 호흡과 같이, 우주는 만반타라 시기에는 활동하며 창조와 진화를 거듭하고, 프랄라야 시기에는 휴식하며 고요함 속으로 돌아갑니다. 만반타라는 우주가 깨어나 활발히 움직이는 활동기로, 비유하자면 낮과 같은 시간입니다. 이 시기에 우주는 물질적, 정신적, 영적 차원에서 끊임없이 진화하며 새로운 창조를 이룩합니다. 반면, 프랄라야는 우주가 잠들어 고요해지는 휴지기로, 밤과 같은 시간입니다. 이 시기

---

1 만반타라(Manvantara): 우주의 활동 주기로, 우주가 현현하여 활동하는 기간을 의미한다.
2 프랄라야(Pralaya): 우주의 휴식 주기로, 우주가 비현현의 상태로 돌아가 휴식하는 기간을 의미한다.
3 *표시가 되어 있는 용어의 세부 설명은 〈부록: 핵심 용어 해설집〉을 참고하시면 됩니다. 핵심 용어 풀이를 볼 때는 차례에서 전체 체계 중 그 용어가 어디에 위치하는지 함께 이해하며 용어를 확인하게 되면 신지학을 이해하는 데 많은 도움이 됩니다.

에 우주는 활동을 멈추고 다음 만반타라를 위한 준비를 합니다. 이 두 주기는 영원히 반복되며 우주의 끝없는 진화를 이끌어 갑니다.

다차원 시공간

나아가, 신지학에서는 우리가 감각적으로 경험하는 선형적인 시간과 3차원적 공간 개념을 넘어, 더 높은 차원의 시공간을 제시합니다. 신지학의 가르침에 따르면, 고차원에서는 과거, 현재, 미래가 동시에 존재하는 '영원한 현재'가 펼쳐지며, 물질세계의 제약을 받지 않는, 보다 자유롭고 확장된 공간이 존재합니다. 이러한 고차원적 시공간은 우리의 제한된 감각으로는 인지하기 어렵지만, 명상과 수행을 통해 의식이 확장되면 경험할 수 있다고 합니다. 이와 같은 신지학의 우주관은 시간과 공간의 상대성을 다루는 현대 물리학의 이론과도 흥미로운 접점을 보여 줍니다. 특히 양자역학에서 제시하는 중첩과 얽힘 현상은 신지학의 다차원적 세계관과 유사한 점이 많습니다.

인간과 다차원 시공간

신지학에서는 우주가 일곱 개의 층, 즉 일곱 개의 차원으로 이루어져 있다고 설명하며, 이를 '7차원의 우주(Seven Planes)'라고 부릅니다. 마치 일곱 개의 음으로 이루어진 음계처럼, 각 층은 고유한 진동수와 에너지 패턴을 지니고 있습니다. 이 층들은 가장 높은 차원의 신성한 영역부터 가장 낮은 차원의 물질 영역까지, 정묘함의 정도에 따라 점차적으로 배열되며, 각 차원은 고유한 특성과 법칙을 지니고 있습니다. (이 7차원 우주에 대한 명칭과 설명은 다음 표를 참고하시기 바랍니다.)

이러한 우주의 계층 구조는 인간에게도 동일하게 적용됩니다. 신지학에서는 인간 역시 우주의 축소판으로서 '다차원 구조(Seven Principles)'로 구성되어 있다고 봅니다. 인간을 구성하는 각 원리는 우주의 일곱 차원과 대응하며, 인간의 영적 진화와 밀접하게 연관됩니다. 즉, 인간은 단순히 육체만을 가진 존재가 아니라, 영적이고 신성한 본질을 지닌 다차원적 존재라는 것입니다.

우주의 계층과 구성 요소

	우주의 계층		요소	특징	
7	*아디계		*아디	영적	절대계
6	*모나드계		*모나드		
5	*아트믹계		*아트마		
4	*붓디계		*붓디체		
3	정신계	*상위 정신계	*원인체	정신적	상대계
		*하위 정신계	*정신체		
2	*심령계		*심령체	욕망적	
1	물질계	*에테르계	*에테르체	물질적	
		*거친 물질계	*육체		

참고: 이 표는 우주와 인간의 계층 구조를 간략하게 보여 주기 위한 예시입니다.

인간의 진화

카르마와 윤회

신지학에서는 인간의 진화가 카르마[4]와 윤회[5]의 법칙을 통해 이루어진다고 가르칩니다. 카르마는 원인과 결과의 법칙으로, 우리의 모든 생각, 말, 행동이 우주에 영향을 미치고, 그 결과가 다시 우리에게 돌아온다는 것을 의미합니다. 이는 단순한 인과응보를 넘어, 영혼이 자신의 행동에 대한 책임을 지고 성장할 수 있는 기회를 제공하는 우주의 법칙입니다. 윤회는 영혼이 육체의 죽음 이후에도 다른 육체를 취하여 계속해서 삶을 이어 가는 것을 의미합니다. 마치 배우가 연극에서 여러 역할을 맡듯이, 영혼은 다양한 삶을 통해 카르마를 해소하고 영적 성장을 이루어 나갑니다. 신지학에서는 윤회를 통해 영혼이 물질계, 심령계, 정신계를 거치며 진화한다고 봅니다.

인류의 진화와 일곱 근원 인종

신지학의 가르침에 따르면, 인류는 우주의 거대한 진화 과정 속에서 일곱 근원 인종[6]을 거치며 점진적으로 "신적 잠재력"을 펼쳐 나갑

---

4 카르마(Karma): 행위, 작용을 뜻하는 산스크리트어로, 원인과 결과의 법칙을 의미한다. 모든 생각, 말, 행동은 그에 상응하는 결과를 낳으며, 이 결과는 현생뿐만 아니라 미래 생에도 영향을 미친다고 여겨진다. 긍정적인 행동은 긍정적인 결과를, 부정적인 행동은 부정적인 결과를 가져온다는 우주의 법칙이다.
5 윤회(Reincarnation): 영혼이 죽음 이후에도 다른 육체로 다시 태어난다는 믿음. 영혼은 여러 생을 거치며 경험을 축적하고 카르마를 해소하며, 이를 통해 영적으로 성장한다.
6 일곱 근원 인종(Seven Root Races): 신지학에서 지구상에 순차적으로 출현한다고 여겨지는 일곱 인류, 혹은 인류 진화의 일곱 단계를 의미한다. 각 인종은 고유한 특성과 문명을 지니고

니다. 이는 단순히 지구 차원의 진화만을 의미하는 것이 아니라, 태양계를 포함한 거시적 진화 속에서 인류 영혼의 성장을 나타냅니다. 신지학에서는 지구가 단일 실체가 아니라 "*행성 사슬[7]"이라 불리는 7개의 *영역(Globes)[8]으로 구성되어 있으며, 이 모든 과정은 "*행성 로고스[9]"라고 불리는 고차원적 지성에 의해 주관된다고 설명합니다. 행성 사슬은 7번의 *순환(주기)[10]을 거치며 진화하는데, 현재 인류는 네 번째 주기의 네 번째 영역(현 지구)에서 진화하고 있습니다. 이 일곱 근원 인종은 인류 영혼이 물질적, 정신적, 영적 측면에서 성장하는 주요 단계를 상징하며, 각 인종은 고유한 역할과 과제를 가지고 있습니다. 인류는 이 거대한 진화의 여정을 통해 내면에 잠재된 신성을 완전히 발현하는 것을 목표로 나아간다고 신지학은 가르칩니다.

있으며, 이전 인종의 진화 단계를 이어받아 더 높은 단계로 발전해 나간다고 여겨진다. 이들은 지구의 영적 계획의 일부로 여겨지며, 인류의 궁극적인 진화 목표를 향해 나아가는 여정을 나타낸다.

7 행성 사슬(Planetary Chain): 태양계 내에서 진화를 위해 서로 연결된 7개의 영역들의 묶음이자, 우주적 사슬이라는 거대한 틀 안에서 하나의 태양계라는 국지적 차원에서 일어나는 생명체의 진화적 연결 구조이다.

8 글로브(Globes): 행성 진화의 7영역. 즉 행성 로고스의 의식이 순차적으로 거쳐 가는 일곱 개의 차원 혹은 에너지 영역.

9 행성 로고스(Planetary Logos): 각 행성을 주재하는 천상의 존재이자, 행성의 진화를 주관하는 신성한 의지의 대리자.

10 주기(Rounds): 행성 사슬 내에서 생명 파동이 일곱 영역을 한 바퀴 순환하는 기간.

일곱 근원 인종(7 Root Races)

근원 인종	주요 특징
제1 근원 인종 폴라리안	폴라리아(Polaria) 대륙에 거주했다고 여겨지는 에테르체(Etheric Body)로 구성된 최초의 인류. 물리적 형체는 없었지만, 영적으로 매우 발달한 존재들이었다. (에테르적 존재, 무정형, 우주적 에너지와 연결)
제2 근원 인종 하이퍼보리안	히페르보레아(Hyperborea) 대륙에 살았던, 에테르와 유사한 신체를 가진 존재들. 제1 근원 인종보다 더 구체화된 육체를 지녔다고 여겨진다. (반투명, 유체적 몸, 원시적 정신, 개체성 발달 시작)
제3 근원 인종 레뮤리안	레무리아(Lemuria) 대륙에 살았던 거대한 신장의 인종으로 불의 아들들인 마나사푸트라가 지성의 씨앗을 심어 주었다. 남성과 여성의 구분이 생겨났고, 초보적인 언어와 문명을 발달시켰다고 여겨진다. (거대한 신체, 고밀도 육체, 지성(Manas)의 씨앗, 사고와 학습 능력 발달)
제4 근원 인종 아틀란티안	아틀란티스(Atlantis) 문명을 이룬 인종. 고도로 발달된 문명을 이룩했으나, 흑마술의 사용과 타락으로 인해 멸망했다고 여겨진다. (고도로 발달된 문명, 뛰어난 기술과 초능력, 탐욕과 교만으로 인한 멸망)
제5 근원 인종 아리안	현재 지구상의 대다수 인류를 차지하는 아리안종(Aryan Race). 이성과 지성이 발달하였고, 과학, 철학, 예술 등 다방면에서 문명을 발전시키고 있다. (현 인류, 이성, 문명, 철학, 과학, 예술 발달, 물질과 영적 가치의 균형 과제)
제6 근원 인종	미래에 출현할 인종으로, 영성과 직관이 발달할 것으로 예상된다. 새로운 문명을 건설하고 인류의 영적 진화를 이끌 것으로 여겨진다. (미래 인종, 고도의 영적 의식, 사랑-지혜, 물질과 정신의 균형)
제7 근원 인종	인류 진화의 마지막 단계로, 영적, 정신적, 육체적으로 완성을 이룬 존재들. 신성과 합일하여 지구에서의 진화 주기를 마무리하고 더 높은 영역으로 진화해 나갈 것으로 여겨진다. (지구 진화의 완성, 신적 잠재력 실현, 지구의 네 번째 주기가 마무리되는 최종 시점에 등장)

머리말(PREFACE)

　이 책은 일반 독자들에게 신지학 가르침의 개요를 제공하기 위해 쓰였습니다. 처음 접하는 사람들에게도 충분히 명료하게 이해될 수 있도록 설명되었으며, 더 깊이 있는 지식을 공부하기 위한 탄탄한 기초를 쌓는 데에 도움이 될 만큼 충분히 풍부한 내용을 담고 있습니다.

　이 책이 H. P. 블라바츠키의 심오한 작품들로 다가가는 입문서가 되고, 해당 작품들을 공부하기 위한 유용한 디딤돌이 되기를 바랍니다.

　비전의 가르침을 조금이라도 배운 사람들은 이러한 가르침이 가져오는 빛, 평화, 기쁨, 그리고 힘을 알게 됩니다. 이러한 가르침을 스스로 탐구하고 그 가치를 증명하는 독자가 많아지기를 희망하며, 이 책은 이런 염원을 담아 세상에 전해집니다.

애니 베전트, 1897년 8월

서문

올바른 행동에는 올바른 생각이, 올바른 삶에는 올바른 이해가 필요합니다. 그리고 신성한 지혜(Theosophia)는, 그 자체로 완전한 철학이자 모든 것을 포괄하는 종교이자 윤리로서, 세상에 옵니다. 과거 한 신자는 그리스도교 성경에 대해 "어린아이도 걸을 수 있는 얕은 물가와 거인도 헤엄쳐야 하는 깊은 심연이 공존한다"라고 말했습니다. 이는 신지학(Theosophy) 역시 마찬가지입니다. 어떤 가르침은 간결하고 실용적이어서 평범한 지적 능력을 가진 사람이라면 누구나 이해하고 따를 수 있습니다. 반면 어떤 가르침은 너무나 고원하고 심오하여, 뛰어난 지성인조차도 그 내용을 온전히 이해하기 벅차, 결국 지쳐 쓰러지고 맙니다.

그래서 이 책은 신지학을 독자에게 간결하고 명확하게 전달하는 것을 목표로 합니다. 신지학이 우주를 하나의 일관된 개념으로 설명하는 방식을 통해 그 일반적인 원리와 진리를 이해시키고, 그러한 원리들 간의 상호 관계를 파악하는 데 필요한 세부 사항도 함께 다룰 것입니다. 물론, 입문서라는 한계로 인해 심오한 저서들이 제공하는 모든 지식을 담을 수는 없습니다. 하지만 이 책은 독자들에게 신지학의 근본 개념을 분명히 이해하도록 돕고자 합니다. 이를 바탕으로 독자들은 앞으로의 학습을 통해 지식을 더해 가되, 이미 배운 내용을 다시 수정해야 하는 부담은 최소화될 것입니다. 이 책이 제공하는 개요를 토대로 독자들은 이후의 깊이 있는 탐구를 통해 세부적인 지식들을 차근차근 채워 나갈 수 있을 것입니다.

- 참고 -

원서의 서문은 위 내용이 계속 이어지며 사변적이며 철학적 논의로 종교의 근원적인 통일성을 다루고 있습니다. 편집자는 이 부분을 제14장 "종교의 기원과 백색 형제단"으로 재구성하여 책의 후반부에 배치하였습니다. 그 이유는 14장의 내용을 원서와 동일하게 배치한다면 중요한 본문으로 들어가기도 전에 신지학은 어렵다는 인상과 함께 책을 덮어 버릴 수 있는 위험이 있기 때문입니다.

대신, 원서에서 '우주의 기원과 진화'의 내용 부분인 ①서문의 후반부, ②13장의 앞부분, ③2장 물질계의 앞부분을 통합 정리하여 ④제1장 "우주의 창조와 진화"로 새롭게 구성했습니다. 이로써 독자분들은 추상적인 철학 논의보다 먼저, 우주가 어떻게 기원(창조)하고 진화하고 있는지에 대한 비전적 가르침을 접하게 됩니다. 이후 물질계, 심령계 등 창조된 세계의 구조를 차례대로 탐구함으로써 더욱 자연스럽고 논리적인 흐름을 따라 신지학을 이해할 수 있도록 편집 방향을 설정했습니다. (편집자)

제1장

우주 기원과 진화

우주의 시작

우리 앞에는 방대하고 심오한 과제가 놓여 있습니다. 물질계에서부터 시작하여 천천히 더 높은 차원으로 나아가야 하는 여정입니다. 하지만 세부적인 탐구에 들어가기 전에, 먼저 간단히 우주 창조의 밑바탕이 되는 개념부터 살펴보도록 합시다. 우주는 *로고스[11], 즉 신성한 지성으로부터 시작되었습니다. 이 로고스로부터 근원적인 움직임이 일어나, 물질과 에너지가 단계적으로 나타나게 된 것이 바로 우주 창조입니다. 이 과정 속에서 우주의 모든 가능성은 이미 로고스의 생각 안에 씨앗처럼 잠재해 있습니다. 이러한 잠재성은 점차 구체적인 형태로 펼쳐지며, 우주라는 하나의 완성된 체계를 이루게 됩니다.

우리는 여기서 우주의 무수한 차원과 영역이 어떻게 로고스를 통해 드러나고, 그 에너지가 다양한 지성체들로 하여금 수없이 많은 진화 과정을 거치도록 만드는지 간단히 개괄해 보고자 합니다. 신비 전통에서는 이를 '로고스의 숨결'이 물질계와 비물질계 전체에 생명을 불

---

11 로고스(Logos): 우주 창조의 근본 원리이자, 우주 만물을 지배하는 신성한 법칙, 우주를 운행하는 원리, 우주적 섭리이다.

어넣는 웅장한 드라마로 설명합니다. 인간은 이 드라마 속에서 자신의 위치를 찾고, 더 높은 차원으로 한 걸음씩 나아가며 진정한 본성을 깨닫는 여정을 걷게 됩니다.(편집자)

우주가 창조되기 이전 로고스는 자신의 마음속에 이미 모든 것을 생각의 형태로 품고 있습니다. 모든 힘, 모든 형체, 그리고 앞으로 객관적 생명으로 드러날 모든 것이 그 생각 안에 담겨 있습니다. 로고스는 스스로 우주의 생명으로 존재하기 위해 '발현의 원'을 그리며, 자신의 에너지를 그 안에서 발현하기로 결정합니다.

이 의지(결정)는 로고스의 '자기 내어줌'을 통해 실현됩니다. 로고스는 자신의 무한한 생명을 스스로 제한하여 우주의 형체를 담을 수 있는 '베일'을 드리웁니다. 이는 모든 형체가 생겨날 수 있도록 하는 제한의 원리, 즉 마야(Māyā)입니다. 이 베일 안에서 로고스의 생명은 '영(Spirit)'으로, 그가 설정한 한계는 '물질(Matter)'로 나타나며, 이 둘은 현현하는 우주 안에서 결코 분리되지 않습니다. 로고스가 자신을 이 베일 안에 가두는 것은, 아직 그의 '생각' 속에만 존재하는 미래의 우주와 그 안에 있을 모든 존재에게 구체적인 형태와 생명을 부여하기 위함입니다. 이처럼 우주는 로고스의 자기 내어줌, 즉 사랑의 헌신을 통해 창조되고 유지됩니다.

이 로고스의 창조를 지켜보면, 밀도가 서로 다른 층들이 점차적으로 나타나 마침내 일곱 개의 거대한 영역이 형성되는 것을 보게 됩니다. 이 영역들 안에는 에너지가 집중되는 중심점들이 생겨나고, 그곳에서 물질들이 소용돌이치며 서로 분리됩니다. 이러한 분리와 응축 과정이 완료되면, 우리는 중심 태양과 일곱 개의 행성 사슬(planetary chains)을 보게 됩니다. 중심 태양은 로고스를 물질적으로 상징하며, 각 행성 사슬은 일곱 개의 영역(globes)으로 이루어져 있습니다.[12]

지금 우리가 도달한 진화의 수준에서는 우리 지구가 속한 거대하고 광활한 우주적 계획의 대략적인 모습만을 그저 몇 가지 중요한 점을 들어 설명할 수 있을 뿐입니다. 여기서 말하는 "우주"란, 우리의 관점에서 보았을 때 그 자체로 완성된 하나의 체계를 의미합니다. 이 체계는 단 하나의 로고스로부터 뿜어져 나와 그분의 생명력으로 유지되고 있습니다. 우리가 존재하는 태양계가 바로 이러한 우주 체계에 해당합니다. 그리고 우리가 눈으로 볼 수 있는 태양은 자신의 우주를 주관하는 로고스가 그 중심으로서 작용할 때 나타나는 가장 낮은 차원의 발현이라고 할 수 있습니다.

---

12 행성 사슬과 일곱 영역에 관련한 내용은 13장의 '1) 일곱 글로브의 행성 진화 체계'에서 확인할 수 있다.

로고스와 태양

모든 형상은 사실 로고스가 구체적으로 발현된 모습 중 하나입니다. 그중에서도 태양은, 로고스의 수많은 발현 중에서도, 생명을 부여하고, 기운을 북돋우며, 모든 곳에 두루 존재하며, 만물을 통제하고, 규제하며, 조화롭게 이끄는 중심적인 힘으로서의 가장 낮은 발현입니다. 이러한 태양의 본질에 대해 《비밀의 교리》는 다음과 같이 말하고 있습니다.

"수르야(태양)는, 우리가 볼 수 있는 그 모습 속에서, 일곱 번째이자 가장 높은 상태인 '우주적 현존', 가장 순수한 것 중에서도 가장 순수한 것, 영원히 드러나지 않는 '참 존재(Be-ness)'가 최초로 내쉰 숨결의 첫 번째, 즉 가장 낮은 상태를 보여 준다. 모든 중심에 있는 물리적 태양들은 그 본질에 있어 '숨결'의 첫 번째 원리의 가장 낮은 상태이다."(01)

간단히 말해, 모든 물리적 태양은 로고스의 "육체(Physical Body)"의 가장 낮은 상태를 의미합니다.

모든 물리적 힘과 에너지는 태양이 자신의 체계(태양계)에 생명을 부여하고 흘려보내는 생명의 변형에 불과합니다. 태양은 생명의 주님(Lord)이자 공급입니다. 이러한 이유로, 수많은 고대 종교에서 태양은 최고신을 상징하는 존재로 숭배되었습니다. 사실, 태양은 무지한 사람들이 오해하기에 가장 적은 상징이었기에 진정 적절한 상징이었다고 할 수 있습니다. 이에 대해 시네트[13]는 다음과 같이 잘 설명하고 있습니다.

"태양계는 자연이라는 영역에서, 우리 인류가 도달할 수 있는 가장 높은 존재 중 일부만이 탐구할 수 있는 차원을 포함하고 있습니다. 이론적으로 볼 때, 우리가 밤하늘을 올려다보며 느낄 수 있는 확신은 아마도 이 태양계 전체가 우주라는 대양 속의 한 방울에 지나지 않는다는 점일 것입니다. 그러나 동시에, 그 한 방울이란 우리처럼 발전이 미완성된 존재들에게는 그 자체로도 대양처럼 느껴질 만큼 방대합니다. 따라서 현재로서는 우리는 이 태양계의 기원과 구성에 대해 희미하고 그림자 같은 개념만을 얻을 수 있을 뿐입니다. 비록 그 개념들이 아무리 희미하다 할지라도, 이를 통해 우리는 진화가 이루어지고 있는 행성계들을 전체 체계 내에서 적절한 위치에 배치해 볼 수 있습니다. 적어도 전체 태양계와 우리 행성계, 그리고 우리가 지금 살아가고 있는 이 세계의 상대적인 크기에 대한 대략적인 그림을 그릴 수 있습니다. 또한 인간으로서 우리가 관심을 가지는 진화의 각 시기들을 대략적으로 이해할 수 있도록 해 줍니다."

---

13 시네트(A. P. Sinnett): 앨프리드 퍼시 시네트(Alfred Percy Sinnett, 1840-1921)는 19세기 후반 영국 언론인이자 신지학 협회의 초기 주요 회원이었다. 그는 H. P. 블라바츠키의 가르침을 서구 사회에 널리 알리는 데 크게 기여한 인물로, 특히 그의 저서 《에소테릭 불교(Esoteric Buddhism)》(1883)와 《성장하는 세계(The Growth of the Soul)》(1896)를 통해 신지학 사상을 대중화했다.

사실 우리는 전체 속에서 우리가 어떤 위치에 있는지, 어느 정도 이해하지 않고서는 우리 자신의 현재 위치를 제대로 파악할 수 없습니다. 어떤 이들은 자신이 해야 할 일에만 집중하며 살아갑니다. 그리고 더 넓은 삶의 영역은 그곳에서 활동하도록 부름을 받을 때까지는 굳이 알려고 하지 않습니다. 반면에 어떤 이들은 자신이 그 안에 속해 있는, 거대하고 광범위한 계획을 알고자 하는 필요성을 느낍니다. 그리고 마치 새가 하늘 높이 날아올라 아래를 굽어보듯, 진화의 전체 영역을 한눈에 조망하는 것에서 지적인 즐거움을 느낍니다. 인류의 영적 수호자들은 이러한 갈망을 이해하고 충족시켜 왔습니다. 그들의 제자이자 메신저인 H. P. 블라바츠키는 《비밀의 교리》라는 책을 통해 오컬티스트의 관점에서 바라본 우주의 모습을 장엄하게 그려 냈습니다. 《비밀의 교리》는 앞으로 비전의 가르침을 공부하는 이들이 진화하는 우리 세계의 낮은 차원들을 탐험하고 정복해 나갈수록 점점 더 많은 깨달음을 주는 등불이 될 것입니다.

일곱 로고스와 하위 존재들

우리가 전해 듣기로, 로고스의 등장은 우리 우주가 탄생했음을 알리는 신호탄과 같습니다.

"*브라흐만[14]이 나타나시면 그분을 따라 만물이 나타나고, 그분의

---

14 브라흐만(Brahman): 우주의 근원이자, 만물의 본질이며, 영원하고, 스스로 존재하며, 비인격적이고, 우주에 편재하는 우주적 에너지 혹은 우주적 의식이다.

나타남으로 이 모든 것이 나타난다."(02)

로고스는 과거 우주가 맺은 결실을 가지고 옵니다. 그 결실이란 앞으로 건설될 새로운 우주에서 그분의 협력자이자 대행자가 될 강력하고 영적인 지성체들입니다. 이들 중 가장 높은 존재들이 바로 "일곱 존재(The Seven)"입니다. 이들은 그 자체로 로고스(Logoi)라고 불리기도 합니다. 왜냐하면 로고스는 전체 우주의 중심인 것처럼, 그들 각자는 자신의 위치에서 우주의 특정한 영역(또는 차원)을 책임지는 중심이기 때문입니다. 앞서 인용했던 주석에서는 다음과 같이 설명하고 있습니다.

"태양 안에 존재하는 일곱 존재는 일곱 성스러운 존재이며, '어머니-물질'의 근원 속에 내재된 힘으로부터 스스로 태어난 자들이다… 그들이 모든 태양 안에서 의식을 가진 존재로 솟아나게 한 에너지는 어떤 이들이 '비슈누[15]'라고 부르는 것이며, 이는 '절대자'의 숨결이다. 우리는 그것을 유일하게 현현된 생명, 즉 '절대자'의 반영이라고 부른다."(03)

이 "유일하게 현현된 생명"이 바로 로고스, 즉 우리가 인식할 수 있도록 그 모습을 드러낸 신입니다. 이 최초의 구분으로부터 우리 우주

---

15 비슈누(Vishnu): 힌두교 3대 신 중 하나. 우주를 유지하고 보호하는 신. 비슈누는 또한 여러 아바타(육화)로 세상에 내려와 악을 물리치고 다르마(의로움)를 회복하는 것으로 알려져 있다. 가장 유명한 아바타는 라마와 크리슈나이다. 본문에서는 우주 창조의 근원적인 힘, 즉 '절대자의 숨결'을 비슈누로 비유하고 있다.

는 일곱 가지의 특성을 띠게 됩니다. 그리고 이후에 이어지는 모든 구분은 아래로 내려가면서 이 일곱 가지의 음계와 같은 구조를 반복합니다. 일곱 로고스(the seven Logoi) 각자의 아래에는 자신의 영역을 관리하는 지성체들의 계층 질서가 차례로 내려옵니다.

이들 가운데는 리피카라고 불리는 이들이 있습니다. 리피카들은 그 영역과 그 안에 존재하는 모든 것들의 카르마를 기록하는 역할을 맡고 있습니다. 또한 카르마의 법칙이 실현되도록 감독하는 마하라자 또는 데바라자라고 불리는 이들도 있습니다. 그리고 로고스의 보물창고, 즉 우주정신에 깃들어 있는 생각에 따라 모든 형상을 빚어내는 거대한 무리의 *구축자[16]들도 있습니다. 이러한 생각은 로고스로부터 일곱 존재에게 전달됩니다. 일곱 존재 각자는 그 최상의 지도와 만물에 영감을 불어넣는 생명력 아래에서 자신의 영역을 계획합니다. 동시에 자신의 고유한 색채를 그 영역에 덧입힙니다. H. P. 블라바츠키는 태양계를 구성하는 이 일곱 영역을 라야 중심(Laya Center)이라고 불렀습니다. 그녀는 이렇게 말합니다.

"일곱 라야 중심은 일곱 개의 '제로 지점'이다. 여기서 '제로'라는 용어는 화학자들이 사용하는 것과 같은 의미다. 즉, 비전(Esotericism)에서 '차이를 구분하는 척도'가 시작되는 지점을 가리킨다. 우리가 '생명

---

16 구축자(Builder): 신성한 계획에 따라 우주 만물을 창조하고, 우주의 질서와 조화를 유지하는 천상의 존재들이다.

과 빛의 일곱 아들', 즉 헤르메스 철학[17]을 비롯한 모든 철학에서 말하는 '일곱 로고스'의 희미한 형이상학적 윤곽을 어렴풋이 인지할 수 있는 한계점인 일곱 라야 중심들로부터, 우리 태양계를 구성하는 원소들이 분화되기 시작한다."

우주의 진화와 영-물질

1) 행성 로고스와 물질의 진화

지금까지 살펴본 바와 같이, 우주가 비롯되는 근원은 현현한 신(God)이며, 비전을 현대적으로 표현한 형태에서는 이 존재를 로고스라 부릅니다. 이 명칭은 그리스 철학에서 유래했지만, 침묵에서 솟아나오는 말씀, 목소리, 소리, 즉 세상을 존재하게 하는 그 태고의 관념을 완벽하게 표현합니다.

이 창조 영역은 실로 장엄한 행성 진화의 무대입니다. 이곳은 수많은 생명의 단계들이 펼쳐지는 장대한 드라마와 같으며, 금성과 같은 물리적 행성은 그저 찰나의 흔적을 남길 뿐입니다. 혼란을 피하기 위해, 이 영역을 진화시키고 통치하는 존재를 '행성 로고스'라고 부를 수 있습니다. 행성 로고스는 중심 로고스로부터 쏟아져 나오는 태양계의

---

17 헤르메스 철학(Hermetic Philosophy): 고대 이집트의 토트와 그리스의 헤르메스가 결합된 존재, 헤르메스 트리스메기스투스의 가르침에 기반한 철학 체계. 연금술, 점성술, 마법 등을 포함하며, 신, 우주, 인간에 대한 심오한 가르침을 전한다. 르네상스 시대 이후 서양 사상에 큰 영향을 미쳤고, 신지학을 포함한 여러 신비주의의 원천이 되었다.

물질로부터 자신이 필요로 하는 기초 물질을 끌어옵니다. 그리고 자신의 생명 에너지를 사용하여 기초 물질을 정교하게 변형합니다. 이렇게 하여 각 행성 로고스는 공통의 물질로부터 자신의 영역에 특화된 물질을 창조해 냅니다.

각각의 일곱 로고스가 다스리는 일곱 차원의 원자 상태는 전체 태양계의 하위 차원의 물질과 동일합니다. 따라서 전체적으로 연속성이 확립됩니다. H. P. 블라바츠키가 언급했듯이, 원자는 "각 행성의 환경에 따라 원자의 결합하는 방식이 달라진다." 하지만 원자 자체는 동일하지만 (각 행성별로) 그 조합은 다릅니다. 그녀는 계속해서 이렇게 말합니다.

"우리 행성의 원소들뿐만 아니라 태양계 내 다른 모든 행성의 원소들도 그 조합이 서로 크게 다르다. 이는 우리 태양계 너머의 우주적 원소들과도 마찬가지다. … 각 원자는 일곱 개의 존재 또는 실존 차원을 가지고 있다고 우리는 배웠다."

이제 우리는 *영-물질[18]의 진화를 추적하여, 물질계에서 우리가 다루어야 할 물질들의 본질을 이해해야 합니다. 왜냐하면 진화의 가능성은 물질계의 영-물질 안에 내재된 잠재력 속에 깃들어 있기 때문입

---

18 영-물질(Spirit-Matter): 영과 물질은 서로 반대되는 것이 아니라, 동전의 양면처럼 하나의 근원에서 나온 같은 실체의 두 가지 다른 모습이며, 우주 만물을 이루는 기본 바탕이다.

니다. 모든 진화 과정은 내면에서 스스로 움직이며 펼쳐지는 과정이고, 외부의 지적 존재들이 진화를 돕습니다. 이 지적 존재들은 진화를 지연시키거나 가속화할 수 있지만, 물질에 내재된 고유한 역량을 초월할 수는 없습니다. 그러므로 세상이 지금의 모습으로 형성되어 온 그 시초 단계를 어느 정도 이해하는 것이 필요합니다. 하지만 세부 사항까지 파고들면 이 책의 범위를 넘어서게 되므로, 여기서는 매우 간략한 개요만 제시하겠습니다.

2) 로고스와 우주 창조의 원리

모든 생각과 모든 언어를 초월한 유일자[19], 그 깊은 곳에서 로고스가 나타납니다. 로고스는 스스로에게 한계를 부여하고, 자신의 존재 범위를 자발적으로 제한함으로써 현현된 신(manifested God)이 됩니다. 그리고 자신의 활동 범위를 한정 짓는 구체적인 영역을 설정함으로써 우주의 경계를 그립니다. 그 경계 안에서 우주는 탄생하고, 진화하고, 소멸합니다. 우주는 그 안에서 살고, 움직이며, 존재합니다. 우주의 물질은 로고스의 발현이며, 우주의 힘과 에너지는 로고스의 생명의 흐름입니다.

로고스는 모든 원자 안에 내재하며, 모든 곳에 스며들고, 모든 것을 유지하며, 모든 것을 진화시킵니다. 로고스는 우주의 근원이자 끝이

---

19 유일자(The One): 모든 존재의 근원이 되는 절대적이고 궁극적인 실재를 의미한다. 모든 것은 유일자로부터 비롯되며, 유일자는 모든 것 안에 존재한다.

며, 원인이자 목적이며, 중심이자 경계입니다. 우주는 로고스를 견고한 기반으로 하여 세워졌으며, 로고스가 펼쳐 놓은 공간 속에서 살아 숨 쉽니다. 로고스는 모든 것 안에 있고, 모든 것은 로고스 안에 있습니다. 이것이 바로 비전의 스승들이 우리에게 가르쳐 온 우주 창조의 시작입니다.

이 비전의 가르침에서 우리는 로고스가 세 가지 모습으로 자신을 드러내는 원리에 대해 배웁니다. *첫 번째 로고스[20]는 모든 존재의 근원이며, 이로부터 두 번째 로고스가 나타납니다. *두 번째 로고스[21]는 생명(Life)과 형체(Form)라는 두 가지 원리, 즉 근본적 이원성(primal duality)을 드러냅니다. 이 두 원리는 우주라는 거대한 직물이 짜이는 바탕, 즉 생명과 형체, 영과 물질, 양과 음, 능동과 수동과 같이, 자연을 이루는 두 개의 근본적인 힘인 창조의 양극을 구성하는 근원적 이원성입니다.

그다음으로 *세 번째 로고스[22]가 등장합니다. 세 번째 로고스는 우주적 마음(Universal Mind)으로, 모든 것이 원형적으로 존재하는 차원입니다. 이것은 존재들의 근원(source of beings)이자, 형태를 구성하는 에

---

20 제1 로고스(The First Logos): 삼중 로고스 중 첫 번째 현현으로, 우주 창조의 근본 동력인 신성한 의지를 발현한다.
21 제2 로고스(The Second Logos): 삼중 로고스 중 두 번째 현현으로, 우주 만물에 내재하는 신성한 사랑-지혜를 발현한다.
22 제3 로고스(The Third Logos): 삼중 로고스 중 세 번째 현현으로, 우주를 창조하고 진화시키는 신성한 활동적 지성을 발현한다.

너지들의 근원이며, 또한 모든 원형적인 형태들[23])이 저장된 보물 창고입니다. 이 원형적인 형태들은 우주의 진화 과정에서 낮은 종류의 물질[24])로 나타나 전개되고 발전됩니다. 이들은 과거 우주에서 얻어진 결실들이며, 현재 우주를 위한 씨앗으로 가져온 것입니다.

어떤 우주의 현상적인 영(spirit)과 물질(matter)은 그 범위가 유한하고 지속 시간도 일시적입니다. 하지만 영과 물질의 근원은 영원합니다. 한 뛰어난 철학자는 이렇게 말했습니다. 물질의 근원인 '*물라프라크리티[25])'는 로고스에게는 마치 유일한 존재 위에 드리워진 베일과 같다고 말입니다. 이 유일한 존재는 고대에 '*파라 브라만[26])'이라고 불렸습니다.

로고스는 현현을 위해 바로 이 '베일'을 사용합니다. 이 베일은 로고스가 스스로에게 부과한 한계로 작용하여, 그의 활동을 가능하게 합니다. 로고스는 이 베일로부터 자신의 우주를 구성하는 물질을 정교하게 빚어냅니다. 그리고 그 물질에 스스로 정보를 부여하고, 이끌며,

---

23 원형적 형태(archetypal forms): 모든 존재의 기본적인 형태 또는 모델을 의미한다. 세 번째 로고스는 이러한 원형적 형태를 가지고 있으며, 우주 진화 과정에서 이 형태들이 물질세계에 나타나게 된다.
24 낮은 종류의 물질(lower kinds of matter): 물질계를 구성하는 물질들을 의미한다. 신지학에서는 물질이 여러 단계로 이루어져 있으며, 각 단계마다 밀도와 진동수가 다르다고 본다.
25 물라프라크리티(Mulaprakriti): 모든 물질의 근원이 되는 미분화된 우주적 근원 물질이자 우주적 실체이다.
26 파라브라만(Parabrahman): 모든 존재와 비존재를 넘어선, 말로 표현할 수 없고, 이해를 초월하며, 영원하고, 무한하며, 변하지 않는, 유일하고 절대적인 궁극적 실재이다.

통제하는 생명력을 불어넣습니다. 일부 동양 경전에서 그를 '마야의 주님'이라고 부르는 것은 바로 이 때문입니다. 여기서 마야(Mâyâ)[27]란 형상의 원리를 말하며, 일종의 환영과 같습니다. 우리가 감각하는 형상은 덧없이 변하기에 마찬가지로 환영과 같습니다. 이처럼 덧없이 변하는 형상이라는 베일 아래, 그 본질로서 스스로를 드러내는 생명력만이 유일한 실체라 할 수 있습니다.

3) 영-물질의 일곱 차원

우주에는 일곱 차원이 존재합니다. 그중 가장 높은 두 차원, 즉 일곱 번째(아디계[28])와 여섯 번째 차원(모나드계[29])에서 일어나는 일에 대해서는 우리가 어렴풋이 개념을 잡을 수 있을 뿐입니다. 로고스의 에너지는 상상할 수 없는 속도로 회전 운동을 하며 이 근원 물질[30] 안에 일종의 "공간 속 빈 공간[31]"을 만들어 냅니다. 이 생명의 소용돌이는 근원 물질의 분리막에 싸여 원초 원자[32]가 됩니다. 이러한 원초 원

---

27 마야(Maya): 우리가 감각을 통해 경험하는 물질세계는 실체가 없는 환영이라는 개념. 끊임없이 변화하는 현상들로 이루어진 세상은 진정한 실재를 가리는 장막과 같다.
28 아디계(Adi Plane): 신성한 근원 그 자체를 나타내는 태초의 영역이자 가장 높은 영적 차원이다.
29 모나드계(Monadic Plane): 개별 영혼의 근원인 모나드가 존재하는 순수 영의 영역으로, 신성과 합일된 상태의 차원이다.
30 근원 물질(root matter): 모든 물질의 근원이 되는 가장 기본적인 물질이다. 아직 분화되지 않은, 원초적인 상태의 물질로 이해할 수 있다.
31 공간 속 빈 공간(holes in space): 신지학에서 빈 공간은 상대적인 개념이다. 비어 있는 것처럼 보이는 공간도 더 높은 차원의 관점에서는 미묘한 에너지, 혹은 본질로 가득 차 있을 수 있다.
32 원초 원자(primary atom): 가장 높은 차원인 일곱 번째 차원에서 형성된 가장 기본적인 원자이다.

자와 그 집합체는 우주 전역에 퍼져 나가 가장 높은 일곱 번째 차원(아디계)의 영-물질의 모든 수준을 형성합니다.

우주의 계층	
7	아디계
6	모나드계
5	아트믹계
4	붓디계
3	정신계
2	심령계
1	물질계

여섯 번째 차원(모나드계)은 무수히 많은 원초 원자 중 일부가 그들 차원의 가장 조밀한 집합체 안에서 소용돌이를 일으키면서 형성됩니다. 일곱 번째 차원(아디계)의 가장 조밀한 결합으로 이루어진 나선형 가닥으로 둘러싸인 이 원초 원자는 여섯 번째 차원(모나드계)의 가장 미묘한 영-물질 단위, 즉 여섯 번째 차원의 원자가 됩니다. 이러한 여섯 번째 차원의 원자와 그 무한한 조합은 여섯 번째 차원 영-물질의 수준을 구성합니다.

여섯 번째 차원(모나드계)의 원자는 다시 그 차원의 가장 조밀한 집합체 안에서 소용돌이를 일으킵니다. 그리고 이 가장 조밀한 집합체를 경계벽으로 삼아 다섯 번째 차원(아트믹계[33])의 가장 미묘한 영-물질 단위, 즉 다섯 번째 차원의 원자가 됩니다. 다시, 이러한 다섯 번째 차원의 원자와 그 조합은 다섯 번째 차원 영-물질의 수준을 형성합니다. 이 과정은 네 번째(붓디계[34]), 세 번째(정신계[35]), 두 번째(심령계[36]), 그리고

---

33 아트믹계(Atmic Plane): 신성한 의지가 작용하는 영역으로, 영적 진리의 근원적인 힘이 존재하는 차원이다.
34 붓디계(Buddhi Plane): 영적 직관과 지복이 존재하는 차원이다.
35 정신계(Mental Plane): 사고(思考)와 지성(知性)이 작용하는 의식의 차원이다. 형상을 가진 구체적인 생각(하위 정신계)과 형상을 초월한 추상적인 사고(상위 정신계)로 나뉜다.
36 심령계(Astral Plane): 감정, 욕망, 열정의 차원으로 공간을 초월하는 영역이다.

첫 번째(물질계37)) 차원의 영-물질을 순차적으로 형성하기 위해 반복됩니다. 이들은 물질적 구성 요소를 기준으로 할 때 우주의 일곱 가지 거대한 영역입니다. 만약 우리가 우리 자신의 물질계에 존재하는 영-물질의 변형을 마스터하게 되면, 유추를 통해 그 상위 차원들에 대한 더 명확한 개념을 얻을 수 있을 것입니다. 즉 하위 차원에 대한 신비학적 탐구를 정복했을 때, 상위 차원으로 가는 길이 열리는 것입니다.

이 개념을 더 명확하게 이해하려면, 신지학을 배우는 학생들은 다음과 같이 생각해 볼 수 있습니다.

다섯 번째 차원 원자는 아트마38)입니다.

네 번째 차원 원자는 *붓디39) 물질로 둘러싸인 아트마입니다.

세 번째 차원 원자는 붓디와 *마나스40) 물질로 둘러싸인 아트마입니다.

두 번째 차원 원자는 붓디, 마나스, *카마41) 물질로 둘러싸인 아트마입니다.

가장 낮은(첫 번째) 차원의 원자는 붓디, 마나스, 카마, 그리고 스툴라

---

37 물질계(Physical Plane): 우리가 감각을 통해 경험하는 물리적 우주로 시간과 공간을 경험하는 차원이다.
38 아트마(Atma): 개체 내에 깃든 신성한 불꽃이자, 인간의 가장 깊은 근원, 가장 높은 영적 원리이다.
39 붓디(Buddhi): 신지학에서 인간을 구성하는 일곱 가지 원리 중 여섯 번째 원리로, 직관, 영적 지혜, 또는 통찰력을 의미한다.
40 마나스(Manas): 정신, 지성, 오성 등으로 번역된다. 붓디(Buddhi)의 수단(vehicle)이며, 추상적 사고와 구체적 사고를 담당하는 원리로, 상위 마나스(higher Manas)와 하위 마나스(lower Manas)로 구분한다.
41 카마(Kāma): 욕망, 감정, 정욕 등으로 번역된다. 감각적 욕망과 관련된 원리로 인간 행동의 동력으로 작용한다.

42) 물질로 둘러싸인 아트마입니다.

이 각 차원에서는 가장 바깥쪽의 원자만이 활성화되어 있습니다. 그러나 내면의 원자들이 비록 잠재되어 있지만 이 내면의 원소들은 진화 상승 궤도[43]에 오르면 언제든지 활성화될 준비를 갖추고 있는 것입니다.

4) 진화의 세 가지 흐름

'영-물질'이라는 단어는 의도적으로 사용된 것입니다. 여기에는 "죽은" 물질이라는 것은 존재하지 않는다는 사실을 함축하고 있습니다. 모든 물질은 생명이 있으며, 가장 작은 입자도 생명(lives)입니다. 과학은 "물질은 곧 에너지"라고 단언하며 진실을 말합니다. 영(spirit)과 물질(matter)은 우주의 생명의 영겁(aeonian)에 걸쳐 불가분의 관계로 결합되어 있으며, 어느 누구도 영과 물질들을 떼어 놓을 수 없습니다.

물질은 곧 형체(형상)이고, 모든 형체는 생명을 표현합니다. 반대로 영(spirit)은 생명이며, 모든 생명은 형체라는 틀 속에서 제한을 받습니다. 심지어 우주의 궁극적인 존재인 로고스조차도 창조의 과정에서는 우주라는 형체를 가지며, 이 원리는 가장 작은 원자에까지 적용됩니다.

---

42 스툴라(Sthûla): 조잡한, 거친, 물질적인 등의 뜻으로, 여기서는 물질계를 의미한다.
43 진화 상승 궤도(upward arc of evolution): 신지학에서는 영혼이 물질 속으로 하강(involution)했다가 다시 영적인 세계로 상승(evolution)하는 과정을 거친다고 본다. 상승하는 궤도는 영혼이 물질적인 경험을 통해 성장하고 발전하여 다시 근원으로 돌아가는 과정을 의미한다.

①로고스의 생명은 모든 입자 안에 깃들어 있습니다. 각 차원의 영-물질(혼합된 영과 물질)로 차례대로 둘러싸이게 됩니다. 이렇게 해서 각 차원의 물질은 자신이 속한 차원뿐만 아니라 그 위의 모든 차원에서도 나타날 수 있는 형체와 힘의 가능성을 내면적으로 가지고 있게 됩니다. 이러한 상태는 잠재되어 이루어질 준비를 하고 있는 상태라고 할 수 있습니다.

이 두 가지 사실이 진화를 반드시 일어나게 만듭니다. 첫째, ①가장 작은 물질조차도 가장 높은 존재로 변화할 수 있는 잠재력을 가지고 있습니다. 둘째, ②이 잠재력은 점차 활성화되어 실제적인 능력으로 바뀌어 갑니다. 결국, 진화를 쉽게 요약하면 이렇게 말할 수 있습니다.

"잠재된 가능성이 점차 활성화되어
실제 능력이 되어가는 과정이다."

진화의 두 번째 큰 흐름인 "②형체의 진화"와 세 번째 큰 흐름인 "③자아의식의 진화"는 나중에 더 자세히 다룰 것입니다. 이 세 가지 진화의 흐름은 우리 지구에서 인간과 관련하여 설명할 수 있습니다. 즉, ①재료를 만드는 과정, ②몸을 만드는 과정, 그리고 ③몸의 영혼이 자라나는 과정으로 비유될 수 있습니다. 다시 말해, 이는 "①영-물질의 진화", "②형체(형상)의 진화", 그리고 "③자아의식의 진화"를 의미합니다. 따라서 이 세 가지 과정은 마치 사람이 ①집을 짓고, ②그 내부를 채우고, ③그 안에서 거주자가 성장하며 삶의 의미를 찾아가는 과정처럼 서로 연결되고 통합된 진화의 단계들을 표현합니다.

독자가 이 개념을 이해하고 이를 마음에 새길 수 있다면, 수많은 사실들로 얽히고설킨 미로 속에서 길을 찾는 데 유익한 실마리를 제공받게 될 것입니다.

제2장

물질계와 의식의 몸체

물질 우주의 구성 요소

1) 물질과 에테르 그리고 생명

이제 우리의 세계가 존재하는 곳이자 우리 몸이 속해 있는 물질계를 구체적으로 살펴보려 합니다.

이 물질계에 속하는 물질들을 조사해 보면, 우리는 그 물질들의 엄청난 다양성에 놀라게 됩니다. 우리 주변의 대상들, 즉 광물, 식물, 동물은 모두 그 구성 요소가 다르며, 무수히 많은 구성상의 차이를 보입니다.

물질은 단단하거나 부드럽고, 투명하거나 불투명하며, 부서지기 쉽거나 늘어나기 쉽고, 쓰거나 달고, 향기롭거나 악취가 나며, 색이 있거나 없습니다. 이러한 혼란 속에서 세 가지 수준의 물질이 기본적인 분류로 떠오릅니다. 물질은 고체, 액체, 기체입니다. 화학자들이 이를 "원소(elements)"라고 부르는 것으로, 이런 원소들은 각각 고체, 액체, 기체 상태로 존재할 수 있지만, 그 본질적 성질은 변하지 않습니다.

예를 들어, 화학 원소인 산소는 나무의 구성 성분이며, 다른 원소와 결합하여 단단한 나무 섬유를 형성합니다. 산소는 수액 속에서 다른 원소와 함께 존재하여 물과 같은 액체 결합을 생성합니다. 그리고 산소는 그 안에 기체로도 존재합니다. 이러한 세 가지 조건하에서도 산소는 여전히 산소입니다.

더 나아가, 순수한 산소는 기체에서 액체로, 액체에서 고체로 환원될 수 있으며, 그 과정 내내 순수한 산소로 남아 있습니다. 다른 원소들도 마찬가지입니다. 따라서 우리는 물질계에서 고체, 액체, 기체라는 세 가지 수준, 또는 물질의 상태를 얻습니다.

더 깊이 탐구하면, 우리는 네 번째 상태인 *에테르(ether)[44]를 발견하게 되고, 섬세한 조사를 통해 이 에테르가 고체, 액체, 기체만큼이나 명확하게 정의된 네 가지 상태로 존재한다는 것을 알게 됩니다.

다시 산소를 예로 들어 보겠습니다. 산소가 기체 상태에서 액체와 고체로 환원될 수 있는 것처럼, 산소는 기체 상태에서 4단계의 에테르 수준을 거쳐 상승할 수 있습니다. 이 중 마지막 에테르 단계는 궁극적인 물리적 원자로 구성되며, 이 원자의 붕괴는 물질을 물질계에서 완전히 벗어나 그다음 상위 차원으로 이동시킵니다.

---

44 에테르(ether): 고대 그리스 철학에서부터 존재가 가정되었던, 빛의 매질로 여겨졌던 물질이다. 현대 과학에서는 그 존재가 부정되었지만, 신지학에서는 여전히 중요한 개념으로 사용된다. 신지학에서 에테르(ether)는 물질계에 속하지만, 고체, 액체, 기체보다 더 미묘한(rarefied) 상태의 물질로, 네 가지 수준으로 구성되어 있다고 본다.

기체 분자의 에테르 상태를 통한 원자화 과정

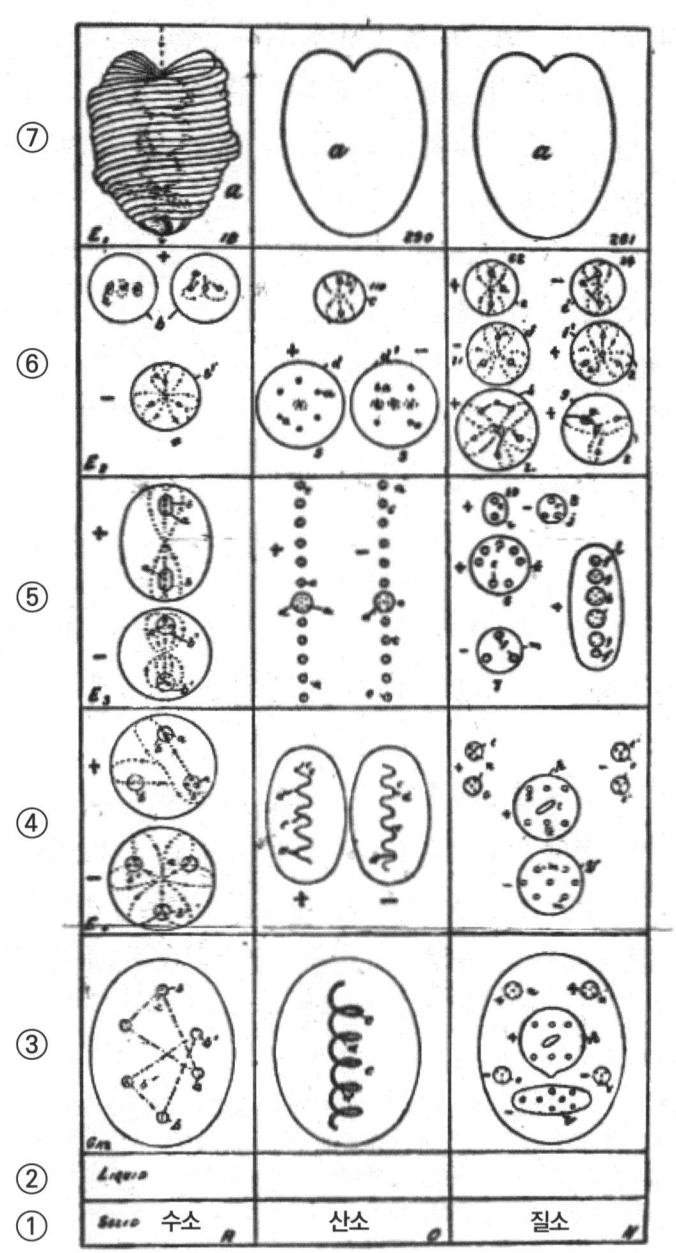

노트

왼쪽 그림은 애니 베전트와 C.W. 리드비터가 심령적 투시력을 통해 물질의 원자 구조와 화학적 작용을 관찰하여 기록한 그림으로 신지학회의 저널인 루시퍼(Lugifer, Vol. XVII, p. 216)에 실렸던 내용이다. 그림의 첫 번째 행은 궁극의 물리적 원자로, 이는 모든 물질의 기본 구성단위이다. 이후 세 가지의 에테르 상태를 거쳐 우리가 일반적으로 인식하는 기체, 액체, 고체 상태로 변화한다.

⑦궁극의 물리적 원자 → ⑥제1 에테르 상태 → ⑤제2 에테르 상태 → ④제3 에테르 상태 → ③기체 → ②액체 → ①고체

주목할 점은 모든 궁극적 물리적 원자는 동일한 구조를 가지며, 물질의 다양성은 이 원자들의 결합 방식에 따라 결정된다는 것이다. 각 단계는 이전 단계보다 더 복잡한 조합을 형성하며, 이러한 조합들은 하나의 단위로 작용한다. 그리고 물질은 에테르 상태를 통해 상호작용 하며, 이는 물질과 정신이 에테르라는 매개체를 통해 서로 연결되어 상호작용 한다는 것을 나타낸다. 에테르 상태는 물질과 정신의 중간 영역으로, 물질계의 변화는 에테르 상태를 통해 정신계에 영향을 미치고, 정신계의 변화 또한 에테르 상태를 통해 물질계에 영향을 미칠 수 있다는 것이다.(편집자)

이전 페이지에 첨부한 그림에는 세 가지 기체가 기체 상태와 네 가지 에테르 상태로 표시되어 있습니다. 모든 궁극적인 물리적 원자의 구조는 동일하며, "원소"의 다양성은 이러한 궁극적인 물리적 원자가 결합하는 다양한 방식에 기인한다는 것을 알 수 있습니다. 따라서 물리적 영-물질의 일곱 번째 영역(subdivision)은 동질적인 원자들로 구성됩니다. 여섯 번째 영역은 이러한 원자들의 상당히 단순하고 이질적인 조합으로 구성되며, 각 조합은 하나의 단위로 작용합니다. 다섯 번째 영역은 더 복잡한 조합으로 구성되고, 네 번째 영역은 훨씬 더 복잡한 조합으로 구성되지만, 모든 경우에 이러한 조합은 단위로 작용합니다.

세 번째 영역은 화학자가 기체 원자 또는 "원소"로 간주하는 훨씬 더 복잡한 조합으로 구성되며, 이 영역의 많은 조합은 산소, 수소, 질소, 염소 등과 같은 특별한 이름을 부여받았습니다. 그리고 새로 발견된 조합은 이제 그에 맞는 이름을 받습니다. 두 번째 영역은 액체 상태의 조합으로 구성되며, 브롬과 같은 원소로 간주되거나 물이나 알코올과 같은 화합물로 간주됩니다. 첫 번째 영역은 모든 고체로 구성되며, 요오드, 금, 납 등과 같은 원소로 간주되거나 나무, 돌, 분필 등과 같은 화합물로 간주됩니다.

물질계는 신지학 학생에게 다른 차원의 영-물질의 영역들을 이해하는 데 도움이 되는 모델로 활용될 수 있습니다. 신지학자가 말하는 차원이란 영-물질이 존재하는 영역을 의미하며, 이 영역 내의 모든 조합은 특정한 원자들의 집합으로부터 형성됩니다. 이러한 원자들은 유사한 구조를 가진 단위체들이며, 이들의 생명은 로고스의 생명입니다. 로고스의 생명은 각 차원에 따라 더 많거나 적은 베일로 가려져 있으며, 그 형태는 바로 위 차원의 가장 낮은 수준의 물질인 조밀한 물질로 구성되어 있습니다. 따라서 차원은 자연계의 구분임과 동시에 형이상학적 개념이기도 합니다.

지금까지 우리는 우리 체계의 가장 아래인 첫 번째 차원의 한 부분에서 일어난 영-물질 진화가 우리 자신의 물질계에 미친 결과를 연구해 왔습니다. 수많은 세월 동안, 물질을 빚어내는 작업이 계속되었습니다. 이는 영-물질 진화의 흐름이며, 우리 지구의 물질에서 우리는 현재 시점의 그 결과를 보게 됩니다. 그러나 우리가 물질계의 거주자들을 연구하기 시작할 때, 우리는 이러한 물질로부터 유기체를 만드는, 즉 형체의 진화에 이르게 됩니다.

2) 생명체의 진화와 흐름

물질의 진화가 충분히 진전되었을 때, 로고스로부터 두 번째 생명 흐름이 방출되어 형체(Form)의 진화를 자극하게 됩니다. 이로써 로고스는 우주의 조직 원리로서 작용하게 되었으며, 이는 '아트마-붓디'[45]라고 불리는 나뉠 수 없는 원리로 나타납니다. 이 아트마-붓디는 그

---

45 아트마-붓디(Atma-Buddhi): 신성한 불꽃(아트마)과 영적 직관(붓디)의 결합으로, 인간 내면의 신성한 자아를 이루는 영혼의 두 가지 상위 원리이다. 아트마는 가장 높은 영적 원리이며, 붓디는 아트마의 빛을 받아 영혼에게 깨달음을 전하는 통로 역할을 한다.

통일성과 전체성으로 인해 '모나드[46]'라 일컬어지기도 합니다. 모든 형체는 바로 이 아트마-붓디에 의해 생명력을 부여받으며, 그 존재 목적과 방향성을 부여받습니다.

로고스의 우주를 형성하는 과정에서, 셀 수 없이 많은 존재들이 참여했습니다. 이들은 '구축자'라 불립니다. '구축자(Builders)'라는 용어는 자연 영(spirit of nature)들까지 포함한 광범위한 개념이지만 구축자들 중 일부는 매우 높은 영적 지성을 지닌 존재들입니다. 이런 존재들은 영-물질의 조합을 통해 형태를 구성하는 과정을 담당했습니다.

모든 형체 속에는 로고스의 생명이 머무르며, 이는 그 형체의 중심이고 통제하며 방향을 제시하는 에너지입니다. 더 높은 차원에서의 이러한 형체의 구축은 여기서 자세히 연구하기에는 적합하지 않습니다. 모든 형체는 로고스의 마음속에 생각(Ideas)으로 존재하며, 이 두 번째 생명의 파동(life-wave)에서 이러한 생각들이 구축자를 인도하는 모형으로서 밖으로 방출되었다는 점을 언급하는 것으로 충분할 것입니다.

세 번째와 두 번째 차원에서는 초기 영-물질 조합이, 하나의 단위로 기능하도록 조직된 형태를 쉽게 취하고, 나아가 유기체로 형성될

---

46 모나드(Monad): 더 이상 분할할 수 없는, 생명의 최소 단위이자, 영원불멸하는 개별 영혼의 근원이며, 신성한 불꽃, 참나, 진아로 여겨진다.

때 점차 안정성을 높이도록 설계되었습니다.

이 과정은 세 번째와 두 번째 차원에서 계속되었습니다. 이 차원들은 세 가지 '*원소계[47]'라고 불립니다. 이 단계들에서는 물질이 결합하여 일반적으로 "*에테르 원소[48]"라 불리는 형태를 이루는데, 이 에테르 원소는 여러 물질의 결합체로 특정한 형태를 가지게 됩니다. 그러나 이러한 형태들은 일정 기간 동안만 지속되고, 결국 해체됩니다.

하강하는 생명, 즉 모나드는 이 제3 원소계를 통해 진화하며, 마침내 물리적 차원에 도달하게 됩니다. 물질계에서 모나드는 에테르를 모으기 시작했고, 이를 얇은 형상(filmy shapes)으로 유지했습니다. 이 형태 안에서 생명의 흐름이 작용했고, 더욱 조밀한 물질들이 쌓여 최초의 광물을 형성했습니다.

각종 결정학에 관련된 책을 참조하면 광물에서는 형태를 구성하는 수학적이고 기하학적인 선들이 아름답게 나타납니다. 이러한 구조는 광물 속에서도 생명 현상이 일어나고 있음을 증명합니다. 하지만 이 생명은 "억눌리고 제한된 상태에 있다"라고 볼 수 있습니다.

---

47 원소계(Elemental Kingdoms): 물리적 차원 이전의 세 개의 차원을 구성하는 영-물질의 초기 단계를 의미한다.
48 에테르 원소(Elemental Essence): 에테르 4원소(불, 물, 공기, 흙)를 구성하고 그 작용의 바탕이 되는 근본 에너지이다.

금속이 피로 현상을 겪는다는 사실은 금속이 살아 있는 유기적 물체임을 보여 주는 또 다른 증거이며, 이는 생명력이 자연의 모든 물질 안에서 작용하고 있음을 암시합니다. 그러나 여기에 덧붙여, 신비학적 관점에서는 앞서 살펴본 과정을 거치면서 생명이 광물 안으로 스며들었다는 사실을 알고 있습니다.

진화하는 모나드는 광물계에서 형태의 안정성을 획득한 후, 식물계에서 더 큰 형태의 유연성을 발달시켰습니다. 이때 모나드는 조직의 안정성과 형태의 유연성을 함께 결합했습니다. 이러한 특성들은 동물계에서 더욱 균형 잡힌 형태로 표현되었고, 인간에 이르러 완전한 균형을 이루었습니다.

인간의 육체는 매우 불안정한 평형 상태의 구성 요소들로 이루어져 있어 높은 적응성을 가지고 있습니다. 그러나 동시에 중심적인 결합력이 이를 하나로 묶어 주어, 매우 다양한 환경 조건 속에서도 전반적인 붕괴를 막아 줍니다.

의식과 인간의 육체

인간의 육체는 크게 두 부분으로 나뉩니다. 하나는 고체, 액체, 기체와 같이 물리적 차원의 세 개의 하위 레벨(levels)의 구성 요소로 만들어진 물질 육체(dense body)이고, 다른 하나는 보라색-회색 또는 파란색-회색을 띠고 물질 육체를 관통하며 네 개의 상위 레벨에서 가져온 물질로 구성된 에테르체[49]입니다.

 육체의 일반적인 기능은 물질계로부터 접촉을 받아들이고, 그 접촉에 대한 보고를 안으로 보내, 육체에 거주하는 의식적 존재가 지식을 발전시키는 데 사용할 재료로 제공하는 것입니다. 우리 몸의 에테르체는 태양에서 오는 생명 에너지를 받아서, 우리 몸의 세포들이 사용할 수 있는 형태로 바꿔 주는 변압기와 같은 역할을 합니다.

 태양은 우리 태양계의 전기적, 자기적, 그리고 생명력의 거대한 저장소입니다. 태양은 이러한 생명을 부여하는 에너지의 흐름을 풍부하게 방출합니다. 광물, 식물, 동물, 그리고 인간의 에테르체가 이 에너지를 흡수하여, 각 존재에게 필요한 다양한 생명 에너지로 변환합니다. 모든 생명체는 우주에 존재하는 하나의 생명 에너지를 공유하고 있는데, 개체에 흡수되어 개체의 생명을 유지하는 형태를 띠고 있을 때 이를 프라나[50]라고 부릅니다.

 이 에테르체는 태양으로부터 오는 생명 에너지를 받아들여 우리 몸에 맞게 변형시킨 후, 육체의 각 부분에 골고루 전달합니다. 건강이 좋을 때는 몸에 필요한 것보다 훨씬 많은 생명 에너지가 만들어지고,

---

49 에테르체(Etheric Double): 생명 에너지, 즉 프라나(Prana)를 전달하여 육체에 생명력을 공급하고, 육체와 심령체를 연결하는 미묘체이다.
50 프라나(Prana): 우주 만물에 깃든 생명 에너지, 생명력, 기(氣)를 의미한다. 신지학에서는 이 에너지가 에테르(Ether)를 통해 전달된다고 여겨, 에테르와 동일한 개념으로 사용되기도 한다.

남는 에너지는 몸 밖으로 방출되어 다른 사람(특히 몸이 약한 사람)에게 도움을 줍니다.

기술적으로 '건강 오라[51]'라고 불리는 에너지장은 건강한 사람의 몸 주위에서 빛처럼 퍼져 나가는데, 이것은 에테르 복체의 일부가 밖으로 뻗어 나온 것입니다. 건강 오라에서는 빛이 퍼져 나가는 듯한 여러 갈래의 선들을 볼 수 있는데, 몸이 건강할 때는 이 선들이 꼿꼿하게 뻗어 있지만, 활력이 떨어지면 축 처지게 됩니다.

메스머리스트[52]가 허약한 사람들의 회복과 질병 치료를 위해 방출하는 것이 바로 이 에테르체에 의해 특성화된 생명 에너지입니다. 비록 메스머리스트가 종종 더 미묘한 종류의 에너지 흐름을 이와 혼합하기는 하지만 말입니다. 따라서 치료 작업을 과도하게 지속하는 메스머리스트가 보여 주는 생명력의 고갈은 바로 이러한 이유 때문입니다.

인간의 육체는 그 구성을 위해 물질계에서 가져온 재료에 따라, 그 질감이 미세하거나 거칩니다. 물질의 각 하위 구분은 더 미세하거나 더 조밀한 재료를 생성합니다. 도살업자와 세련된 학자의 육체를 비

---

51 건강 오라(Health Aura): 인간 오라의 가장 바깥층을 구성하는 에너지장으로, 육체와 에테르체의 건강 상태를 반영한다. 생명 오라는 주로 에테르체에서 방사되는 에너지로 구성되며, 그 크기, 밝기, 색상 등은 개인의 건강 상태에 따라 달라진다.
52 메스머리스트(mesmeriser): 18세기 프란츠 메스머의 이론을 따르는 치료사로, 생체 자기(動物磁氣)를 이용해 치료하는 사람을 지칭한다.

교해 보십시오. 둘 다 그들은 뼈, 근육과 같은 고체로 이루어져 있지만, 그 고체를 구성하는 질은 매우 다릅니다. 더 나아가, 우리는 거친 육체는 정제될 수 있고, 정제된 육체(body)는 거칠어질 수 있다는 것을 알고 있습니다.

육체는 끊임없이 변화하고 있습니다. 각 입자는 하나의 생명(life)이며, 그 생명들은 오고 갑니다. 그 생명들은 자신과 조화로운 육체에 끌리고, 자신과 불협화음인 육체에서는 밀려납니다. 모든 것은 리듬이 있는 진동 속에서 살아가며, 조화로운 것을 추구하고 부조화스러운 것을 거부합니다.

순수한 육체는 거친 입자들을 밀어 냅니다. 거친 입자들의 진동이 순수한 육체의 진동과 조화를 이루지 못하기 때문입니다. 반면 거친 육체는 이러한 거친 입자들을 끌어들입니다. 거친 입자들의 진동이 거친 육체의 진동과 조화를 이루기 때문입니다. 따라서 육체가 진동의 속도를 바꾸면, 새로운 리듬에 맞출 수 없는 구성 요소들을 점차 몰아내고, 외부 자연으로부터 조화로운 새로운 구성 요소들을 끌어들여 그 자리를 채웁니다. 자연은 모든 가능한 방식으로 진동하는 물질을 제공하며, 각각의 육체는 고유한 선택적 작용을 합니다.

초기 인간 육체의 구성 과정에서는 형체의 모나드(Monad of Form)가 이 선택적 작용을 주관했습니다. 하지만 이제 인간은 자의식을 가진 존재(self-conscious entity)로, 자신의 육체를 스스로 구성하는 역할을 맡습니다. 인간은 생각을 통해 자신만의 고유한 진동음을 만들어 내고, 이는 육체와 다른 몸체들이 끊임없이 변화하는 데 가장 큰 영향을 미치는 리듬을 설정합니다. 그리고 지식이 증가함에 따라, 인간은 깨끗한 음식을 통해 육체를 강화하는 방법을 배웁니다. 이러한 과정을 통해 육체의 '조율'을 더 쉽게 만들 수 있습니다. 인간은 '깨끗한 음식, 깨끗한 마음, 그리고 신에 대한 끊임없는 기억'이라는 정화의 원칙에 따라 살아가는 법을 배웁니다.

인간은 물질계에 살고 있는 가장 고등한 존재로서, 이 차원에서 로고스의 대리자 역할을 합니다. 자신의 능력이 미치는 한도 내에서 질서와 평화, 올바른 지배에 대한 책임을 지니고 있습니다. 이러한 의무는 위에서 언급한 세 가지 요건 없이는 수행할 수 없습니다.

이와 같이 물질계의 모든 수준에서 가져온 원소들로 구성된 육체는, 모든 종류의 외부 자극(Impression)을 받아들이고 그에 반응하도록 맞춰져 있습니다. 육체의 최초의 접촉은 단순하고 조잡한 형태일 것입니다. 그리고 육체 내부의 생명력이 외부 자극에 반응하여 떨림을 일으키고, 그 분자들을 반응 진동으로 몰아넣으면서, 육체 전체에 촉각, 즉 무언가가 육체에 접촉하고 있다는 인식이 발달합니다.

특수한 종류의 진동을 받아들이기 위해 특화된 감각 기관이 발달함에 따라, 육체는 물질계에서 의식을 가진 존재를 위한 미래의 몸체로서 그 가치가 높아집니다. 더 많은 자극에 반응할 수 있을수록, 육체는 더욱 유용해집니다. 반응할 수 있는 것만이 의식에 도달할 수 있기 때문입니다.

심지어 지금 우리 주변에는 무수한 진동이 맴돌고 있습니다. 하지만 우리의 물질적 몸체가 이러한 진동을 받아들이고 함께 공명할 수 없기 때문에, 우리는 이러한 진동의 존재를 알지 못합니다. 형용할 수 없는 아름다움, 절묘한 소리, 미묘한 섬세함이 우리의 감옥(육체)의 벽을 스치지만, 알아차리지 못한 채 지나갑니다. 아직은 바람에 반응하는 에올리언 하프[53]처럼 자연의 모든 고동에 전율할 완벽한 육체가 발달되지 않았기 때문입니다.

육체가 수용할 수 있는 진동은, 육체의 매우 복잡한 신경계에 속하는 물리적 중추로 전달됩니다. 더 조밀한 물리적 구성 요소의 모든 진동에 수반되는 에테르 진동은, 마찬가지로 에테르체에 의해 수신되어 그에 상응하는 중추로 변환됩니다.

조밀한 물질의 진동은 화학적 열과 다른 형태의 물리적 에너지로 변환됩니다. 에테르 진동은 자기적, 전기적 작용을 일으키고, 또한 그 진동을 심령체[54]로 전달됩니다. 나중에 보게 되겠지만, 심령체에서 그 진동은 정신에 도달합니다.

---

53 에올리언 하프(aeolian harp): 바람에 의해 소리가 나는 악기로, 미세한 바람에도 민감하게 반응하는 것을 비유적으로 표현한 것이다.
54 심령체(Astral Body): 심령계에 속하는 미묘체로, 에테르체의 형판 역할을 하며, 감정과 욕망을 경험하는 도구이다.

그렇게 해서 외부 세계에 대한 정보는 육체에 자리 잡은 의식적 존재(the conscious entity)에게 도달하게 됩니다. 이 의식적 존재는 때때로 "육체의 주인"이라고 불립니다. 정보 전달 통로가 발달하고 훈련되면서, 의식적 존재는 이 통로들이 제공하는 생각의 재료를 통해 성장합니다.

그러나 인류는 아직 이 발달(진화)이 미미한 상태입니다. 에테르체조차 아직 충분히 조화되지 못하여, 에테르체가 (물질 육체와는) 별개로 받은 인상을 (인간의 의식에) 전달하거나 뇌에 각인시키지 못합니다. 하지만 이따금 에테르체가 이를 성공하는 경우가 있습니다. 그럴 때 우리는 가장 기초적인 단계의 투시 능력을 경험하게 됩니다. 즉, 물질적 대상의 에테르체를 보거나, 육체 없이 에테르체로 존재하는 생명체들을 볼 수 있게 되는 것입니다.

우리가 앞으로 살펴보겠지만, 인간은 육체, 심령체, 정신체[55]와 같은 다양한 몸체들 속에 거주합니다. 우리가 진화의 상승 궤도를 따라 올라갈 때, 가장 낮은 차원의 몸체인 물질 육체는 의식이 최초로 통제하고 이성적으로 다루게 되는 몸체라는 점을 아는 것이 중요합니다.

육체의 두뇌는 물질계에서 의식의 도구 역할을 합니다. 그리고 아

---

55 정신체(Mental Body): 인간의 정신적 활동, 즉 사고, 추론, 기억, 상상 등을 담당하는 미묘체로 영혼이 정신계(Mental Plane)를 경험하고 표현하는 도구이다.

직 발달되지 않은 인간에게 있어서 의식은 다른 어떤 몸체(심령체, 정신체)에서보다 육체의 두뇌를 통해 더 효과적으로 작용합니다. 이는 심령체와 정신체의 잠재력이 육체의 두뇌의 잠재력보다 훨씬 크지만 물질계에서는 육체의 두뇌의 현실성이 더 크기 때문입니다. 그리고 인간은 육체에서 "나(I)"라는 자각을 먼저 얻어야만 다른 차원에서의 자아도 깨달을 수 있습니다. 그래서 평범한 사람보다 더 고도로 발달한 사람이라 할지라도, 물질적 육체가 허용하는 만큼만 이 물질계에서 자신을 표현할 수 있습니다. 왜냐하면 의식은 물질계에서 육체라는 몸체가 감당할 수 있는 만큼만 자신을 표현할 수 있기 때문입니다.

육체와 에테르체는 일상생활 중에는 분리되지 않습니다. 이 두 몸체는 마치 현악기의 저음 현과 고음 현이 화음을 이룰 때처럼 함께 작용하지만, 각각 독립적이면서도 조화로운 활동을 수행합니다. 하지만 건강이 약하거나 신경이 흥분된 상태에서는 에테르체가 비정상적으로 육체에서 분리될 수 있습니다. 이때 육체는 에테르 물질이 빠져나간 정도에 따라 의식이 매우 둔해지거나 트랜스 상태에 빠지게 됩니다.

참고로 마취제는 에테르체의 대부분을 밀어내어, 의식이 물질 육체(dense body)에 영향을 주거나 받을 수 없게 만듭니다. 이는 두 몸체 사이의 소통 경로가 끊어지기 때문입니다. 또한 에테르체와 육체의 연결이 느슨한 영매들(mediums)은 에테르체와 물질 육체의 분리가 쉽게 일어납니다. 그리고 분리된 에테르체는 "물질화[56]"를 위한 물리적 기

---

56 물질화(materialisation): 영적 현상이 물질적 형태로 나타나는 현상

반을 제공합니다.

한편, 일반적인 수면 상태에서도 의식과 몸체의 분리 현상이 일어납니다. 이때 물질 육체와 에테르체는 함께 남아 있습니다. 하지만 꿈을 꾸는 동안에는 이 둘이 어느 정도 독립적으로 기능합니다. 그리고 깨어 있는 동안 경험했던 인상들은 육체의 자동적인 작용에 의해 재생됩니다. 그래서 육체의 뇌와 에테르 뇌는 모두 단편적이고 불연속적인 이미지들로 가득 차게 됩니다. 결국, 육체와 에테르체의 이러한 이미지 진동들이 서로 부딪히면서 매우 기이한 조합을 만들어 냅니다.

마찬가지로, 외부로부터의 진동도 육체의 두뇌와 에테르 두뇌 모두에 영향을 미칩니다. 깨어 있을 때 형성된 생각이나 감정의 조합들은, 심령계에서 오는 비슷한 성질의 에너지 흐름에 의해 쉽게 활성화됩니다. 따라서 깨어 있는 동안의 생각이 얼마나 순수하고 불순한지에 따라, 자발적으로 형성되든 외부에서 유도되든, 꿈에서 나타나는 이미지들이 크게 좌우됩니다.

소위 죽음이라고 불리는 순간, 에테르체는 육체를 떠나는 의식에 이끌려 물질 육체로부터 분리됩니다. 살아있는 동안 이 둘을 연결하던 자기적인 끈은 끊어지고, 의식은 몇 시간 동안 에테르체에 감싸인 채 머무릅니다. 이 상태에서, 죽은 사람의 의식은 때때로 그와 깊은 관계를 맺었던 사람들에게 흐릿한 형상으로 나타나기도 합니다. 의식이 매우 둔하고 말을 할 수 없는, 이른바 생령[57]의 모습입니다. 의식이 떠난 후에도, 물질 육체가 묻힌 무덤 위를 맴도는 에테르체를 볼 수도 있습니다. 이 에테르체는 시간이 지나면서 서서히 흩어져 사라집니다.

환생의 시기가 다가오면, 에테르체가 육체보다 먼저 형성됩니다. 태아의 발달 과정에서 육체는 에테르체의 형태를 정확히 따라 성장합니다. 이러한 몸체들은 의식을 가진 존재가 삶 동안 생활하고 활동해야 할 한계를 설정한다고 할 수 있습니다. 이 주제는 카르마를 다루는 10장에서 더 자세히 설명될 것입니다.

---

57 생령(wraith): 죽은 사람의 영혼이나 유령을 가리키는 말로, 주로 죽음 직전이나 직후에 나타나는 모습을 의미한다.

제3장

심령계와 심령체

심령계의 특징과 구성

1) 심령계의 구조

심령계는 우주에서 물질계 바로 '다음'에 있는 영역입니다. 여기서 '다음'이라는 단어를 사용하는 것이 적절한지 모르겠습니다. 심령계에서의 생명 활동은 물질계보다 훨씬 더 활발하며, 형상은 더 유연하고 가변적입니다. 이 차원에 존재하는 영-물질은 물질계의 그 어떤 등급의 영-물질보다도 더욱 고도로 활성화되어 있고, 훨씬 더 미세한 성질을 가집니다. 앞서 언급한 내용을 다시 상기하면, 물질계에서 가장 미세한 물질인 '물리적 에테르'를 구성하는 '궁극적인 물리적 원자'조차, 그 경계에는 심령계에서 가장 조밀한(거친) 물질이 무수히 모여 형성된 구(球)형의 막으로 둘러싸여 있다는 사실입니다. 이것이 바로 심령계의 영-물질이 물질계의 영-물질보다 더 미세한 이유입니다. 그러나 '다음'이라는 단어는 우주의 차원들이 동심원으로 배열되어 하나가 끝나면 다음이 시작되는 것처럼 암시하기 때문에 부적절합니다. 오히려 각 차원은 서로 겹치고 침투하며 존재하는 영역[58]으로서, 거

---

[58] '영역(spheres)'은 신지학과 플로티누스 철학에서, 서로 다른 존재 상태나 의식 차원을 상징적으로 나타내는 용어이다.

리가 아니라 구성의 차이로 서로 분리됩니다.

마치 공기가 물속에 스며들고, 에테르가 가장 조밀한 고체에 스며들듯이, 심령 물질도 모든 물리적인 것들에 스며들어 있습니다. 심령계는 우리 위, 아래, 사방에 그리고 우리 몸을 통과하며 존재합니다. 우리는 그 안에서 살고 움직이지만, 심령계는 만져지지도, 보이지도, 들리지도, 감지할 수도 없습니다. 왜냐하면 육체라는 감옥이 우리를 심령계로부터 가두어 버리기 때문입니다. 즉, 육체의 입자들이 너무 거칠어서 심령 물질에 의해 진동을 일으킬 수 없기 때문입니다.

이 장에서는 심령계의 전반적인 측면들을 살펴볼 것입니다. 다만, 지상에서 천상으로 향하는 여정 중에 심령계를 통과하는 인간 존재들이 겪는, 특별한 심령계 생활 조건들은 별도의 논의 대상으로 남겨두겠습니다. (데바찬[59]은 산스크리트어 '신의 거처'를 뜻하며, 신지학에서 천국을 가리키는 용어입니다. 카마로카[60]는 '욕망의 장소'라는 뜻으로, 심령계에서의 중간적 삶의 상태를 지칭하는 명칭입니다.)

앞서 살펴본 바와 같이, 심령(아스트랄)계의 영-물질은 물질계의 영-물질과 마찬가지로 일곱 개의 수준으로 존재합니다. 물질계에서와 같

---

59 데바찬(Devachan): 사후에 영혼이 머무는 천상, 천국과 같은 상태 또는 영역. 지상에서의 삶을 돌아보고, 영적 휴식과 재충전을 하며, 다음 생을 준비하는 단계이다.
60 카마로카(Kamaloka): 사후에 감정체, 욕망체가 머무는 영역으로, 일종의 연옥과 같은 곳이다. 이곳에서 영혼은 지상에서 풀지 못한 감정과 욕망을 정화하고, 집착에서 벗어나는 법을 배운다.

이 심령계에서도 수많은 조합이 존재하며, 이는 심령계의 고체, 액체, 기체, 그리고 에테르를 형성합니다. 그러나 그곳의 대부분의 물질적 형상은 물질계의 형상과 비교하여 밝고 투명하기 때문에, 별과 같다는 의미의 '아스트랄(astral)'이라는 수식어가 붙게 되었습니다. 이 수식어는 전반적으로 오해의 소지가 있지만, 이미 널리 사용되어 굳어졌기 때문에 바꾸기 어렵습니다. 심령(아스트랄)계의 영-물질의 수준에는 특별한 명칭이 없으므로, 여기서는 일반 명칭을 사용하도록 하겠습니다.

심령계 이해를 위해 먼저 이해가 필요한 주요 개념은 심령계의 물질들은 심령 원소의 조합으로 이루어져 있다는 점인데, 이는 마치 물질계의 물질들이 물질 원소의 조합으로 이루어진 것과 같습니다. 그리고 심령계의 풍경은 지구의 풍경과 매우 유사한데, 그 이유는 심령계 풍경의 대부분이 물질계 대상들의 심령 복제로 구성되어 있기 때문입니다. 그러나 심령계는 물질계와 다른 물리적 법칙이 적용되기 때문에 훈련받지 않은 관찰자를 당황스럽게 하고 혼란에 빠트립니다. 그것은 심령계 물질의 투명성과 시각적 특성 때문입니다.

심령계에서 의식은 지상의 물질에 갇혀 있을 때보다 미세한 심령 물질에 덜 방해받기 때문에, 모든 것이 투명하게 보이고, 대상의 뒤쪽은 앞면처럼, 내부는 외부처럼 보입니다. 따라서 대상을 올바르게 보기 위해서는 어느 정도 경험이 필요합니다. 심령계의 시각을 발달시켰지만 아직 사용 경험이 많지 않은 사람은 매우 뒤죽박죽인 인상을 받고 터무니없는 실수를 저지르기 쉽습니다.

2) 심령체와 에테르 원소

심령계를 처음 접할 경우 놀랍고 당혹스러운 특징은 형체의 외형이 빠르게 변한다는 점입니다. 특히 '지상의 모체(물질)와 연결되지 않은 형체'[61]일 경우 더욱 그렇습니다. 심령계에 존재하는 개체는 놀라울 만큼 빠른 속도로 자신의 전체적인 외형을 변화시킬 수 있습니다. 이는 심령 물질이 생각의 자극을 받을 때마다 즉각적으로 형체를 취하고, 그 안의 생명이 끊임없이 형체를 재구성하여 자신을 새롭게 표현하기 때문입니다.

이런 심령계의 특성으로 형체의 진화를 이끄는 거대한 생명(지성)의 흐름은 심령계를 통과하며 하강하게 되고, 그 결과 이 차원에서는 제3 에테르 원소계가 형성되었습니다. 이때 모나드는 심령 물질의 조합을 끌어들여, 이 조합(에테르 원소라고 불림)에 독특한 생명력을 부여했습니다. 그리고 이 에테르 원소는 생각의 진동 자극에 반응하여 즉시 형체를 갖추는 특성을 지니게 되었습니다.

이 에테르 원소는 심령계의 모든 수준에서 수백 가지의 다양한 형태로 존재하는데, 마치 물질세계에서 공기가 눈에 보이게 되는 것과 같습니다. 실제로 강한 열기 속에서 흔들리는 파동으로 공기를 볼 수 있는 것처럼 말입니다. 그리고 이 에테르 원소는 마치 끊임없이 색이

---

61 "지상의 모체와 연결되지 않은 형체"라는 표현은 심령 형상이 물질계의 대상과 연결되어 있는지 여부에 따라 그 안정성이 달라질 수 있음을 암시한다.

변화하는 자개처럼 물결치는 모습으로 움직입니다.

이 광대한 에테르 원소의 대기는 생각, 감정, 욕망에 의해 발생하는 진동에 끊임없이 반응하며, 이러한 것(생각, 감정, 욕망)들이 몰아칠 때마다 마치 끓는 물 속의 거품처럼 요동칩니다.(06) 이 상태의 지속 시간은 그 상태를 발생시킨 생각의 강도에 달려 있습니다. 외곽선의 선명도는 생각의 명확성에 의해 결정되며, 색상은 생각의 특성, 즉 지적인지, 헌신적인지, 욕망적인지에 따라 달라집니다.

훈련되지 않은 정신이 만들어 내는 모호하고 불분명한 생각은 심령계에서 에테르 원소로 이루어진 흐릿한 구름을 형성합니다. 이 구름들은 이리저리 떠다니며 비슷한 성질의 다른 구름들에 이끌리고, 좋든 나쁘든 자신을 끌어당기는 자력을 가진 사람들의 심령체에 달라붙습니다. 그러다가 시간이 지나면 분해되어 다시 에테르 원소로 이루어진 심령계의 대기의 일부가 됩니다. 이 구름들은 독립적으로 존재하는 동안에는 에테르 원소로 구성된 몸체와 그 안에 깃든 생각으로 이루어진 살아있는 실체입니다. 이러한 존재들을 우리는 인공 정령(artificial elementals) 또는 생각-에너지체[62]라 명칭합니다.

명확하고 정확한 생각은 각각 뚜렷한 형태를 지니며, 선명하고 깨

---

[62] 생각-에너지체(Thought-Forms): 생각, 감정, 욕망에 의해 형성되는 심령계(Astral Plane) 또는 정신계(Mental Plane)의 에너지체. 그 형태와 색상은 생각의 성질, 강도, 명확성에 따라 달라지며, 타인에게 영향을 미칠 수도 있다.

끗한 윤곽선을 가지고 있습니다. 그리고 무한히 다양한 디자인을 보여 줍니다. 이러한 생각-에너지체들은 생각에 의해 발생한 진동으로 형체가 만들어집니다. 이는 마치 물질계에서 소리에 의해 발생한 진동으로 인해 특정 도형이 만들어지는 것과 같습니다. "소리의 형태"는 "생각-에너지체"에 대한 매우 적절한 비유를 제공합니다. 왜냐하면 자연은 무한한 다양성 속에서도 원칙을 매우 보수적으로 유지하며, 자신의 영역 내 여러 차원에서 동일한 작동 방식을 반복해서 재현하기 때문입니다.

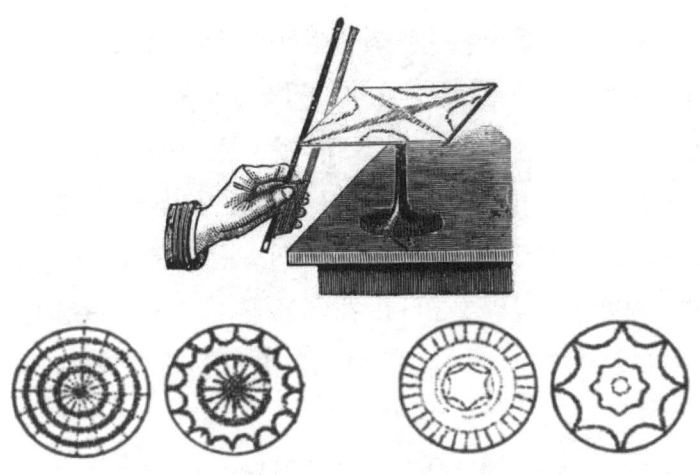

클라드니의 음향판과 소리에 의해 생성된 형태

이렇게 명확하게 정의된 생각-에너지체는 흐릿한 형제들보다 더 길고 훨씬 더 활동적인 생명력을 가집니다. 그리고 생각-에너지체들이 끌리는(공명하는) 사람들의 심령체에 훨씬 더 강력한 영향을 미칩니다. 생각-에너지체는 자신과 공명하는 사람들의 심령체 안에서 진동을 일으키고 이 진동으로 생각과 욕망은 물리적인 수단이 없이도 정신에서 정신으로 전달되기 때문입니다. 그뿐만 아니라, 생각하는 사람은 자신이 원하는 사람에게 생각-에너지체를 보낼 수 있으며, 그 힘은 생각하는 사람의 의지의 강도와 정신력의 강도에 따라 달라집니다.

평범한 사람들이 생각-에너지체는 지성에 의해 생성된 생각-에너지체보다 감정이나 욕망에 의해 생성된 생각-에너지체가 더 활기차고 뚜렷합니다. 예를 들어, 분노가 폭발하면 매우 뚜렷한 윤곽을 가진 강력한 붉은 섬광이 발생합니다. 지속적인 분노는 붉은색을 띠고 뾰족하거나 가시가 돋친, 또는 해를 입힐 수 있는 위험한 정령(생각-에너지체)을 만들어 냅니다. 그리고 사랑은 그 성질에 따라 다양한 아름다운 색과 모양을 만들어 냅니다. 진홍색의 모든 색조에서부터, 해 질 녘이나 새벽녘의 옅은 홍조처럼 가장 섬세하고 부드러운 장밋빛 색조, 그리고 부드럽고 강하게 보호하는 구름 모양까지 다양합니다.

많은 어머니들의 사랑스러운 기도는 천사의 형상으로 자녀 주위를 맴돌며, 자녀의 생각이 끌어들일지도 모르는 악한 영향력을 막아 줍니다. 이렇게 의지에 의해 특정인을 향해 보내진 생각-에너지체는 창조자(생각한 사람)의 의지를 수행하려는 단 하나의 충동에 의해 움직인다는 특징이 있습니다. 어머니의 기도로 생성된 수호의 정령(생각-에너지체)은 대상 주위를 맴돌며 악을 막거나 선을 끌어들일 기회를 찾습니다. 이것은 정령의 자의식적인 행동이 아니라 그 정령을 창조한 사람의 생각에 의해 생성된 성격으로 만들어진 맹목적인 충동 때문입니다.

마찬가지로, 악의적인 생각으로 생명을 얻은 정령(생각-에너지체)은 대상자 주위를 맴돌며 해를 입힐 기회를 찾습니다. 그러나, 이러한 생각-에너지체들은 공격 대상의 심령체 안에 자신들과 공명할 수 있는 요소, 즉 악의적인 생각-에너지체들의 에너지 진동에 반응하여 연결될 수 있는 유사한 성질의 감정이나 욕망이 존재하지 않는다면, 그 대상에게 어떠한 영향도 줄 수 없습니다. 만약 그 사람 안에 악의적인 생각-에너지체들과 공명할 어떠한 요소도 없다면 이 생각-에너지체는 자신들이 왔던 경로(자기적 연결)를 따라 되돌아갑니다. 그리고 그 힘은 발산된 힘, 즉 그 생각을 창조했던 의지의 세기에 비례해서 창조자(생각한 사람)에게 되돌아갑니다. 따라서, 맹렬한 증오의 생각이 목표물에서 튕겨 나오면, 그 생각을 보낸 사람이 죽는 경우도 있습니다. 반면에, 자격이 없는 사람에게 보내진 선한 생각은 그 생각을 보낸 사람에게 축복으로 돌아옵니다.

따라서 심령계에 대한 아주 작은 이해만으로도 올바른 생각을 하는 강력한 자극제가 될 수 있습니다. 그리고 우리가 이 심령 영역에 쏟아내는 생각, 감정, 욕망에 대한 책임감을 무겁게 느끼게 됩니다. 사람들의 생각이 심령계에 만들어 내는 수많은 생각-에너지체는, 먹이를 찾아 헤매며 찢고 삼키는 굶주린 맹수와 같습니다. 하지만 사람들은 무지에서 비롯된 잘못을 저지르고 있으며, 자신이 무슨 짓을 하는지 모릅니다.

우리 신지학은 보이지 않는 심령계의 베일을 부분적으로나마 걷어 내, 우리가 지상 세계에서 경험하는 현상들의 숨겨진 원인을 밝혀냅 니다. 이를 통해, 단순히 눈에 보이는 결과에만 얽매이지 않고, 생각, 감정, 욕망이 심령계에서 일으키는 작용을 이해함으로써, 더욱 건전 하고 책임감 있는 삶을 살아갈 수 있는 기반을 제공합니다.

생각-에너지체의 형성과 작용에 대한 신지학의 가르침은 그 어떤 종교적 교리보다도 윤리적으로 중요한 의미를 지닙니다. 이를 통해 인간은 자신의 생각이 단지 자신에게만 영향을 미치는 것이 아니라, 끊임없이 천사와 악마와 같은 존재를 세상에 내보내고 있다는 것을 배우게 됩니다. 인간은 자신이 만들어 낸 이 존재들에 대한 책임이 있 으며, 그 영향력에 대해서도 책임을 져야 합니다. 그러므로 인간은 이 법칙을 인지하고, 그에 따라 자신의 생각을 다스려야 합니다.

생각-에너지체는 개별적으로 보지 않고 전체적으로 본다면, 그것 들이 국민감정과 인종 감정을 형성하는 데 얼마나 큰 영향을 미치는 지, 그리고 이를 통해 어떻게 편견과 선입견이 생겨나는지 쉽게 이해 할 수 있습니다. 우리는 모두 특정한 관념을 담은 생각-에너지체들이 가득한 환경 속에서 성장합니다. 국가적 편견, 모든 문제를 바라보는 국가적인 시각, 국가 특유의 감정과 사고방식, 이 모든 것이 태어날 때부터, 아니 그 이전부터 우리에게 영향을 미칩니다. 우리는 이 환경 을 통해 모든 것을 바라보고, 모든 생각은 이 환경에 의해 어느 정도 왜곡되며, 우리의 심령체는 이러한 환경에 공명하며 진동합니다.

그렇기 때문에 같은 개념이라도 힌두교도, 영국인, 스페인 사람, 러시아 사람에게는 전혀 다르게 보일 수 있습니다. 어떤 이에게는 쉽게 이해되는 개념이 다른 이에게는 거의 불가능하게 느껴질 수 있으며, 어떤 이에게는 본능적으로 매력적인 관습이 다른 이에게는 본능적으로 혐오스럽게 느껴질 수 있습니다. 우리는 모두 자신을 둘러싼 국가적 분위기, 즉 우리 주변의 심령계 영역에 의해 지배를 받습니다.

이와 유사한 형태로 형성된 다른 사람들의 생각은 우리에게 영향을 미치고 우리 안에서 공명하는 진동을 불러일으킵니다. 이러한 생각들은 우리가 주변 환경과 일치하는 점을 강화하고 차이점을 약화시킵니다. 그리고 심령체를 통해 우리에게 미치는 이러한 끊임없는 작용은 우리에게 국가적 특성을 각인시키고 정신 에너지가 쉽게 흘러 들어갈 수 있는 통로를 만듭니다.

우리가 잠들어 있든 깨어 있든, 이러한 흐름은 우리에게 영향을 미치며, 우리는 이러한 작용을 무의식적으로 받아들이기 때문에 그 효과는 더욱 커집니다. 대부분의 사람은 자신의 본성적으로 주도적이기보다는 수용적이기 때문에, 자신에게 도달하는 생각을 거의 자동적으로 재생산하는 역할을 합니다. 그래서 국가적 분위기는 지속적으로 강화됩니다.

3) 심령계의 영향과 현상

어떤 사람이 심령적 영향에 민감해지기 시작하면, 때때로 갑작스럽게 이유를 알 수 없는 비이성적인 두려움에 압도되거나 휩싸이는 경험을 합니다. 이러한 두려움은 마치 마비시키는 듯한 힘으로 덮쳐 옵니다. 아무리 떨쳐 내려 해도 두려움은 사라지지 않고, 심지어는 그 두려움에 분노를 느끼기도 합니다. 아마도 대부분의 사람이 이러한 두려움을 어느 정도 경험해 보았을 것입니다. 보이지 않는 무언가에 대한 불안한 두려움, 누군가 함께 있는 듯한 느낌, "혼자가 아니라는" 느낌 말입니다. 이러한 두려움은 부분적으로는 자연의 정령계(elemental world)가 인간에 대해 품고 있는 적대감에서 비롯됩니다. 이는 인간이 물질계에서 만들어 낸 다양한 파괴적인 작용이 심령계에 영향을 미치기 때문입니다. 하지만 가장 큰 원인은 인간의 마음에 의해 생성된 수많은 악의적인 정령(생각-에너지체) 때문입니다.

증오, 질투, 복수심, 쓰라림, 의심, 불만 등의 인간의 감정과 생각이 수백만 개씩 쏟아져 나옵니다. 그래서 심령계는 이러한 감정과 생각들로 이루어진 정령들(생각-에너지체)로 가득 채우고 있습니다. 또한, 무지한 사람들이 자신과 다른 방식과 외모를 가진 모든 사람에게 쏟아내는 막연한 불신과 의심은 또 얼마나 많습니까? 모든 외국인을 맹목적으로 불신하고, 심지어 다른 나라 사람들에 대해서도 무뚝뚝한 경멸을 보이는 것, 이러한 것들 역시 심령계에 악영향을 미칩니다.

우리 주변에 이러한 것들이 너무나 많기 때문에, 우리는 심령계에

맹목적으로 적대적인 군대를 만들어 내고 있는 셈입니다. 그리고 이 것은 우리 자신의 심령체에 두려움으로 나타납니다. 즉, 적대적인 진동을 감지하지만, 그 근원을 이해하지 못하기 때문에 두려움을 느끼는 것입니다.

4) 원소의 정령들

정령들(생각-에너지체) 외에도 심령계는 수많은 존재들로 가득 차 있습니다. 심지어 현재로서는 죽음을 통해 육체를 떠난 인간 존재들을 제외하고서라도 말입니다. 심령계에는 자연 정령, 즉 자연령(nature-spirits)이라고 불리는 거대한 무리가 있습니다. 이들은 다섯 가지 주요 부류로 나뉩니다. 바로 에테르, 불, 공기, 물, 그리고 흙의 정령입니다. 이 중 뒤의 에테르의 4원소인 공기, 불, 물 흙 원소는 중세 오컬트 전통에서 각각 실프(Sylphs), 샐러맨더(Salamanders), 운데네(Undines), 그노움(Gnomes)이라는 이름으로 불렸습니다. 덧붙이자면, 우주를 구성하는 7원소 중 이 다섯 가지 원소 이외에 두 종류가 더 있지만, 아직 우리에게 드러나지 않았기 때문에 여기서는 다루지 않겠습니다.

이들이야말로 진정한 의미의 정령, 즉 공기, 불, 물, 흙 그리고 에테르 원소들의 피조물입니다. 이들은 각자 자신의 원소와 관련된 활동을 수행하는 데 관여합니다. 다시 말해, 이들은 여러 영역에서 신성한 에너지가 작용하는 통로이며, 각 영역에서 법칙의 살아 있는 표현입니다. 각 부문의 정점에는 위대한 존재, 즉 각 부문을 주관하는 강력한 신성한 존재가 있습니다. 이를 힌두교에서는 데바(신)라고 불리며 이들의 산스크리트어 이름은 공간의 에테르 즉, 아카샤(Akâsha)의 신 인드라(Indra), 공기의 신 파바나(Pavana), 불의 신 아그니(Agni), 물의 신 바루나(Varuna), 흙의 신 크시티(Kshiti)입니다. 이 신성한 존재는 자신의 통제하에 있는 정령들을 통해 자연의 해당 영역을 관리하고 생명력을 부여합니다. 즉, 이들은 자연의 각 영역에 방향을 제시하고 이끄는 지성체입니다.

이처럼 불의 신 아그니(Agni)는 우주의 모든 차원에서 불의 발현과 관련된 위대한 영적 존재이며, 불의 정령 무리를 통해 자신의 통제를 수행합니다. 이러한 정령들의 본질을 이해하거나 원소의 정령들을 통제하는 방법을 앎으로써, 마법적 기술에 의한 이른바 기적들이 행해집니다. 이러한 기적들은 때때로 대중 매체에 기록되는데, 그것들이 마법 기술의 결과로 공언되든, 아니면 고인이 된 홈(Home)[63]의 경우처럼 "영혼"의 도움으로 행해지든 마찬가지입니다. 홈은 아무렇지도 않게 타오르는 불 속에서 뜨겁게 달궈진 석탄을 손가락으로 집어 들고 아무런 상처 없이 손에 쥘 수 있었습니다. 공중 부양[64]과 물 위를 걷는 것은 각각 공기와 물의 정령의 도움으로 행해졌습니다. 물론 다른 방법이 더 자주 사용되기는 하지만 말입니다.

여러 원소가 인간의 몸을 구성하며, 사람의 특성에 따라 특정 원소

---

63 홈(Home): 19세기 유명한 영매였던 다니엘 던글라스 홈(Daniel Dunglas Home)으로 추정된다. 그는 공중 부양, 물체 이동 등 초자연적인 현상을 보인 것으로 알려져 있다.
64 눈에 보이는 지지대 없이 무거운 물체를 공중에 띄우는 것을 말한다.

가 우세하게 작용합니다. 따라서 모든 인간은 이러한 정령들과 관계를 맺고 있으며, 그중에서도 자신에게 우세한 원소의 정령들과 가장 친밀합니다. 이러한 사실의 영향은 종종 관찰되며, 일반적으로 "운"으로 여겨집니다. 어떤 사람은 식물을 잘 자라게 하거나, 불을 잘 피우거나, 지하수를 잘 찾는 등 "운 좋은 손"을 가지고 있습니다. 자연은 항상 우리에게 오컬트적인 힘으로 넌지시 암시를 주지만, 우리는 그 힌트를 알아차리는 데 더딥니다. 때때로 전통은 속담이나 우화 속에 진실을 숨기기도 하지만, 우리는 그러한 "미신"을 모두 넘어섰다고 생각합니다.

심령계에는 또한 광물, 식물, 동물, 그리고 *인간계[65]에서 형체를 만드는 데 관여하는 자연령(nature-spirits)이 있습니다. 이들은 엄밀히 말하면 정령(elementals)이라고 부르기에는 다소 부적절합니다. 광물을 구성하고, 식물의 생명 에너지를 인도하며, *동물계[66]의 몸을 분자 단위로 형성하는 자연령들이 있습니다. 이 자연령들은 광물, 식물, 동물의 육체뿐만 아니라 심령체를 만드는 데에도 관여합니다.

이 자연령들이 바로 전설 속의 요정과 엘프, 즉 모든 민족의 민담에서 큰 역할을 하는 "작은 사람들"입니다. 이들은 자연의 매력적이고

---

65 인간계(Human Kingdom): 이성, 자의식, 자유 의지를 지닌 존재로 구성된 자연의 영역으로, 영적 진화를 위한 잠재력이 발현되는 단계이다.
66 동물계(Animal Kingdom): 움직임, 감각, 욕망, 본능이 발달한 유기체로 구성된 자연의 영역으로, 개체 의식이 발현되기 시작하는 단계이다.

천진난만한 아이들입니다. 과학은 이 자연령들을 냉정하게 동화 속으로 밀어 넣었지만, 훗날 더 현명한 과학자들은 이들을 자연 질서의 고유한 위치로 복귀시킬 것입니다. 지금은 오직 시인과 오컬티스트만이 이들을 믿습니다. 시인은 천재적인 직관으로, 오컬티스트는 훈련된 내면의 감각으로 말입니다. 대중은 이들 모두를 비웃고, 특히 오컬티스트를 비웃습니다. 하지만 상관없습니다. 지혜는 그 자녀들에 의해 정당화될 것입니다.

광물계, 식물계, 동물계에 속하는 형체들의 에테르체 안에서 생명 흐름이 작용하면서, 그 형체들을 구성하는 원자와 분주 구조에 포함된 심령 물질이 잠재 상태에서 깨어났습니다. *광물계[67]에서는 매우 제한적인 방식으로 진동하기 시작했습니다. 그리고 형체의 모나드는 자신의 조직 능력을 발휘하여 심령계로부터 물질을 끌어들였습니다. 이러한 물질은 자연령에 의해 느슨하게 구성된 덩어리, 즉 광물의 심령체로 만들어졌습니다.

*식물계[68]에서는 심령체가 좀 더 조직화되어 있으며, "느낌"이라는 특별한 특징이 나타나기 시작합니다. 대부분의 식물에서는 심령체의 활동이 증가함에 따라, 편안함과 불편함이라는 둔하고 확산된 감각을

---

67 광물계(Mineral Kingdom): 무기물로 구성된 자연의 영역으로, 가장 기초적인 형태의 생명과 의식이 발현되는 단계이다.
68 식물계(Vegetable Kingdom): 광합성을 통해 에너지를 얻고, 생장과 번식을 하는 유기체로 구성된 자연의 영역으로, 감각과 반응성이 발달하기 시작하는 단계이다.

관찰할 수 있습니다. 식물들은 어렴풋이 공기, 비, 햇빛을 즐기고, 그것들을 더듬어 찾으며, 해로운 조건에서는 움츠러듭니다. 어떤 식물은 빛을 찾고, 어떤 식물은 어둠을 찾습니다. 식물들은 자극에 반응하고 외부 조건에 적응하며, 일부는 분명한 촉각을 보여 줍니다.

5) 동물의 심령체

동물계에서는 심령체가 더욱 발달하여, 상위 동물에서는 육체가 죽은 후에도 한동안 응집력을 유지하고 심령계에서 독립적인 존재로 살아갈 수 있을 만큼 충분히 명확하게 조직화됩니다.

자연의 정령들 중에서 동물과 인간의 아스트랄(astral) 몸체를 형성하는 데 관여하는 존재들은 특별히 "욕망-정령들(desire-elementals, 카마데바스 Kâmadevas)"이라는 이름으로 불립니다. 이는 이들이 온갖 형태의 강한 욕망으로 움직이며, 그 욕망의 에너지로 스스로를 만들고 변화시키는 동시에 동물과 인간의 아스트랄 몸체 안에 스며들거나 결합하기 때문입니다. 이들 "욕망의 신(desire-gods)"은 많은 욕망의 충동을 통해 작용하며, 인간과 동물이 내면의 감정과 욕망을 경험하는 데 영향을 끼칩니다.

욕망-정령들은 자신들의 몸을 구성하는 것과 유사한 형태의 에테르 원소를 사용하여 동물의 심령체를 구축합니다. 이렇게 형성된 심령체는 감각의 중심과 다양한 본능적 활동의 중심을 가지게 됩니다. 이러한 중심들은 물질적 신체의 기관이 받은 자극을 통해 활성화되며,

이 자극은 에테르적 신체(etheric physical organs)를 심령체로 전달됩니다.

동물들은 심령 중추가 활성화되기 전까지, 쾌락이나 고통을 느끼지 못합니다. 예를 들어, 돌은 물리적으로 충격을 받아도 고통을 느끼지 않습니다. 왜냐하면 돌은 물질적이고 에테르적인 분자로 이루어져 있지만, 심령체가 조직화되지 않았기 때문입니다. 반면에 동물은 충격을 받을 때 고통을 느끼는데, 이는 동물이 감각을 느끼는 심령 중추를 가지고 있기 때문입니다. 이것은 욕망-정령 그 자신들의 본성을 동물의 본성 안에 섬세하게 결합시켰기 때문입니다.

인간의 심령체와 관련해서는 이러한 정령들의 작업에 새로운 고려 사항이 추가되어야 합니다. 그래서 이 복잡한 심령 형체를 연구하기 전에 심령계에 존재하는 생명체들에 대한 개괄을 우선 마무리하려 합니다.

방금 언급했듯이, 동물의 욕망체(Desire-body)는 아스트랄 몸, 즉 카마루파(Kâmarûpa)라고도 불립니다. 이는 산스크리트어로 욕망(Kâma)과 형태(rûpa)를 뜻하는 단어에서 유래된 전문 용어입니다. 동물들의 심령체는 위에서 언급된 바와 같이, 죽음을 통해 물리적 몸이 소멸된 후에도 심령계에서 독립적인 존재로 유지되지만 이는 일시적인 것입니다.

그러나 문명화된 국가에서는 이러한 동물의 심령체가 앞서 언급한 일반적인 적대감을 더욱 심화시킵니다. 왜냐하면 도살장과 스포츠를 통한 조직적인 동물 도살은 매년 수백만 마리의 동물들을 공포, 두려움, 인간에 대한 혐오로 가득 찬 채 심령계로 보내기 때문입니다. 그리고 평화롭고 조용하게 죽음을 맞이하도록 허락된 비교적 적은 수의 동물들은, 학살당한 방대한 무리에 묻혀 버립니다. 그리고 이 학살당한 동물들에게서 비롯된 흐름은 심령계에서 인간과 동물들에게 영향을 미쳐, 인간과 동물들을 더욱 멀어지게 하고, 한쪽에는 본능적인 불신과 두려움을, 다른 한쪽에는 잔인함을 가하고 싶은 욕망을 불러일으킵니다.

이러한 감정들은 최근(1900년대 초반)에는 과학이라는 이름으로 행해지는 고통스러운 실험, 즉 생체 해부(vivisection)라는 냉혹하게 설계된 방법들로 인해 더욱 심화되고 있습니다. 이와 같은 비인간적이고 언급하기 어려운 잔혹 행위들은 가해자들에게 끼치는 반작용을 통해 심령계에 새로운 공포를 더했을 뿐만 아니라, 인간과 그 "잔인한 취급을 받는 동물들" 사이를 갈라놓는 골을 더욱 깊게 만들었습니다. (이와 관련된 내용은 4장 "카마로카"를 참고하세요.)

6) 심령계의 여행자들

심령계의 일반적으로 존재하는 구성원 이외에도 업무상 심령계를 지나가는 방문자들이 있습니다. 이 방문자들 중 일부는 우리 지구에서 온 반면, 다른 일부는 더 높은 영역에서 온 방문자들입니다. 앞서 말한 지구에서 온 일시적 방문자들 다수는 다양한 등급의 입문자

(Initiates)들입니다. 이 입문자들 중 일부는 대백색 형제단[69]에 속해 있습니다. 참고로 신지학회는 이 형제단의 일부 구성원들로부터 기원하였습니다. 반면, 다른 이들은 전 세계에 걸쳐 있는 다양한 오컬트 단체의 구성원들입니다.

이 입문자들은 순수한 백색에서부터 회색을 거쳐 흑색에 이르기까지 다양한 성향을 띱니다. 여기서 백색 오컬티스트[70]란 이타적이며 신의 뜻을 실현하는 데 온전히 헌신하거나, 이러한 덕목을 목표로 정진하는 이들을 말합니다. 반대로 흑색 오컬티스트는 이기적이며 우주에 내재한 신성한 목적에 반하여 행동하는 이들을 지칭합니다. 백색 오컬티스트는 이타심, 사랑, 헌신을 추구하고, 흑색 오컬티스트는 이기심, 증오, 거만한 오만함을 보입니다. 이 둘 사이에는 동기가 혼재되어 있고, 자신이 유일한 자아를 향해 나아가야 할지 아니면 분리된 자아를 향해 나아가야 할지 아직 깨닫지 못한 이들이 있습니다. 저는 이들을 회색 오컬티스트라고 부릅니다. 이들은 점차 두 부류 중 하나로 흘러 들어가거나, 명확한 목표를 가진 두 부류 중 하나를 의도적으로 선택하게 됩니다.

---

69 대백색 형제단(Great White Brotherhood): 인류의 영적 진화를 이끌고 있는 진보된 영적 존재들로 구성된 비밀 단체이다. 대백색 형제단의 스승들은 고대로부터 전해 내려오는 신성한 지혜, 즉 비전(祕傳)의 가르침을 보존하고 전수하며, 인류가 더 높은 의식 수준으로 나아가도록 돕는 역할을 한다. 그들은 역사 속에서 여러 문화권의 신비 전통과 영적 스승들에게 영감을 주었는데, 신지학 운동의 창시자인 H. P. 블라바츠키도 대백색 형제단의 스승들과 접촉하여 그들로부터 가르침을 받았다고 주장한다.
70 오컬티스트(Occultist): 오컬트, 즉 숨겨진 지식, 초자연적인 현상, 신비한 힘 등을 연구하고 실천하는 사람. 이들은 연금술, 점성술, 마법, 강령술 등 다양한 오컬트 분야에 정통할 수 있다.

이 입문자들은 모두 육체를 가진 채 살아가는 사람들로, 의지에 따라 육체라는 껍데기를 벗어나 심령체 안에서 완전한 의식을 가지고 활동하는 법을 배웠습니다. 이들은 지식과 덕행, 선행과 악행, 강함과 약함, 온화함과 잔혹함 등 모든 면에서 다양한 수준을 보입니다. 또한 아직 입문하지는 않았지만, 심령체를 사용하는 법을 배우고 자신이 가고자 하는 길에 따라 선행이나 악행에 종사하는 젊은 수행자들도 많습니다.

앞서 언급한 입문자들 외에도, 다양한 수준의 심령 능력을 가진 이들이 있습니다. 이들 중 일부는 상당히 또렷하게 활동하지만, 어떤 이들은 몽롱하고 혼란스러운 상태로, 육체가 잠들어 있거나 혼수상태에 있는 동안 심령계를 떠돌아다닙니다. 또한 주변 환경을 인식하지 못한 채 자신의 생각에 잠겨 심령체의 껍질 안에 갇힌 듯 떠다니는 수백만의 심령체들이 있습니다. 이 떠도는 심령체 안에는, 육체는 깊은 잠에 빠져 지상에 있지만, 심령계를 통해 활동하는 의식을 가진 존재들이 머물고 있습니다. 곧 살펴보겠지만, 육체가 잠에 빠지면 의식은 심령체에 깃든 채 빠져나와 심령계로 이동합니다. 그러나 심령체가 육체와 독립적으로 기능할 수 있을 만큼 충분히 발달하지 않으면, 의식은 주변 환경을 인식하지 못합니다.

이 심령계에서는 간혹 육체적 죽음 후 스승(Adept)[71]의 인도에 따라

---

71 아뎁트(Adept): 영적 진화의 여정에서 높은 경지에 도달한 존재, 즉 영적 스승. 첼라를 지도하고, 인류의 영적 성장을 돕는 역할을 한다.

즉각적인 환생을 기다리는 첼라[72](제자)를 볼 수 있습니다. 그 제자는 물론 완전한 의식을 누리고 있으며, 단지 잠자는 동안 육체를 벗어난 다른 제자들처럼 활동합니다. 특정 단계("인간의 상승"에 관한 12장 참조)에 이른 제자는 죽음 직후 매우 빠르게 환생할 수 있도록 허용됩니다. 이런 상황에서 그 제자는 심령계에서 적절한 환생의 기회를 기다려야 합니다.

또한, 심령계를 통과하는 존재 중에는 환생을 향해 가고 있는 인간들도 있습니다. 이들은 8장 "영혼의 탄생과 윤회"에서 다시 언급될 것입니다. 이 환생이 진행 중인 이들은 심령계의 일반적 삶에는 전혀 관여하지 않으나 다가올 지상 생활을 위한 새로운 심령체가 이곳에서 만들어집니다. 이 새로운 심령체는 이전 생의 의식 진동과 공명하는 욕망-정령들이 이들 주위에 모여들어 새로운 심령체의 형성을 돕습니다.

인간의 심령체

이제부터 우리는 심령체에 대해 고찰해 볼 것인데 심령체의 본질과 구성뿐만 아니라 심령계와의 관계에 대해 살펴볼 것입니다. 우리는 (a) 미성숙한 인간, (b) 평범한 인간, (c) 영적으로 진보한 인간의 심령체를 차례대로 살펴보겠습니다.

72　첼라(Chela): 영적 스승의 가르침을 받는 제자 혹은 문하생. 스승으로부터 영적 지식과 수행법을 전수받고, 스승의 지도에 따라 자신의 영적 성장을 위해 헌신한다.

1) 미성숙한 인간의 심령체

(a) 미성숙한 인간의 심령체는 흐릿하고 느슨하게 조직되어 있으며, 윤곽이 불분명한 심령 영-물질 덩어리입니다. 이는 심령계의 모든 수준(subdivision)에서 가져온 물질, 즉 심령 물질과 에테르 원소를 포함하고 있지만, 더 낮은 수준의 물질이 우세하기 때문에 그 질감이 조밀(dense)하고 거칠며, 모든 정욕 및 식욕과 관련된 자극에 반응하기에 적합합니다.

미성숙한 인간의 심령체는 진동수에 따라 나타나는 색상이 칙칙하고 탁하며 어둡습니다. 갈색, 탁한 붉은색, 지저분한 녹색이 주를 이룹니다. 이 심령체에는 은은하게 일렁이는 빛의 흐름이나 빠르게 변화하는 색상의 번쩍임이 없습니다. 그러나 다양한 감정은 무거운 파도처럼 나타나고, 격렬할 때는 번개처럼 번쩍입니다. 예를 들어, 성적 욕망은 탁한 진홍색 파도를 보내고, 분노는 시뻘건 번개처럼 번쩍입니다.

우리가 지금 살펴보고 있는 미성숙한 인간의 경우, 심령체는 육체보다 더 크며, 육체를 중심으로 사방으로 약 25-30cm 정도 더 넓게 퍼져 있습니다. 감각 기관의 중심부는 명확하게 구분되며 외부로부터 자극을 받을 때 활성화됩니다. 그러나 휴지기에는 생명의 흐름이 둔해지고, 심령체는 물질계나 정신계로부터 어떠한 자극도 받지 않기 때문에 졸리고 무기력한 상태가 됩니다. 이러한 상태는 자연의 어둠 또는 비활성 특성인 타마스 구나(tâmasic guna)[73]가 지배적이라는 것을 나타냅니다.

미성숙한 상태의 지속적인 특징은 활동이 내면 의식보다는 외부로부터 촉발된다는 것입니다. 만약 돌을 움직이려면 돌을 외부에서 밀어야 합니다. 식물은 빛과 수분에 이끌려 움직이며, 동물은 배고픔에 자극받을 때 활동하게 됩니다. 미성숙한 인간 역시 이와 유사한 방식으로 자극을 받아야 합니다. 정신(mind)이 어느 정도 성장해야만 비로소 주체적인 행동을 시작할 수 있습니다. 심령 감각, 즉 투시나 투청과 같이 육체적 감각 기관에 의존하지 않고 독립적으로 기능하는 것과 관련된 상위 활동의 중추들은 거의 보이지 않습니다. 참고로 이 중추들은 활동할 때 마치 살아 있는 불의 바퀴처럼 회전하는 모습을 보이기 때문에 바퀴 또는 차크라(Chakras)라고 불립니다.

영적으로 발달하지 못한 인간은 자신의 진화를 위해 모든 종류의 격렬한 감각을 필요로 합니다. 이는 본성을 일깨우고 활동하도록 자극합니다. 인간을 각성시키고 행동을 촉진하기 위해서는 외부 세계로부터 오는 즐거움과 고통, 이 두 가지 모두의 강한 충격이 필요합니다. 더 많고 격렬한 감각을 경험할수록, 즉 더 많이 느낄수록 그의 성장에 도움이 됩니다. 이 단계에서는 질보다는 양과 강도가 중요합니다.

---

73 타마스 구나(tâmasic guna): 인도의 철학체계인 세 가지 구나(Sattva, Rajas, Tamas) 중 하나로, 타마스 구나는 인간의 의식과 물질적 세계에서 게으름, 비활동, 무감각과 같은 특성을 나타내며, 영적 성장이나 에너지의 흐름을 방해하는 데 주요 역할을 한다. 보통 어둠과 무질서 상태를 상징하며, 인격 또는 우주적 존재의 낮은 진동 상태를 상징한다고도 해석된다.

이 미성숙한 인간의 도덕성은 그의 욕망(passions)에서 비롯됩니다. 아내, 자녀, 또는 친구와의 관계에서 이타심의 작은 충동은 위로 향하는 첫걸음이 될 것입니다. 이는 그의 심령체의 더 미세한 물질에 진동을 일으키고, 적절한 종류의 더 많은 에테르 원소를 그 안으로 끌어들이기 때문입니다. 심령체는 이러한 열정, 욕구, 욕망, 감정의 작용에 따라 끊임없이 그 물질을 변화시킵니다.

모든 선한 감정은 심령체의 더 미세한 부분을 강화하고, 거친 구성 요소를 일부 털어 내며, 더 미세한 물질을 끌어들이고, 이 정화 과정을 돕는 이로운 에테르 원소를 주변으로 끌어들입니다. 모든 악한 감정은 정반대의 효과를 냅니다. 거친 부분을 강화하고, 미세한 부분을 떨쳐 내며, 더 많은 거친 물질을 끌어들이고, 심령체를 퇴화시키는 과정을 돕는 원소(정령)들을 끌어들입니다.

심령체가 아직 발달하지 않은 초기 단계의 사람의 경우, 도덕적, 지적 능력은 매우 초보적인 상태입니다. 그렇기 때문에 이 단계의 심령체 형성과 변화는 대부분 그 사람 자신의 능동적인 의지나 노력에 의해서라기보다는, 외부 환경에 따른 수동적인 반응에 의해 일어난다고 볼 수 있습니다. 방금 말했듯이, 낮은 발달 단계의 특징은 사람이 내면으로부터, 그리고 정신에 의해서 움직이기보다는 외부로부터, 그리고 육체를 통해 훨씬 더 많이 움직인다는 것입니다. 사람이 욕망, 즉 외부의 끌림이나 반발에 대한 반응에 의해 움직이는 대신, 의지에 의해, 자신의 에너지에 의해, 자기 결정에 의해 움직이기 시작하는 것은 상당한 진보의 징표입니다.

수면 중에 의식을 감싸고 있는 심령체는 육체에서 빠져나와 물질 육체와 에테르체를 잠들게 합니다. 그러나 이 단계에서 의식은 심령체 안에서 깨어 있지 않습니다. 육체 안에 있는 동안 의식을 자극하는 강한 접촉이 부족하기 때문입니다. 심령체에 영향을 줄 수 있는 유일한 것은 더 거친 종류의 정령들뿐일 수 있습니다. 이들은 심령체에 진동을 일으켜 에테르 복체와 조밀한 뇌에 반영되고, 동물적인 쾌락에 대한 꿈을 유발할 수 있습니다. 심령체는 육체의 강한 인력에 붙들려 그 바로 위에 떠 있으며, 멀리 떨어져 나갈 수 없습니다.

2) 평범한 인간의 심령체

(b) 문명사회의 일반적인 도덕적, 지적 능력을 지닌 인간의 경우, 심령체는 앞서 설명한 것보다 엄청난 진보를 보입니다. 크기가 더 커지고, 그 구성 요소는 질적으로 더 균형 잡혀 있으며, 더 미세한 종류의 원소들이 존재하여 전체적으로 빛나는 특성을 띱니다. 더불어 상위 감정의 표현은 심령체를 통해 아름다운 색상의 잔물결을 일으킵니다. 그 윤곽은 이전의 경우처럼 모호하고 유동적이지 않고, 명확하고 뚜렷하며, 그 주인의 모습과 유사해집니다. 심령체는 분명히 내면의 인간을 위한 몸체가 되어 가고 있습니다. 이 심령체는 훌륭하고 명확한 구성과 안정성을 갖추고, 기능하기에 적합한 몸체로 육체와 분리되어도 스스로를 유지할 수 있습니다. 또한 뛰어난 가소성을 유지하면서

도, 어떤 압력이 제거되면 지속적으로 원래 형태로 되돌아가는 정상적인 형태를 가집니다.

심령체의 활동은 지속적이며, 따라서 끊임없는 진동 속에 있으며, 무한히 변화하는 다양한 색조를 보여 줍니다. 그리고 차크라(불의 바퀴)는 아직 작동하지는 않지만 명확하게 볼 수 있습니다. 이 부분에서 신지학을 공부하는 학생은 자연의 활동성을 지닌 라자스적 특성(라자스 구나[74])이 지배적이라는 점에 주목할 수 있을 것입니다. 심령체는 육체를 통해 전달되는 모든 접촉에 빠르게 반응하며, 내면의 의식적 존재(영혼)로부터 쏟아지는 영향에 의해 자극을 받습니다. 기억과 상상력은 심령체를 활동하도록 자극하고, 심령체가 육체에 의해서만 움직이는 것이 아니라 육체의 활동을 촉진하는 주체가 됩니다.

심령체의 정화는 이전의 경우와 동일한 방식으로 진행됩니다. 즉, 하위 원소와 반대되는 진동을 일으켜 하위 원소를 몰아내고 그 자리에 더 미세한 원소를 끌어들이는 것입니다. 그러나 이제 인간의 향상된 도덕적, 지적 발달은 심령체의 형성을 거의 전적으로 자신의 통제 하에 둡니다. 왜냐하면 인간은 더 이상 외부 자연의 자극에 의해 이리저리 휘둘리지 않고, 자신이 옳다고 생각하는 대로 추론하고, 판단하고, 저항하거나 굴복하기 때문입니다. 잘 조절된 생각을 발휘함으로

---

74 라자스 구나(rajasic guna): 역동적이고 활동적인 에너지를 상징한다. 이는 욕망, 열정, 그리고 행동을 통해 움직임과 변화를 만드는 힘을 나타낸다. 이 라자스는 개인과 세계를 변화시키는 추진력으로 작용하지만, 지나치게 발현되면 욕심, 초조함, 그리고 불균형을 초래할 수 있다. 따라서 이를 조화롭게 다루는 것이 중요하다.

써 인간은 심령체에 빠르게 영향을 줄 수 있으며, 따라서 심령체의 개선은 빠르게 진행될 수 있습니다. 마치 인간이 보기 위해 빛의 법칙을 이해할 필요가 없는 것처럼, 효과를 일으키기 위해 그 작용 방식을 반드시 이해할 필요는 없습니다.

수면 중 이 잘 발달된 심령체는 평소와 같이 육체적 외피에서 빠져나오지만, 이전의 경우처럼 육체에 갇혀 있지 않습니다. 심령체는 심령계(아스트랄계)를 돌아다니며 심령계의 흐름에 따라 이리저리 떠다닙니다. 그동안 심령체 안의 의식은 아직 그 움직임을 조절할 수는 없지만, 깨어 있는 상태로 자신의 정신적 이미지와 정신적 활동을 즐기며, 심령체를 통해 인상을 받아들이고 정신적 이미지로 바꿀 수 있습니다. 이런 식으로 인간은 육체에서 벗어나 있는 동안 지식을 얻을 수 있고, 이후에 그 지식을 생생한 꿈이나 환영으로 뇌에 각인시킬 수 있습니다. 또는 이러한 기억의 연결 고리 없이도 뇌 의식으로 스며들 수 있습니다.

3) 진보한 인간의 심령체

(c) 영적으로 발달한 인간의 심령체는 심령계 물질의 각 수준에서 가장 미세한 입자들로 구성되며, 그중에서도 상위 수준의 입자들이 양적으로 우세합니다. 따라서 심령체는 광채와 색채 면에서 아름다운 대상이며, 정화된 마음에 의해 발생하는 자극에 따라 지상에서는 알려지지 않은 색조를 드러냅니다. 이제 불의 바퀴(차크라)는 그 이름에 걸맞게 보이며, 그 소용돌이치는 움직임은 상위 감각의 활동을 나타

냅니다. 그러한 심령체는 완전한 의미에서 의식(영혼)의 운반체입니다. 왜냐하면 진화의 과정에서 모든 기관이 생기를 얻었고 그 주인의 완전한 통제하에 놓이게 되었기 때문입니다.

진보된 사람이 물리적 육체를 떠나 심령체에 있어도 그 의식에는 단절이 없습니다. 그저 (더 무거운) 물질적 껍질을 벗겨 낼 뿐이며, 그 결과 진보된 사람은 무거운 육체의 짐으로부터 벗어날 뿐입니다. 이제 그 사람은 심령계 안에서 어디든 무한한 속도로 이동할 수 있으며, 더 이상 육체가 가진 물리적 한계에 얽매이지 않습니다.

진보된 사람의 몸은 그의 의지와 생각에 매우 민감하게 반응하여 이를 정확히 따릅니다. 이러한 사람은 인류를 위해 봉사할 수 있는 기회가 극적으로 늘어나며, 그의 능력은 미덕과 자비에 의해 자연스럽게 이끌리게 됩니다. 진보된 사람의 심령체는 거친 입자를 포함하지 않으므로 저급한 욕망이나 충동에 영향을 받지 않습니다. 따라서 그러한 욕망은 진보된 존재를 매력적이지 않게 느껴 서서히 멀어지게 됩니다. 이처럼 진보된 사람의 몸 전체는 오로지 고차원적인 감정에만 반응하고 진동하며, 그의 사랑은 깊은 헌신으로 꽃피우고, 그의 에너지는 한결같은 인내로 조화롭게 다스려집니다. 이렇게 온화하고, 차분하며, 평온하고, 강력하지만 불안이나 초조함이 전혀 없는 사람에게는 '모든 초자연적 능력들(Siddhis)[75]'이 그 진보된 사람을 섬기기

---

75 싯디(Siddhis): 영적 수행을 통해 얻어지는 초자연적 능력. 투시, 텔레파시, 공중 부양, 치유 등이 포함되지만, 신지학에서는 싯디에 집착하는 것을 경계하며, 자아 초월과 신성과의 합일을 궁극적인 목표로 삼아야 한다고 가르친다.

위해 준비되어 있습니다. 이는 이 진보된 사람의 본성이 희열과 순수함으로 가득한 '사트바 구나[76]'의 상태에 있음을 의미합니다.

4) 심령체의 구성과 역할

심령체는 의식과 물리적 뇌 사이의 간극을 이어 주는 다리 역할을 합니다. 우리가 본 바와 같이, 감각 기관이 받아들인 충격은, 조밀한 에테르 중추로 전달되고, 거기서 상응하는 심령 중추로 전달됩니다. 여기서 충격은 에테르 원소에 의해 작용하여 감정으로 변형된 다음, 의식의 대상으로 내면의 인간(영혼)에게 제시되며, 심령 진동은 정신체의 물질에서 상응하는 진동을 일깨웁니다. ("정신계"에 관한 5장을 참조하십시오.)

영-물질의 이러한 점진적인 미세화 단계를 통해, 우리가 일상생활에서 오감을 통해 경험하는 다양한 물리적 자극들은 의식적 존재(영혼)에게 전달될 수 있습니다. 그리고 반대로, 의식적 존재의 생각에 의해 생성된 진동은 동일한 다리를 따라 물리적 뇌로 전달되어 정신적 진동에 상응하는 물리적 진동을 유발할 수 있습니다. 이것이 바로 의식이 외부로부터 인상을 받고, 다시 외부로 인상을 보내는 규칙적이고 정상적인 방식입니다. 이러한 진동의 끊임없는 소통으로 심령체는 발달합니다. 즉, 내부와 외부로부터의 흐름이 심령체에 영향을 미쳐 변화를 일으켜 심령체의 조직을 진화시키고 전반적인 성장을 돕습니다.

---

76 사트바 구나(sâttvic guna): 삼중 구나 중 가장 조화롭고 균형 잡힌 상태로, 순수함, 지성, 고요함, 그리고 덕성을 나타내는 속성. 이 속성이 지배적인 존재는 평화롭고 지혜로우며 영적으로 성숙한 경향을 보인다.

이를 통해 심령체는 더 커지고, 더 미세한 질감을 가지게 되며, 더 명확한 윤곽을 갖추고, 내부적으로 더 발달하게 됩니다. 이처럼 의식에 반응하도록 훈련된 심령체는 점차 의식의 독립적인 몸체로 기능하기에 적합해지며, 심령계로부터 직접 받은 진동을 의식에 명확하게 전달할 수 있게 됩니다. 아마 여러분 대부분은 어떤 일이 일어날 것 같은 예감이 들었는데 얼마 지나지 않아 정말로 그 일이 일어나는 것을 경험해 보았을 것입니다. 이것은 우리가 단순히 육체적인 감각(예를 들어, 보거나, 듣거나, 만지는 것)을 통해서만 세상을 인식하는 것이 아니라, 그 이상의 어떤 미묘한 방식으로 정보를 받아들이고 있다는 것을 보여 줍니다. 이러한 현상은 종종 심령체가 직접 외부로부터 자극을 받아 의식에 전달하는 경우에 발생합니다. 그리고 이러한 자극은 미래에 일어날 일을 미리 보여 주는 예지몽과 같은 성격을 띠는 경우가 많으며, 곧 사실로 밝혀지곤 합니다.

인간이 영적으로 많이 성장하게 되면, 비록 개인의 다른 조건에 따라 그 단계는 천차만별이지만, 육체와 심령체, 그리고 심령체와 정신체 사이에 연결 고리가 형성됩니다. 이를 통해 의식은 한 상태에서 다른 상태로 끊김 없이 작용할 수 있게 됩니다. 일반적인 사람들은 한 차원에서 다른 차원으로 넘어갈 때 무의식 상태를 겪지만, 영적으로 성장한 사람은 기억이 단절되지 않습니다. 또한, 육체에 머무르는 동안에도 심령 감각을 자유롭게 사용할 수 있게 되어, 확장된 인지 능력을 깨어 있는 의식 상태에서도 활용할 수 있습니다. 이전에는 믿음의 영역에 속했던 것들이 영적으로 성장하면 지식의 영역으로 들어오게 되며, 보이지 않는 세계의 하위 영역에 대한 신지학적 가르침의 정확성을 직접 검증할 수 있게 됩니다.

인간을 생명 발현의 여러 양상, 즉 "원리"로 분석할 때, 인간의 하위 네 가지 원리, 즉 "*하위 사중체[77]"는 심령계와 물질계에서 기능합니다. 네 번째 원리는 카마(Kâma), 즉 욕망이며, 이는 심령체 안에서 나타나고 심령체에 의해 조건 지어지는 생명입니다. 카마는 감각의 초보적인 형태, 복잡한 형태의 감정, 또는 그 사이에 있는 어떤 단계에서든, 느낌이라는 속성을 특징으로 합니다. 이는 욕망, 즉 *개체적 자아[78]에게 즐거움이나 고통을 주느냐에 따라 대상에 끌리거나 밀려나는 것으로 요약됩니다. 세 번째 원리는 프라나(Prâna)로, 육체의 유지를 위해 특화된 생명입니다. 두 번째 원리는 에테르체이고, 첫 번째 원리는 물질 육체입니다. 이 세 가지는 물질계에서 기능합니다.

이러한 관점을 취하면, 우리는 유일한 생명, 즉 유일한 자아가 인간으로 현현하며, 그에게 생명을 불어넣는 여러 몸체들이 부과하는 조건에 따라 다양하고 일시적인 차이를 보인다는 웅장한 철학적 개념을 얻게 됩니다. 자아 자체는 그 중심에서 동일하게 유지되지만, 외부

---

[77] 하위 사원리(Lower Quaternary): **하위 사중체**라고도 하며 인간의 일시적인 개체적 자아를 구성하는 네 가지 구성 원리, 즉 1) 하위 마나스(정신체), 2) 카마(심령체), 3) 링가 샤리라(에테르체), 4) 스툴라 샤리라(육체)를 통칭하는 용어이다.

[78] 개체적 자아(personality): 개체적 자아를 일시적인 자아, 즉 육체, 감정, 하위 정신으로 이루어진, 매 생애마다 새롭게 형성되는 자아이다. 윤회를 거듭하며 영원히 존재하는 진정한 자아는 상위 자아(the higher ego)라고 부른다.

에서 볼 때는 특정 몸체를 구성하는 물질의 종류에 따라 각기 다른 양상을 드러냅니다.

유일한 생명은 육체 안에서는 에너지 공급, 제어, 통합의 역할을 하는 프라나로 나타납니다. 심령체 안에서는 느끼고, 즐기고, 고통받는 카마, 즉 욕망으로 나타납니다. 우리가 더 높은 차원으로 나아감에 따라, 이 유일한 생명이 또 다른 측면으로 나타나는 것을 발견하게 될 것입니다. 하지만 그 근본적인 개념은 모든 차원에서 동일하게 유지됩니다. 이것은 신지학의 또 다른 핵심 개념 중 하나이며 이 개념을 확고히 이해한다면 복잡하게 얽혀 있는 다차원 우주를 이해하는 길잡이가 될 것입니다.

제4장
사후 정화의 여정, 카마로카

욕망의 거울 카마로카

문자 그대로 욕망의 장소를 의미하는 카마로카는 이미 언급했듯이 심령계의 일부입니다. 카마로카는 심령계와 별개의 영역으로 나뉘어 있는 것이 아니라, 카마로카에 속한 존재들의 의식 상태에 따라 구분됩니다. 힌두교에서는 이 상태를 '프레타로카(Pretaloka)', 즉 프레타(Preta)의 거주지라고 부릅니다. 프레타는 육체를 잃었지만 여전히 동물적 본성의 껍질에 얽매여 있는 존재를 가리킵니다. 프레타는 동물적 본성인 욕망체(심령체)가 분해될 때까지 그 외피 안에 갇혀 있습니다.

이들은 죽음으로 육체를 잃은 인간이며, 진정한 인간, 즉 인간 영혼(soul)이 행복하고 평화로운 삶으로 나아가기 전에 정화의 과정을 거쳐야 합니다. 여기서 영혼은 인간의 지성이며, 인간 내면의 신성한 영(Divine Spirit)과 인간의 하위 개체적 자아를 이어주는 연결 고리입니다. 영혼은 진화를 통해 발전하는 *참자아(Ego)[79], 개인, 즉 "나"입니다. 신지학 체계의 용어로, 영혼은 생각하는 존재(Thinker)인 *마나스

---

79 참자아(Ego)는 단순한 '자아'를 넘어선, 더 높고 진정한 자아를 의미한다. 이는 개별 영혼의 불멸하는 부분으로, 여러 생애에 걸쳐 윤회하며 경험과 지혜를 축적하는 자아(영혼)이다.

(Manas)[80]입니다. 정신(mind)은 이 마나스의 에너지로, 육체적 뇌, 또는 심령체와 정신체의 한계 내에서 작동합니다.

카마로카 영역은 다양한 지옥, 연옥 및 중간 상태에 존재하는 것으로 묘사된 상태를 나타냅니다. 모든 위대한 종교는 이 영역이 인간이 육체를 떠난 후 "천국"에 도달하기 전에 일시적으로 거주하는 곳이라고 주장합니다. 하지만 일부 좁은 종교인들이 믿고 있는 영원한 지옥은 무지, 증오, 두려움의 악몽일 뿐입니다. 영원한 고통의 장소는 존재하지 않습니다. 그러나 이 영역에는 일시적이고 정화적인 성격의 고통스러운 상태, 즉 지상 생활에서 그 고통을 경험하는 사람이 일으킨 원인의 결과는 그대로 존재합니다. 이러한 카마로카에서의 고통은, 원인과 결과의 법칙, 즉 카르마(Karma)의 법칙이 작용한 결과입니다. 우리가 뿌린 대로 거둔다는 말처럼, 지상에서의 삶에서 행한 행동의 결과는 피할 수 없이 따라옵니다. 이는 마치 이 세상에서 잘못된 행동이 그에 상응하는 결과를 낳는 것과 같습니다. 죽음은 인간의 도덕적, 정신적 본성을 변화시키지 않습니다. 육체는 사라지지만, 그 사람의 생각, 감정, 욕망, 즉 그 사람을 이루는 본질은 그대로 남아 다음 생, 혹은 카마로카로 이어집니다.

카마로카의 상태는 심령계의 각 하위 영역(subdivision)과 일치하므

---

80 생각하는 존재/마나스(Thinker/Manas): 사고하고 추론하는 능력을 지닌, 지성적 자아이자, 상위 마나스와 하위 마나스를 아우르는 인간의 정신적 원리이다.

로 7개의 영역을 가지고 있습니다. 우리는 가장 낮은 곳에서 시작하여 위쪽으로 올라가면서 첫 번째, 두 번째, 세 번째 그리고 일곱 번째 영역으로 나눌 수 있습니다. 종종 이러한 영역은 반대 방향으로 계산되기도 하는데, 첫 번째를 가장 높은 곳으로, 일곱 번째를 가장 낮은 곳으로 간주합니다. 어느 쪽에서부터 숫자를 세든 상관없습니다. 하지만 본문에서는 차원(planes) 및 원리(aspect)와의 일치를 유지하기 위해 아래에서 위쪽으로 계산하는 방식을 택하겠습니다.

카마로카는 심령계의 여러 하위 영역으로 이루어져 있으며, 각 영역은 심령계 물질의 미세함과 조밀함, 즉 밀도에서 차이가 납니다. 카마로카에 머무는 존재(영혼)를 감싸고 있는 심령체의 밀도에 따라, 그 존재가 속하게 되는 영역이 결정됩니다. 이러한 심령체를 구성하는 심령 물질의 차이가 한 영역에서 다른 영역으로의 이동을 막는 장벽이 됩니다. 예를 들어 첫 번째 영역에 존재하는 사람들은 두 번째 영역에 존재하는 사람들과 접촉할 수 없는데, 이는 마치 심해어가 독수리와 대화를 나눌 수 없는 것과 같습니다. 한쪽 생명체에게 필수적인 환경은 다른 쪽 생명체의 생존을 위협하기 때문입니다.

죽음 이후의 과정

육체가 죽음을 맞이하면, 프라나(Prâna)를 지닌 에테르체는 나머지 모든 원리(Aspect)들(심령체, 정신체, 원인체 등)을 동반하고 "육체의 장막"이라고 불리는 겉몸으로부터 분리됩니다. 밖으로 향하던 모든 생명 에너지는 안으로 거두어지고, 프라나에 의해 "모아집니다". 이 에너지가 떠나면서 육체 감각 기관은 둔해집니다.

육체의 감각 기관은 손상되지 않고, 온전하며, 이전과 같이 기능할 준비가 되어 있습니다. 그러나 그 안에서 보고, 듣고, 느끼고, 냄새 맡고, 맛보던 "내면의 지배자"가 떠나려 합니다. 이 감각 기관들은 이제 그저 살아 있는 물질의 집합일 뿐, 지각 능력을 상실한 상태입니다. 육체의 지배자는 보랏빛 회색의 에테르체에 감싸인 채, 천천히 육체로부터 멀어집니다. 그리고 죽음의 순간에 자신 앞에 펼쳐지는 지난 삶의 파노라마를 깊이 응시하며 몰입합니다.

그 생애의 파노라마 속에는 크고 작은 모든 사건들이 담겨 있습니다. 자신의 야망과 그 성공 또는 좌절, 노력, 승리, 실패, 사랑, 증오를 봅니다. 삶 전체를 지배했던 경향성이 분명하게 드러나고, 삶을 이끌었던 주된 생각이 스스로를 영혼에 깊이 각인시켜, 죽음 이후 존재의 대부분을 보내게 될 영역을 결정합니다.

인간이 자신의 삶과 마주하는 순간은 엄숙합니다. 이 과정의 사람은 자신의 과거로부터 미래에 대한 예언을 듣습니다. 잠시 동안 그 사람은 자신의 진정한 모습을 보며, 삶의 목적을 깨닫고, 법칙이 강하고 공정하며 선하다는 것을 알게 됩니다. 그런 다음 물질 육체와 에테르체 사이의 자기적 연결 고리가 끊어져 분리됩니다. 그리고 특별한 경우를 제외하고, 인간은 평화로운 무의식 상태에 빠져듭니다.

죽어 가는 육체 주위에 모인 모든 사람들은 경건하고 조용한 태도를 유지해야 합니다. 그래야 떠나는 사람이 엄숙한 침묵 속에서 자신의 과거를 방해받지 않고 회고할 수 있습니다. 큰 소리로 슬퍼하고, 큰 소리로 통곡하는 것은 영혼의 집중된 주의를 방해하고 산만하게 만들 뿐입니다. 개인적인 상실의 슬픔으로 그를 돕고 달래는 고요함을 깨뜨리는 것은 이기적이고 무례한 행동입니다. 종교가 죽어 가는 사람을 위해 기도하라고 지시한 것은 현명합니다. 기도는 평온함을 유지하고 죽어 가는 사람을 돕고자 하는 이타적인 열망을 불러일으키기 때문입니다. 그리고 이러한 기도는 모든 사랑의 생각과 마찬가지로 그를 보호하고 지켜 줍니다.

죽음 이후 일반적으로 36시간이 지나면, 영혼은 에테르체에서 빠져나오게 됩니다. 이 의식이 빠져나온 에테르체는 육체와 마찬가지로 의식이 없습니다. 이 의식이 빠져나온 에테르체는 물질 육체 근처에 머물며 그 운명을 공유합니다. 만약 물질 육체가 매장되면, 에테르 복체는 무덤 위를 떠다니며 서서히 분해됩니다. 많은 사람이 묘지에서 느끼는 불쾌한 감정은 대부분 이러한 부패하는 에테르체의 존재 때문입니다. 만약 육체가 화장되면, 에테르체는 그 중심, 즉 물리적 인력의 중심을 잃고 빠르게 분해됩니다. 이것이 시신을 처리하는 방법으로 매장보다 화장이 바람직한 여러 이유 중 하나입니다.

인간(영혼)이 에테르체에서 빠져나올 때, 프라나(Prâna) 역시 에테르체로부터 분리되어 보편적인 생명의 거대한 저장소로 돌아갑니다. 한편, 이제 카마로카로 들어갈 준비가 된 인간은 심령체의 재배열을 거치게 됩니다. 이는 인간 스스로를 자유롭게 하기 위해 필요한 정화의 변화를 겪기에 적합하도록 만드는 과정입니다. 이러한 변화의 결과로 힌두교에서 야타나(Yâtanâ), 즉 고통받는 몸이라고 불리는 것이 형성됩니다. 혹은 심령체에 거친 물질이 우세한 매우 사악한 사람들의 경우, 드루밤(Dhruvam), 즉 강한 몸이 형성됩니다.

지상에서의 삶 동안, 다양한 종류의 심령 물질은 육체의 고체, 액체, 기체, 에테르처럼 서로 섞여 심령체를 구성합니다. 사후 심령체 배열의 변화는 이러한 물질들이 각각의 밀도에 따라 일련의 동심원 껍질, 즉 가장 미세한(fine) 것은 안쪽에, 가장 거친(dense) 것은 바깥쪽에 배열되는 형태로 나타납니다. 각 껍질은 심령계의 한 영역에서만 가져온 물질로 만들어집니다. 따라서 심령체는 일곱 개의 겹친 층, 즉 일곱 겹의 껍질로 둘러싸인 심령계 물질의 집합체가 됩니다. 이 일곱 겹에 갇힌 인간(영혼)은 이 껍질들이 분해되어야 자유로워질 수 있다고 할 수 있습니다. 이제 지상에서의 삶 동안 심령체를 정화하는 것의 얼마나 중요한지를 알 수 있습니다. 인간은 카마로카의 각 영역에 해당하는 물질로 이루어진 껍질이 충분히 분해되어 다음 영역으로 넘어갈 수 있을 때까지 그 영역에 머물러야 합니다.

게다가, 각 종류의 물질 속에서 그의 의식이 어느 정도까지 작용했는지에 따라, 그가 특정 영역에서 깨어 의식적인 상태로 있을지, 아니면 "장밋빛 꿈에 휩싸여" 무의식 상태로 통과할지가 결정됩니다. 무의식 상태로 통과하는 경우, 단지 기계적인 분해 과정에 필요한 시간 동안만 그 영역에 머무르게 됩니다.

영적으로 매우 진보한 사람은 자신의 심령체를 정화하여 심령 물질의 각 영역에서 가장 미세한 등급의 물질만으로 구성되도록 만들었습니다. 이러한 사람은 카마로카를 지체 없이 통과하며, 심령체는 극도로 빠르게 분해됩니다. 그리고 진화 단계에 따라 자신의 목적지를 향해 나아갑니다. 그보다는 덜 진보했지만 순수하고 절제된 삶을 살았고, 욕망에 집착하지 않은 사람은 카마로카를 비교적 빠르게 통과합니다. 그리고 그 정신체의 심령 껍질에서 차례로 분리되는 동안 그 사람은 주변을 의식하지 못한 채 평화롭게 꿈을 꾸며 천상의 영역에 도달했을 때 깨어날 것입니다.

이들보다 의식이 덜 발전한 사람들은 지상의 삶 동안 의식 진동이 활발하게 작용했던 영역에서 자연히 깨어납니다. 이것은 육체가 없더라도 심령체를 통해 직접 전달되는 익숙한 자극을 받아 의식이 깨어나기 때문입니다. 동물적인 욕망 속에서 살아온 사람들은 자신의 욕망에 상응하는 영역에서 깨어나게 되며, 말 그대로 각자 "자신에게 맞는 장소"로 가게 됩니다.

사고, 자살, 살인, 또는 어떤 형태의 갑작스러운 죽음으로 인해 육체적 생명을 잃은 사람들의 경우는 질병이나 노화로 인해 생명 에너지가 고갈되어 사망한 사람들과는 다릅니다. 만약 급사한 사람이 순수하고 영적으로 성숙한 사람들이라면 특별한 보호를 받으며, 남은 자연 수명만큼 행복한 잠을 자게 됩니다. 그러나 그렇지 않은 경우, 그 급사한 사람은 의식을 유지한 채 종종 지상에서의 마지막 순간에 갇혀 자신이 육체를 잃었다는 사실조차 모른 채, 심령체의 가장 바깥층과 연결된 영역에 머물게 됩니다. 이 갑작스러운 죽음을 겪은 사람들은 정상적인 카마로카 생활은 지상에서의 자연스러운 삶의 흐름이 끝날 때까지 시작되지 않으며, 그들은 심령계와 물질계 양쪽의 주변 환경을 생생하게 인식합니다.

H. P. 블라바츠키의 스승 중 한 분에 따르면, 살인을 저지르고 처형된 한 남자는 카마로카에서 살인 장면과 그 이후의 사건들을 계속해서 반복해서 경험하고 있다고 합니다. 그 처형된 남자는 자신의 극악무도한 행동을 끊임없이 되풀이하고 체포와 처형의 공포를 겪고 있습니다.

자살자는 자살 직전에 느꼈던 절망과 두려움의 감정을 자동적으로 반복하며, 소름 끼치도록 끈질기게 자살 행위와 죽음의 고통을 반복해서 겪습니다. 공포에 질려 필사적으로 탈출하려다 불길 속에서 사망한 한 여성은 격렬한 감정이 휘몰아치듯이 느꼈고 5일이 지난 후에도 여전히 자신이 불길 속에 있다고 생각했습니다. 그녀는 필사적으로 몸부림치며 진정시키려는 모든 노력을 거부했습니다. 반면, 또 다른 여성은 아기를 품에 안고 격렬한 폭풍 속에서 물속으로 가라앉았습니다. 하지만 그녀는 마음은 평온하고 사랑이 가득 차 있었기에, 죽음의 저편에서 평화롭게 잠들어 남편과 아이들에 대한 행복한 꿈을 꾸었습니다.

이보다 일반적인 경우에도 사고로 인한 죽음은 여전히 불리한 상황입니다. 왜냐하면 지상과 밀접하게 관련된 카마로카의 하위 영역에서 완전한 의식을 소유하는 것은 많은 불편함과 위험을 수반하기 때문입니다. 이런 사고사들은 어떤 심각한 원인이 있어 발생하는데 이 원인은 반드시 현생에서 저지른 원인은 아닙니다. 이와 관련된 인과 법칙은 제10장 "카르마"에서 설명하겠습니다.

계속해서 이 갑작스러운 사고로 육체를 잃은 사람은 자신의 삶을 구성했던 모든 계획과 관심으로 가득 차 있으며, 그 자신과 관련된 사람들과 사물의 존재를 의식합니다. 그 사람은 자신의 열정과 감정이 여전히 집착하는 일들에 영향을 미치고자 하는 갈망에 거의 저항할 수 없을 정도로 이끌리며, 물질 육체를 잃어버렸음에도 불구하고 여전히 지상에 묶여 있습니다. 그 사람의 평화를 위한 유일한 희망은 지상에 대한 관심을 단호하게 끊고 더 높은 것에 마음을 고정하는 데 있습니다. 하지만, 심령계에서 활동하는 조력자[81]들, 즉 이 세상을 떠난 사람들을 돕고 인도하는 의무를 지닌 이들의 도움을 항상 받더라도, 이러한 노력을 할 수 있을 만큼 강한 사람은 극소수에 불과합니다.

이러한 고통을 겪는 인간들은 무력한 상태에 조급해하며, 소통이 가능한 영매의 도움을 구하여 다시 지상의 일에 관여하는 경우가 너무나 많습니다. 그래서 갑작스러운 사고로 육체를 잃은 사람들은 때때로 자신의 목적을 위해 다른 사람의 몸을 이용하고자 적당한 영매에게 빙의하려고 하며, 이는 미래에 많은 책임을 초래합니다. 영국의 성직자들이 "전쟁, 살인, 그리고 갑작스러운 죽음으로부터, 선하신 주님, 우리를 구하소서"라고 기도하도록 배운 것은 이런 오컬트적인 이유가 있는 것입니다.

영혼의 중간 여정, 카마로카

이제 카마로카의 각 영역(division)을 하나씩 살펴보면서, 인간이 지상의 삶 동안 키워 온 욕망을 통해 사후 중간 상태에서 스스로에게 어떠한 환경 조건을 만들어 놓았는지 알아볼 수 있습니다. 이때, 특정 "껍질"의 생명력의 양, 즉 그 껍질에 갇혀 있는 기간은 지상에서의 삶 동안 그 껍질을 구성하는 종류의 심령 물질에 투입된 에너지의 양에 따라 결정된다는 점을 명심해야 합니다.

---

81 보이지 않는 구원자(조력자): 이 조력자들은 인류를 인도하고 돕는 위대한 스승들의 제자이며, 이러한 도움이 필요한 영혼들을 돕는 특별한 임무를 수행한다.

만약 가장 저급한 욕망이 활발하게 작용했다면, 가장 거친 물질이 강하게 활성화되고 그 양 또한 상대적으로 많아질 것입니다. 이 원리는 모든 카마로카 영역에 적용되므로, 인간은 지상에서의 삶 동안 죽음 직후의 저편에서 자신이 준비하고 있는 미래에 대해 꽤 공정하게 판단할 수 있습니다.

1) 지옥의 풍경

첫 번째, 가장 낮은 (1)영역은 수많은 힌두교 및 불교 경전에서 다양한 종류의 "지옥"으로 묘사된 상태를 포함합니다. 이곳에 들어간 존재는 자신을 그곳으로 이끈 욕정과 사악한 욕망을 없애는 것이 아님을 이해해야 합니다. 이러한 욕망은 인격의 일부로서 정신 속에 잠재된 씨앗의 상태로 존재하며, 지상에 다시 태어날 때 욕망적인 본성을 형성하기 위해 다시 활성화됩니다. (제8장 "영혼의 탄생과 윤회" 참조) 망자가 카마로카의 가장 낮은 영역에 존재하게 된 이유는 욕망(kâmic) 몸체 즉 심령체가 해당 영역에 속하는 물질로 구성되어 있기 때문입니다. 그래서 망자의 욕망(심령)체에서 1영역의 물질이 떨어져 나가, 심령체의 1영역의 껍질이 충분히 분해될 때까지 이 영역에 갇혀 있게 됩니다.

가장 낮은 첫 번째 영역은 암울하고, 무겁고, 황량하며, 상상할 수 없을 정도로 억압적입니다. 이곳은 선에 가장 적대적인 모든 영향으로 가득 차 있는 것처럼 보이는데, 실제로도 그렇습니다. 이는 카마로카의 최하위 영역의 존재들의 사악한 욕망으로 인해 이 황량한 곳으로 오게 된 사람들에 의해 만들어진 것입니다. 우리가 몸서리치는 모든 욕망과 감정은 여기에서 표현을 위한 재료를 찾습니다. 이곳은 사실상 가장 저급한 빈민가이며, 육체적인 시야에서 가려진 모든 공포가 그 추악한 모습을 그대로 드러내고 있습니다. 심령계에서는 인격이 형상으로 표현됩니다. 악한 욕망으로 가득 찬 인간은 그 모든 것을 외형으로 드러낸다는 사실은 이곳의 혐오스러움을 더욱 증가시킵니다. 짐승 같은 욕망은 심령체를 짐승의 형상으로 만들고, 혐오스러운 동물의 형상을 한 몸체는 잔인해진 사람에 어울리는 옷입니다.

심령계에서는 누구도 위선자가 될 수 없으며, 추악한 생각을 겉모습으로 포장해서 감출 수 없습니다. 어떤 사람이든 그 본성이 외적인 형상과 겉모습으로 그대로 나타납니다. 그의 정신(mind)이 고귀하다면 아름다움으로 빛나고, 그의 본성이 더럽다면 혐오스러움으로 가득 차 보입니다. 그렇다면 붓다와 같이 모든 세계를 꿰뚫어 보는 통찰력을 지닌 스승들이 이 지옥에서 본 것을 끔찍한 이미지의 생생한 언어로 묘사한 이유를 쉽게 이해할 수 있을 것입니다.

이러한 묘사를 현대 독자들이 믿을 수 없다고 여기는 이유는, 일단 물질계에서 벗어나면 모든 영혼은 자신의 본성이 형체로 구현되어 실제로 그 자신이 어떤 존재인지 있는 그대로 드러난다는 사실을 잊어버리기 때문입니다. 이 물질계에서도 타락하고 사악한 사람은 세월이 흐를수록 자신의 얼굴을 매우 혐오스러운 모습으로 빚어냅니다. 그렇다면 심령 물질이 그 사람의 범죄적 욕망의 모든 충동에 따라 형체를 취할 때, 그 사람이 끔찍한 형상을 취하고 변화무쌍한 혐오스러운 요소들을 띠게 되는 것 말고 무엇을 기대할 수 있겠습니까?

이 가장 낮은 영역(지옥)에서 존재하는 자들은 인류의 가장 밑바닥, 즉 살인자, 폭력배, 모든 유형의 강력 범죄자, 술주정뱅이, 방탕한 자, 인류 중 가장 사악한 자들로 구성된다는 것을 기억해야 합니다. 잔인한 범죄, 고의적이고 지속적인 잔혹 행위를 저질렀거나 사악한 욕망에 사로잡힌 자들을 제외하고는, 이곳에서 깨어 있는 의식을 가진 채 이곳에 있는 사람은 없습니다. 더 나은 부류에 속하지만, 잠시 이곳에 갇힐 수 있는 유일한 사람들은 자살자, 즉 자신이 저지른 범죄에 대한 지상의 처벌을 피하기 위해 자살을 시도했지만, 오히려 그 교환으로 자신의 상황을 악화시킨 사람들입니다. 물론 모든 자살자가 여기에 속하는 것은 아닙니다. 자살은 다양한 동기에서 비롯되지만, 여기에는 범죄로 이어지고 그 결과를 피하기 위해 저지른 자살자들만 해당됩니다.

암울한 환경과 혐오스러운 동료들을 제외하면, 지옥의 모든 사람은 자신의 불행을 즉각적으로 만들어 내는 창조자입니다. 육체라는 베일이 사라진 것을 제외하고는 변하지 않은 채, 가장 낮은 영역의 사람들은 자신의 욕망을 본연의 추악함과 적나라한 잔인성으로 드러냅니다. 맹렬하고 만족할 줄 모르는 욕망, 복수심, 증오로 가득 찬 그들은 더 이상 육체 기관이 없기에 즐길 수 없는 육체적 탐닉을 갈망하며 들끓습니다. 이 암울한 영역을 분노에 차 맹렬하게 돌아다니며, 지상의 모든 추악한 장소, 즉 사창가와 술집 주변에 몰려들어 그곳에 있는 사람들을 수치스럽고 폭력적인 행동으로 자극하고, 그들에게 씌어(빙의하여) 더 심한 악행으로 몰아넣을 기회를 찾습니다.

그러한 장소 주변에서 느껴지는 역겨운 분위기는 대체로 이러한 지상에 묶인 심령계 존재들, 즉 추악한 욕망과 불결한 갈망을 내뿜는 존재들로부터 비롯됩니다. 영매는, 매우 순수하고 고귀한 성품이 아니라면, 특히 심령계의 최하위 존재들의 공격의 대상이 됩니다. 너무나 자주, 자신의 육체를 다른 육체 없는 영혼의 일시적인 거주지로 수동적으로 내어줌으로써 더욱 약해진 영매들은 이러한 심령계의 최하위의 존재들에게 빙의되고, 방탕함이나 광기에 빠지게 됩니다.

앞서 말했듯이, 처형된 살인자들은 공포와 격렬하고 복수심에 가득 찬 증오에 사로잡혀 자신의 범죄를 반복해서 행하고 그 끔찍한 결과를 정신적으로 재현하며, 잔혹한 생각-에너지체로 자신을 둘러쌉니다. 카마로카의 최하위의 존재들은 복수심과 폭력적인 계획을 품고 있는 사람에게 이끌려 그가(복수를 하려는 사람) 골똘히 생각하는 행동을 실제로 저지르도록 부추깁니다. 때때로 어떤 사람은 자신이 살해한 피해자에게 끊임없이 쫓기는 모습을 보이기도 하는데, 아무리 벗어나려 애써도 끈질기게 따라붙는 유령 같은 존재로부터 결코 벗어날 수 없습니다. 살해된 사람은, 그 자신도 매우 저급한 부류가 아니라면, (죽음 이후 카마로카에서) 대개 무의식 상태에 빠져 있습니다. 살아있을 때 겪은 끔찍한 경험에 대한 기억이나 감정 없이, 그저 본능적인 행동처럼 끈질기게 살인자를 따라다니는 이러한 무의식적인 추적은, (보는 이에게) 새로운 차원의 공포를 더하는 것처럼 보입니다.

여기에는 생체 해부자의 지옥도 있습니다. 잔인함은 심령체에 가장 거친 물질과 가장 혐오스러운 심령계 물질의 조합을 끌어들이기 때문입니다. 이러한 사람들은 자신이 절단한 희생자들의 몰려드는 형체들 속에서 살아갑니다. 이 형체들은 동물의 영혼이 아니라 에테르 원소의 생명에 의해 활성화된 존재들로서 이들은 고통으로 울부짖고, 떨며, 비명을 지르며 분노로 가득 찬 채 그 고통을 가한 자를 향해 증오를 뿜어냅니다. 그 사람은 지상에서 행했던 끔찍한 생체 해부 실험을 마치 꼭두각시처럼 끊임없이 반복합니다. 그 과정에서 발생하는 모든 공포를 생생하게 느끼지만, 살아 있을 때 형성된 잔혹한 습관과 카르마의 힘에 의해, 벗어날 수 없는 고통스러운 행위를 반복하며 스스로를 고문하는 굴레에 갇히게 됩니다.

이러한 암울한 영역을 떠나기 전에 우리가 다시금 기억해야 할 점은, 이 모든 것이 외부의 누군가의 독단적 처벌에 의해 가해지는 것이 아닙니다. 각각의 개인이 스스로 만들어 낸 원인들의 필연적인 결과라는 것입니다. 육체를 가지고 살던 삶 속에서 그들은 가장 추악한 충동에 굴복하며 그 충동에 반응하는 물질만을 심령체 안에 끌어들였고, 이러한 물질들로 자신만의 심령체를 "구축"했기 때문입니다. 이 자가 형성한 심령체는 결국 영혼의 감옥이 되며, 이 감옥이 해체되어야만 비로소 영혼은 그 속에서 벗어날 수 있습니다.

알코올중독자가 물질계에서 술에 절은 혐오스러운 육체로 살아가야만 하는 것처럼, 그 사람은 그곳에서도 그만큼 혐오스러운 심령체로 살아가야만 합니다. 뿌린 씨앗은 그 종류에 따라 거두어집니다. 이것은 모든 우주에 적용되는 법칙이며, 누구도 피할 수 없습니다. 사실 그곳에서의 심령체는, 그 사람이 지상에 살면서 자신의 심령체에서 나오는 악취로 주변을 오염시켰을 때보다 더 혐오스럽거나 끔찍한 것은 아닙니다. 그러나 지상의 사람들은 일반적으로 심령적으로 눈이 멀어 그 추악함을 인식하지 못합니다.

더 나아가, 우리는 이러한 불행한 형제들을 보면서 1영역에 존재하는 망자들의 고통이 단지 일시적인 것이며 영혼의 삶에 꼭 필요한 가르침을 주고 있다는 사실을 기억하며 위안을 얻을 수 있습니다. 그들은 카마로카에서 생전에 외면했던 우주의 법칙을 고통스러운 경험을 통해 절감하게 됩니다. 지상에서 자신의 행동이 어떤 결과를 초래하는지 깨닫고, 욕망과 격정에 휩쓸려 살았던 삶이 결국 자신에게 불행을 가져다준다는 것을 뼈저리게 배웁니다. 이처럼 카마로카에서의 경험은, 지상에서 배우지 못했던 교훈을 강제적으로 가르치는 혹독한 학교와 같습니다. 그리고 이 교훈은 그들이 악한 성향을 완전히 버리고 더 높은 존재로 거듭날 때까지, 다음 생애에서도 계속해서 반복될 것입니다. 우주의 가르침은 혹독하지만, 결국에는 자비로운 것입니다. 왜냐하면 우주의 가르침은 영혼의 진화로 이어지고 영혼이 불멸을 얻도록 인도하기 때문입니다.

2) 물질계의 그림자 영역

이제 좀 더 쾌활한 영역으로 넘어가 보겠습니다. 심령계의 두 번째 영역은 물질계의 심령적 복제(astral double)라고 할 수 있습니다. 왜냐하면 모든 사물과 많은 사람들의 심령체가 주로 이 심령계 영역에 속하는 물질로 구성되어 있기 때문입니다. 그러므로 이 영역은 심령계의 다른 어떤 부분보다 물질계와 더 밀접하게 연결되어 있습니다. 많은 사람들은 이 두 번째 영역에서 잠시 머무르며, 의식을 유지한 채 깨어 있습니다. 그들은 (2영역의 존재들) 세속적인 욕망과 덧없는 쾌락에 얽매여, 삶의 진정한 가치를 보지 못했던 사람들입니다. 그리고 자신의 저급한 욕망이 자신을 지배하도록 내버려두고, 육체적 쾌락에 대한 욕망이 여전히 활발한 상태로 죽은 사람들입니다.

카마로카의 2영역의 존재들은 자신의 삶의 에너지를 주로 세속적 욕망과 쾌락에 쏟아부었기 때문에, 물질적 자극에 매우 쉽게 반응하는 물질로 심령체를 구성하게 됩니다. 그 결과, 그들은 자신의 심령체에 묶여 육체적 욕망을 느꼈던 대상 근처에 머물게 됩니다. 2영역의 존재들 대부분은 불만족스럽고 불안하며 안절부절못하는 상태로, 충족할 수 없는 욕망의 강도에 따라 어느 정도 고통을 겪습니다. 어떤 이들은 이 때문에 극심한 고통을 겪기도 하며, 이러한 세속적 갈망이 소진될 때까지 오랫동안 머물게 됩니다.

많은 이들은 자신이 얽매여 있는 지상에 대한 관심 때문에 영매를 통해 지상과 소통하고자 합니다. 영매는 카마로카의 2영역의 존재들에게 자신의 육체를 사용할 수 있도록 허락함으로써, 그들이 잃어버린 육체를 대신할 수 있게 해 줍니다. 이러한 행동은 불필요하게 2영역의 존재들의 체류 기간을 연장하는 결과를 초래합니다. 이러한 영매로부터 나오는 소통의 대부분은 공개적인 교령회를 경험한 사람들이 잘 알고 있는 단순한 수다나 잡담에 지나지 않습니다. 이는 주로 여성들의 작은 하숙집이나 소규모 상점에서나 들을 법한 가십거리와 진부한 도덕성에 불과합니다.

이처럼 지상에 얽매인 영혼(earth-bound souls)들은 일반적으로 지적 수준이 낮은 경우가 많습니다. 죽음 이후 영혼의 존재를 이미 확신하는 사람들에게 공개적인 교령회의 소통 수준은 그들이 육체를 가지고 있을 때 나누던 대화만큼이나 별다른 흥미를 주지 못합니다. 그리고 지상에서와 마찬가지로, 2영역의 존재들은 자신의 무지할수록 더 확신에 차 있으며, 자신이 인식하는 매우 제한된 심령계를 전체 심령계로 간주하는 경향이 있습니다. 지상에서와 같이, 심령계에서도 그들은 이렇게 생각합니다.

> "그들은 자기네 촌구석 닭 울음소리를
> 온 세상의 울림이라 믿는다."

어떤 근심을 안고 죽은 사람들이 자신의 친구들과 소통하고자 하는 곳이 바로 이 영역입니다. 2영역의 존재들은 지상에서 자신을 괴롭혔던 문제를 해결하기 위해 그렇게 합니다. 만약 그들이 자신의 모습을 보이거나 꿈을 통해 친구에게 자신의 바람을 전달하는 데 실패한다면, 지상에 얽매인 영혼들은 종종 관심을 끌기 위해 고의로 문을 두드리거나 다른 소음을 내거나, 혹은 무의식적으로 부산스럽게 움직이다가 소음을 발생시켜 주변 사람들에게 큰 불편을 끼치기도 합니다. 이런 경우, 유능한 사람이 고통받는 존재와 소통하여 그의 소원을 들어주는 것이 자비로운 행동입니다. 그래야 그 존재가 더 나아가지 못하게 붙잡고 있는 근심으로부터 해방될 수 있기 때문입니다. 이 영역에 있는 영혼들은, 비록 자발적으로 지상으로 돌아가려 하지 않았더라도, 지상에 대한 관심을 갖기 매우 쉽습니다. 그리고 이러한 관심은 종종 지상에 남겨진 친구들이 사랑하는 이의 존재를 갈망하며 느끼는 격정적인 슬픔과 갈망 때문에 영혼에게 해를 끼치는 경우가 많습니다.

지상에 남은 사람들이 품는 이러한 갈망은 죽은 자들 주변에 생각-에너지체를 형성합니다. 이 생각-에너지체는 죽은 자들이 평화롭게 잠들어 있을 때는 종종 그들을 깨우며, 이미 깨어 있을 때는 죽은 자들의 생각을 격렬하게 지상으로 끌어당깁니다. 지상에 있는 사람들의 이러한 무의식적인 이기심이, 사랑하는 이들에게 특히 해가 되는 경우는 죽은 자들이 잠들어 있을 때입니다. 우리의 이러한 갈망과 상실이 죽음을 겪은 이들에게 불필요한 고통을 초래된다는 사실을 알게 된다면, 우리들은 신의 섭리에 순응하고 지나친 슬픔과 저항하는 마음을 다스리라는 종교적 가르침이 더욱 강하게 와닿을 수 있습니다.

카마로카의 세 번째와 네 번째 영역은 두 번째 영역과 큰 차이가 없습니다. 세 번째 영역은 두 번째 영역의 심령 물질이 더 미세한 형태이며, 네 번째 영역은 세 번째 영역보다 더 순수하고 맑지만, 이 세 영역의 전반적인 특성은 서로 유사합니다. 세 번째와 네 번째 영역에서는 두 번째 영역보다는 조금 더 진보된 영혼들이 머물고 있지만, 이들은 여전히 지상의 관심사로 인해 형성된 껍질 안에 묶여 있습니다. 이들(3, 4영역의 존재들)이 두 번째 영역의 영혼들과 다른 점은 이들의 시선이 과거보다는 미래를 향해 있다는 점입니다. 따라서 이들(3, 4영역의 존재들)이 지상에서의 일들에 강제로 다시 얽매이지 않는다면, 이들은 큰 지체 없이 다음 단계로 나아갈 것입니다.

그럼에도 불구하고, 이 영혼들은 여전히 지상으로부터 오는 자극에 민감하며, 지상사에 대한 약해진 관심이 지상으로부터의 슬픔과 울부짖음으로 다시 깨어날 수 있습니다. 지상의 삶 동안 주로 세속적인 일에 몰두했던 수많은 교양 있고 사려 깊은 사람들이 이 영역에서 의식을 유지하고 있습니다. 이들은 영매를 통해 소통하도록 유도될 수 있고, 드물게는 스스로 그러한 소통을 추구하기도 합니다. 물론 이들(3, 4영역의 존재들)의 진술은 두 번째 영역에서 오는 진술보다는 더 높은 수준입니다. 하지만 지상에 있는 사람들의 유사한 일반적인 진술과 큰 차이가 없어 특별한 가치를 지니지 않습니다. **왜냐하면 영적인 깨달음은 카마로카에서 오지 않기 때문입니다.**

3) 종교적 천국의 환영

카마로카의 다섯 번째 영역에서야 여러 새로운 특징들이 나타납니다. 이곳은 뚜렷하게 빛나고 광채를 발하는 외관을 보여 주며, 오직 지구의 칙칙한 색조에만 익숙한 사람들에게는 매우 매력적이고, 전체 심령계에 주어진 "별(astral)과 같은, 별이 빛나는"이라는 형용사를 정당화합니다. 전 세계의 대중적인 종교에서 큰 비중을 차지하는 모든 물질화된 천국이 여기에 위치합니다.

북미 원주민들이 사냥을 즐기는 행복한 사냥터, 북유럽 전사들의 발할라, 아름다운 여인들(houri)로 가득한 이슬람교도의 낙원, 황금과 보석으로 장식된 문이 있는 그리스도교의 새 예루살렘, 다양한 강당(lyceum)이 즐비한 물질주의적 개혁가들의 천국 등, 이 모든 것들이 이곳에 자리 잡고 있습니다. "근본주의적 해석(letter that killeth)"에 필사적으로 매달렸던 사람들은 이곳에서 자신들의 갈망을 문자 그대로 충족합니다. 세계 종교(그리스도교, 이슬람교, 힌두교 등)의 근본주의적 신앙인들은 자신들이 꿈꾸던 구름으로 지은 궁전을 무의식적으로 심령 물질 속에 창조해 냅니다.

가장 낮은 수준의 종교적 믿음들조차 이곳(5영역)에서 일시적으로 신앙인들이 꿈꾸던 천국의 실현을 발견합니다. 가장 물질적인 천국에서 자신만의 구원을 이기적으로 갈망하는 온갖 종교의 신앙인들은 자신들이 믿었던 바로 그 환경에 둘러싸여 이곳에서 그들에게 적합하고 즐거운 안식처를 찾게 됩니다. 인간의 미덕과 행복의 증진을 위해 헌신적으로 일하기보다는 자신의 유별난 방식을 고집하고 이웃에게 강요하는 데 더 신경 썼던 종교적, 박애주의적 참견꾼들은 이 영역에서 매우 두드러집니다. 이 5영역의 신앙인들은 자신의 큰 만족을 위해 교정원, 피난처, 학교를 운영하며, 복종적인 영매의 도움으로 지상의 일에 심령적인 손가락을 집어넣는 것을 여전히 매우 좋아하며, 거만한 태도로 그 영매를 후원합니다.

5영역의 신앙인들은 자신들이 갈망했던 물질적인 천국을 재현하며 심령의 교회와 학교, 집들을 짓습니다. 비록 더 날카로운 시각으로 보면 그들의 건축물은 불완전하고 심지어 애처로울 정도로 우스꽝스럽지만, 그들은 충분하다고 생각합니다. 같은 종교를 가진 사람들은 함께 모여 다양한 방식으로 협력하므로, 공동체가 형성됩니다. 이러한 공동체는 지상의 유사한 공동체만큼이나 서로 크게 다릅니다.

5영역의 신앙인들이 지상에 관심을 갖게 되면, 대부분 같은 믿음과 나라의 사람들을 찾습니다. 이는 자연스러운 끌림 때문이기도 하지만, 카마로카에서도 여전히 언어의 장벽이 존재하기 때문입니다. 이는 영성 모임(spiritualistic circles)에서 받는 메시지를 통해 가끔 확인할 수 있습니다. 이 5영역의 영혼들은 종종 이승과 저승 사이의 소통을 시도하는 것에 지대한 관심을 보입니다. 그리고 일반적인 영매들의 "영혼 안내자(spirit guides)"는 대개 이 5영역과 바로 위의 6영역에서 옵니다. 그들은 대개 자신들 앞에 더 높은 차원의 삶이 펼쳐져 있으며, 머지않아 지상과의 소통이 불가능한 세계로 떠나게 될 것임을 알고 있습니다.

4) 예술과 지식의 천국

여섯 번째 카마로카 영역은 다섯 번째 영역과 비슷하지만, 훨씬 더 세련되었으며 더 진보된 영혼들이 거주합니다. 이들은 육체를 가졌을 때, 자신의 생각과 감정, 특히 예술적, 지적 활동을 통해 많은 에너지를 쏟아부었던 심령체를 정화하고 해체하는 과정에 있습니다. 여섯 번째 영역에서 그들이 지체되는 이유는 6영역의 존재들의 예술적, 지적 생활에서 이기심이 큰 역할을 했기 때문이며, 세련되고 섬세한 방식으로 욕망적 본성(desire-nature)의 만족을 위해 그들의 재능을 남용했기 때문입니다.

여섯 번째 영역의 환경은 카마로카에서 발견되는 것 중 최고입니다. 6영역의 존재들의 창조적인 생각이 일시적인 집의 빛나는 물질을 아름다운 풍경, 잔물결 치는 바다, 눈 덮인 산, 비옥한 평원으로 만들기 때문입니다. 지구상에서 가장 아름다운 것과 비교해도 동화처럼 아름다운 장면들입니다. 다섯 번째 영역보다 약간 더 진보된 종교인들도 이곳에서 발견되며, 6영역의 존재들은 자신의 한계에 대해 더 명확한 관점을 가지고 있습니다. 그들은 현재 영역을 벗어나 더 높은 상태에 도달하기를 더 분명하게 기대합니다.

카마로카의 일곱 번째, 즉 가장 높은 영역은 거의 전적으로 지적인 남성과 여성들이 차지하고 있습니다. 7영역의 존재들은 지상에 있는 동안 뚜렷이 유물론적이었거나, 육체 속의 하위 정신(lower mind)으로 지식을 얻는 방식에 너무나 얽매여 있어서 비록 능력이 확장되었음에도 불구하고 그 방식을 고수하며 지식을 추구하는 사람들입니다. 찰스 램[82]의 사례를 떠올려 봅시다. 그 사람은 천국에서 자신이 사랑했던 책들을 통해 지식을 습득하는 대신 "어떤 어색한 직관 과정을 통해" 지식을 얻어야 한다는 개념을 싫어했습니다.

H. P. 블라바츠키에 따르면, 많은 학자가 문자 그대로 심령 도서관(astral library)에서 수년간, 때로는 수 세기 동안 자신이 좋아하는 주제를 다루는 모든 책을 열심히 읽으며 자신의 운명에 완전히 만족하며 살아갑니다.

어떤 지적인 탐구에 열중하고, 지식에 대한 갈증이 해소되지 않은 채 육체를 벗어던진 사람들은, 육체적 연구 방식에 대한 집착에 얽매여, 지칠 줄 모르는 끈기로 여전히 자신의 목표를 추구합니다. 종종 이러한 사람들은 자신 앞에 놓인 더 높은 가능성에 대해 회의적입니다. 그리고 7영역의 존재들은 영혼이 <u>천상의 더 높은 삶으로 태어나기 전 무의식 상태로 가라앉는</u> **사실상의 두 번째 죽음**과 같은 상황을 두려워합니다. 정치가, 정치가, 과학자들은 잠시 이 영역에 머물면서, 심령체로부터 천천히 자신을 분리합니다. 하지만 지적 갈증이 해소되지 못한 존재들은 자신이 큰 역할을 했던 활동들에 대한 강렬하고 생

---

82 찰스 램(Charles Lamb): 18세기 말-19세기 초 영국의 수필가.

생한 관심과, 육체적 죽음 전에 결실을 보지 못했던 계획 중 일부를 심령적으로 실현하려는 노력 때문에, 여전히 낮은 영역에 묶여 있습니다.

그러나, 지상에서의 삶 동안 오직 자신만의 이익을 추구하거나 물질적인 욕망에만 사로잡혀 살았던 극소수의 사람들을 제외하고는, 모든 인간에게 언젠가는 자신보다 더 고귀한 이상이나 정신적인 존재에 대한 자각, 즉 영적인 성장을 이루는 순간이 찾아옵니다. 그때가 되면 영혼은 카마로카, 즉 욕망의 세계에 묶어 두는 심령체의 속박으로부터 완전히 벗어나게 되며, 마치 육체를 벗어났을 때와 같은 짧은 무의식 상태에 빠져들게 됩니다. 그리고 마침내 영혼이 본질적으로 속한 세계에서 꿈에도 상상할 수 없었던 지극한 행복과 기쁨을 느끼며 다시 깨어나게 됩니다.

사람의 열정 중 많은 부분이 저급하고 비열했을 수 있습니다. 많은 갈망이 사소하고 속물적이었을 수도 있습니다. 그러나 영혼에게는 더 높은 본성의 빛줄기가 있었습니다. 때때로 더 순수한 영역에서 비춰 오는 희미한 빛들이 있었습니다. 영혼 안에 깃든 그 작은 선(善)의 씨앗들은 반드시 익어서 수확될 때를 맞이해야 합니다. 아무리 보잘것없고 그 수가 적을지라도, 그 씨앗들은 반드시 합당한 결과를 가져와야 합니다. 그 사람은 자신이 뿌린 씨앗의 결실을 거두기 위해 다음 단계로 나아갑니다. 그리고 그 거둔 결실을 온전히 경험하며 자신의 영적인 자양분으로 삼습니다. (제6장, "데바찬" 참조)

5) 카마 루파와 기도

심령계의 일곱 영역에 해당하는 심령체, 즉 죽은 육체와 마찬가지로 심령계를 떠난 존재의 "껍데기(shell)"라고 불리는 것은, 앞서 설명한 일곱 개의 동심원 껍데기 조각들이 영혼에 남아 있는 자기력에 의해 결합된 상태로 구성됩니다. 각 껍데기는 차례로 붕괴되어, 결국에는 흩어진 조각들만 남게 됩니다. 이 조각들은 자기적 인력에 의해 남아 있는 다른 껍데기들에 달라붙습니다. 그리고 하나씩 이런 상태로 분해되어 일곱 번째, 즉 가장 안쪽 껍데기마저 붕괴되면, 그 사람은 이 잔해들을 뒤에 남겨 두고 떠나게 됩니다.

이 껍데기는 카마로카 영역을 정처 없이 떠돌며, 자동적으로 그리고 희미하게 익숙한 진동을 반복합니다. 남아 있는 자기력이 점차 소멸되면서, 껍데기는 점점 더 쇠퇴한 상태로 빠져들고, 마침내 완전히 분해되어 그 구성 물질들을 심령계의 일반적인 물질 덩어리로 되돌려 보냅니다. 이는 마치 육체가 물질계에 그 물질을 돌려주는 것과 같습니다.

이 영혼이 없는 껍데기는 심령계의 흐름이 이끄는 대로 떠다니게 되는데, 만약 너무 멀리 가지 않았다면 지상에 육신을 가진 영혼들의 자기력에 의해 생기를 얻어 어느 정도 활동성을 회복할 수도 있습니다. 마치 스펀지가 물을 빨아들이듯이 자기력을 흡수하여 생명력이 있는 듯한 환영적인 모습을 띠게 되고, 익숙했던 진동을 더욱 힘차게 반복하게 됩니다. 이러한 진동은 종종 떠난 영혼과 지상의 친구 및 친척들에게 공통된 생각의 자극에 의해 촉발되기도 합니다. 이렇게 생기를 얻은 영혼 없는 껍데기는 꽤 그럴듯하게 소통하는 지성체 역할을 할 수도 있습니다. 그러나 심령적 시각을 사용하지 않더라도 익숙한 생각을 자동적으로 반복하고, 독창성이 전혀 없으며, 육체적 삶 동안 소유하지 않았던 지식의 흔적이 전혀 없다는 점에서 이 껍데기들을 구별할 수 있습니다.

어리석고 배려심 없는 친구들 때문에 영혼의 진보가 지연될 수 있듯이, 현명하고 잘 조절된 노력을 통해 영혼의 진보가 촉진될 수도 있습니다. 따라서, 창시자들의 비전 지혜의 흔적을 조금이라도 간직하고 있는 모든 종교는 "죽은 자를 위한 기도"의 사용을 권장합니다. 이러한 기도와 그에 수반되는 의식은 그 기도를 행하는 사람의 지식, 사랑, 의지력에 따라 그 효용성이 달라집니다.

이러한 기도의 효과는 우주를 구축하고, 변화시키며, 유지하는 근본 원리인 진동의 보편적인 법칙에 근거합니다. 진동은 발음된 소리에 의해 발생하는데 진동은 심령 물질을 특정한 형태로 배열하고 단어에 담긴 생각은 에너지체에 생명력을 불어넣습니다. 이렇게 만들어진 에너지체는 카마로카에 있는 존재를 향해 보내집니다. 이 에너지체가 고인(故人)의 심령체에 부딪히면 심령체의 분해를 촉진하는 효과를 냅니다. 하지만 비전 지식이 쇠퇴하면서 고인을 돕는 기도와 의식의 힘은 점점 약해졌고, 마침내 그 유용성이 거의 사라질 지경에 이르렀습니다.

그럼에도 불구하고, 때때로 깊은 지식을 갖춘 사람이 고인(故人)을 위한 기도를 올리면 여전히 본래의 영향력을 발휘할 수 있습니다. 더욱 중요한 점은, 우리 각자 누구나 자신이 사랑했던 고인에게 도움을 줄 수 있다는 사실입니다. 사랑과 평화의 생각, 그리고 고인들이 카마로카 세계를 신속히 통과하여 심령적 속박에서 해방되기를 바라는 간절한 염원을 보내는 것만으로도 충분합니다. 그 누구도 자신의 '죽은 이들'이 외로운 길을 가도록 내버려두어서는 안 됩니다. 사랑이 담긴 수호천사 같은 생각-에너지체들을 풍성히 보내, 기쁨으로 그들이 앞으로 나아가도록 도와야 합니다.

제5장

정신계와 정신체

생각의 세계, 정신계

1) 정신계의 특징과 구조

정신계는 그 이름이 암시하듯이, 생각으로 작용하는 의식에 속하는 영역입니다. 이는 뇌를 통해 작용하는 정신이 아니라, 물질계의 영-물질에 얽매이지 않고 그 자체의 세계에서 작용하는 정신을 의미합니다. 이 차원은 진정한 인간(*상위 자아[83])의 세계입니다. "인간(man)"이라는 단어는 산스크리트어 어근 "man"에서 유래했으며, 이는 산스크리트어 동사 "생각하다(to think)"의 어근이므로, 인간은 생각하는 존재를 의미합니다. 즉, 인간은 그의 가장 특징적인 속성인 지성에 의해 명명된 것입니다.

영어 단어 '정신(mind)'은 지적 의식 그 자체를 의미하기도 하고, 그 의식의 진동이 물질적인 뇌에 미치는 영향을 가리키기도 합니다. 그러나 이제 우리는 지적 의식을 하나의 실체(entity), 하나의 개별적 존재(individual being)로 이해해야 합니다. 이 존재의 생명 진동은 바로 생

---

83 상위 자아(Higher Self): 영원불멸하는 영적 자아로, 신성한 불꽃(아트마)의 빛을 받아 개별 영혼(아트마-붓디-상위 마나스)을 비추는 참나.

각(thought)이며, 이 생각은 말이 아닌 이미지와 같습니다. 이 개별적 존재가 바로 마나스(Manas), 즉 '생각하는 존재(Thinker)'입니다.[84] 생각하는 존재는 상위 정신계의 미세한 물질로 이루어진 옷을 입고 그 조건 안에서 활동하는 진정한 자아(Self)입니다. 생각하는 존재는 자신이 일으키는 진동을 통해 물질계에 자신의 존재를 드러냅니다. 뇌와 신경계는 그의 생명 활동이 보내는 떨림에 공명하며 반응합니다. 그러나 뇌와 신경계를 구성하는 물질은 상위 정신계의 미세한 물질에 비해 너무나 거칠기 때문에, 생각하는 존재의 진동 중 아주 작은 부분만을 매우 불완전하게 재현할 수 있을 뿐입니다.

우리의 눈은 빛의 전체 영역 중 극히 일부인 가시광선만을 볼 수 있습니다. 하지만 과학은 눈에 보이지 않는 훨씬 더 넓은 범위의 빛(진동)이 존재한다고 말합니다. 마찬가지로, 우리의 뇌와 신경계는 '생각하는 존재(Thinker)'가 자신의 고유한 영역(정신계)에서 일으키는 무수히 많은 생각의 파동, 즉 정신적 진동 중에서 극히 일부분만을 인식하고 처리할 수 있을 뿐입니다.

이 부분에서 가장 수용적인 뇌는 우리가 위대한 지적 능력이라고 부르는 지점까지 반응합니다. 그리고 극히 일부지만 더 수용적인 뇌

---

84 애니 베전트는 《비전의 가르침》 초반부에서는 영혼(Soul)의 '사고하는' 기능을 강조하기 위해 주로 'Thinker(생각하는 존재)'라는 용어를 사용합니다. 이후 영혼의 본질에 대한 논의가 심화되고, 단순히 '사고 기능'을 넘어 생과 생을 거듭하며 지속되는 '영속적이고 개별적인 존재'로서의 특성을 부각할 때는 'Ego(참자아)'라는 용어를 사용해 설명합니다.

는 우리가 천재성이라고 부르는 지점까지 반응합니다. 반대로 일부 수용적이지 않은 뇌는 우리가 백치라고 부르는 지점까지만 반응합니다. 그러나 모든 사람은 자신의 뇌에 수백만 개의 생각-파동을 쏟아붓지만, 뇌는 그 물질의 조밀함(density) 때문에 반응할 수 없습니다. 그리고 뇌의 민감도에 따라 소위 정신 능력이라고 불리는 것이 결정됩니다. 그리고 생각하는 존재(Thinker)를 계속 탐구하기 전에, 먼저 그의 세계인 정신계 자체를 고찰해 보는 것이 좋을 것입니다.

정신계는 심령계 바로 다음에 위치하며, 심령계가 물질계와 분리되는 것과 마찬가지로 오직 물질의 차이에 의해서만 심령계와 분리됩니다. 사실, 심령계와 물질계에 대해 말했던 것을 정신계와 심령계에 대해서도 반복할 수 있습니다. 정신계에서의 삶은 심령계보다 더 활동적이며, 형체(form)는 더 유연합니다. 정신계의 영-물질은 심령계의 어떤 등급의 물질보다 더 고도로 활성화되고 미세합니다. 심령계 영-물질의 궁극 원자는 마치 구(球) 모양의 껍질[85]처럼, 그 둘레를 감싸고 있는 정신계 물질 중 가장 거친 입자들이 무수히 응집된 구조입니다. 따라서 이 원자가 붕괴될 때 가장 거친 종류의 정신계 물질 덩어리가 방출됩니다.

이러한 상황에서, 이 차원에서의 생명력의 작용은 활동성이 엄청나게 증가할 것이라는 것을 이해할 수 있습니다. 움직여야 할 질량이 훨씬 적기 때문입니다.

---

85 sphere-world(구체 세계): 원자를 둘러싸는 구(球) 형태의 껍질로, 정신계 물질의 거친 입자들이 응집해 형성된 구조를 일컫는다.

이 정신계의 물질은 끊임없이 움직이며, 생명의 모든 전율에 따라 형태를 취하고, 주저 없이 모든 변화하는 움직임에 적응합니다. "정신 매질[86]"이라고 불리는 이 물질은 심령 영-물질을 투박하고 무겁고 광택이 없는 것처럼 보이게 만들 정도입니다. 물론 심령 영-물질도 물질계의 영-물질과 비교하면 극도로 가볍고 빛나는 것이지만 말입니다. 하지만 앞서 설명했던 것처럼, 낮은 차원(물질계, 심령계)에서 나타나는 원리나 패턴이 이 더 높은 차원(정신계)에서도 비슷하게 적용된다는 사실은 변함이 없습니다. 이는 우리의 출생지이자 고향인 이 영역을 안내하는 단서를 제공합니다. 비록 우리가 이방의 땅에 갇혀 있어 고향을 알지 못하고, 이방인의 눈으로 고향에 대한 묘사를 바라보지만 말입니다.

이 차원의 영-물질은 하위 차원과 마찬가지로 일곱 개의 영역으로 나뉩니다. 다시 한번, 이러한 다양성은 셀 수 없이 많은 조합으로 결합하여, 정신계의 고체, 액체, 기체, 에테르를 생성해 냅니다. 정신 매질의 형태를 지칭할 때 '고체'라는 말은 어쩌면 터무니없게 들릴 수 있으나, 다른 종류의 정신 물질에 비해 상대적으로 조밀하기 때문에 그렇게 부를 수밖에 없습니다. 이는 우리가 사용할 수 있는 언어가 지상의 물리적 조건에 기반한 표현밖에 없기 때문입니다. 그래서 더 나은 단어가 없는 한 이 단어를 사용해야 할 것입니다.

---

86 정신-매질(Mind-stuff): 정신-재료로 사고(思考)의 바탕이 되는 미묘한 물질. 정신계(Mental Plane)를 구성하는 본질적인 요소로, 생각, 관념, 기억 등이 이 물질 위에 새겨지고 형성된다.

이 차원이 우리 지구의 일반적인 자연법칙과 질서, 즉 7진법의 기초를 따른다는 것을 이해한다면 충분합니다. 그리고 물질의 일곱 영역은 물질계의 고체, 액체, 기체, 에테르와 마찬가지로 상대적으로 밀도가 점점 낮아집니다. 일곱 번째, 즉 가장 높은 영역은 오로지 정신 원자(mental atoms)로만 구성됩니다.

이러한 세부 구분들은 "무형"과 "유형"이라는 다소 비효율적이고 난해한 표현 아래 둘로 나뉘어 분류[87] 됩니다. 하위 네 가지 영역은 "형상의 영역"으로 분류되며, 상위 세 가지 영역은 "형상이 없는 영역"으로 분류됩니다. 이러한 분류는 필수적입니다. 왜냐하면, 설명하기 어렵지만 실질적인 차이가 존재하기 때문입니다. 또한, 이러한 정신계의 무형과 유형의 영역들은 의식 속에서 정신 자체의 구분과 관련되어 있습니다. 이 점은 조금 뒤에 더 명확하게 드러날 것입니다.

정신계		
상위 영역	7	무형의 영역
	6	
	5	
하위 영역	4	형상의 영역
	3	
	2	
	1	

이러한 구별은 아마도 다음과 같이 표현하는 것이 가장 좋을 것입니다. 정신계의 하위 4개의 영역[88]에서는 의식의 진동이 형상, 즉 이

---

87 정신계는 크게 '무형(formless)'의 영역인 상위 정신계(Arûpa)와 '유형(form)'의 영역인 하위 정신계(Rûpa)로 나뉜다는 의미이다.
88 하위 정신계(Rûpa): 정신계의 1, 2, 3, 4번째 영역. 구체적 생각과 이미지가 형체(thought-forms)를 취하는 영역. 상위 관념이 다양하게 발현되며, 카마-마나스(욕망과 감정의 영향을 받는 하위 정신)가 작용한다.

미지나 그림을 발생시키고 모든 생각이 살아 있는 형태로 나타납니다. 반면에 정신계의 상위 3개의 영역[89]에서는 의식이 여전히 진동을 일으키지만, 이 높은 영역에 머무르는 동안에는 뚜렷한 이미지로 자신을 구체화하지 않는 거대한 생명 에너지의 흐름으로 진동을 내보내는 것처럼 보입니다. 그러나 이 흐름이 하위 세계로 쏟아져 들어갈 때는 어떤 공통 조건으로 연결된 다양한 형상을 만들어 냅니다.

제가 표현하고자 하는 개념에 가장 가까운 비유는 추상적 사고와 구체적 사고입니다. 삼각형에 대한 추상적 개념은 형상이 없지만, 세 개의 직선으로 둘러싸이고 그 각의 합이 두 직각을 이루는 모든 평면 도형을 내포합니다. 이러한 개념은 조건은 있지만 형태는 없는 상태로 하위 세계에 던져지면, 직각삼각형, 이등변삼각형, 부등변삼각형 등 다양한 색상과 크기를 가진 무수한 도형을 생성할 수 있지만, 모두 그 조건을 충족하는 구체적인 삼각형이며, 각각 고유한 형태를 지닙니다.

두 영역에서 의식 작용의 차이를 명확하게 설명하기 어려운 이유는, 언어가 이미지의 상징이며 뇌 속 하위 정신의 작용에 속하고, 전적으로 이러한 작용에 기반을 두고 있기 때문입니다. 반면에 "무형(formless)"의 영역은 언어의 좁은 한계 내에서는 결코 작용하지 않는

---

89 상위 정신계(Arûpa): 정신계의 5, 6, 7번째 영역. 순수 이성과 추상적 관념, 원형(archetype)이 존재하는 영역. 형체가 없고, 생각이 생명 에너지 흐름으로 존재하며, 우주적 마음과 연결된다.

순수 이성(Pure reason)에 속하기 때문입니다.

2) 정신계의 역할과 기능

정신계는 자연 속의 우주적 마음(Universal Mind)을 반영하는 차원입니다. 우리 소우주 체계에서 정신계는 대우주(Kosmos)의 위대한 마음(Great Mind)에 해당합니다. 참고로 *마하트[90]는 세 번째 로고스(Logos) 또는 신성한 창조적 지성이며, 힌두교의 브라흐마[91], 북방 불교의 만주슈리(Mandjusri), 그리스도교의 성령(Holy Spirit)에 해당합니다. 계속해서 상위 정신계에는 현재 구체적으로 진화하고 있는 모든 원형적 관념[92]이 존재하며, 하위 정신계에는 이러한 관념들이 순차적인 형상으로 구체화되어 심령계와 물질계에 재현됩니다.

정신계의 물질들은 생각의 진동이라는 자극에 따라 결합할 수 있으며, 생각이 구성할 수 있는 모든 조합을 만들어 낼 수 있습니다. 마치 철이 땅을 파는 삽이나 살인을 위한 칼로 만들어질 수 있는 것처럼, 정신 재료(mind-stuff)는 돕거나 해를 끼치는 생각-에너지체로 형성될 수 있습니다. 생각하는 존재(Thinker)의 진동하는 생명이 그를 둘러싼

---

90 마하트(Mahat): 우주적 지성이자, 우주적 마음의 원형으로, 제3 로고스인 활동적 지성의 발현이다.
91 브라흐마(Brahma): 힌두교의 창조신으로, 신지학에서는 우주 창조를 주관하는 제3 로고스, 즉 신성한 활동적 지성을 상징한다. 브라흐마는 우주를 현현시키고 그 안에서 진화의 과정을 이끄는 창조적인 힘을 나타낸다.
92 원형적 관념(Archetypal Ideas): 신성한 마음(Divine Mind) 속에 존재하는 본질적이고 보편적인 관념. 우주 만물의 원형(原型)이자, 모든 현현(顯現)하는 형태들의 근간을 이루는 영원불변의 본보기(template)로 작용한다.

재료를 형성하며, 그의 의지에 따라 작업이 이루어집니다. 그 영역에서는 생각과 행동, 의지와 행위가 하나이며 동일한 것입니다. 여기에서 영-물질은 생명의 순종적인 하인이 되어 모든 창조적 움직임에 적응합니다.

이 진동들은 정신계의 물질을 생각-에너지체로 만듭니다. 또한, 그 신속함과 섬세함으로 인해 가장 정교하고 끊임없이 변화하는 색채를 만들어 냅니다. 이 색상은 마치 진주층의 무지개 빛깔과 같은 다양한 색조의 파동입니다. 이 파동은 형언할 수 없을 정도로 맑고 밝아진 상태로 모든 형체를 휩쓸고 지나갑니다. 그래서 각 형체는 지상에서는 결코 알려지지 않은 많은 색상을 포함하여, 잔물결치고, 살아 있고, 빛나고, 섬세한 색상의 조화를 보여 줍니다.

생명과 움직임으로 가득한 이 미묘한 물질의 조합에서 나타나는 정교한 아름다움과 광채는 말로 표현할 수 없습니다. 힌두교도, 불교도, 그리스도교도를 막론하고 이를 목격한 모든 예지자(seer)는 그 영광스러운 아름다움에 대해 황홀한 표현을 사용하며, 이를 묘사할 능력이 전혀 없음을 고백합니다. 아무리 솜씨 좋게 엮어도 말은 생각의 에너지체를 조잡하게 만들고 타락시키는 것처럼 보입니다.

정신계에서 활동하는 생명체들 사이에서 생각-에너지체는 당연히 큰 역할을 합니다. 이들은 우리가 이미 심령계에서 익숙하게 보았던 것들과 유사합니다. 다만, 훨씬 더 빛나고 더 밝게 채색되어 있으며, 더 강하고, 더 오래 지속되며, 더 완벽하게 활성화되어 있다는 점이 다릅니다. 더 높은 지적 능력이 뚜렷해질수록, 이러한 형태들은 매우 선명한 윤곽을 보여 줍니다. 그리고 기하학적 도형의 특이한 완벽성과 그에 상응하는 특이한 순도의 빛나는 색채를 띠는 경향이 있습니다. 그러나 현재 인류의 단계에서는 대다수의 잘 훈련되지 않은 마음에서 생성된 흐릿하고 불규칙한 모양의 생각들이 압도적으로 많다는 것은 말할 필요도 없습니다.

드물게 아름다운 예술적 사고도 이곳에서 마주칠 수 있습니다. 몽환적인 비전 속에서 자신의 이상향을 언뜻 본 화가들이 지구의 칙칙한 색소로는 그 빛나는 아름다움을 재현할 수 없는 자신의 무능함에 종종 안타까워하는 것은 놀라운 일이 아닙니다. 이러한 생각-에너지체는 정신계의 에테르 원소로 만들어집니다. 생각의 진동이 에테르 원소를 그에 상응하는 모양으로 만들고, 이 모양은 생각을 그 안에 깃든 생명으로 갖게 됩니다.

이와 같은 방식으로 만들어진 생각-에너지체는 심령계에서 생성되는 과정과 동일하게 정신계에서도 창조됩니다. 제3장에서 설명된 그러한 생각-에너지체의 창조와 그 중요성에 대한 설명은 정신계의 경우에도 똑같이 적용될 수 있습니다. 다만 정신계에서 창조된 생각-에너지체들은 더 높은 차원의 세계에 속한 만큼 훨씬 더 큰 힘과 영속성을 가지기에, 창조자에게 그만큼의 추가적인 책임이 따릅니다.

정신계의 에테르 원소는 모나드가 심령계로 들어가기 직전 하강 단계에서 형성됩니다. 정신계의 하위 4개 영역에 존재하는 *제2 원소계[93]를 구성합니다. "형체가 없는" 상위 3개 영역은 *제1 원소계[94]가 차지하고 있으며, 그곳의 에테르 원소는 생각에 의해 명확한 형태로 만들어지는 대신, 빛나는 섬광, 색채의 흐름, 살아 있는 불꽃 등으로 나타납니다. 이것은 (정신계 상위 세 가지 영역의 에테르 원소가) 서로 어우러져 움직이는 법을 처음 배우는 단계와 같습니다. 하지만, 아직 뚜렷한 모양을 갖추지는 못한 상태입니다.

3) 정신계의 존재들

정신계 상위와 하위 영역 모두에 수많은 지적 존재들이 존재합니다. 이 지적 존재들의 가장 낮은 몸체는 그 차원의 빛나는 물질과 에테르 원소로 구성됩니다. 이 빛나는 존재들은 자연 질서의 과정을 인도하고, 앞에서 언급한 수많은 하위 존재들을 감독하며, *일곱 원소[95]의 위대한 대천사들에게 각자의 계층에서 복종합니다. 이 지적 존재들은 힌두교와 불교도의 아루파 데바(Arûpa Devas)와 루파 데바(Rûpa Devas), 조로아스터교의 "천상과 지상의 주님", 그리스도교와 이슬람교의 대천사와 천사들로 불립니다.

---

93 제2 원소계(Second Elemental Kingdom): 모나드가 하위 정신계의 에테르 원소에 반응하여 점차 물질계에서의 형태적 생명 표현 가능성을 실험하는 두 번째 단계이다.
94 제1 원소계(First Elemental Kingdom): 모나드가 상위 정신계의 가장 추상적이고 섬세한 물질과 반응을 시작하며, 자신의 초월적 본질에 의해 정신적 물질을 모으는 첫 번째 단계이다.
95 우주의 일곱 원소(Seven Elements): 우주 만물을 구성하는 근본적인 일곱 가지 요소로, 에테르, 불, 공기, 물, 흙, 그리고 그 너머의 두 가지 미지의 원소로 구성된다.

쉽게 상상할 수 있듯이, 이 지적 존재들은 광대한 지식과 거대한 힘, 그리고 가장 찬란한 외모를 가진 존재들입니다. 이 존재들은 무지개처럼 다양한 천상의 색으로 빛나고 번쩍이는, 저항할 수 없는 힘의 화신이자, 화려한 풍채와 고요한 에너지를 지닌 존재들입니다. 위대한 그리스도교 예지자(Seer)가 강력한 천사에 대해 "그의 머리 위에는 무지개가 있고, 그의 얼굴은 마치 태양과 같았으며, 그의 발은 불기둥과 같았다"라고 쓴 묘사가 떠오릅니다.(요한계시록 10:1) 이 존재들의 목소리는 "많은 물소리와 같으며", 천구의 음악에서 울려 퍼지는 메아리와 같습니다. 이 위대한 존재들은 자연 질서를 안내하고, 심령계에 있는 광대한 정령 무리를 다스립니다. 그리하여 정령들의 군단은 한 치의 오차도 없이 규칙적으로 자연의 과정을 끊임없이 수행합니다.

하위 정신계에서는 일시적으로 육체의 옷을 벗고 자신의 정신체로 작업하는 많은 첼라(제자)들을 볼 수 있습니다. 이 정신체는 정신계에서 독립적으로 기능하도록 구성된 것으로, 일반적으로 마야비 루파[96], 즉 환영체라고 불립니다. 육체가 깊은 잠에 빠져 있을 때, 진정한 인간, 즉 생각하는 존재(Thinker)는 육체로부터 벗어나 이 상위 영역에서 육체의 무게에 얽매이지 않고 활동할 수 있습니다. 이곳에서 제자는 동료 인간들의 마음에 직접 작용하여 도움을 주는 생각을 제안하고, 고귀한 이상을 제시함으로써 육체에 갇혀 있을 때보다 더 효과적

---

96 마야비 루파(Mâyâvi Rûpa): 산스크리트어로 '환영의 몸'을 의미하며, 첼라(제자)가 의식적으로 자신의 정신체를 투사하여 만든 일시적인 몸체를 의미한다.

이고 신속하게 인간들을 돕고 위로할 수 있습니다. 제자는 인간들의 필요를 더 명확하게 볼 수 있으므로 더 완벽하게 채워 줄 수 있습니다. 어려움을 겪는 이들은 자신의 짐을 들어 올리는 강한 팔이나 고통 속에서 위로를 속삭이는 부드러운 목소리의 근원을 알지 못하지만, 어려움을 겪는 이들에게 봉사하는 것은 제자의 가장 큰 특권이자 기쁨입니다.

제자(첼라)는 보이지 않고, 인식되지 않는 상태에서, 친구뿐만 아니라 적에게도 기꺼이 봉사하며, 더 높은 영역에 있는 위대한 조력자(Helpers)들로부터 쏟아지는 자비로운 힘의 흐름을 사람들에게 나누어 줍니다. 또한 이곳에서는 때때로 스승들의 영광스러운 모습도 볼 수 있습니다. 하지만 대부분의 스승들은 상위 정신계의 가장 높은 영역에 존재합니다. 그리고 다른 위대한 존재들도 때때로 자비의 임무를 위해 이러한 하위 현현(顯現)이 필요한 경우 이곳에 오기도 합니다.

이 차원에서 의식적으로 기능하는 지적 존재들 사이의 소통은 인간이든 비인간이든, 육체 안에 있든 밖에 있든, 사실상 즉각적으로 이루어집니다. 왜냐하면 의사소통은 "생각의 속도"로 이루어지기 때문입니다. 공간의 장벽은 여기에서 분리하는 힘을 갖지 못하며, 어떤 영혼이든 단지 그에게 주의를 기울이는 것만으로도 다른 영혼과 접촉할 수 있습니다. 어떤 단어도 교감을 방해하거나 가로막지 못합니다. 모든 생각이 한 영혼에서 다른 영혼으로 번개처럼 전달됩니다. 더 정확하게 말하면, 각자는 상대방이 생각하는 것을 그대로 봅니다. 영혼들 사이의 진정한 장벽은 진화의 차이입니다. 덜 진화된 영혼은 더 고도로 진화된 영혼에 대해 자신이 반응할 수 있는 만큼만 알 수 있습니다. 분명히, 이러한 한계는 더 높은 영혼만이 느낄 수 있습니다. 왜냐하면 덜 진화된 영혼은 자신이 담을 수 있는 모든 것을 가지고 있기 때문입니다.

영혼이 더 많이 진화할수록, 그 사람은 주변의 모든 것에 대해 더 많이 알고, 실체에 더 가까이 다가갑니다. 그러나 정신계에도 환영의 장막이 있다는 것을 기억해야 합니다. 심령계와 물질계의 환영보다 정신계의 환영은 훨씬 적게 왜곡됩니다. 각 영혼은 자신만의 정신적 분위기를 가지고 있으며, 모든 인상은 이 분위기를 통해 들어와야 하므로, 모두 왜곡되고 채색됩니다. 분위기가 더 맑고 순수할수록, 그리고 개체적 자아에 의해 덜 채색될수록, 그에게 닥칠 수 있는 환영은 더 적어집니다.

4) 고차원적 지식의 근원

상위 정신계는 생각하는 존재(Thinker)의 본향입니다. 생각하는 존재는 진화 단계에 따라 상위 정신계의 세 영역 중 하나에 존재하게 됩니다. 대부분은 진화의 여러 단계에서 가장 낮은 영역에 존재하나 소수의 고도로 지적(知的)인 존재들은 두 번째 영역에 존재합니다. 생각하는 존재는 두 번째보다 낮은 영역의 더 미세한 물질이 그 안에서 우세해질 때 두 번째 영역으로 "상승"하게 됩니다. 물론, "상승"이나 공간적 이동은 존재하지 않습니다. 생각하는 존재가 두 번째 영역으로 상승하는 것은 두 번째 영역의 더 미세한 물질의 진동에 반응할 수 있게 되어 그 진동을 수신하고, 스스로 힘을 내보내 그 미세한 입자들을 진동시킬 수 있기 때문입니다.

학생은 진화의 척도에서 상승하는 것이 그를 한 장소에서 다른 장소로 이동시키는 것이 아니라, 그가 점점 더 인상을 받아들일 수 있게 만든다는 사실을 숙지해야 합니다. 모든 영역은 우리 주변에 있습니다. 심령계, 정신계, 붓디계, 아트믹계, 그리고 더 높은 세계들, 지고한 신(God)의 생명. 우리는 이러한 영적 차원들을 찾기 위해 움직일 필요가 없습니다. 이 영적 차원들은 바로 여기에 있기 때문입니다. 그러나 우리의 둔한 수용 불능 상태가 수백만 킬로미터의 단순한 공간보다 더 효과적으로 이 영적 차원들을 차단합니다.

우리는 오직 우리에게 영향을 미치고, 우리를 자극하여 반응하는 진동(공명)을 일으키는 것만을 의식합니다. 그리고 우리가 점점 더 수용적으로 변화하고, 우리 내면에 점점 더 미세한 물질을 끌어들일수록, 우리는 그에 따라 점차 더 미묘한 세계들과 접촉하게 됩니다. 따라서 한 차원에서 다음 차원으로 상승한다는 것은, 우리가 더 미세한 물질로 우리의 몸체를 엮어가고 있으며, 그러한 몸체를 통해 더 정교한 세계들과 접촉할 수 있게 되었음을 뜻합니다. 나아가 이는, 그 몸체들 안에 내재한 자아(Self)[97] 속에서 보다 신성한 힘들이 잠재 상태

---

97 여기서 자아(Self)는 진정한 자아, 즉 영원불멸하는 개별적 영혼을 의미한다.

에서 깨어나 활동하기 시작하며, 그 힘들이 더욱 미세한 생명의 떨림을 밖으로 방사하고 있음을 의미합니다.

현재 '생각하는 존재'(Thinker)가 도달한 단계에서는, 그는 자신의 주변 환경을 완전히 인식하고 과거의 기억을 지니고 있습니다. 또한 자신이 입고 있는 몸체, 즉 하위 차원과 연결되어 소통하는 데 사용하는 몸체에 대해 알고 있으며, 이를 효과적으로 다루고 지도할 수 있는 능력을 갖추고 있습니다. '생각하는 존재'는 이러한 하위 몸체들에게 닥쳐오는 어려움, 즉 장애물이나 과거의 부주의한 삶에서 비롯된 결과들을 명확히 인식합니다. 이에 따라 그는 이 하위 몸체들이 자신의 역할과 임무를 보다 잘 수행할 수 있도록 에너지를 집중적으로 쏟아붓기 시작합니다.

때때로 하위 의식은 생각하는 존재(Thinker)의 지시가 마치 거스를 수 없는 힘처럼 느껴지기도 합니다. 그래서 정신체와 심령체의 영향으로 흐려진 의식으로는 그 행동의 모든 이유를 명확히 알 수 없는 경우에도, 그 행동을 강요받는 듯한 느낌을 받습니다. 위대한 업적을 이룬 이들 가운데는, 내면으로부터 강하게 끌어당기는 어떤 힘을 의식했으며, 그것이 자신들에게는 오직 그렇게 행동하는 길 외에는 다른 선택지가 없게 만들었다고 기록으로 남긴 경우가 있습니다. 그 순간 그들은 내면의 생각하는 존재(Thinker)로서 행동하고 있었던 것입니다. 내면의 인간(Thinker)은, 그 당시 각자의 육체를 개체적 자아의 도구로서 제대로 기능하게 하여, 그 몸을 통해 의식적으로 행위를 수행하고 있었습니다. 그리고 진화가 계속됨에 따라, 결국 모든 인간은 이러한 고차원적 능력에 도달하게 될 것입니다.

상위 정신계의 최상위 영역에는 스승들과 그들의 제자인 입문자들의 참자아(Ego)가 존재합니다. 이곳의 존재들의 몸은 이 영역의 물질들로 이루어져 있습니다. 스승(Masters)들은 가장 미세한 정신적 힘으로 이루어진 이 세계에서 인류를 위한 자비로운 작업을 수행합니다. 스승들은 이곳에서 고귀한 이상과 영감을 주는 생각, 헌신적인 열망, 그리고 인류를 위한 영적이고 지적인 도움의 흐름을 쏟아 내고 있습니다.

상위 정신계의 최상위 영역에서 발생하는 모든 힘은 무수한 방향으로 퍼져 나가는데, 가장 고결하고 순수한 영혼들이 이러한 유익한 영향력을 가장 쉽게 받아들입니다. 우주의 비밀을 끈기 있게 탐구하는 자의 마음에 새로운 발견이 번뜩이고, 위대한 음악가의 귀에 새로운 멜로디가 황홀하게 울려 퍼지며, 고상한 철학자의 지성은 오랫동안 연구해 온 문제에 대한 해답으로 밝게 빛나고, 지칠 줄 모르는 박애주의자의 마음에는 희망과 사랑의 새로운 에너지가 가득 차오릅니다. 그러나 인간들은 자신이 보살핌을 받지 못하고 있다고 생각합니다. 심지어 인간들이 자주 사용하는 "생각이 떠올랐다", "아이디어가 내게 다가왔다", "발견이 번뜩였다"와 같은 표현들이, 비록 외부의 눈은 멀었을지라도 그들의 내면이 알고 있는 진실을 무의식적으로 증언하고 있음에도 말입니다.

생각의 옷을 입은 나, 정신체

1) 정신체의 역할과 기능

이제 지상에 존재하는 인간에게서 발견되는 생각하는 존재(Thinker)가 입는 여러 겹의 몸체에 대한 연구로 넘어가 보겠습니다. 하위 정신계에서 생각하고 느끼는 능력을 결정하는, 의식의 몸체를 우리는 정신체라고 부릅니다. 이 정신체는 하위 정신계의 물질 조합으로 형성됩니다. 생각하는 존재, 즉 개별적인 인간 영혼은 이 장의 후반부에 설명된 방식으로 형성됩니다. 영혼은 환생할 때, 먼저 자신의 에너지 일부를 진동 형태로 방출합니다. 이 진동은 그 영혼을 둘러싸고 그에게 옷을 입히는 물질을 끌어당깁니다. 이 물질은 하위 정신계의 네 영역에서 가져온 것입니다.

생각하는 존재(Thinker)가 내보내는 진동의 성질에 따라 그 진동이 끌어당기는 물질의 종류가 결정됩니다. 더 미세한 종류의 물질은 더 빠른 진동에 공명하여 그 진동의 자극에 따라 형태를 취합니다. 더 거친 종류의 물질은 마찬가지로 더 느린 진동에 반응합니다. 마치 특정 음조, 즉 특정한 진동수에 반응하여 소리를 내는 현(絃)과 같습니다. 이 현은 무게와 장력이 유사한 현에서 발생하는 음조에는 반응하지만, 이러한 면에서 자신과 다른 현에서 발생하는 음조의 합창 속에서는 침묵을 지킵니다. 이와 마찬가지로, 다양한 종류의 물질은 다양한 종류의 진동에 반응하여 스스로를 분류합니다. 생각하는 존재가 내보내는 진동에 따라 그가 끌어당기는 정신체의 성질이 결정됩니다. 이 정신체가 바로 *하위 마나스[98], 즉 하위 정신이라고 불리는 것입니다. 왜냐하면 생각하는 존재가 정신계의 하위 영역의 물질로 옷을 입고, 그 물질에 의해 추가적인 활동이 조건화되기 때문입니다.

생각하는 존재(Thinker)의 에너지는 하위 정신계의 물질을 움직이기에는 너무 미세하고, 정신체가 그 에너지에 반응하기에는 너무 빠르기에, 생각하는 존재의 어떤 에너지도 이 정신체를 통해서는 자신을 표현할 수 없습니다. 그러므로 생각하는 존재는 이 정신체에 의해 제한되고, 조건 지어지며, 자신을 표현하는 데 제약을 받습니다. 정신체는 생각하는 존재가 육체를 가지고 살아가는 동안 갇히게 되는 첫 번째 감옥입니다. 생각하는 존재의 에너지가 정신체에서 작용하는 동안, 자신의 상위 세계로부터 크게 차단됩니다. 왜냐하면 생각하는 존재의 관심은 밖으로 향하는 에너지에 쏠려 있고, 그 생명은 정신체 안에 쏠려 있기 때문입니다. 정신체는 종종 옷, 덮개, 또는 몸체 등으로 불립니다. 생각하는 존재가 정신체가 아니라, 하위 정신 영역에서 자신을 최대한 표현하기 위해 정신체를 형성하고 사용한다는 개념을 함축하는 표현이라면 어떤 표현이든 적합합니다.

생각하는 존재(Thinker)의 에너지는 여전히 바깥쪽으로 진동하며, 심령계의 더 거친 물질을 끌어당겨 그의 심령체를 형성한다는 것을 잊

---

98 하위 마나스(Lower Manas): 구체적 지성이자 논리적, 분석적 사고의 원리로, 감각을 통해 얻은 정보를 처리하고, 일상적인 지식을 축적한다.

어서는 안 됩니다. 그리고 생각하는 존재가 육신을 가지고 사는 동안, 하위 정신체를 통해 표현되는 생각 에너지는, 정신체의 물질이 거칠수록, 더 쉽게 심령체에 영향을 주는 감정적인 파동(더 느린 진동)으로 변환됩니다. 그래서 이 두 몸체(정신체와 심령체)는 계속해서 함께 진동하고 매우 밀접하게 얽히게 됩니다. 정신체에 짜 넣어진 물질의 종류가 더 거칠수록, 이 결합은 더 밀접해져서, 두 몸체는 때때로 함께 분류되고 심지어 하나로 간주되기도 합니다.

이 부분을 좀 더 알아보면 신지학자는 *카마-마나스[99]라는 개념을 제시합니다. 카마-마나스는 욕망의 본성 안에서 그리고 욕망의 본성과 함께 작용하며, 동물적 본성에 영향을 주고받는 정신을 의미합니다. 베단타 철학[100]자는 이 둘을 함께 분류하여, 자아(Self)가 하위 정신, 감정, 열정으로 구성된 덮개인 마노마야코샤[101] 안에서 작용한다고 말합니다. 또한 유럽의 심리학자들은 "감정"을 "마음"의 3분법 중 하나로 분류하며, 감정에는 정서와 감각 모두를 포함시킵니다.

---

99 카마-마나스(Kama-Manas): 욕망(카마)과 하위 지성(마나스)이 결합된 상태로, 감각적 쾌락과 욕망에 이끌리는 하위 자아의 지배적인 상태를 의미한다.
100 베단타 철학(Vedântic philosophy): 우파니샤드의 가르침을 기반으로 하는 인도 정통 철학 학파. 아트만과 브라흐만의 동일성을 강조하며, 해탈을 궁극적 목표로 삼는다.
101 마노마야코샤(Manomayakosha): 베단타 철학에서 말하는 다섯 가지 덮개(코샤) 중 하나로, 마음과 감정을 포함하는 정신적 덮개를 의미한다.

2) 정신체의 3유형

우리가 윤회를 연구하게 되면 이 사실이 매우 중요한 의미를 지닌다는 점을 알게 될 것입니다.

인간의 정신체는 육화(환생)하는 과정에서 그 사람이 도달한 진화 단계에 따라, 심령체와 마찬가지로 3가지 유형으로 연구해 볼 수 있습니다.

① 미성숙한 인간; ② 평범한 인간; ③ 영적으로 진보한 인간.

① 미성숙한 인간의 정신체

미성숙한 인간의 정신체는 거의 감지하기 어렵습니다. 이 정신체는 주로 정신계의 가장 낮은 영역에서 온, 조직화되지 않은 소량의 정신 물질로 구성되어 있습니다. 이 정신체는 주로 하위 몸체들의 영향을 받습니다. 감각 기관을 통해 물질 대상과 접촉함으로써 발생하는 심령 폭풍에 미약하게 진동합니다. 이렇듯 미성숙한 인간의 정신체는 외부 세계로부터 오는 뚜렷한 충격이 있어야만 반응합니다. 심지어 자극을 받더라도 그 반응은 둔하며, 하위 몸체로부터 오는 심령 진동의 자극이 없을 때는 거의 정지 상태를 유지합니다.

따라서 충격이 강렬할수록 미성숙한 인간의 발전에 더 좋습니다. 각각의 반응 진동이 정신체의 초기 발달을 돕기 때문입니다. 격렬한 쾌락, 분노, 격노, 고통, 공포와 같은 모든 감정은 심령체에 소용돌이를 일으켜 정신체에 미약한 진동을 일깨웁니다. 점차 이러한 진동은 정신 의식을 활성화하여 외부로부터 받은 인상에 자체적인 무언가를 추가하게 합니다.

우리는 정신체가 심령체와 매우 밀접하게 얽혀 있어 마치 하나의 몸체처럼 작용한다는 것을 살펴보았습니다. 그러나 이제 막 싹트기 시작한 정신적 능력은, 순전히 동물적인 본능으로만 작용할 때는 뚜렷하지 않던 특정한 힘과 속성을 심령체의 욕망에 더합니다. 정신체에 새겨진 인상은 심령체에 새겨진 인상보다 더 영구적이며, 의식적으로 재생됩니다. 여기서부터 기억과 상상력이 발현되기 시작합니다. 상상력은 외부 세계로부터 온 이미지들이 정신체의 구성 물질에 작용하여 그 물질들을 이미지와 유사한 형태로 빚어냅니다. 이 과정을 통해 상상력은 점차 그 모습을 갖추어 나갑니다.

감각의 접촉으로 생겨난 이러한 이미지들은 가장 거친 정신 물질을 끌어모읍니다. 깨어나기 시작하는 의식의 힘은 이러한 이미지들을 재현하고, 이로써 축적된 이미지들은 내부에서 시작된 행동을 자극하기 시작합니다. 즉 외부 기관을 통해 즐거웠던 진동을 다시 경험하고 고통을 일으키는 진동을 피하려는 욕구서 비롯된 행동입니다.

그런 다음 정신체는 심령체를 자극하기 시작하고, 동물에게서는 육체적 자극에 의해 깨어날 때까지 잠들어 있는 욕망을 심령체에 불러일으킵니다. 따라서 우리는 낮은 진화 수준의 인간으로부터 동물에게서는 결코 찾아 볼 수 없는 끊임없는 쾌락의 추구 즉, 욕정, 잔인함, 계산적 행동을 볼 수 있습니다. 감각에 묶여 이제 막 깨어나기 시작한 정신의 힘은 인간을 어떤 동물보다 훨씬 더 위험하고 잔인한 존재로 만듭니다. 그리고 정신-영적 물질에 내재된 더 강하고 미묘한 힘들은 동물계에서는 찾아 볼 수 없는 강렬한 예리함을 욕망적 본성에 부여하게 됩니다.

그러나 바로 이러한 과도함은 그로 인해 발생하는 고통을 통해 스스로를 교정하게 됩니다. 그 결과로 나타나는 경험들은 의식에 작용하여 상상력이 작동할 새로운 이미지를 만들어 냅니다. 이러한 이미지는 의식이 외부 세계로부터 심령체를 거쳐 전달되는 수많은 진동에 저항하도록 자극합니다. 또한 욕망을 마음껏 풀어놓는 대신 억제하는 데 자신의 의지력을 발휘하도록 합니다.

이러한 저항하는 진동은 정신체 안에서 발생하며, 더 미세한 정신 물질의 조합을 정신체로 끌어당깁니다. 이는 심령체에서 발생한 욕망적 신호에 반응하여 진동하는 거친 조합들을 정신체에서 몰아내는 경향이 있습니다. 욕망-이미지가 일으킨 진동과 과거 경험의 상상적 재현이 일으킨 진동 사이의 이러한 투쟁을 통해, 정신체는 성장합니다. 이렇게 해서 명확한 구조를 발달시키기 시작하며, 외부 활동과 관련하여 점점 더 주도권을 행사합니다.

현생의 삶이 경험을 수집하는 데 쓰이는 반면, 삶과 삶 사이의 중간 단계의 삶[102]은 수집된 경험을 소화하는 데 쓰입니다. 따라서 지상으

---

102 중간 단계의 삶: 육체적 죽음 이후 영혼이 심령계와 정신계의 하위 영역에서 경험하는 단계를 의미한다.

로 돌아올 때마다 생각하는 존재(Thinker)는 자신의 정신체를 형성할 수 있는 더 많은 능력을 갖추게 됩니다. 이처럼 욕망의 노예였던 낮은 진화 단계의 인간은, 정신이 욕망과 정신력 간의 각축장이 되는 일반적인 인간으로 성장합니다. 이 각축장에서 욕망과 정신력은 엇비슷한 힘으로 끊임없이 경쟁하지만 생각하는 존재는 점차 자신의 하위 본성에 대한 통제력을 얻어 갑니다.

② 일반적인 인간의 정신체

일반적인 인간의 정신체는 미성숙한 인간의 정신체보다 크기가 훨씬 커집니다. 또한 이 정신체는 정신계의 두 번째, 세 번째, 네 번째 영역에서 끌어온 상당한 양의 정신 물질로 구성되어 있으며, 어느 정도 조직화된 형태를 보입니다. 그리고 정신체의 형성과 변화를 조절하는 일반 법칙은 심령계와 물질계와 같은 하위 영역에서 이미 확인했던 것과 동일한 원리입니다.

정신 능력은 사용하면 발달하고, 사용하지 않으면 쇠퇴하여 결국 소멸합니다. 정신체에서 일어나는 모든 진동은 구성 요소에 변화를 일으킵니다. 즉, 진동에 공명할 수 없는 물질은 영향을 받은 부분에서 밀려나고, 주변의 무한한 저장소에서 끌어온 적합한 물질로 대체됩니다. 그래서 특정 진동이 반복될수록 해당 부분은 더욱 발달하게 됩니다. 만약 특정 영역에만 정신 에너지가 지속적으로 투입되는 경우 그 영역은 과도하게 발달하지만, 그에 못지않게 중요한 다른 영역은 소외되어 발달하지 못하게 됩니다. 그래서 정신 에너지를 한곳에 지나치게 집중하면 정신체의 불균형을 초래하거나 손상을 줄 수 있습니다. 그렇기에 우리는 조화롭고 균형 잡힌 전반적인 성장을 추구해야 합니다. 이를 위해서는 차분하게 자신을 분석하고, 명확한 목표를 설정하여 체계적으로 노력해야 합니다.

이러한 정신체의 작동 원리에 대한 이해는 우리가 흔히 경험하는 어려움들을 설명해 줄 뿐 아니라, 진보에 대한 확실한 희망을 제공합니다. 새로운 학문을 시작하거나 높은 도덕성을 추구할 때, 초기에는 흔히 많은 어려움으로 가득 차 있는 것을 발견합니다. 때로는 이러한 어려움이 너무 커 보여 그 노력을 포기하게 되는 경우도 있습니다.

어떤 새로운 정신적 과제를 시작할 때, 정신체의 모든 자동화된 반응이 이에 저항합니다. 특정한 방식으로 진동하는 데 익숙해진 물질들은 새로운 자극에 적응할 수 없습니다. 따라서 초기 단계는 대부분 정신체에 진동을 일으키는 데는 실패합니다. 그러나 이러한 파동은 필수적인 준비 과정으로, 이 과정에서 강한 저항성을 가진 오래된 물질들이 정신체에서 제거되고, 새롭게 공명하는 물질을 끌어들입니다.

이 과정 동안, 인간은 어떠한 진전도 의식하지 못합니다. 그 노력하는 사람은 오직 자신의 노력이 좌절되는 것과 마주하는 둔중한 저항만을 의식할 뿐입니다. 이윽고, 그 사람이 계속해서 노력한다면, 새로 끌어들인 물질들이 기능하기 시작하면서, 노력하는 사람은 자신의 시도에서 더 나은 성공을 거두게 됩니다. 그리고 마침내 기존의 모든 물질이 배출되고 새로운 물질이 작동하면, 그 사람은 자신이 기존과 같은 애씀 없이도 성공하고 있으며 자신의 목표가 달성되었음을 깨닫게 됩니다.

가장 중요한 시기는 첫 번째 단계입니다. 그러나 자연의 모든 법칙과 마찬가지로 확실하게 작동하는 법칙을 믿고 끈기 있게 노력을 반복하면 반드시 성공할 수 있습니다. 또한 이러한 사실을 아는 것은 절망에 빠질 수 있는 상황에서 노력하는 사람을 격려할 수 있습니다. 이와 같이 평범한 인간은 꾸준히 하위 본성의 충동을 억누르면서, 그 충동이 자신에 대한 지배력을 잃어 가고 있음을 의식하고 기쁨을 느끼며 계속 나아갈 수 있습니다. 왜냐하면 노력하고 있는 사람은 자신의 정신체에서 공명 진동을 일으킬 수 있는 모든 물질을 몰아내고 있기 때문입니다. 그리하여 정신체는 점차 정신계의 하위 네 영역의 더 미세한 구성 요소들로 이루어지게 되며, 마침내 빛나고 정교하며 아름다운 형태를 갖추게 됩니다. 이것이 바로 -

③ 진보된 인간의 정신체

영적으로 발달한 인간의 정신체입니다. 이 몸체에서는 모든 거친 조합이 제거되어, 감각 대상은 더 이상 이 정신체나 이와 연결된 심령체에서 그 진동에 공명하는 물질을 찾을 수 없습니다. 이 정신체는 하위 정신계의 네 영역 각각에 속하는 더 미세한 조합만을 포함합니다. 이들 중에서도 세 번째와 네 번째 수준의 물질이 두 번째와 첫 번째 수준의 물질보다 훨씬 더 우세합니다. 결과적으로, 이 정신체는 고차원적인 지적 활동에 민감하게 반응하며, 높은 수준의 예술적 감각, 순수하고 고귀한 감정에서 오는 미묘한 떨림 등 모든 고상하고 뛰어난 경험과 접촉할 수 있는 상태에 이르게 됩니다.

이러한 몸체를 지닌 생각하는 존재(Thinker)는 하위 정신 영역, 심령계, 그리고 물질계에서 자신을 훨씬 더 완전하게 표현할 수 있습니다. 이 몸체의 물질들은 훨씬 더 넓은 범위의 반응적 진동을 일으킬 수 있으며, 더 높은 영역에서 오는 자극은 이 몸체를 더 고귀하고 미묘한 구조로 빚어냅니다. 이러한 몸체는 정신계의 하위 영역에서 표현될 수 있는 생각하는 존재로부터 오는 모든 자극을 재현할 준비를 빠르게 갖추어 가고 있습니다. 즉, 이 하위 정신계에서의 활동을 위한 완벽한 도구로 성장하고 있는 것입니다.

만약 정신체의 본질을 명확하게 이해한다면 현대 교육은 크게 개선될 것입니다. 이것은 자신의 영혼에게 현재보다 훨씬 더 유익하게 작용할 것이기 때문입니다. 이 정신체의 일반적인 특성은 생각하는 존재(Thinker)의 과거 지상 생활에 따라 달라집니다. 이는 우리가 환생과 카르마를 제대로 이해하게 될 때 명확히 알 수 있는 부분입니다. 이 정신체는 정신계에서 구성되며, 그 물질은 생각하는 존재가 자신의 과거 경험의 결과로서 자신 안에 축적한 자질에 따라 달라집니다.

교육이 할 수 있는 일은, 개인이 이미 지닌 유용한 능력을 자극하여 그것의 성장을 이끌어 내고, 바람직하지 않은 성향은 억제하거나 제거하도록 돕는 것입니다. 진정한 교육의 목적은 사실을 주입하는 데 있는 것이 아니라, 이러한 내재된 능력들을 끌어내는 데 있습니다.

그리고 기억력을 위해 별도로 훈련할 필요도 없습니다. 왜냐하면 기억력은 주의력, 즉 연구 대상에 대한 꾸준한 집중과, 그 대상과 정신 사이의 자연스러운 친화력에 달려 있기 때문입니다. 만약 그 대상이 마음에 든다면, 즉 정신에 그 대상을 받아들일 능력이 있다면, 주의를 기울이는 한 기억력은 문제가 되지 않을 것입니다. 그러므로 교육은 꾸준한 집중력, 즉 지속적인 주의력의 습관을 길러야 하며, 학생의 타고난 능력에 따라 이루어져야 합니다.

상위 정신계와 하위 정신계

이제 정신계의 무형의 영역인 상위 정신계에 대해 알아보겠습니다. 상위 정신계는 인간이 윤회하는 주기 동안 머무르는 진정한 고향과 같은 영역입니다. 인간은 처음 진화를 시작할 때, 마치 아기 영혼(Ego), 혹은 싹트는 개체와 같이 상위 정신계에서 태어납니다. (윤회에 대한 내용은 8장과 9장을 참조)

이 자아(Ego), 즉 생각하는 존재의 윤곽은 타원형입니다. 그래서 블라바츠키는 모든 환생을 통해 지속되는 이 마나스의 몸체를 오릭 에그(Auric Egg)라고 부른 것입니다. 정신계의 가장 높은 세 영역의 물질로 구성된 이 몸체는 처음 생겨날 때부터 포착하기 어려울 만큼 극도로 미세한 분리막입니다. 그리고 이 몸체가 발달함에 따라, 초자연적인 영광과 아름다움을 지닌 눈부시게 빛나는 존재, 적절하게 이름 붙여진 바와 같이, 빛나는 존재(the shining One)가 됩니다. 이것은 신플라톤주의자들의 아우고에이데스[103]이며, 성 바울의 "영적인 몸"입니다.

이 생각하는 존재(Thinker)는 무엇일까요? 이미 말했듯이 생각하는 존재는 신성한 자아[104]로 상위 정신계의 물질로 이루어진 미묘한 몸체에 의해 제한된, 다시 말해 개별화된 존재입니다. (베단타 분류에 따르면 식별적 지식의 껍질인 비그냐나마야코샤[105] 안에서 작용하는 자아(Self)입니다.) 그렇다면 이 개별화는 어떻게 일어나는 것일까요? 우주의 유일한 빛과 생명(Life)의 살아 있는 빛이자, 자아(Self)의 빛이 있습니다. 이 빛 주위에 물질이 응집됩니다. 이 물질은 외부 세계와 관련하여 이 빛을 그 근원(Source)으로부터 분리합니다. 그리고 이 물질로 이루어진 얇은 막(film)으로 된 껍질 안에 이 빛을 가둡니다. 이렇게 하여 "개체"가 만들어집니다. 이 생명은 로고스의 생명입니다. 마치 씨앗 속의 작은 싹 안에 나무가 숨겨져 있듯이, 모든 것이 잠재력과 가능성의 형태로 존재하며, 그 생명의 모든 힘은 잠재되어 있고 숨겨져 있습니다.

---

103 아우고에이데스(Augoeides): 개인의 가장 높은 영적 본질, 즉 신성한 자아와의 연결을 상징하는 "빛나는 존재". 신비학에서는 이 내면의 빛과의 합일을 추구하며, 철학적으로는 개인이 도달해야 할 이상적인 영적 상태를 의미한다.
104 신성한 자아(Self): 개별화되기 이전의, 우주적 근원과 연결된 본질적인 자아를 의미한다.
105 비그냐나마야코샤(Vignyânamayakosha): 베단타 철학에서 인간을 구성하는 다섯 가지 껍질(kosha) 중 하나로, 식별적 지성을 담당하는 껍질이다.

이 씨앗은 인간 삶이라는 토양에 떨어져 잠재된 힘이 기쁨의 태양과 눈물의 비에 의해 활성화됩니다. 그리고 우리가 경험이라고 부르는 삶의 토양에서 나오는 자양분을 공급받아 그 씨앗의 싹은 아버지의 형상인 거대한 나무로 성장합니다. 인간의 진화는 생각하는 존재(Thinker)의 진화입니다. 생각하는 존재는 하위 정신계와 심령계, 그리고 물질계에서 몸체를 취합니다. 그리고 물질계, 심령계, 하위 정신계의 삶을 통해 그 몸체들을 입습니다. 그리고 이 삶의 주기에서 각 단계에서 차원에서 차원으로 이동하면서 순차적으로 몸체들을 벗어 버리지만, 각 차원에서 그 몸체들을 사용하여 수확한 열매는 항상 자기 자신 안에 저장합니다.

처음에 생각하는 존재(Thinker)는 마치 갓난아기의 육체처럼 거의 의식이 없는 상태로 수많은 생을 그저 잠들어 있는 듯이 보냈습니다. 외부로부터 그 존재에게 가해지는 경험들이 그 존재의 잠재된 힘 중 일부를 깨워 활동하게 할 때까지 말입니다. 하지만 점차 그 생각하는 존재는 자신의 삶의 방향에 대해 점점 더 많은 역할을 맡게 되었고, 성인이 되면서 자신의 삶을 스스로 책임지고 미래의 운명을 점점 더 통제하게 되었습니다.

신성한 의식과 함께 생각하는 존재(Thinker)를 구성하는 이 영구적인 몸체의 성장은 극도로 느립니다. 이 몸체의 전문 용어는 원인체[106]

---

106 원인체(Causal Body): 상위 정신계의 진동에 상응하는 미묘체로, 과거 생의 경험과 카르마의 원인이 저장되는 영혼의 기록 보관소이다.

인데, 그 이유는 그 생각하는 존재가 모든 경험의 결과를 그 안에 축적하고, 이것들이 원인으로 작용하여 미래의 삶을 빚어내기 때문입니다. 원인체는 환생하는 동안 유일하게 영구적인 몸체입니다. 정신체, 심령체 그리고 육체는 각각의 새로운 삶을 위해 다시 구성됩니다. 각각의 몸체가 차례로 소멸하면서 그 수확물을 그 위의 몸체에 전달하고, 이렇게 하여 모든 수확물은 마침내 영구적인 몸체인 원인체에 저장됩니다. 생각하는 존재가 다시 환생할 때, 그 존재는 이러한 수확물로 구성된 자신의 에너지를 각 연속적인 차원에 내보내고, 그리하여 자신의 과거(카르마)에 적합한 몸체를 차례로 끌어들입니다.

앞서 말했듯이, 원인체 자체의 성장은 매우 느립니다. 왜냐하면 원인체는 원인체를 구성하는 매우 미세한 물질로 표현될 수 있는 자극에만 반응하여 진동할 수 있기 때문입니다. 이렇게 진동하면서 원인체는 그 자극들을 자신의 존재 구조 안으로 통합합니다. 따라서 인간 진화의 초기 단계에서 큰 역할을 하는 욕망은 원인체의 성장에 직접적으로 영향을 줄 수 없습니다. 생각하는 존재(Thinker)는 오직 원인체의 진동으로 재현될 수 있는 경험만을 자신 안으로 통합해 넣을 수 있습니다. 그리고 이러한 경험들은 상위 정신계에 속해야 하며, 본질적으로 고도로 지적이거나 고결한 도덕성을 지녀야 합니다. 그렇지 않으면 원인체의 미세한 물질은 공명하는 진동을 일으킬 수 없습니다.

진화가 그토록 더디고, 진보가 거의 없는 이유는 일상생활에서 이 고귀한 몸체의 성장에 적합한 재료를 얼마나 적게 제공하는지 조금만 생각해 보면 누구나 수긍할 것입니다. 그래서 생각하는 존재(Thinker)는 수많은 윤회 삶 속에 자신을 더 많이 투입해야 하며, 그렇게 될 때 진화는 빠르게 진전됩니다. 사악한 행위를 지속하는 것은 원인체에 간접적인 방식으로 영향을 미치고, 단순한 성장 지연보다 더 큰 해를 끼칩니다. 악행의 기간이 오래 지속되면 선행에 의해 발생하는 진동에 반응하는 능력이 저하됩니다. 따라서 악행을 그만둔 후에도 상당 기간 성장은 지연됩니다.

원인체에 직접적으로 해를 끼치려면, 고도로 지적이고 정제된 형태의 악, 즉 세계의 다양한 경전에서 언급되는 "영적인 악"이 필요합니다. 이것은 다행히도 영적인 선만큼이나 드물며, 고도로 발달된 존재들에게서만 발견됩니다. 이러한 존재들은 두 갈래의 길 중 하나를 걷고 있습니다. 하나는 신성한 인간성, 즉 세상에 봉사하는 데 사용되는 아뎁트의 경지로 이끄는 백색의 길입니다. 다른 하나는 흑색의 길입니다. 이 길 역시 아뎁트[107]의 경지로 이끌지만, 그 힘은 진화의 진전을 방해하고 이기적인 개인적 목적을 위해 사용됩니다.

생각하는 존재(Thinker), 즉 영원한 인간의 거처는 정신계의 다섯 번째 영역, 즉 상위 정신계의 가장 낮은 영역에 있습니다. 아직 인류 대다수의 진보 수준은 거의 깨어나지 못한 채, 유아기 상태에 머물러 이

---

107 아뎁트(Adept): 인간의 진화적 잠재력이 최종적으로 도달할 수 있는 상태를 대표한다. 신지학 체계에서 아뎁트는 최고 단계의 영적 진화를 이룬 존재이며, 아라한은 그 바로 아래 단계에 놓인 고도로 진화한 영적 존재로 설명된다.

곳에 있습니다. 생각하는 존재는 하위 차원에서 자신의 에너지를 통해 여러 경험을 쌓으며 그 경험들을 거두어들입니다. 생각하는 존재는 돌아온 에너지와 함께 경험을 흡수하며, 천천히 자신의 의식을 성장시킵니다. 이 영원한 인간, 즉 개별화된 자아(Self)는 그가 입는 모든 몸체 안에서 활동하는 주체입니다. "나"라는 느낌을 몸과 마음에 부여하는 것은 바로 그의 존재입니다. **"나"라고 느끼는 자의식은 생각하는 존재(영혼)에게서 비롯됩니다.** 하지만, "나"는 자신이 가장 강하게 집중하고 있는 그 몸체를 "나"라고 착각하게 됩니다.

욕망적인 사람에게 "나"는 육체와 욕망의 본성입니다. 그 욕망적인 사람은 육체와 욕망들로부터 즐거움을 얻고, 자신의 삶이 그 안에 있기에 이것들을 자신이라고 생각합니다. 학자에게 "나"는 정신입니다. 왜냐하면 정신의 활동에서 그의 기쁨이 있고, 그의 삶이 거기에 집중되어 있기 때문입니다. 과거 생을 기억하고 앞으로 태어날 생을 희망 속에서 그려 보며, 이 모든 것을 초월한 영원한 존재를 진정한 "나"라고 느낄 수 있는 사람은 극히 드뭅니다. 그렇게 느끼기 위해선 고도의 영적 통찰력이 필요하기 때문입니다.

생리학자들은 손가락을 베었을 때, 실제로 고통을 느끼는 곳은 피가 흐르는 상처 부위가 아니라 뇌라고 말합니다. 뇌에서 느낀 고통이 상상에 의해 상처 부위로 투사된다는 것입니다. 그들은 손가락에서 느껴지는 고통은 착각이며, 상처를 낸 물체와 맞닿은 지점에서 상상으로 만들어진 것이라고 설명합니다. 절단된 팔다리나, 더 정확히는 그 팔다리가 있던 자리에서 고통을 느끼는 현상도 마찬가지입니다.

이처럼 진정한 "나", 즉 내면의 인간(Inner Man)은 자신을 감싸고 있는 껍질 안에서, 외부 세계와의 접촉 지점에서 고통과 기쁨을 느끼고, 그 껍질을 자신이라고 느낍니다. 그 존재는(Thinker) 이러한 느낌이 환상이며, 자신이 각 껍질 안에서 유일한 행위자이자 경험자라는 것을 알지 못합니다.

이제 이러한 관점에서 상위 정신과 하위 정신의 관계, 그리고 그것들이 뇌에 미치는 영향을 살펴보겠습니다. 정신, 즉 마나스(Manas)는 생각하는 존재(Thinker)이자 원인체 안에 존재하는 자아입니다. 정신은 무수한 에너지와 다양한 종류의 진동의 원천으로서, 이러한 에너지를 방사하여 외부로 발산합니다. 이 중 가장 섬세하고 미묘한 에너지는 오직 그에 상응하는 원인체의 물질을 통해서만 표현될 수 있으며, 이것이 바로 우리가 순수 이성(Pure Reason)이라 부르는 것입니다. 순수 이성의 생각은 추상적이며, 직관을 통해 지식을 얻습니다. 그 본질은 '앎 그 자체'이므로, 진리를 보자마자 자신과 부합함을 알아차립니다.

조금 덜 미세한 진동은 바깥으로 뻗어 나가 하위 정신계의 물질을 끌어당기는데, 이것이 바로 하위 마나스, 즉 하위 정신입니다. 하위 정신은 상위 정신의 보다 거친 에너지가 더 조밀한 물질로 표현된 것입니다. 우리는 이것을 이성, 판단, 상상, 비교 그리고 기타 정신적 능력들을 포함하는 지성이라고 부릅니다. 지성의 생각은 구체적이며, 그 방법은 논리입니다. 지성은 논증하고, 추론하며, 추리합니다. 이러한 진동은 심령 물질을 통해 에테르 뇌에 작용하고, 이를 통해 다시 조밀한 육체 뇌에 작용하여 그 안에 진동을 일으킵니다. 이 진동은 본래 진동의 무겁고 느린 복제물입니다. 무겁고 느린 이유는 에너지가 더 무거운 물질을 움직이면서 그 신속함을 많이 잃었기 때문입니다.

진동이 미세한 물질에서 시작되어 조밀한 물질로 전달될 때 반응이 약해지는 현상은 물리학을 공부하는 모든 이에게 익숙합니다. 공기 중에서 종을 치면 소리가 선명하게 들립니다. 수소 안에서 종을 치고, 수소의 진동이 공기의 파동을 일으키게 하면 그 결과는 얼마나 미약합니까? 마찬가지로, 뇌는 정신의 빠르고 섬세한 작용에 반응하기에는 그 작용이 매우 미약합니다. 그럼에도 불구하고 대다수의 사람들은 이것이 자신의 "의식"이라고 인식하는 전부입니다.

이 '의식'의 정신 작용이 막대한 중요성을 갖는 이유는, 바로 이 의식이 생각하는 존재(Thinker)가 성장의 밑거름이 되는 경험을 수확하는 유일한 매개체이기 때문입니다. 의식이 욕망에 휘둘릴 때면 통제력을 잃고 제멋대로 날뛰며, 생각하는 존재는 영양분을 얻지 못해 성장이 멈춥니다. 의식이 외부 세계와 관련된 정신 활동에만 온전히 몰두할 때, 생각하는 존재의 하위 에너지들만 자극될 뿐입니다. 생각하는 존재가 의식 속에 삶의 진정한 목적을 새겨 넣을 수 있을 때에야, 비로소 의식은 자신의 가장 값진 역할, 즉 상위 에너지를 깨우고 영양분을 공급할 경험을 수집하는 역할을 수행하기 시작합니다.

생각하는 존재(Thinker)가 발전함에 따라 자신의 고유한 힘과, 하위 차원에서 자신이 에너지를 사용하는 방식, 그리고 자신이 형성한 몸에 대해 점점 더 많이 의식하게 됩니다. 마침내 그 존재(Thinker)는 과거의 기억을 바탕으로 자신의 의지를 조절하고, 이러한 인상을 통해 하위 몸체에 영향을 주려고 시도합니다. 우리는 이러한 인상이 도덕과 관련될 때는 "양심"이라고 부르고, 지성을 밝힐 때는 "직관의 섬광"이라고 부릅니다.

이러한 인상이 지속적으로 나타나 정상적인 상태가 되면, 우리는 그 총체를 "천재성"이라고 부릅니다. 생각하는 존재의 상위 진화는 하위 몸체에 대한 통제력이 증가하고, 하위 몸체가 그의 영향에 더 민감해지며, 성장에 대한 기여도가 증가하는 것으로 나타납니다. 이러한 진화를 의도적으로 돕고자 하는 사람들은 하위 정신과 도덕적 인격을 주의 깊게 훈련하고, 꾸준하고 올바른 방향으로 노력함으로써 그렇게 할 수 있습니다.

세속적이지 않은 주제에 대한 조용하고, 지속적이며, 순차적으로 생각하는 습관, 즉 명상과 공부하는 습관은 정신체를 발달시키고 더 나은 도구로 만듭니다. 추상적 사고를 계발하려는 노력 또한 유익합니다. 왜냐하면 이것은 하위 정신을 상위 정신으로 끌어올리고, 하위 정신계의 가장 미세한 물질들을 그 안으로 끌어들이기 때문입니다.

이러한 방법들을 통해, 모든 사람은 자신의 상위 진화에 적극적으로 협력할 수 있습니다. 우리가 한 걸음 나아갈 때마다 그다음 단계는 더욱 빨라집니다. 아무리 작은 노력이라도 결코 헛되지 않고, 그에 따른 완전한 효과가 나타납니다. 원인체로 전달된 모든 노력과 경험은 미래에 사용하기 위해 원인체의 보물 창고에 저장됩니다. 이처럼 진화는 아무리 느리고 더디더라도 항상 앞으로 나아갑니다. 모든 영혼 안에서 끊임없이 펼쳐지는 신성한 생명은, 모든 것을 서서히 자신의 의지대로 이끌어 갑니다.

제6장
영혼의 천국 여정, 데바찬

영혼의 안식처, 데바찬

1) 영원한 빛의 땅

데바찬(Devachan)은 신지학에서 천국을 지칭하는 용어로, 문자 그대로 "빛나는 땅" 또는 "신들의 땅"을 의미합니다. 산스크리트어로는 데바스탄(Devasthan) 즉, 신들의 장소라고 불리며, 이는 힌두교의 스바르가(Svarga), 불교의 수카바티(Sukhâvati), 조로아스터교와 그리스도교의 천국, 그리고 물질주의 성향이 덜한 이슬람교도들의 천국과 같은 개념입니다. 데바찬은 정신계 내에서도 특별히 보호되는 영역으로, 인류의 진화를 감독하는 위대한 영적 지성체들의 작용으로 모든 슬픔과 악이 배제됩니다. 이곳에는 육체와 심령체를 벗어던진 인간들이 카마로카에서의 정화의 여정을 마치고 들어가는 곳입니다.

데바찬에서의 생은 하위 정신계와 상위 정신계의 두 단계로 구성됩니다. 첫 번째 단계인 하위 정신계에서 생각하는 존재(Thinker)는 정신체의 몸을 가지고 방금 끝마친 지상의 삶에서 수집한 재료들을 소화하는 일에 전념합니다. 두 번째 단계인 상위 정신계에서 생각하는 존재는 정신체에서 벗어나, 자신이 도달한 온전한 자의식과 앎의 경지에서 아무런 제약 없이 존재합니다.

영혼이 데바찬에 체류하는 기간은, 그 영혼이 지상에서의 생애 동안 데바찬에서 누릴 수 있는 "재료"를 얼마나 많이 가져왔는가에 따라 달라집니다. 여기서 말하는 "재료"란, 지상에서의 생 동안 형성된 순수한 생각과 감정들, 지적 노력과 도덕적 열망, 유익한 일들과 인류를 위한 봉사 계획에서 만들어진 기억들 등을 뜻합니다. 이것들은 모두 데바찬에서 정신적·도덕적 능력으로 흡수되고 통합될 수 있는 것들로, 영혼의 성장을 돕는 데 기여하는 요소들입니다.

아무리 미약하고 순간적 일지라도, 선(善)의 요소는 하나도 사라지지 않습니다. 그러나 이기적인 동물적 욕망과 같은 것들은 데바찬에 들어올 수 없습니다. 왜냐하면 그것들이 표현될 수 있는 "재료"가 데바찬에는 존재하지 않기 때문입니다. 또한, 과거 삶에서 악(惡)이 선(善)보다 훨씬 더 많았다 하더라도, 작은 선에 대한 보상을 막을 수는 없습니다. 비록 선의 "수확"은 적어 데바찬에서의 생이 매우 짧아질 수는 있습니다. 하지만, 가장 타락한 사람이라 하더라도 옳음을 향한 희미한 갈망이나 미세한 온정의 움직임을 가졌다면, 반드시 데바찬에서 그 "선의 씨앗"이 싹트는 경험을 합니다. 이곳에서 선의 불씨는 부드럽게 타오르는 작은 불꽃으로 키워지게 됩니다.

과거에는 사람들이 천상에 마음을 고정하고 천상의 행복을 누리기 위한 삶을 살았기 때문에, 데바찬에서 보내는 시간이 매우 길었고, 때로는 수천 년 동안 지속되기도 했습니다. 그러나 오늘날에는 사람들의 마음이 세상(물질)에 더 많이 집중되어 있고, 고차원의 삶을 향한 생각이 상대적으로 적기 때문에, 그에 따라 데바찬에서 보내는 시간도 짧아지고 있습니다.

마찬가지로, 정신계의 상위 영역과 하위 영역[108]에서 보내는 시간은 정신체와 원인체에서 각각 생성된 생각의 양에 비례합니다. 방금 끝난 생애 속에서의 모든 야망, 관심사, 사랑, 희망, 두려움 등 개체적 자아(the personal self)에 속한 모든 생각은 형체로 존재하는 하위 데바찬에서 그 결실을 맺습니다. 반면, 추상적이고 비개체적인 사고 영역, 즉 고차원의 정신(the higher mind)에 속한 생각들은 '형체가 없는' 상위 데바찬 영역에서 그 결과를 맺습니다. 대부분의 사람들은 그 고귀한 영역에 잠깐 발을 들였다가 빠르게 다시 나오지만, 어떤 소수의 사람들은 거의 모든 시간을 상위 데바찬의 영역에서 보냅니다.

2) 데바찬, 진정한 실재에 대한 앎

자세한 내용을 살펴보기 전에, 먼저 데바찬에서의 생(life)을 지배하는 몇 가지 주요 개념을 이해해 보도록 하겠습니다. 데바찬에서의 생은 물질적 삶과 매우 다르기 때문에, 그것에 대한 어떤 설명도 그 낯섦으로 인해 오해를 불러일으키기 쉽습니다. 사람들은 육체의 삶을

---

108 각각 정신계의 아루파(Arûpa) 영역과 루파(Rûpa) 영역에 존재하며, 전문 용어로 '아루파 데바찬'과 '루파 데바찬'이라 불린다.

살아가는 동안에도 자신의 정신적 삶에 대해 거의 인식하지 못합니다. 그렇기 때문에 육체를 벗어난 정신적 삶에 대한 그림이 제시되면 현실 감각을 완전히 잃어버리고 마치 꿈의 세계로 들어간 것처럼 느낍니다.

먼저 이해해야 할 것은 정신적 삶이 감각의 삶보다 훨씬 더 강렬하고 생생하며, 실체에 더 가깝다는 것입니다. 우리가 이 세상에서 보고, 만지고, 듣고, 맛보고, 다루는 모든 것은 우리가 데바찬에서 접하는 모든 것보다 실체로부터 두 단계나 더 멀리 떨어져 있습니다. 우리는 심지어 사물을 있는 그대로 보지 못합니다. 우리가 이곳에서 보는 것들은 두 개의 환영의 장막이 더 씌워져 있기 때문입니다. 우리가 여기에서 느끼는 현실 감각은 완전한 착각입니다. 우리는 사물이나 사람들을 있는 그대로 알지 못합니다. 우리가 무언가를 안다고 말할 때, 우리가 아는 것은 극히 일부입니다. 우리가 안다고 하는 것은 우리의 오감에 주는 자극과, 그러한 자극들을 바탕으로 우리의 뇌가 해석하고 판단하여 내린 오류가 있을 수 있는 결론일 뿐입니다. 한 사람에 대해 그의 아버지, 가장 친한 친구, 그를 열렬히 사모하는 연인, 사업상의 경쟁자, 가장 큰 적, 그리고 우연히 만난 지인이 가진 생각들을 나란히 놓고 비교해 보십시오. 그 그림들이 얼마나 서로 맞지 않는지 알 수 있을 것입니다.

각자는 자신의 마음에 맺힌 인상만을 전달할 수 있을 뿐입니다. 그 인상들은 모든 장막을 꿰뚫어 보고 그 사람의 모든 것을 온전히 바라보는 눈으로 본 실체의 모습과는 얼마나 동떨어져 있겠습니까? 우리는 각자의 친구들에 대해 자신의 마음에서 만들어진 인상들만을 알고 있고, 이러한 인상은 우리의 수용 능력에 따라 엄격히 제한됩니다. 아이는 아버지가 고귀한 목적을 가지고 국가를 이끄는 위대한 정치가라는 것을 온전히 이해하지 못할 수 있습니다. 아이에게 있어, 국가의 운명을 짊어진 아버지라는 존재는, 그저 함께 놀아 주는 가장 즐거운 친구이자 재미있는 이야기를 들려주는 매혹적인 이야기꾼일 뿐입니다.

우리는 지상의 환영 속에서 살아가지만, 이곳에서 현실감을 느끼며, 만족감을 가집니다. 마찬가지로 데바찬 역시 환영의 영역이지만, 앞서 언급했듯이 실체에 두 단계 더 가까워진 상태입니다. 그래서 데바찬에서도 우리는 현실감을 느끼며 만족할 것입니다.

지상에서 겪는 환영은 더 높은 차원인 데바찬(낮은 천국)에 이르면 그 강도가 약해지기는 하지만, 완전히 없어지지는 않습니다. 왜냐하면 데바찬에서도 여전히 주관적인 경험을 하기 때문입니다. 비록 그곳에서의 경험은 물질계에서보다 더 현실적이고 직접적으로 느껴지지만 말입니다. 우리는 이러한 천국이 거대한 진화 체계의 일부이며, 인간이 참된 자아를 발견하기 전까지는, 자신의 비실재성으로 인해 환영에 휩싸일 수밖에 없다는 것을 결코 잊어서는 안 됩니다.

우리가 지상의 삶을 현실로 느끼고 데바찬은 비현실적으로 느끼게 되는 한 가지 원인이 있습니다. 그 원인은 우리의 지상의 삶은 환영의 완전한 지배하에서 내부에서 바라보는 반면, 데바찬은 (일시적으로) 외부에서 마야(Mâyâ)[109]의 장막에서 벗어나 바라보기 때문입니다.

그래서 데바찬에서는 상황이 완전히 뒤집힙니다. 그곳의 존재들은 자신들의 삶이야말로 진정한 현실이라고 느끼며, 지상에서의 삶을 환영과 오해로 가득 찬 상태로 바라봅니다. 그리고 천상계 존재들의 관점이 지상의 관점보다 진실에 더 가깝습니다.

3) 무한한 창조의 영역

다음으로, 정신체를 입은 생각하는 존재(Thinker)는 더 이상 물질의 제약을 받지 않고 자신의 능력을 온전히 발휘할 수 있습니다. 이로 인해 그의 창조적 힘은 우리가 지상에서 상상할 수 있는 것보다 훨씬 자유롭고 강렬하게 드러나게 됩니다. 지상의 화가, 조각가, 음악가 같은 이들은 정신의 힘으로 경이롭고 아름다운 비전을 꿈꾸고 상상하며 창조하려 노력합니다. 하지만 지상의 예술가들이 이 비전을 지상의 거친 재료로 구현할 때, 그 결과물은 정신적 창조물에 한참 미치지 못합니다. 대리석은 완벽한 형태를 표현하기엔 너무 단단하고, 물감은 완벽한 색상을 나타내기엔 너무 흐리고 둔탁하기 때문입니다.

---

109 마야(Maya): 감각을 통해 경험하는 물질세계는 실체가 없는 환영이라는 개념. 끊임없이 변화하는 현상들로 이루어진 이 세상은 진정한 실재를 가리는 장막과 같다.

천상에서는 그들(천상의 존재들)이 생각하는 모든 것이 즉시 형체로 재현됩니다. 천상계의 극도로 미세한 물질은 정신 매질(mind stuff)이기 때문입니다. 이 정신 매질은 정신이 욕망으로부터 자유로울 때 정상적으로 작동하는 매개체입니다. 그리고 정신 매질은 모든 정신적 충동에 따라 형체를 취합니다. 그러므로 각 사람은 매우 현실적인 의미에서 자신의 천국을 만들고, 주변 환경의 아름다움은 자신의 정신의 풍요로움과 에너지에 따라 분명히 향상됩니다. 영혼이 자신의 힘을 발달시킬수록 각 사람의 천국은 점점 더 미세하고 정교해집니다. 천국의 모든 한계는 스스로 만들어 낸 것이며, 천국은 영혼의 확장과 심화에 따라 확장되고 깊어집니다.

영혼이 약하고 이기적이며, 편협하고 미성숙할 때, 그 사람의 천국은 이러한 사항을 공유합니다. 하지만 아무리 보잘것없더라도, 천국은 항상 영혼 안에 있는 최상의 것입니다. 인간이 진화함에 따라, 그 자신의 데바찬에서의 삶은 더욱 풍요롭고, 풍성하며, 점점 더 현실적이게 됩니다. 그리고 진보된 영혼들은 서로 점점 더 가까워지고, 더 넓고 깊은 교류를 즐깁니다.

지상에서의 삶이 정신적으로나 도덕적으로 빈약하고, 나약하며, 무미건조하고, 편협하면 데바찬에서의 삶도 비교적 빈약하고, 나약하며, 무미건조하고, 편협합니다. 데바찬에서는 정신적인 것과 도덕적인 것만이 살아남기 때문입니다. 우리는 자신이 가진 것 이상을 가질 수 없으며, 우리의 수확은 우리가 뿌린 것에 따릅니다. "속지 마십시오. 하나님은 조롱당하지 않으십니다. 사람은 무엇을 심든지, 그것을, 그 이상도 이하도 아닌, 그대로 거둘 것입니다." 우리의 게으름과 탐욕은 우리가 씨를 뿌리지 않은 곳에서 거두기를 바라지만, 이 자비롭고 공정한 법칙의 우주, 즉 선한 법칙(the Good Law)은 각자에게 그가 일한 만큼의 정확한 대가를 가져다줍니다.

우리가 친구들에 대해 형성하는 정신적 인상, 즉 정신적 이미지는 데바찬에서 우리를 지배합니다. 각 영혼의 주변에는 생전에 그가 사랑했던 이들이 모여들고, 마음속에 살아 있는 사랑하는 이들의 모든 이미지는 천국에서 그 영혼의 살아 있는 동반자가 됩니다. 그리고 그들은 변하지 않습니다. 그들은 지상에서와 마찬가지로 천상에서도 우리에게 똑같은 모습일 것이고, 그 외의 다른 모습은 아닐 것입니다. 우리의 감각에 영향을 미쳤던 친구의 외적 모습은 데바찬에서 정신의 창조력으로 정신 물질을 통해 형성됩니다. 다시 말해, 지상에서 정신적 이미지였던 것이 데바찬에서는 살아 있는 정신 물질로 이루어진 객관적인 형체가 됩니다. 이는 사실 지상에서도 마찬가지였지만 우리가 알지 못했을 뿐입니다. 즉, 우리가 지상에서 정신적 이미지로 품고 있던 친구의 모습은 비록 우리가 알아차리지 못했지만 이미 우리 자신의 정신적 분위기 속에 머무는 살아 있는 정신 물질로 이루어진 객관적인 형체였던 것입니다. 그리고 데바찬에서는 정신적 인상이 동일하게 객관적인 형체로 나타나는 것입니다. 단지 지상에서 흐릿하고 몽환적이었던 것이 데바찬에서는 더 강렬하게 살아 있고 생생할 뿐입니다.

4) 천상의 교감

그렇다면 영혼과 영혼 간의 진정한 교감은 어떨까요? 그것은 우리가 지상에서 아는 어떤 것보다 더 가깝고, 더 친밀하며, 더 소중합니다. 앞서 살펴본 바와 같이, 정신계에서는 영혼과 영혼 사이에 아무런 장벽이 없기 때문입니다. 우리 안에 있는 영혼의 삶이 진실된 만큼 그곳에서의 영혼 간의 교감도 진실됩니다. 우리가 가진 친구의 정신적 이미지는 우리 자신의 창조물입니다. 친구들은 우리가 알고 사랑했던 그대로입니다. 그리고 친구의 영혼은 우리가 친숙하고 사랑했던 그 모습(우리가 창조한 정신적 이미지)을 매개로 우리 영혼과 깊이 소통합니다. 이러한 소통은 친구와 나의 영혼이 얼마나 깊이 공명하고 함께 진동할 수 있는지에 따라, 그 영혼은 그 형체를 통해 우리 영혼에게 생생하게 다가옵니다.

그러나 지상에서 알았던 사람들과의 유대가 육체적 또는 감정적 차원에만 국한되었거나, 그들과 우리가 내적인 삶에서 적대적이었다면, 우리는 적대적인 사람들과 교류할 수 없습니다. 그러므로 데바찬에는 어떠한 적대적인 존재도 들어올 수 없습니다. 마음과 가슴의 공감적인 일치만이 그곳에서 사람들을 하나로 모을 수 있기 때문입니다. 공감과 이해의 부재는 천상의 세계에서의 분리를 가져옵니다. 마음과 정신보다 저차원적인 모든 것은 그곳에서 표현 수단을 찾을 수 없기 때문입니다.

진화상에서 우리보다 훨씬 앞선 존재들과는 우리가 그들에게 공명할 수 있는 만큼만 접촉할 수 있습니다. 더 높은 차원의 존재의 광대한 영역은 우리의 이해 범위를 넘어 펼쳐져 있겠지만, 우리가 접촉할 수 있는 모든 것은 우리의 것입니다. 더 나아가, 이러한 더 위대한 존재들은 우리가 앞으로 살펴볼 조건하에서 천상에서의 삶에서 우리를 돕고, 우리가 앞선 존재들을 향해 성장하도록, 그리하여 점점 더 많은 것을 받아들일 수 있도록 돕고 있습니다. 그러므로 공간이나 시간에 의한 분리는 없지만, 공감과 이해의 부족, 즉 공감의 부재와 내적 조화의 결여로 인한 분리는 존재합니다.

천상에서 우리는 우리가 사랑하는 모든 이들, 우리가 존경하는 모든 이들과 함께합니다. 그리고 우리는 우리 자신의 영적 능력 범위 안에서 그들과 교감합니다. 혹은, 우리가 더 높은 영적 수준에 도달했다면, 우리가 만나는 영혼들의 영적 능력 범위 안에서 교감합니다. 우리는 지상에서 사랑했던 모습으로 그 영혼들을 만나며, 지상에서의 관계를 완벽하게 기억합니다. 천상은 지상의 모든 영적 성장의 가능성이 실현되는 곳이며, 지상의 불완전하고 나약했던 사랑이 그곳에서 아름다움과 영적 힘으로 확장되기 때문입니다. 영혼 간의 교감이 직접적이므로, 말이나 생각의 오해는 발생할 수 없습니다. 각 영혼은 다른 영혼이 만들어 내는 생각을 보며, 혹은 그 생각의 전달에 반응할 수 있는 만큼의 생각을 받아들입니다.

5) 정화와 성장

천상계인 데바찬은 형언할 수 없는 기쁨과 지복(至福)의 세계입니다. 그러나 그것은 단순한 안식 그 이상이며, 지친 자를 위한 휴식 그 이상의 의미를 지닙니다. 데바찬에서, 방금 끝난 생애 동안 생각하는 존재(Thinker)가 겪었던 정신적, 도덕적 경험 중 가치 있는 모든 것이 추출되고, 숙고되며, 점진적으로 명확한 정신적, 도덕적 능력으로 변환됩니다. 즉, 다음 환생으로 가져갈 힘으로 바뀌는 것입니다.

생각하는 존재(Thinker)는 과거에 대한 실제 기억을 정신체에 새겨 넣지는 않습니다. 왜냐하면 정신체는 시간이 지나면 자연스럽게 해체될 것이기 때문입니다. 과거에 대한 기억은 그것을 겪었고 영속하는 생각하는 존재 자신에게만 남습니다. 그러나 과거 경험의 이러한 사실들은 정신 능력으로 변환됩니다. 따라서 만약 어떤 사람이 한 주제를 깊이 연구했다면, 그 연구의 결과는 특별한 능력을 형성합니다. 다음 생애에서 그 주제를 처음 접했을 때, 쉽게 습득하고 숙달할 수 있는 능력입니다. 환생한 그 존재는(Thinker) 그 학문 분야에 대한 특별한 소질을 가지고 태어날 것이고, 매우 쉽게 그 분야를 습득할 것입니다.

지상에서 생각했던 모든 것이 데바찬에서 활용됩니다. 모든 열망은 힘으로 승화되고, 좌절된 모든 노력은 능력과 재능이 됩니다. 투쟁과 패배는 승리의 도구로 만들어질 재료로서 다시 나타나고, 슬픔과 실수는 현명하고 올바른 의지로 가공될 귀금속처럼 밝게 빛납니다.

과거에는 성취하기 위한 힘과 기술이 부족했던 자비로운 계획들은 데바찬에서 생각 속에서 가다듬어지고, 마치 무대 위에서처럼 단계별로 실연됩니다. 그리고 필요한 힘과 기술은 지상에서의 미래 생애에 사용될 정신의 능력으로 개발됩니다. 그래서 명석하고 진지한 학생은 수재(genius)로 다시 태어나고, 헌신적인 수행자는 성인(saint)으로 다시 태어날 것입니다. 그러므로 데바찬에서의 삶은 단순한 꿈도, 목적 없이 게으름을 피우는 연꽃의 땅[110]도 아닙니다. 그곳은 정신과 마음이 거친 물질과 사소한 걱정거리에 방해받지 않고 발전하는 땅이며, 지상의 치열한 전쟁터에서 사용할 무기가 만들어지는 곳이고, 미래의 진보가 보장되는 곳입니다.

생각하는 존재(Thinker)가 정신체 안에서 지상 생활에 속한 모든 결실을 소진하고 나면, 그 존재는(Thinker) 정신체를 떨쳐 버리고 그 자신의 영역에서 자유롭게 거주합니다. 하위 영역에서 발현되는 모든 정신적 능력은 원인체 안으로 흡수됩니다. 여기에는 카마로카에서 심령체의 껍데기(astral shell)가 분해될 때 정신체로 흡수되었던 욕망적 삶의 싹도 포함됩니다. 이러한 하위 영역의 능력들은 원인체 안에서 숨겨진 힘으로서 잠재된 상태가 됩니다. 여기서 주의 깊은 학생은 우주의 순환이 끝난 후에도 의식이 지속되는 문제에 대한 유익한 시사점을 발견할 수 있을 것입니다. 생각하는 존재의 자리에 이슈바라[111]

---

110 연꽃의 땅(lotus-land): 그리스 신화에 등장하는, 연꽃 열매를 먹으면 모든 근심 걱정을 잊고 무기력해지는 섬을 비유적으로 표현한 것이다.
111 이슈바라(Îshvara): 힌두교 철학에서 우주의 창조, 유지, 파괴를 주관하는 최고신을 의미한다. 여기서는 '생각하는 존재'와 유비 관계로 비유하여, 우주적 순환(cycle of the universe)의 끝과 시작 사이의 의식의 연속성을 설명하는 데 사용되었다.

를 놓고, 한 생애의 결실인 능력을 우주의 결실인 인간의 삶으로 치환해 보십시오. 그러면 우주와 우주 사이의 간격 동안 의식에 필요한 것이 무엇인지 어렴풋이 짐작할 수 있을 것입니다.

진정한 인간[112]의 일시적인 몸체 중 마지막인 정신체는 분해되고, 그 구성 물질은 정신계의 일반적인 물질로 돌아갑니다. 이 물질은 생각하는 존재(Thinker)가 마지막으로 육화(incarnation)할 때 끌어온 것입니다. 결국 원인체만이 남게 되는데, 이 원인체는 지나간 생애에서 흡수된 모든 것의 저장소이자 보물 창고입니다. 생각하는 존재는 자신의 긴 순례의 한 주기를 마치고, 잠시 동안 자신의 본향에서 머무릅니다.

생각하는 존재(Thinker)의 의식 상태는 그가 진화 과정에서 얼마나 발전했는지에 따라 완전히 달라집니다. 만약 생각하는 존재가 아직 진화의 초기 단계에 머물러 있다면, 그 존재는(Thinker) 물질계, 심령계, 정신계와 같은 저차원 영역들에서 자신의 몸체(육체, 심령체, 정신체)를 모두 잃은 후, 그저 깊은 잠에 빠진 것처럼 무의식 상태로 머물게 됩니다. 그의 내면에서는 생명력이 약하게나마 고동치면서, 지상에서의 삶에서 얻은 아주 작은 결실이라도 자신의 본질에 흡수시키려 할 것입니다. 하지만 그 생각하는 존재는 자신이 어디에 있는지, 주변에 무엇이 있는지 전혀 인식하지 못합니다. 그러나 **그 생각하는 존재가 진화를 거듭하며 발전함에 따라, 이 시기는 그의 삶에서 점점 더 중요**

---

112 진정한 인간(The Real Man): 육체와 욕망체, 정신체를 초월한, 영원불멸의 영혼.

한 부분이 되고, 데바찬에서 보내는 시간 중 더 많은 부분을 차지하게 됩니다.

점점 진화하여 자의식을 갖게 된 생각하는 존재(Thinker)는, 자신과 자신이 아닌 것을 구분하고 인식하기 시작합니다. 그리고 그의(Thinker) 기억은 과거로 거슬러 올라가 그 자신의 삶의 파노라마를 그 앞에 펼쳐 보입니다. 그 생각하는 존재는 자신의 지난 삶에서 결과로 나타났던 원인들을 보고 이번 삶에서 자신이 새롭게 만들어 낸 원인들이 앞으로 어떤 결과를 가져올지 탐구합니다. 그 생각하는 존재는 지난 생애에서 가장 숭고하고 가치 있었던 것들을 자신의 원인체에 흡수하고, 내면의 활동을 통해 원인체 안에 있는 재료들을 발전시키고 조화롭게 만듭니다. 이 과정에서 생각하는 존재는 위대한 영혼들과 직접 접촉하게 됩니다. 이러한 만남을 통해 그 존재는(Thinker) 위대한 영혼들의 더 성숙한 지혜와 더 오랜 경험으로부터 배움을 얻고, 함께 깊은 교감을 나누며 성장합니다.

이어지는 각각의 데바찬의 삶은 계속해서 더욱 풍요롭고 깊어집니다. 생각하는 존재(Thinker)의 수용 능력이 확장됨에 따라, 지식은 더 충만하게 흘러 들어옵니다. 그 존재는(Thinker) 점점 더 법칙의 작용과 진화적 진보의 조건들을 배우게 됩니다. 따라서 그는(Thinker) 매번 더 큰 지식, 더 효과적인 힘을 가지고 지상으로 돌아옵니다. 그리고 삶의 목표에 대한 그 존재의(Thinker) 비전은 더욱 명확해지고, 그 목표로 가는 길은 그 생각하는 존재의 발 앞에 더욱 분명해집니다.

아무리 진보가 더딘 생각하는 존재(Thinker)라 할지라도, 하위 세계의 삶으로 돌아갈 때가 되면, 누구에게나 선명한 비전을 보는 순간이 찾아옵니다. 그는(Thinker) 잠시 자신의 과거와 그 과거로부터 미래로 이어지는 원인들을 보게 되며, 그 생각하는 존재의 다음 환생에 대한 전반적인 지도 또한 그 앞에 펼쳐집니다. 그리고 나면 하위 물질의 구름이 그를 휘감아 시야를 흐리게 하고, 하위 정신의 힘이 깨어나면서 또 다른 환생의 주기가 시작됩니다. 이 힘은 진동을 통해 하위 정신계로부터 새로운 정신체를 형성할 물질을 끌어당겨, 그 생각하는 존재의 새로운 인생 이야기의 서막을 엽니다. 이 부분에 대한 자세한 내용은 윤회에 관한 장에서 다루게 될 것입니다.

데바찬에서의 여정

1) 데바찬의 하위 4계층

우리는 영혼이 카마로카를 벗어나 데바찬으로, 즉 연옥을 벗어나 천국으로 들어갈 준비를 하고, 심령체의 마지막 잔재를 떨쳐 낸 채 잠들어 있는 상태로 남겨 두었습니다. (제4장 "카마로카" 참조) 잠에서 깨어난 영혼은 형언할 수 없는 기쁨, 헤아릴 수 없는 행복, 이해를 초월하는 평화를 느낍니다. 가장 부드러운 선율이 그를 감싸고, 가장 부드러운 색조가 그의 뜨는 눈을 맞이하며, 공기조차도 음악과 색채로 느껴지고, 존재 전체가 빛과 조화로 가득 차 있습니다.

그리고 그 황홀한 금빛 안개 사이로, 지상에서 사랑했던 이들의 얼굴이 온화하게 떠오릅니다. 사랑했던 사람들은 이제 세속의 고통과 욕망에 물들지 않은, 가장 숭고하고 아름다운 모습으로 맑게 빛납니다. 이 천상 세계에서 눈을 뜨며 느끼는 더없는 행복과 영광을, 그 누가 감히 말로 다 표현할 수 있을까요?

우리는 이제 데바찬의 일곱 가지 세부 계층에 대해 자세히 살펴볼 것입니다. 여기서 중요한 점은, 하위 4계층이 '형상의 세계(world of form)'에 속한다는 사실입니다. 이 세계는 각 생각이 즉시 형체로 나타나는 특징을 지닙니다. 이 형상의 세계는 기본적으로 개체적 자아에 속합니다. 따라서 모든 영혼은 자신의 과거 생애에서 자신의 정신에 각인되어, 순수한 정신 매질(mind stuff)로 나타날 수 있는 만큼의 경험과 기억에 둘러싸여 있습니다.

데바찬 (정신계)		
상위 영역	7	무형의 영역
	6	
	5	
하위 영역	4	형상의 영역
	3	
	2	
	1	

첫 번째, 즉 가장 낮은 1영역은 가장 덜 진보된 영혼들의 천국입니다. 그들이 지녔던 지상에서의 가장 높은 감정은 가족과 친구에 대한 편협하고 진실하며 때로는 이기적인 사랑이었습니다. 또는 미성숙한 영혼들이 지상에서 만난 자신들보다 더 순수하고 선한 누군가에 대해 사랑스러운 존경심을 느꼈거나, 더 높은 삶을 살고 싶은 소망, 또는 정신적, 도덕적 확장에 대한 일시적인 열망을 느꼈을 수도 있습니다.

이 영적 계층에 있는 영혼들은 아직 높은 수준의 능력을 발달시킬 만한 충분한 재료(경험과 지혜)를 갖추지 못했습니다. 미성숙한 영혼들의 삶은 매우 천천히 진보하는 단계에 있습니다. 다만 그들의 가족애는 점차 키워지고 확장되어 갈 것이며, 때가 되면 미성숙한 영혼들은 좀 더 발전된 감정적 본성을 가지고 환생하게 될 것입니다. 이를 통해 더 높은 이상을 인식하고 반응하는 경향이 강화될 것입니다. 그동안 그들은 자신들이 받을 수 있는 모든 행복을 누리고 있습니다. 비록 미성숙한 영혼들의 그릇은 작지만, 축복으로 가득 차 있으며, 그들은 자신들이 생각할 수 있는 모든 천국의 기쁨을 누리고 있습니다. 천국의 순수함과 조화는 그들의 미발달된 능력에 영향을 미치며, 이는 미성숙한 영혼들을 깨어나게 하는 자극이 됩니다. 이러한 내면의 움직임은 실제적인 성장의 시작 전에 반드시 필요한 과정입니다.

데바찬(천상계)의 다음 단계(2영역)는 지상에서 살았던 모든 종교의 신앙인들을 포함합니다. 이들은 살아생전 어떤 이름으로든, 어떤 형태로든 신성(神性)을 향한 깊은 헌신과 사랑을 가진 사람들입니다. 그들이 지상에서 가졌던 신에 대한 이해나 믿음의 형태는 제한적이었을 수 있습니다. 하지만 그들의 마음은 진정한 영적 열망으로 가득 차 있었고, 이제 데바찬에서 그들은 자신들이 그토록 사랑하고 경배했던 대상을 만나게 됩니다. 지상에서 그들이 마음속에 형성했던 신성한 존재에 대한 개념은, 데바찬의 찬란한 물질계에서 더욱 아름답고 신성한 형태로 그들 앞에 나타납니다. 이는 그들이 지상에서 상상했던 가장 황홀한 꿈보다도 더욱 장엄하고 신성한 모습입니다.

신성한 존재(Divine One)는 자신의 무한한 본질을 한층 낮추어, 각 사람이 가진 지적 한계와 이해 수준에 맞추어 자신을 드러냅니다. 즉, 신을 사랑하고 숭배했던 사람의 방식과 형태 그대로, 그 신성은 그들에게 나타나며, 그들이 간절히 바라던 사랑을 베풀어 줍니다. 이 영혼들은 신성한 황홀경에 깊이 빠져들며, 지상에서 자신들이 신을 중심으로 삼아 형성했던 형태와 이미지 안에서 그 신성을 경배합니다. 그들은 자신들이 사랑하고 경배했던 그 존재와 하나가 되는 기쁨 속에 몰입하여, 경건한 예배와 영적인 소통을 통해 더 높은 경지에 도달합니다.

천상의 영역에서, 모든 영혼은 자신이 낯선 이방인처럼 느끼지 않습니다. 신성은 각 영혼이 익숙한 형태로 나타나 그들 곁에 함께하며, 익숙함 속에 안식을 제공합니다. 이렇게 천상계에서, 영혼들은 신과의 교감 속에서 더욱 순수해지고, 경건함이 깊어집니다. 이러한 경험들은 그들이 지상으로 돌아올 때 크게 강화된 자질과 덕목으로 이어집니다. 하지만 데바찬(천상계)의 삶이 오직 이러한 종교적 황홀경만으로 이루어지는 것은 아닙니다. 영혼들은 그들이 가진 마음과 정신의 다른 모든 자질과 능력을 성숙하게 발전시킬 수 있는 충분한 기회를 2영역에서 누리게 됩니다.

데바찬의 세 번째 (3)영역으로 나아가면, 지상에서 인류를 위해 헌신적으로 봉사하며 하나님께 대한 사랑을 사람들을 위한 행위로 표현했던 고귀한 존재들을 만나게 됩니다. 이들은 지상에서 베푼 선한 행위의 결과로, 더 큰 유용성과 지혜를 발전시키고 있습니다. 3영역의 존재들은 미래에 더 넓은 선행을 펼칠 계획을 마음속에서 펼쳐 보며, 마치 건축가처럼 다음 생에서 지상에 세워질 "건물"의 설계를 구상합니다. 즉, 그들이 구상한 계획은 미래의 생애에서 실현할 행동들로 구체화될 준비를 하고 있는 것입니다.

이러한 영혼들은 창조적인 신과도 같은 모습으로 우주를 계획하듯, 자신들이 성숙된 때가 되면 물질세계에서 실현할 자비와 선행의 세계를 설계하고 있습니다. 이들은 미래의 세기 안에서 위대한 박애주의자로서 지구에 환생할 것이며, 태어날 때부터 이미 이타적인 사랑과 목적을 이룰 능력을 타고나게 될 것입니다.

데바찬계의 네 번째 (4)영역은 아마도 가장 다양한 성격을 가진 영역일 것입니다. 이곳은 가장 진보한 영혼들이 지닌 능력이 표현될 수 있는 한도 내에서 자유롭게 발휘되는 장소입니다. 이는 형상의 세계 안에서 최고의 창조적 표현이 이루어지는 공간으로, 특히 예술과 문학의 대가들이 활동하는 영역입니다. 이곳에서 예술과 문학의 대가들은 자신의 모든 재능을 활용하며, 형체, 색채, 조화 등을 다루면서 자신들의 능력을 더욱 발전시킵니다. 이 과정에서 4영역의 존재들은 미래에 지상으로 환생할 때 사용할 더욱 위대한 능력들을 쌓아 갑니다.

음악의 가장 거룩한 조화는 이 4영역에서 울려 퍼집니다. 우리가 지상에서 알던 가장 위대한 음악의 대가들이 영적 영역에서 다시금 자신의 재능을 펼칩니다. 이를테면, 청력을 되찾은 베토벤은 비할 데 없이 아름다운 선율에 자신의 위대한 영혼을 담아 쏟아 냅니다. 베토벤은 더 높은 차원으로부터 조화로운 울림을 이끌어 내 천상의 공간을 가득 채우고, 온 세상을 더욱 아름다운 선율로 감싸안습니다.

이곳(4영역)에는 음악뿐 아니라 회화와 조각의 대가들도 있습니다. 그들은 지상에서는 결코 상상할 수도 없었던 새롭고 황홀한 색조와 곡선들을 배우고 탐구하며, 자신들의 표현력을 계속해서 넓혀 갑니다. 그리고 이곳(4영역)에는 큰 열망을 품었으나 실패했던 이들도 있습니다. 그들은 이곳에서 간절한 바람을 힘으로, 꿈을 다음 생에서 얻게 될 재능으로 변환시키고 있습니다. 또한 자연을 탐구하는 이들도 이곳에 있습니다. 그들은 자연의 숨겨진 비밀을 배우고 있습니다. 자연을 탐구하는 이들의 눈앞에는 모든 숨겨진 메커니즘을 갖춘 세계의 시스템들이 펼쳐집니다. 상상할 수 없을 정도로 정교하고 복잡한 일련의 작업들이 얽혀 있습니다. 그들은 자연의 신비로운 방식을 꿰뚫어 보는 직관을 지닌 위대한 "발견자"로서 지상로 돌아올 것입니다.

4영역에는 또한 더 깊은 지식을 탐구하는 학생들이 있습니다. 이들은 인류의 스승을 갈망하고, 진정한 스승을 찾고자 열망했던 열정적이고 경건한 제자들입니다. 그들은 인류를 가르쳐 온 위대한 영적 스승이 전해 준 가르침을 끈기 있게 익히고 수행했습니다. 이곳에서 그 수행자들의 갈망은 결실을 맺습니다. 겉보기에는 헛된 노력처럼 보였지만, 이제 그들이 찾던 스승들이 그들의 스승이 되었습니다. 열정적인 영혼들은 천상의 지혜를 흡수하며, 스승의 발치에 앉아 빠르게 성장하고 발전합니다. 그 수행자들은 지구에서 가르침과 빛을 전하는 자로 다시 태어날 것이며, 고귀한 스승의 직책이라는 출생 표식을 지니고 태어날 것입니다.

지구상의 많은 학생들은 이러한 미묘한 작용을 전혀 알지 못한 채, 천재적인 스승의 저서나 진보한 영혼의 가르침에 몰두하면서 이 네 번째 천상에 자신의 자리를 마련하고 있습니다. 이 학생은 자신과 자신이 사랑하고 존경하는 스승 사이에 연결 고리를 형성하고 있습니다. 천상의 세계에서 그 영혼의 유대는 스스로를 드러내어 연결된 영혼들을 교감으로 이끌 것입니다. 마치 태양이 여러 방에 빛을 비추어 각 방이 모든 빛을 받아들이는 것처럼, 천상의 세계에서는 이러한 위대한 영혼들이 자신들의 제자들이 만들어 낸 수백 개의 정신적 이미지 안에서 빛납니다. 이 위대한 영혼들은 자신의 생명력과 본질로 그 이미지를 채웁니다. 그 결과 각 학생은 자신만의 스승으로부터 가르침을 받게 되나 이 학생이 스승으로부터 가르침을 받는다고 해서 다른 이들의 도움이 차단되는 것은 아닙니다.

이처럼 인간은 지상에서 축적한 결실에 따라, 인간은 하위 정신계의 천국에 머뭅니다. 이 천상 세계는 지난 생애에서 거두었던 모든 선한 것들이 충분히 결실을 맺고, 아주 미세한 부분까지 완전히 발현됩니다.

2) 데바찬의 상위 3계층

하위 데바찬계의 모든 것이 소진되면 영원한 가치를 지닌 모든 것은 능력으로 전환되어 원인체 안으로 흡수됩니다. 이때 하위 정신계에서 생각하는 존재(Thinker)의 몸체인 정신체는 분해됩니다. 정신체가 분해된 생각하는 존재는 그 자신의 본래 영역인 상위 정신계에 적합한 형태로 자신의 수확물을 가공합니다.

데바찬 (정신계)		
상위 영역	7	무형의 영역
	6	
	5	
하위 영역	4	형상의 영역
	3	
	2	
	1	

하지만 대다수의 영혼들은 상위 정신계의 가장 낮은 수준인 다섯 번째 영역에 짧은 순간만을 머무릅니다. 이는 그들이 지닌 모든 하위 몸체가 떨어져 나가 잠시 머무르는 피난처와 같습니다. 그 영혼들은 아직 미성숙해서 무형의 영역에서 독립적으로 기능할 수 있는 어떠한 능동적인 힘도 갖추지 못했기 때문입니다. 그래서 그들은 정신체가 분해되어 사라지면서 무의식 상태에 빠집니다. 그러다가 잠깐의 순간 동안 의식이 깨어나며, 과거를 비추는 기억의 섬광이 나타나 자신의 과거에 내재된 중요한 원인들을 보게 됩니다. 이와 동시에 미래를 비추는 예지의 섬광도 나타나며, 다음 생애에서 일어날 결과들을 보게 됩니다. 그러나 이것이 현재 대부분의 영혼들이 상위 정신계에서 경험할 수 있는 전부입니다. 왜냐하면 이 영역에서도 거두는 것은 뿌린 것에 달려 있기 때문입니다. 그 고귀한 영역을 위해 아무것도 뿌리지 않은 이들이 어떻게 그곳에서 무언가를 거둘 수 있기를 바라겠습니까?

하지만 일부 영혼들은 지상에서의 삶 동안 깊은 사색과 고결한 삶을 통해 많은 씨앗을 뿌렸습니다. 그 씨앗의 수확은 상위 정신계의 세 가지 영역 중 가장 낮은, 이 다섯 번째 데바찬 (5)영역에 속합니다. 육체와 욕망의 속박을 넘어 이처럼 높이 올라선 그들의 보상은 이제 큽니다. 그들은 물질세계의 제약에서 벗어나, 영혼 본연의 숭고한 삶, 즉 인간의 참된 삶을 경험하기 시작합니다.

5영역의 영혼들은 직관을 통해 진리를 깨닫고, 모든 현상이 비롯되는 근본적인 원인을 봅니다. 또한, 하위 차원에서는 잘 보이지 않는 여러 불필요한 세부사항들 뒤에 자리한 기본적인 '통합성'을 연구합니다. 그래서 그 영혼들은 법칙에 대한 깊은 지식을 얻습니다. 겉보기에는 가장 조화롭지 못해 보이는 결과 아래에 있는 법칙의 변함없는 작용을 인식하는 법을 배웁니다. 이러한 깊은 인식은 영속하는 몸체(원인체) 안에 확고하고 흔들림 없는 신념을 구축합니다. 이렇게 생성된 신념은 다가올 지상의 삶에서 이유를 초월한 깊은 영혼의 직관적 확신으로 드러날 것입니다. 여기서 영혼들은 자신의 과거를 연구하고, 자신이 작동시킨 원인들을 신중하게 풀어냅니다. 그리고 그 원인들의 상호작용들로부터 발생하는 결과들을 관찰합니다. 그래서 영혼은 자신이 과거에 시작했던 것들이 미래의 삶에서 그 결과들이 어떻게 전개될 것인지 일부를 엿보게 됩니다.

여섯 번째 천상에는 더 진보한 영혼들이 있습니다. 6영역의 존재들은 지상에서의 삶 동안 덧없는 현상에 거의 매력을 느끼지 못했고, 모든 에너지를 고차원적인 지적, 도덕적 삶에 쏟아부었던 이들입니다. 그들에게 과거는 장막으로 가려져 있지 않으며, 그들의 기억은 완벽하고 끊어짐이 없습니다. 그들은 방해하는 많은 힘을 상쇄하고, 선을 위해 작용하는 많은 힘을 강화할 에너지를 다음 생애에 불어넣을 계획을 세웁니다.

이러한 선명한 기억 덕분에 6영역의 존재들은 어떤 행동을 해야 하고 어떤 행동을 피해야 할지에 대해 명확하고 확고한 결정을 내릴 수 있습니다. 이러한 의지들은 그들이 다음 생에서 하위 몸체에 각인될 것입니다. 그래서 특정 종류의 악은 그들의 가장 깊은 본성에 반하는 것으로 느껴져 불가능하게 되고, 특정 종류의 선은 거부할 수 없는 목소리의 불가항력적인 요구가 되어 필연적이게 됩니다. 이러한 영혼들은 고귀하고 숭고한 자질을 타고 태어납니다. 그 자질 때문에 천박하거나 비천한 삶을 사는 것은 그들에게 불가능하고, 아기 때부터 이미 인류의 선구자임을 드러냅니다.

여섯 번째 '천상'에 도달한 사람은 창조 활동 속에서 펼쳐지는 신성한 마음(Divine Mind)의 광대한 보물을 보게 됩니다. 그리고 하위 차원의 세상에서 점진적으로 진화하고 있는 모든 형상들의 원형(archetype)을 연구할 수 있습니다. 이 6영역에서 영혼은 끝도 없이 깊은 신성한 지혜의 바다에 몰입하며, 이러한 원형들이 작동되는 과정에서 생겨나는 문제들, 다시 말해 육체라는 제한된 시각에서는 악(惡)처럼 보이는 부분적 선(부분적 진실)을 풀어낼 수 있습니다. 이러한 넓어진 시각에서,

모든 현상은 그에 맞는 적절한 상대적 비율로 드러나기 시작합니다. 그래서 그는 더 이상 신성한 섭리가 이해할 수 없는 것이 아니라는 것을 깨닫게 됩니다. 인간 세상의 진화와 연결된 신성한 방식과 과정들은 이제 그의 눈에 '납득 가능한' 모습으로 명백히 드러납니다. 지상에서 그 존재가 고뇌했던 질문들, 그리고 자신의 지성으로는 도저히 풀 수 없었던 의문들이 여기서는 현상 너머의 장막을 꿰뚫어 보고 연결고리를 파악하는 통찰력으로 해결됩니다.

또한 데바찬의 6영역에서 영혼은 우리 인류에서 진화한 더 위대한 영혼들과 직접 마주하고, 완전한 교감을 나눕니다. 그리고 지상에서의 삶을 과거, 현재, 미래로 나누는 시간의 제약에서 벗어나 끝없이 이어지는 '영원한 현재'의 삶을 누립니다. 우리가 "위대한 죽은 자들(the mighty dead)"라고 부르는 이들은 이곳(6영역)에서는 영광스러운 살아있는 존재이며 영혼은 그 위대한 존재들과 함께하며 깊은 기쁨을 누립니다. 위대한 존재들의 강력하고 조화로운 에너지가 그 영혼의 본성을 진동시켜 영혼은 점점 더 그들을 닮아 가며 성장합니다.

일곱 번째 천상은 더욱 높고, 더욱 아름답게 빛나고 있습니다. 이곳은 스승과 입문자(Initiate)들이 지성의 본향으로 삼는 곳입니다. 지상에 있는 동안, 영원한 "생명으로 인도하는" 좁은 관문인 입문을 통과하지 못한 영혼은 7영역에 존재할 수 없습니다. 입문자는 일반적인 진화의 경로에서 벗어나 자기완성을 향한 더 짧고 가파른 길을 걷고 있습니다. (12장 참조)

일곱 번째의 데바찬 영역은 지상으로 내려오는 가장 강력한 지적, 도덕적 충동의 근원입니다. 그곳으로부터 가장 고귀한 에너지의 활기찬 흐름이 쏟아져 나옵니다. 이 세상의 지적 활동은 본질적으로 그 세계에서 근원을 두고 있으며, 천재들은 그곳으로부터 가장 순수한 영감들을 받습니다.

7영역에 존재하는 영혼들에게, 지상에 살았을 때 하위 차원의 몸과 연결되었는지의 여부는 그다지 중요하지 않습니다. 그들은 늘 고차원적인 자각을 유지하며 주변의 다른 존재들과 자유롭게 교류합니다. 그리고 물질적인 몸을 입었을 때, 그 고차원적인 자각을 육체에 얼마나 투영할지는 오롯이 7영역에 존재하는 영혼들의 자유 의지에 달려 있습니다. 그들은 원한다면 고차원적인 자각을 하위 몸에 스며들게 할 수도 있고, 그렇지 않을 수도 있습니다.

그리고 7영역 존재들의 의지는 점점 더 위대한 존재들의 의지에 의해 인도됩니다. 위대한 존재들의 의지는 로고스의 의지와 하나이며 이 의지는 항상 세계의 선을 추구합니다. 왜냐하면 7영역에서는 아직 완전한 해방에 도달하지 못한 모든 사람들 즉, 아직 스승(Master)의 단계에 이르지 못한 모든 사람들에게서 분리성(separateness)[113]의 마지막

---

113 이 "분리성"은 산스크리트어로 '아함카라*'라고도 하며, 이는 자아를 형성하는 원리로, 자아의식(self-consciousness)을 발전시키는 데 필요했으나 그 역할이 끝나면 초월되어야 하는 것이다.
　　*아함카라(Ahamkâra): 산스크리트어로 "자아의식" 또는 "자아 동일시"를 의미한다. 인도 철학과 요가 철학에서 아함카라는 개인이 자신을 독립된 자아로 인식하고 "나" 또는 "내 것"이라고 여기는 마음의 작용을 가리킨다.

흔적이 제거됩니다. 이러한 분리성의 흔적들이 사라질수록, 개인의 의지는 우주를 인도하는 신성한 의지와 점점 더 조화를 이루게 됩니다.

이것이 바로 '일곱 천국'에 대한 개요입니다. 사람들은 '죽음이라고 부르는 변화' 이후 적절한 시기에 일곱 천국 중 하나로 들어갑니다. 죽음은 영혼에게 부분적인 해방을 주는 변화일 뿐이며, 영혼을 가장 무거운 사슬로부터 풀어 주는 것입니다. 죽음은 더 넓은 삶으로의 탄생이자, 지상에서의 짧은 유배 생활을 마치고 영혼의 진정한 본향으로 돌아가는 것이며, 감옥에서 벗어나 더 높은 창공의 자유를 얻는 것입니다. 죽음은 지상에서 가장 큰 환상입니다. 죽음은 없으며, 오직 생명의 상태 변화만 있을 뿐입니다. 생명은 연속적이고, 끊어지지 않으며, 부서지지 않습니다. "태어나지 않고, 영원하며, 변함없는" 생명은 그 생명을 감싸고 있는 육체가 소멸한다고 해서 함께 소멸하지 않습니다. 항아리가 깨질 때 하늘이 무너진다고 생각하는 것처럼, 육체가 산산조각 날 때 영혼이 소멸한다고 상상하는 것은 어리석은 일입니다. (바가바드 푸라나[114])에 사용된 비유)

---

114 바가바드 푸라나(Bhagavad Purana): 비슈누 신의 화신인 크리슈나의 생애와 가르침을 담고 있는 힌두교 경전. '박티(헌신)'를 통한 구원을 강조하며, 신에 대한 헌신적인 사랑과 믿음을 중시하는 문헌이다.

다음 생을 위한 준비, 윤회의 바퀴

물질계, 심령계, 정신계는 영혼이 반복해서 순례하는 "세 개의 세계"입니다. 이 세 개의 세계에서 인간 생명의 수레바퀴가 돌아가고, 영혼들은 진화하는 동안 그 수레바퀴에 묶여 있으며, 그 수레바퀴에 의해 각 세계로 차례차례 옮겨집니다. 이제 우리는 영혼의 완전한 생애 주기를 추적할 수 있습니다. 이러한 생애 주기의 총합이 영혼의 삶을 구성하며, 우리는 또한 개체적 자아(Personality)와 개별적 자아(Individuality)의 차이를 명확하게 구분[115]할 수 있습니다.

상위 정신계의 데바찬에서 체류가 끝난 영혼은 하위 정신계에서 작용하는 에너지를 방출하여 새로운 삶의 주기를 시작합니다. 이 에너지는 이전의 여러 생에서 겪은 모든 경험들의 총합들입니다. 이 에너지가 밖으로 뻗어 나가면서, 하위 정신계의 네 영역의 물질 중에서 자신을 표현하기에 적합한 물질들을 끌어당깁니다. 이렇게 해서, 다가올 환생을 위한 새로운 정신체가 만들어집니다. 이러한 정신 에너지의 진동은, 욕망-본성에 속하는 에너지를 자극하고, 이 에너지들은 진동하기 시작합니다. 이 에너지가 깨어나 진동하면서, 심령계의 물질 중에서 자신을 표현하기에 적합한 물질들을 끌어모읍니다. 이렇게 모인 물질들이, 다가오는 환생을 위한 새로운 심령체를 형성합니다.

---

[115] 개체적 자아(Personality)는 신체, 감정, 하위 정신적 활동으로 구성된 일시적인 자아로 삶이 끝나면 해체되며, 사고하는 자아와 동일시된다. 반면, 개별적 자아(Individuality)는 불멸하는 존재로 여러 생애를 통해 경험을 축적하며 영적 진화를 이끈다.

이와 같이 생각하는 존재(Thinker)는 자신의 정신적, 심령적 껍데기를 입게 됩니다. 이는 그가 과거 삶 동안 진화시킨 능력을 정확하게 표현합니다. 이 생각하는 존재는 8장 "영혼의 탄생과 윤회" 설명될 힘에 의해 자신에게 적합한 육체적 몸을 제공할 가족에게 이끌리고, 자신의 심령체를 통해 이 육체적 몸과 연결됩니다.

이 정신체는 태아 시기에 하위 몸체인 심령체와 육체와 연결되기 시작하고 정신체와 하위 몸체의 연결은 유아기 초반에 걸쳐 강화됩니다. 이러한 연결은 7세가 되면 진화 단계가 허용하는 한도 내에서, 생각하는 존재(Thinker)와 완전히 접촉할 수 있는 상태에 도달합니다. 이때 영적으로 충분히 발전한 아이의 경우, 정신체가 자신의 하위 몸체들을 약간씩 통제하기 시작합니다. 우리가 '양심'이라고 부르는 것은 바로 이 정신체의 경고하는 목소리라고 할 수 있습니다. 어느 경우든, 정신체는 이러한 하위 몸체들을 통해 경험을 수집하며, 이 경험은 지상에서의 삶이 이어지는 동안 각 경험이 속한 차원(plane)에 맞게 해당 몸체에 저장됩니다.

지상에서의 삶이 끝나면 육체는 소멸합니다. 육체가 사라짐과 함께 물질계와 접촉할 수 있는 능력도 사라지고, 그의 에너지는 심령계와 정신계로 제한됩니다. 심령계에서의 정화가 완료되면 심령체는 분해되고 영혼의 생명력은 정신계로 제한됩니다. 그리고 심령적 능력은 자신의 내면에 잠재적인 에너지로 저장됩니다. 계속해서 정신계에서의 삶 속에서 동화 작용이 완료되면 정신체마저 분해됩니다. 정신체의 에너지는 생각하는 존재(Thinker) 안에 잠재되고, 영혼은 자신의 모든 생명력을 상위 정신계, 즉 데바찬 영역으로 거두어들입니다. 그곳에서 물질계 심령계 정신계, 이 세 차원에서의 삶 동안 겪은 모든 경험은 미래에 사용할 수 있는 능력과 힘으로 변환되어 그 원인체 안에 보존됩니다. 그리고 영혼은 새로운 순례를 시작하며, 이전 생에서 얻은 능력과 지식을 바탕으로 또 다른 삶의 주기를 밟아 나갑니다.

개별적 자아는 '생각하는 존재(Thinker)' 그 자체입니다. 이 '생각하는 존재'는 불멸의 나무와 같습니다. 이 나무는 인간 삶의 한 주기 동안 지속되는 잎사귀와 같은 개체적 자아들을 내보냅니다. 잎사귀(개체적 자아)가 받아들이고 자기 것으로 만드는 모든 경험은, 잎맥을 타고 흐르는 수액과 같이 '생각하는 존재'를 풍요롭게 합니다. 그리고 생애 주기가 끝나면, 이 모든 경험은 나무줄기와 같은 '생각하는 존재'에게로 다시 흡수되고, 쓸모없어진 잎사귀(개체적 자아)는 떨어져 소멸합니다.

즉, 생각하는 존재(Thinker)만이 영원히 살아남습니다. 그 는(Thinker) 바가바드 기타(Bhagavad Gitâ)에서 말했듯이, 마치 사람이 새 옷을 입고 낡은 옷을 벗어 던지듯이 몸을 입고 벗는 "시간이 멈춘" 영원한 젊음입니다. 각각의 개체적 자아(Personality)는 불멸의 배우에게 주어지는 새로운 역할이며, 그는(Thinker) 삶의 무대를 반복해서 밟습니다. 다만, 삶이라는 연극에서 그가(Thinker) 맡는 각 배역은 이전 배역의 자식이자 앞으로 올 배역의 부모입니다. 따라서 삶이라는 연극은 연속적인 역사, 즉 연속적인 배역을 연기하는 배우의 역사입니다.

우리가 지금까지 살펴본 물질계, 심령계, 정신계의 세 세계는 생각하는 존재(Thinker)가 인류 진화의 초기 단계를 밟는 동안 그의(Thinker) 삶이 펼쳐지는 영역입니다. 훗날 인류가 진화하여 더 높은 영역에 발을 들여놓게 되는 시기가 오면, 윤회는 과거의 일이 될 것입니다. 그러나 환생과 죽음의 수레바퀴가 돌아가는 한, 인간은 세 세계(물질계, 심령계, 정신계)에 속한 욕망에 의해 그 수레바퀴에 묶여 있으며, 그의(Thinker) 삶은 이 세 영역에서 전개됩니다.

이제 우리는 저 너머에 있는 영역으로 눈을 돌릴 수 있습니다. 비록 그 영역에 대해 유용하거나 이해할 수 있는 말은 거의 할 수 없지만 말입니다. 그러나 비전의 가르침을 개략적으로 설명하기 위해서 그나마 할 수 있는 그 작은 말이라도 필요합니다.

제7장

붓디계와 아트믹계

신성한 본질과 모나드

우리는 지금까지 인간이 지성적이고 자의식적인 존재, 즉 '생각하는 존재(Thinker)'임을 살펴보았습니다. 그리고 인간은 하위 정신계, 심령계, 물질계에 속하는 몸체를 두르고 있습니다. 이제 우리는 인간의 가장 깊숙한 자아, 즉 인간을 생성하는 근원인 신성한 영을 탐구해야 합니다.

이 신성한 영은 로고스로부터 비롯된 한 줄기 빛이며, 로고스 본질의 일부입니다. 이 신성한 영은 로고스 자체와 같은 삼중적 본성을 지니고 있습니다. 인간의 진화는 이러한 세 가지 원리[116]가 잠재된 상태에서 활동 상태로의 점차 발현되는 과정으로 이루어집니다. 이로써 인간은 우주 진화의 축소판을 반복하게 됩니다.

---

116 세 가지 원리(three aspects): 신성한 영의 삼중적 본성을 나타내며, 신지학에서는 이를 의지(Will), 지혜(Wisdom), 활동(Activity)으로 설명한다. 이는 우주 창조의 근원인 로고스의 세 가지 측면이 인간에게도 반영된 것으로, 인간 진화의 궁극적인 목표는 이 세 가지 원리를 조화롭게 발현시키는 것이다.

따라서 인간은 소우주로, 우주는 대우주로 불립니다. 인간은 우주의 거울, 신의 형상 또는 반영이라고 불립니다. 또한, "위에서와 같이, 아래에서도"라는 고대의 격언도 여기서 비롯됩니다. (하나님이 말씀하시기를 "우리가 우리의 형상을 따라서, 우리의 모양대로 사람을 만들자", 창세기 1:26) 이 내재된 신성이야말로 인간의 궁극적인 승리를 보장하는 것입니다. 이것은 진화를 가능하게 하고 필연적으로 만드는 숨겨진 원동력이며, 모든 장애물과 어려움을 서서히 극복하며 상승하는 힘입니다. 매튜 아놀드[117]가 "우리 자신이 아닌, 정의를 향하게 하는 힘"이라고 썼을 때 어렴풋이 감지한 것이 바로 이 내재된 신성입니다. 하지만 그는 "우리 자신이 아닌"이라고 생각함으로써 실수를 범했습니다. 왜냐하면 내재된 신성은 모든 존재의 가장 깊숙한 자아이기 때문입니다. 분리된 자아가 아닌, 진정한 우리의 자아인 아트마, 파람아트마[118]의 반영이기 때문입니다.

이 신성한 자아는 유일자이며, 따라서 모나드라고 불립니다. 모나드는 영-물질의 모나드인 아트마, 또는 형상의 모나드[119](인간 모나드[120]

---

117 매튜 아놀드(1822-1888): 빅토리아 시대 영국의 시인이자 문화 비평가이다. 그는 종교와 과학 사이의 갈등 속에서 인간의 도덕적, 정신적 가치를 탐구했다.
118 파람아트마(Paramatma): '지고의 영', '초월적 자아'를 뜻하는 산스크리트어로, 우주 만물에 내재하는 신성한 의식. 개별 존재 안에 깃든 아트마(Atma)의 근원이자, 모든 존재를 연결하는 우주적 차원의 영혼으로 이해된다.
119 형상의 모나드(Monad of form): 물질계에서 개별적인 형상을 구성하고 유지하는 근본 에너지를 의미한다. 이 모나드는 모든 물질적 존재의 기반이 되는 영적 *단일체이다.
  *단일체: 더 이상 나눌 수 없는 온전한 하나
120 인간 모나드(human Monad): 개별 인간의 영원불멸하는 영적 본질을 의미한다. 신성한 불꽃 혹은 아트마-붓디-마나스가 결합한 의식으로 인간은 이 모나드를 통해 윤회하며 영적으로 성장한다.

라고도 불리는)인 아트마-붓디-마나스[121]로 불릴 수 있습니다. 각각의 경우에 모나드는 하나의 단위이며, 단일체로서 존재하고 활동합니다. 이 단위는 단일 면, 양면, 또는 삼면을 가질 수 있습니다. 여기서 우리는 모나드가 로고스의 숨결로부터 뿜어져 나온 생명이며, 그 자체 안에 모든 신성한 속성과 능력을 잠재된 상태로 포함하고 있다는 것을 기억해야 합니다.

이러한 능력들은 모나드가 우주의 다양한 대상들과 접촉하며 경험하는 충격에 의해 드러나기 시작합니다. 이 충격은 마찰(friction)을 만들어 내고, 그 마찰은 그 생명에 반응을 일으키는 떨림(thrills)을 생성하며, 그러는 동안 모나드 안에 잠재되어 있던 에너지들이 하나씩 활동 상태로 전환됩니다.

앞서 말했듯이 인간 모나드는 신성의 세 가지 원리(측면)를 보여 주는 신의 완벽한 형상입니다. 그리고 인간 주기에서 이러한 세 가지 원리는 차례대로 발달합니다. 이러한 원리들은 우주에 발현된 신성한 생명의 세 가지 위대한 속성, 즉 존재(existence), 지복(bliss), 지성(intelligence)입니다. 힌두교 경전에서는 종종 사치타난다(Satchitânanda)가 브라흐만의 추상적인 이름으로 사용되고, 트리무르티(Trimûrti)가 이러한 속성들의 구체적인 발현입니다. 트리무르티를 구성하는 *삼

---

121 아트마-붓디-마나스(Âtma-Buddhi-Manas): 인간을 구성하는 세 가지 *상위 원리를 말하며 각각 영(Spirit), 직관(Intuition), 정신(Mind)에 대응한다. 신지학에서는 이 세 요소가 결합하여 인간의 영적 본질을 이룬다고 본다.

중 로고스[122]는 발현의 한계 내에서 가능한 모든 완전함을 가지고 이러한 속성들을 드러냅니다.

한편, 인간의 내면에서는 이 세 가지 속성이 정반대 순서로 발달합니다. 즉, 지성, 지복, 그리고 존재의 순서로 전개됩니다. 여기서 "존재(existence)"란 우주적 신성의 힘의 발현을 의미합니다. 지금까지 살펴본 인간의 진화에서 우리는 숨겨진 신성의 세 번째 측면, 즉 지성으로서의 의식 발달을 살펴보았습니다. 생각하는 존재(Thinker)인 마나스(Manas)는 인간의 영혼을 의미합니다. 마나스는 우주정신, 즉 *제3 로고스[123]의 형상입니다. 인간은 세 하위 차원에서 긴 여정을 거치며 인간 안에 있는 신성한 본성의 지성적 측면, 다시 말해 마나스로 대표되는 세 번째 측면을 진화시키는 데 온전히 바쳐집니다.

이러한 지성의 발달이 진행되는 동안, 우리는 다른 신성한 에너지들이 인간 안에서 그 힘을 적극적으로 발달시키기보다는, 오히려 인간 생명의 숨겨진 근원으로서 그를 감싸고 있다고 볼 수 있습니다. 그 신성한 에너지들은 발현되지 않은 채 그 자체 안에서 작용합니다. 그럼에도 불구하고, 이러한 힘들이 발현을 위한 준비는 천천히 진행되고 있습니다. 잠재 상태라고 불리는 발현되지 않은 생명으로부터, 끊

---

122 삼중 로고스(The Three Logoi): 우주 창조의 세 단계를 나타내는, 로고스의 세 가지 측면이자 신성한 본질의 세 가지 발현 양태이다.
123 제3 로고스(The Third Logos): 삼중 로고스 중 세 번째 현현으로, 우주를 창조하고 진화시키는 신성한 활동적 지성을 발현한다.

임없이 증가하는 지성의 진동 에너지에 의해 이 힘들은 깨어나고 있습니다. 그리고 지복의 측면은 그 발현된 생명의 첫 번째 진동, 즉 희미한 고동을 밖으로 내보내기 시작합니다.

붓디와 아트마, 신성한 의식의 발현

이 지복의 원리는 신지학 용어로 *붓디(Buddhi)라고 불립니다. 이 이름은 지혜를 뜻하는 산스크리트어 단어에서 유래했습니다. 붓디는 우리 우주의 네 번째 차원, 즉 *붓디계에 속합니다. 붓디계는 여전히 이원성이 존재하지만, 분리가 없는 차원입니다. 이 개념을 전달하기에는 말로는 부족합니다. 왜냐하면 언어는 이원성과 분리가 항상 연결된 하위 차원에 속하기 때문입니다. 그러나 이 개념에 대한 약간의 접근은 가능할 것입니다.

붓디계는 각자가 하위 차원[124]에서는 결코 도달할 수 없는 선명함과 생생한 강도로 자기 자신으로 존재하는 상태입니다. 그러면서도 동시에 각 사람은 자신이 다른 모든 이들을 포함하고, 그들과 하나가 되어, 분리되지 않고 분리될 수 없다고 느끼는 상태입니다.[125]

---

124 하위 차원(lower planes): 상대계인 물질계, 심령계, 정신계를 가리키며 이 차원들에서는 이원성과 분리가 뚜렷하게 나타난다.
125 독자들은 14장의 463-464쪽에서 플로티누스*가 묘사한 이 상태에 대한 설명인 '그들(깨달은 존재들) 또한 모든 것을 봅니다.'를 참조해야 한다. 그리고 '각각의 존재는 또한 모든 존재입니다.', '각각의 존재 안에는 고유한 특성이 두드러진다.'는 구절들을 주목해야 한다.
    *플로티누스(Plotinus): 3세기경 고대 그리스의 철학자. 신플라톤주의의 창시자로 여겨진다.

이것은 지상에서 순수하고 강렬한 사랑으로 결합된 두 사람의 상태와 가장 유사합니다. 이 사랑은 그들이 한 사람처럼 느끼게 하고, 생각, 감정, 행동, 삶을 하나로 만들며, 장벽, 차이, 나의 것과 너의 것, 분리를 인지하지 못하게 합니다. 이러한 이유로 힌두교의 바가바드 푸라나, 히브리인과 그리스도교인의 솔로몬의 노래에서처럼, 많은 경전에서 신성한 사랑의 지복은 남편과 아내의 깊은 사랑으로 묘사되었습니다. 이것은 또한 수피 신비주의자들과 사실상의 모든 신비주의자들의 사랑이기도 합니다.

어떤 대상이든, 그 대상을 자신과 하나 되어 행복을 추구하게 만드는 것은 바로 이 붓디계로부터의 희미한 메아리입니다. 완전한 고립은 완전한 불행입니다. 상상해 보십시오. 모든 것으로부터 벌거벗겨진 채, 텅 빈 공간에 홀로 매달려 있습니다. 극도의 고독 속에서, 모든 것으로부터 차단되고, 분리된 자아 안에 갇혀 있습니다. 오직 고독한 개인만이 존재할 뿐입니다. 이보다 더 강렬한 공포를 상상하기는 어렵습니다. 이와 반대되는 것이 하나 됨이며, 완전한 하나 됨은 완전한 지복입니다.

이러한 신성한 자아의 지복의 속성이 진동을 밖으로 보내기 시작하면서, 이 진동은 하위 차원에서와 마찬가지로, 그 진동이 작용하는 차원의 물질을 그 주위로 끌어당깁니다. 그리하여 점차 붓디체, 혹은 적절하게 표현하자면 지복체[126]가 형성됩니다.

인간이 이 영광스러운 붓디체를 형성하는 데 기여할 수 있는 유일한 방법은 순수하고, 이타적이며, 모든 것을 포용하고, 자비로운 사랑, 즉 "자신의 이익을 구하지 않는" 사랑을 기르는 것입니다. 다시 말해, 편파적이지 않고, 어떠한 보답도 바라지 않는 사랑의 발산입니다. 이러한 자발적인 사랑의 발산은 신성한 속성 중 가장 두드러진 것으로, 모든 것을 주고 아무것도 바라지 않는 사랑입니다. 순수한 사랑이 우주를 존재하게 했고, 순수한 사랑이 우주를 유지하며, 순수한 사랑이 우주를 완전함과 지복으로 이끌어 냅니다.

그리고 인간이 필요한 모든 이에게 사랑을 쏟아붓고, 차별하지 않고, 보답을 바라지 않으며, 순수하고 자발적인 기쁨으로 사랑을 쏟아 낼 때, 그곳에서 그 사람은 자신 안에 있는 신성의 지복의 측면[127]을 발전시키고 있는 것입니다. 이것은 생각하는 존재(Thinker)가 말로 표현할 수 없는 아름다움과 기쁨의 몸체(붓디체)를 준비하고 있는 것입니다. 그는(Thinker) 이 과정에서 분리됨의 한계를 벗어던지고, 자기 자신을 발견하는 동시에, 살아 있는 모든 것과 하나가 될 것입니다.

---

126 지복체(bliss-body): 붓디계의 물질로 구성된 몸체로, 영적 직관과 지복을 경험하는 데 사용되는 미묘한 몸체이다. 베단타학파에서는 *아난다마야코샤라고도 불린다.
　　*아난다마야코샤(Ânandamayakosha): 베단타 철학에서 인간을 구성하는 다섯 겹의 덮개(sheath) 중 가장 안쪽에 있는 덮개로, 지복(Ânanda)으로 이루어져 있다고 여겨진다.
127 지복의 원리(bliss-aspect): 신성한 자아(Self)의 세 가지 측면(존재, 지복, 지성) 중 지복(bliss)을 나타내는 원리이다.

이것은 위대한 그리스도교 입문자인 성 바울이 쓴 "손으로 만들지 않은 하늘의 영원한 집"입니다. 바울은 모든 덕목 중에서도 순수한 사랑을 가장 위에 두었습니다. 왜냐하면 오직 순수한 사랑을 통해서만 지상의 인간이 그 영광스러운 거처에 기여할 수 있기 때문입니다. 이와 비슷한 이유로 불교에서는 분리를 "가장 큰 이단"이라고 부르고, 힌두교에서는 "하나 됨"이 목표로 삼습니다. 해탈은 우리를 갈라놓는 한계로부터의 탈출이며, 이기심은 모든 고통의 근원이 되는 악의 뿌리이므로, 이기심의 소멸은 곧 모든 고통의 소멸입니다.

다섯 번째 차원, 아트믹계는 우리 안에 있는 신성의 가장 높은 인간적 원리가 있는 차원이며, 이 원리(속성)는 신지학자들에 의해 아트마(Âtmâ), 즉 자아라고 불립니다. 이곳은 순수 존재의 차원이며, 우리 오중 우주[128]에서 신성한 힘이 가장 충만하게 발현되는 차원입니다. 아디계(7차원)와 모나드(6차원)계는 우리가 감히 상상할 수 없는 신성한 빛 속에 감추어져 있습니다.

이 아트마 의식 즉, 열반(nirvânic) 의식은 아트믹계(다섯 번째 차원)에 속하는 의식입니다. 이 의식은 인간 진화의 주기를 이미 완성한 고귀한 존재들, 마스터(스승)들이 도달한 의식입니다. 마스터들은 위대한 영

---

[128] 오중 우주(fivefold universe): 신지학에서는 우주가 일곱 차원으로 이루어져 있다고 보는데, 이 중 인간이 경험할 수 있는 다섯 개의 하위 차원(물질계, 심령계, 정신계, 붓디계, 아트믹계)을 의미한다.

혼, 마하트마, 혹은 해탈한 영혼, 지반묵타[129]로 알려져 있으며, 인류를 돕기 위해 육체와 연결된 상태로 남아 있습니다. 이 아트믹계의 위대한 영혼들은 각자의 개체성을 유지하면서도, 모든 존재와 연결된 근본적인 일체감 속에서 지혜, 지복, 권능이 완전한 불멸의 지성체로 살아갑니다.

인간 모나드가 로고스로부터 나올 때, 그 모습은 마치 빛나는 아트마의 바다에서 한 줄기의 작은 빛이 붓디 물질로 된 분리막에 의해 분리된 것과 같습니다. 이 분리된 빛은, 상위 정신계에 속하는 물질로 이루어진 달걀 모양의 껍질에 둘러싸인 불꽃의 형태로 매달려 있게 됩니다.[130]

"불꽃은 포하트[131]의 가장 미세한 실에 의해 불꽃에 매달려 있다."(07) 진화가 진행됨에 따라 이 빛나는 알은 더 커지고 더욱 영롱해지며, 미세한 실은 점점 더 넓은 통로가 되어 더 많은 아트마의 생명력이 쏟아져 내려옵니다. 마침내 불꽃이 불꽃과 합쳐져 분리가 보이지 않듯이, 먼저 지성의 마나스(정신)가 사랑의 붓디와 합쳐진 후 생명

---

129 지반묵타(Jivanmukta): 육신을 입은 채로 해탈, 즉 목샤(Moksha)를 성취한 존재를 지칭하는 산스크리트어. 살아 있는 동안 영적 자유를 얻어 더 이상 윤회의 굴레에 얽매이지 않는 해방된 영혼이다.
130 인간의 원인체(영혼)가 만들어지는 과정을 의미함. 아트마로부터 하나의 불꽃이 달걀 모양의 붓디 물질에 둘러싸여 개별화된다.
131 포하트(Fohat): 우주 창조의 원동력이 되는 근원적 에너지이자 힘. 우주적 생명력이며 "신성한 불꽃(Divine Flame)"으로도 불린다.

의 아트마와 합쳐집니다.

인류는 아직 붓디계와 아트믹계의 차원에 도달할 만큼 진화하지 못했습니다. 하지만 더 빠른 진보라는 어려운 길을 선택하는 사람들은 지금이라도 그 길을 걸을 수 있습니다. (제12장 "상승의 길" 참조) 그 길에서 붓디체는 빠르게 진화하고, 인간은 그 더 높은 영역의 의식을 누리기 시작하며, 분리된 장벽이 사라짐으로써 오는 지복, 지성의 한계를 초월할 때 흘러 들어오는 지혜를 알게 됩니다. 그러면 영혼을 하위 세계에 묶는 굴레에서 벗어나 아트믹계에서 완성되는 자유를 처음으로 맛보게 됩니다.

열반(아트마) 의식은 소멸의 반대 개념입니다. 그것은 감각과 정신의 삶만을 아는 이들에게는 상상할 수 없는 생생함과 강렬함으로 고양된 존재입니다. 작은 촛불과 정오의 태양의 광채만큼이나, 열반의 의식은 지상에 얽매인 의식과 현격한 차이가 있습니다. 지상의 의식의 한계가 사라졌다고 해서 열반 의식을 소멸로 여기는 것은, 작은 촛불만을 아는 사람이 심지 없이는 빛이 존재할 수 없다고 말하는 것과 같습니다.

열반(Nirvâna)이 존재한다는 것은 과거에 그 영광스러운 삶을 누리고 산, 세계 경전에 등장하는 위대한 존재들에 의해 증언되었습니다. 그리고 저 높은 영적 진화의 길을 오른 이들에 의해서도 여전히 증언되고 있습니다. 그리고 이 위대한 존재들은 우리 인류가 흔들림 없이 사다리에 오를 수 있도록 지상과의 연결을 유지하고 있습니다.

아트믹계는 과거 우주에서 인간 진화를 완수한 위대한 존재들이 거주하는 곳입니다. 이들은 이 우주를 존재하게 하기 위해 현현하신 로고스와 함께 나타났습니다. 이 위대한 존재들은 우주를 관리하는 로고스의 사역자들이며, 로고스의 뜻을 완벽하게 수행하는 대리자들입니다. 우리가 하위 차원에서 활동하는 것을 보았던 신들과 하위 사역자들의 모든 계층의 주님(Lords)들은 바로 아트믹계에 거처를 두고 있습니다. 아트믹계는 우주의 심장과 같아서, 모든 생명의 흐름이 이곳으로부터 흘러나오기 때문입니다.

따라서 위대한 숨결, 즉 만물의 생명이 아트믹계에서 뿜어져 나오고, 우주가 그 수명을 다하면 다시 아트믹계로 돌아갑니다. 그곳에는 신비주의자들이 갈망하는 지복직관(至福直觀)[132], 즉 가려지지 않은 영광과 궁극적인 목표가 있습니다.

영혼의 고향 붓디계: 분리를 넘어 하나 됨

인류의 형제애, 아니 모든 것의 형제애는 영적인 차원, 즉 아트믹계와 붓디계에 그 확고한 기반을 두고 있습니다. 왜냐하면 오직 이곳에

---

132 지복직관(Beatific Vision): 가톨릭 신학에서, 천국에서 하나님을 직접 대면하는 지극한 행복의 상태를 말한다. 신지학에서는 열반에서 경험하는 영적 깨달음을 의미한다.

만 하나 됨이 있고, 오직 이곳에서만 완전한 공감이 발견되기 때문입니다.

지성[133]은 인간 안에서 분리의 측면(속성)이며, "나"와 "내가 아닌 것"을 구분하고, 스스로를 의식하며, 다른 모든 것을 자신 밖의 이질적인 것으로 봅니다. 지성은 투쟁적이고, 발버둥 치고, 자기주장이 강한 측면입니다. 그리고 지성의 차원에서 아래로 내려갈수록, 세상은 갈등의 장면을 보여 주는데, 그 갈등은 지성이 개입할수록 더욱 심해집니다. 심지어 욕망(passion-nature)조차도 욕망의 감정에 의해 자극받고 자신과 욕망의 대상 사이에 무언가가 가로막고 있다는 것을 발견할 때만 자연스럽게 투쟁적이게 됩니다. 하지만 정신(mind)이 이러한 욕망의 활동을 충동질할수록 욕망은 더 공격적이게 됩니다. 이는, 정신이 욕망을 자극할 때, 욕망이 미래의 욕망까지 충족하려 하고, 자연의 자원을 더 많이 소유하려 하기 때문입니다.

지성은 본능적으로 투쟁적입니다. 그 본질 자체가 자신을 다른 이들과 다른 존재로 주장하는 것이며, 여기에 분리의 근원, 즉 인간들 사이의 분열이 끊임없이 솟아나는 근원을 발견합니다. 그러나 붓디계에 도달하면 즉시 하나 됨을 느끼게 됩니다. 마치 다른 모든 광선과 갈라져 나온 분리된 광선에서 벗어나, 모든 광선이 똑같이 방사되

---

133 지성(intellect): 신지학에서 인간의 정신적 자아인 마나스(Manas)를 의미하며, 분별하고 분석하는 능력을 나타낸다.

는 태양 자체로 들어가는 것과 같습니다. 태양 안에 서서, 그 빛에 흠뻑 젖어, 그 빛을 쏟아 내는 존재는 광선들 사이의 차이를 느끼지 못할 것입니다. 이는 어느 한 광선을 따라서든 다른 광선을 따라서든 똑같이 쉽고 자연스럽게 빛을 쏟아 낼 것입니다. 마찬가지로, 일단 의식적으로 붓디계에 도달하여 그곳의 하나 됨을 경험한 사람은, 마치 태양처럼 모든 존재와 하나 됨을 느끼며, 차별 없이 사랑과 도움을 쏟아 낼 수 있습니다. 그는 다른 사람들이 이상으로 말하는 형제애를 느끼고, 도움을 원하는 사람이라면 누구에게나 자신을 쏟아부어, 정신적, 도덕적, 심령적, 육체적 도움을 필요한 만큼 정확하게 제공합니다.

붓디계에 도달한 사람은 모든 존재를 자신과 같이 여기며, 자신이 가진 모든 것이 자신의 것인 만큼 그들의 것이라고 느낍니다. 아니, 많은 경우에, 자신 이외의 모든 존재들의 필요가 더 크고 그들의 힘이 더 약하기 때문에 자신의 것보다 더 그들의 것이라고 느낍니다. 가족의 맏형들이 가족의 짐을 지고 어린아이들을 고통과 궁핍으로부터 보호하는 것처럼, 형제애의 정신에 있어서 약함은 억압의 기회가 아니라 도움과 사랑의 보호를 위한 요청입니다.

이러한 경지에 도달했고 더 높이 올라갔기 때문에, 위대한 종교의 창시자들은 언제나 그들의 넘치는 연민과 다정함으로 두드러졌고, 모든 사람의 필요에 따라 육체적인 욕구뿐만 아니라 내면의 욕구까지도 돌보았습니다. 이러한 내면의 합일에 대한 의식, 즉 모든 존재 안에 동등하게 거주하는 유일한 자아[134]에 대한 인식은 형제애의 유일하고 확실한 기초입니다. 이것을 제외한 다른 모든 것은 깨지기 쉽습니다.

더욱이, 이러한 인식은 인간과 인간이 아닌 존재들이 도달한 진화의 단계가 주로 그들의 연륜에 달려 있다는 앎을 동반합니다. 어떤 존재들은 다른 존재들보다 시간적으로 훨씬 늦게 여정을 시작했습니다. 비록 각자에게 내재된 힘은 같을지라도, 어떤 존재들은 그저 그들의 어린 형제들보다 그 과정을 위한 더 긴 시간을 가졌기 때문에, 그 힘의 훨씬 더 많은 부분을 펼쳐 왔습니다.

씨앗이 아직 꽃이 아니라고, 꽃봉오리가 아직 열매가 아니라고, 아기가 아직 성인이 아니라고 탓하고 경멸하는 것처럼, 우리 주변의 갓 태어난 영혼들이 아직 우리가 차지하고 있는 단계로 발전하지 못했다고 미성숙한 영혼들을 탓하고 경멸하는 것은 옳지 않습니다. 우리가 아직 신과 같은 경지에 이르지 못했다고 해서 우리 자신을 탓하지는 않습니다. 시간이 흐르면 우리도 우리의 맏형들이 서 있는 그 경지에 도달할 것입니다.

왜 우리가 아직 우리와 같지 않은 더 어린 영혼들을 비난해야 합니

---

134 유일한 자아(One Self): 신지학에서 모든 존재의 근원에 있는 신성한 본질을 의미한다. 개체적인 자아와 대조되는 개념으로, 모든 존재가 근원적으로 하나임을 나타낸다.

까? 형제애라는 단어 자체가 혈통의 동일성과 발달의 불평등을 내포합니다. 그러므로 형제애는 우주의 모든 피조물 사이의 연결 고리, 즉 본질적인 생명의 동일성과 그 생명 발현에 도달한 단계의 차이를 정확하게 나타냅니다.

우리는 우리의 기원에서 하나이고, 우리의 진화 방법에서 하나이고, 우리의 목표에서 하나입니다. 그리고 나이와 키의 차이는 가장 부드럽고 가장 가까운 유대 관계가 성장할 수 있는 기회를 줄 뿐입니다. 자신보다 더 사랑하는 혈육인 형제를 위해 기꺼이 모든 것을 희생하듯이, 그 희생의 크기가 바로 우리가 동일한 생명을 공유하는 모든 이에게 갚아야 할 빛의 크기입니다. 사람들은 인종, 계급, 국가의 차이로 인해 형제의 마음에서 차단됩니다. 사랑으로 현명해진 사람은 이 모든 사소한 차이를 초월하여 모든 존재가 하나의 근원에서 생명을 얻고, 모두가 자신의 가족의 일부임을 봅니다.

이러한 형제애를 지적으로 인식하고 실천적으로 살아가려고 노력하는 것은 인간의 고귀한 본성을 자극합니다. 그래서 형제애는 신지학회의 유일한 의무적인 목적으로 만들어졌고, 그 동료애를 받아들이고자 하는 모든 사람이 받아들여야 하는 유일한 "믿음의 조항"이 되었습니다. 형제애를, 아주 작은 정도라도, 실천하며 사는 것은 마음을 정화하고 시야를 맑게 합니다. 형제애를 완벽하게 실천하며 사는 것은 분리의 모든 얼룩을 제거하고, 흠 없는 유리를 통과하는 빛처럼 자아(Self)의 순수한 빛이 우리를 통해 빛나게 하는 것입니다.

사람들이 형제애를 무시하든 부인하든, 형제애는 결코 잊혀서는 안 될 불변의 법칙입니다. 인간의 무지는 자연의 법칙을 바꿀 수 없으며, 그 어떤 미세한 부분조차도 자연법칙의 흐름을 변경할 수 없습니다. 자연의 법칙은 그 법칙에 반하는 자들을 짓밟고, 조화롭지 않은 모든 것을 산산조각 냅니다. 따라서 형제애를 거스르는 국가는 존속할 수 없으며, 형제애에 반하는 문명은 결코 오래갈 수 없습니다. 우리가 형제애를 만들어 내는 것은 아닙니다. 형제애는 이미 존재합니다. 우리가 우리 자신과 우리의 업적이 멸망하지 않기를 바란다면, 우리의 삶을 형제애와 조화시켜야 합니다.

　어떤 이들에게는 붓디계가 이처럼 그 아래의 모든 차원에 영향을 미치고, 그 힘이 하위 세계에서 붓디계의 힘 그 자체와 조화를 이룰 수 없는 모든 것을 산산조각 낸다는 것이 이상하게 들릴 수 있습니다. 하지만 이것은 사실입니다. 왜냐하면 이 우주는 영적 힘의 표현이며, 그 힘들은 모든 것을 관통하며 이끄는 조화와 형성의 에너지이기 때문입니다. 이 에너지들은 천천히 그러나 확실히 모든 것을 자신들에게 종속시키고 있습니다.

　그러므로 영적인 통일성인 이 형제애는 어떤 외적인 조직보다 훨씬 더 실재하는 것입니다. 형제애는 형식이 아니라 생명이며, "지혜롭고 온화하게 모든 것을 질서 지우는" 본질입니다. 형제애는 시대에 맞는 다양한 형태들로 나타날 수 있지만, 그 생명 자체는 하나입니다. 그 존재를 깨닫고, 자신을 그 생명의 살아 있는 힘의 통로로 만드는 사람들은 참으로 복된 자들입니다.

이제는 학생들은 인간 구성의 요소들과 이러한 구성 요소들이 각각 속하는 영역들을 알게 되었습니다. 그러므로 간략한 요약을 통해 이 복잡한 전체에 대한 명확한 이해를 얻을 수 있을 것입니다.

인간의 다차원적 몸체

인간 모나드는 아트마-붓디-마나스, 즉 인간의 영(Spirit), 영적 영혼(Spiritual Soul), 그리고 영혼(Soul)입니다. 이 셋은 단지 자아의 다른 원리(속성)일 뿐이라는 사실이 인간의 불멸하는 존재를 가능하게 합니다. 비록 이 세 가지 원리(속성)는 분리되어 순차적으로 발현되지만, 그 본질적인 통일성 덕분에, 영혼은 영적 영혼과 합일될 수 있습니다. 이를 통해 영혼은 개체성이라는 소중한 정수를 영적 영혼에 부여합니다. 이렇게 개체화된 영적 영혼은 다시 영(Spirit)과 합일될 수 있습니다. 비유하자면, 개체성에 기인한 색조로 영을 물들이면서도, 동시에 다른 모든 로고스의 광선들, 그리고 로고스 자신과의 본질적인 통일성을 손상시키지 않습니다.

이 셋은 인간의 제7 원리(아트마), 제6 원리(붓디) 제5 원리(마나스)를 구성합니다. 그리고 그것들을 제한하고 감싸는 물질, 즉 그것들의 발현과 활동을 가능하게 하는 물질은 각각 우주의 다섯 번째(아트믹계), 네 번째(붓디계), 세 번째(정신계) 차원에서 가져온 것입니다. 제5 원리는 현상계와 접촉하기 위해 정신계에서 더 낮은 몸체를 입습니다. 그리고 이 과정에서 두 번째 차원, 즉 심령계에 속하는 제4 원리인 욕망 즉 카마(Kâma)와 얽히게 됩니다.

가장 낮은 첫 번째 차원인 물질계로 내려오면, 제3 원리인 생명력인 프라나, 제2 원리인 에테르체, 제1 원리인 물질 육체가 있습니다. 여기서 에테르체는 프라나의 생명력을 물질 육체 전달해 주는 매개체의 역할을 합니다. 앞서 살펴본 바와 같이, 프라나는 일반적으로 독립된 '원리'로 간주되지 않습니다. 그리고 욕망체(Kâma)와 정신체(Manas)를 분리하지 않고 서로 얽혀서 작용하는 하나의 원리로 '카마 마나스(Kâma Manas)'라고 부릅니다. 순수 지성은 *상위 마나스[135]라고 불리고, 욕망에서 분리된 마음은 *하위 마나스라고 불립니다.

아마도 인간에 대한 가장 편리한 개념은 하나의 영원한 생명과 그 생명이 작용하는 다양한 몸체에 대한 사실을 가장 가깝게 나타내는 개념일 것입니다. 이 다양한 몸체들은 생명의 에너지를 조절하여 다양한 발현을 일으킵니다. 이 관점에서 우리는 자아를 모든 에너지의 근원인 하나의 생명으로 봅니다. 그리고 몸체는 붓디체(지복체), 원인체, 정신체, 심령체, 그리고 육체로 구성됩니다. 육체는 다시 에테르체(Etheric Double)와 물질 육체(Dense Body)로 나뉩니다. 에테르체는 육

---

135 상위 마나스(Higher Manas): 인간의 영적 구성 원리 중 하나로, 고차원적 지성과 추상적 사고를 담당하는 영혼의 일부분. 영적 직관(Buddhi)을 이해하고 해석하여 하위 마나스에 전달하는 역할을 한다.

체와 심령체 사이에 있는 미묘한 에너지체로, 생명력을 전달하는 역할을 합니다.

이 동일한 것을 바라보는 두 가지 방식을 종합하면, 다음과 같은 표를 구성할 수 있습니다:

원리(PRINCIPLES)		몸체	생명
아트마	영		
붓디	영적 영혼	붓디체(지복체)	
상위 마나스	인간 영혼	원인체	아트마
하위 마나스		정신체	
카마, 동물적 영혼		심령체	
링가 샤리라[136]		에테르체	
스툴라 샤리라		물질 육체	

이러한 차이는 단지 명칭의 문제일 뿐이며, 여섯 번째(붓디), 다섯 번째(마나스), 네 번째(카마), 그리고 세 번째(프라나) "원리"는 아트마가 붓디체, 원인체, 정신체, 심령체에서 작용하는 것일 뿐입니다. 반면에 두 번째(에테르체)와 첫 번째(육체) "원리"는 가장 낮은 두 개의 몸체를 의미합니다.

---

136 과거에는 에테르체가 '링가 샤리라(Linga Sharira)'라고 불리기도 했지만, 이는 힌두 철학에서 영혼과 함께 윤회한다고 여겨지는 '미묘한 몸'과는 전혀 다른 개념이다. 우리가 흔히 '육체'라고 부르는, 만지고 느낄 수 있는 물질적인 몸은 산스크리트어로 '스툴라 샤리라(Sthūla Sharira)'라고 한다.

지금까지 살펴본 인간의 다양한 미묘한 몸체들은 총체적으로, 인간의 "오라[137]"라고 불리는 것을 형성합니다. 이 오라는 달걀 모양의 빛나는 구름과 같은 형상을 하고 있으며, 그 중심에는 물질 육체가 자리잡고 있습니다. 이러한 외형 때문에 오라는 단지 조밀한 육체의 가장자리를 넘어 확장되는 단순한 구름에 불과한 것으로 여겨지기도 했습니다. 하지만 각 몸체는 그 자체로 완전하며, 자신보다 더 거친 몸체들을 관통합니다. 각 몸체는 그 발달 정도에 따라 크기가 다르며, 육체의 표면과 겹치는 모든 부분을 오라라고 부릅니다. 따라서 오라는 에테르체, 욕망체(심령체), 정신체, 원인체, 그리고 드문 경우 붓디체의 겹치는 부분들로 구성되며, 아트마의 광휘에 의해 빛납니다.

오라는 때로는 칙칙하고, 거칠고, 생기가 없습니다. 때로는 그 크기와 밝기, 색깔이 장엄하게 빛나기도 합니다. 이는 전적으로 그 사람의 진화 단계, 다양한 몸체의 발달, 그리고 그가 진화시켜 온 도덕적, 정신적 인격에 달려 있습니다. 그의 모든 다양한 열정, 욕망, 생각은 형태, 색깔, 빛으로 오라에 기록됩니다. 따라서 "달리는 자도 읽을 수 있습니다." 만약 사람들이 그러한 글을 읽을 수 있는 눈을 가졌다면 말입니다. 이 오라에는 일시적인 변화뿐만 아니라 인격도 새겨져 있어, 육체의 가면 뒤에 숨는 속임수는 불가능합니다. 결론적으로 오라의 크기와 아름다움의 증가는 그 사람의 진보를 나타내는 명백한 표시이며, 생각하는 존재(Thinker)와 그 몸체의 성장과 정화를 알려 줍니다.

---

137 오라(Aura): 모든 생명체 주위에 발산되는 미묘한 에너지장. 육안으로 보기는 어렵지만, 존재의 영적, 정신적, 감정적, 육체적 상태에 대한 정보를 담고 있는 여러 층의 색과 진동으로 구성된 발광체로 묘사된다.

제8장

영혼의 탄생과 윤회

자연의 보편적 원리, 윤회

이제 우리는 비전(esoteric)의 가르침의 핵심 개념 중 하나인 윤회 사상을 공부할 준비가 되었습니다. 먼저 윤회를 우주 전체에 적용되는 보편적인 원리로 이해해야 합니다. 그런 다음, 이 보편적인 원리 안에서 인간 영혼의 윤회라는 특별한 경우를 살펴봅시다. 이렇게 접근하면 윤회라는 개념에 대한 우리의 관점이 더 명확해지고, 자연의 질서와도 더 잘 부합할 것입니다.

일반적으로 윤회를 연구할 때, 인간 영혼의 윤회만을 따로 떼어내어 생각하는 경우가 많습니다. 이는 마치 자연스러운 흐름에서 벗어난, 분리된 조각처럼 보이게 만듭니다. 이러한 접근 방식은 윤회 개념에 대한 올바른 이해를 방해합니다. 사실 모든 진화는 끊임없이 진화하는 생명을 바탕으로 합니다. 이 생명은 다양한 형태를 거치면서 경험을 축적하고, 그 경험을 자신 안에 저장합니다. 인간 영혼의 윤회 역시 마찬가지입니다. 이것은 진화 과정에 갑자기 나타난 새로운 원리가 아닙니다. 오히려, 지속적으로 진화하는 생명이 개별화되면서 발생하는 특수한 조건에 맞추기 위해, 이미 존재하던 보편적인 원리

(형태를 통한 진화)를 적용한 결과입니다.

관련해서 라프카디오 헌[138]은 서구 과학 사상에 선재(先在) 사상[139]이 미친 영향을 고찰하면서 이 점을 잘 지적했습니다. 그는 다음과 같이 말합니다.

"진화론이 수용되면서 낡은 사상 체계는 무너졌습니다. 낡아 빠진 교리를 대체하기 위해 새로운 사상이 곳곳에서 일어났습니다. 그리고 우리는 이제 지적 운동이 전반적으로 동양 철학과 놀랍도록 평행한 방향으로 나아가는 광경을 목격합니다. 지난 50년 동안 과학이 전례 없이 빠르고 다양하게 발전하면서, 비과학 분야에서도 전례 없는 지적 자극이 촉발되지 않을 수 없었습니다."

"가장 높고 복잡한 유기체가 가장 낮고 단순한 유기체로부터 발달해 왔습니다. 생명의 단일한 물리적 기초는 모든 살아 있는 세계의 본질입니다. 동물과 식물 사이에 어떤 분리의 선도 그을 수 없습니다. 생물과 무생물의 차이는 종류의 차이가 아니라 정도의 차이일 뿐입니다. 물질이 무엇인지, 그 본질을 파악하는 것은 정신의 작용을 이해하는 것만큼이나 어렵습니다. 물질과 정신 모두, 우리가 아직 완전히 알지 못하는 동일한 근원적인 실재(reality)가 다양한 방식으로 드러난

---

138 라프카디오 헌(Lafcadio Hearn): 19세기 후반~20세기 초반에 활동한 작가이자 저널리스트. 일본 문화와 민속에 대한 저술로 유명하며, 서구에 일본을 소개하는 데 큰 역할을 했다.
139 선재(先在) 사상: 영혼이나 정신이 육체 이전에 존재했다는 믿음.

것일 뿐입니다. 이러한 것들은 이미 새로운 철학[140]의 상식이 되었습니다."

"신학에서조차 물리적 진화를 처음으로 인정한 후, 정신적 진화의 인정을 무한정 지연될 수 없다는 것은 쉽게 예측할 수 있었습니다. 왜냐하면 사람들이 과거를 돌아보지 못하게 막았던 낡은 교리의 장벽이 무너졌기 때문입니다. 오늘날 과학적 심리학을 연구하는 학생에게 선재(先在)라는 개념은 이론의 영역에서 사실의 영역으로 이동하며, 우주의 신비에 대한 불교적 설명이 다른 어떤 설명 못지않게 타당하다는 것을 증명합니다."

고(故) 헉슬리 교수[141]는 "매우 성급한 사상가들만이 선재 사상이 본질적으로 불합리하다는 이유로 거부할 것이다. 진화론과 마찬가지로 윤회 사상도 현실 세계에 뿌리를 두고 있다. 그리고 유추라는 위대한 논증이 제공할 수 있는 지지를 주장할 수 있다."(08)라고 썼습니다.

---

140 새로운 철학: 19세기 후반, 진화론의 등장과 함께 과학적 발견에 기반을 둔 새로운 철학적 사조를 의미한다.
141 헉슬리 교수(Professor Huxley): 토머스 헨리 헉슬리(Thomas Henry Huxley, 1825-1895)를 지칭합니다. 영국의 생물학자로, 다윈의 진화론을 옹호하여 '다윈의 불독'이라는 별명으로 불렸다.

모나드의 진화와 생명의 연속성

1) 모나드의 본질과 기본 원리

 형상의 모나드, 아트마-붓디를 생각해 봅시다. 로고스로부터 내뿜어진 생명인 모나드 안에는 모든 신성한 힘이 숨겨져 있습니다. 하지만 우리가 보았듯이, 그것들은 잠재되어 있을 뿐, 발현되어 기능하고 있지 않습니다. 신성한 힘들은 외부의 충격에 의해 점차적으로 깨어나게 됩니다. 왜냐하면 자신에게 가해지는 진동에 반응하여 진동하는 것이 생명의 본질이기 때문입니다.

 모나드 안에는 진동의 모든 가능성이 존재하기 때문에, 모나드에 닿는 어떤 진동이든 그에 상응하는 진동 능력을 일깨울 것입니다. 이런 식으로 잠재되어 있던 힘들이 하나씩 깨어나 활동하기 시작합니다. 물리학자의 용어를 빌리자면, 정적인 상태에서 동적인 상태로 전환되는 것입니다. 여기에 진화의 비밀이 있습니다. 모든 것에는 생명이 있다는 것을 기억해 보면, 주변 환경은 살아 있는 생명체의 형체에 작용합니다. 이 작용은 형체를 감싸고 있는 생명, 즉 그 안에 있는 모나드에 전달됩니다. 그러면 모나드는 이에 반응하는 진동을 일으키고, 이 진동은 다시 형체를 통해 바깥으로 전해져 형체의 입자들을 진동시키고, 초기 충격에 상응하거나 적응된 모양으로 재배열합니다.

 이것은 모든 생물학자가 인정한 환경과 유기체 사이의 작용과 반작용입니다. 그리고 일부 생물학자는 이것이 진화를 기계적으로 설명하기에 충분하다고 여깁니다. 그러나 이러한 작용과 반작용에 대한 생물학자들의 끈기 있고 신중한 관찰은 유기체가 왜 자극에 그렇게 반응하는지에 대한 설명을 제공하지 않습니다. 모든 형체의 중심에 있는 '자아', 즉 자연의 모든 움직임의 숨겨진 원동력을 가리킴으로써 진화의 비밀을 밝히기 위해서는 비전(esoteric)의 가르침이 필요합니다.

2) 생명과 형체의 연속성

우선, 생명이라는 것은 우리를 둘러싼 우주에서 오는 모든 종류의 진동(자극)에 반응할 수 있는 잠재력을 지니고 있다는 이 근본적인 개념을 이해해야 합니다. 그리고 외부 힘의 작용에 의해 실제 반응이 점진적으로 나타난다는 것도 알아야 합니다. 이 개념을 이해했다면, 그 다음으로 파악해야 할 근본적인 개념은 생명과 형체의 연속성입니다.

생명체는 자신의 고유한 특성을 자손에게 물려줍니다. 자손은 부모의 본질, 즉 유전 물질의 일부를 이어받아 독립적인 존재로 살아가기 위해 분리됩니다. 이러한 유전 형질의 전달은 세포가 둘로 나뉘거나, 싹을 틔우거나, 씨앗을 퍼뜨리거나, 엄마 뱃속에서 아이가 자라는 것처럼, 생명은 물리적으로 계속 이어집니다. 이렇게 새롭게 태어나는 생명체는 모두 이전 세대로부터 유래하며 그 특징을 그대로 닮습니다. 학생들은 생식질의 연속성에 대한 바이스만의 연구[142]를 참고하

---

142 아우구스트 바이스만(August Weismann)은 19세기 독일의 생물학자로, 생식세포만이 유전 정보를 전달하며 체세포는 유전에 관여하지 않는다는 생식질 연속설(germ plasm theory)을 주장했다.

면 이 과정을 더 잘 이해할 수 있을 것입니다.

과학은 이러한 현상을 '유전의 법칙'이라고 부릅니다. 생김새, 즉 형태가 어떻게 전달되는지에 대한 과학적 관찰은 우리가 사는 이 세상, 즉 현상계에서 자연이 어떻게 움직이는지 이해하는 데 큰 도움을 줍니다. 하지만, 이 법칙은 부모로부터 물려받은 물질로 만들어지는 육체에만 적용된다는 사실을 잊지 말아야 합니다.

우리가 눈으로 볼 수 없는, 훨씬 더 은밀하게 움직이는 생명의 작용이 있습니다. 이것이 없다면 우리가 보는 겉모습, 즉 형체는 존재할 수조차 없습니다. 하지만 안타깝게도 이 작용은 우리가 가진 일반적인 관찰 능력으로는 파악할 수 없기 때문에, 그동안 주목받지 못했습니다. 그리고 이러한 간극은 아득히 먼 옛날, 물질세계를 넘어선 영적 세계를 볼 수 있는 능력을 지녔던 이들이 전해 준 오직 비전(祕傳)의 가르침만이 채울 수 있습니다. 이 가르침은 스승(Master)들을 통해 인내하고 배우는 모든 학생에 의해 점진적으로 검증할 수 있는 소중한 지식입니다.

겉모습, 즉 형체만 계속 이어지는 것이 아닙니다. 생명 역시 계속해서 이어집니다. 마치 끊임없이 흐르는 강물처럼, 생명은 여러 형체들을 거치며 받은 자극을 통해 그 안에 잠들어 있던 에너지를 점점 더 활발하게 깨워 나갑니다. 그리고 그 형체들을 통해 얻은 경험들을 자기 안에 고스란히 담아 둡니다. 겉모습은 결국 사라지지만, 생명은 그 경험으로 인해 깨어난 더욱 강력한 에너지를 자신 안에 마치 기록처럼 간직합니다. 그리고 마치 다음 세대로 자신의 모든 것을 물려주듯, 이전의 형체에서 파생된 새로운 형체로 흘러 들어가며, 그동안 쌓아온 경험의 보물 창고를 그 새로운 형체와 함께 나눕니다.

생명이 이전의 형체 안에 머무는 동안, 생명은 그 형체를 통해 자신을 드러내고, 새롭게 눈을 뜬 각각의 에너지를 표현하기 위해 형체를 적응시킵니다. 이 형체는 자신의 본질에 새겨진 이러한 적응을 우리가 자손이라고 부르는, 자신의 일부에게 고스란히 물려줍니다. 자손은 부모의 본질로 이루어진 존재이기에, 그 본질, 즉 부모의 특징을 물려받을 수밖에 없습니다. 생명은 깨어난 모든 힘을 가지고 그 자손에게 흘러 들어가고, 생명을 더욱 빚어 나갑니다. 그리고 이 과정은 계속해서 반복됩니다.

현대 과학은 점점 더 명확하게 유전이 고등 생물의 진화에 미치는 영향이 줄어들고 있다는 것을 증명하고 있습니다. 정신적, 도덕적 자질은 부모에게서 자식에게 전해지지 않으며, 자질이 높을수록 이 사실은 더욱 명백합니다. 천재의 자녀가 종종 바보인 경우도 있고, 평범한 부모가 천재를 낳기도 합니다.

정신적, 도덕적 자질이 지속적으로 축적되기 위해서는 그것이 내재할 수 있는 지속적인 기질(substratum)이 있어야 합니다. 그렇지 않으면 자연은 자신의 작업 중 가장 중요한 이 부분에서 질서 정연한 연속성

대신 불규칙하고 원인 없는 생산을 보여 줄 것입니다. 이에 대해 과학은 침묵하지만, 비전의 가르침은 이 지속적인 기질이 신성한 자아인 모나드라고 가르칩니다. 모나드는 모든 결과를 받아들이는 그릇이며, 모든 경험이 점점 더 능동적인 힘으로 축적되는 저장고입니다.

우리는 두 가지 중요한 원리를 확실하게 이해해야 합니다. 1) 첫째는 잠재력을 지닌 모나드가 점차 그 잠재력을 실제 힘으로 발현시킨다는 것이고, 2) 둘째는 생명과 형태가 연속적으로 이어진다는 것입니다. 이 두 가지 원리를 바탕으로, 우리는 생명과 형태의 연속성이 구체적으로 어떻게 나타나는지 살펴볼 수 있습니다. 이러한 고찰을 통해, 현대 과학의 많은 난제[143]들뿐만 아니라, 박애주의자나 현자가 직면하는 더욱 가슴 아픈 문제[144]들을 해결하는 열쇠가 될 것임을 발견하게 될 것입니다.

3) 모나드의 진화와 세분화

먼저, 모나드가 상위 정신계로부터 충격을 받는 것부터 고찰해 보겠습니다. 이것은 형태(형체) 진화의 바로 시초입니다. 모나드의 첫 번

---

143 현대 과학의 많은 난제들: 이 책이 쓰인 19세기 말은 과학이 급속도로 발전하던 시기였다. 하지만 여전히 생명의 기원, 의식의 본질, 우주의 궁극적 구조 등 풀리지 않는 의문들이 많았다. 신지학은 이러한 과학적 난제들이 영적 원리와 법칙을 이해함으로써 해결될 수 있다고 주장한다.

144 박애주의자나 현자가 직면하는 더욱 가슴 아픈 문제들: 이는 빈곤, 불평등, 고통, 죽음과 같이 인간 실존과 관련된 근본적인 문제들을 의미한다. 신지학은 카르마와 윤회의 개념을 통해 이러한 문제들에 대한 영적인 해답을 제시한다. 즉, 현생의 고통은 과거 생의 카르마의 결과이며, 영적 성장을 위한 기회라는 것이다.

째 희미한 반응이 떨림을 일으킵니다. 그 떨림은 그 차원의 물질 일부를 끌어당깁니다. 그리고 우리는 이미 언급한 *제1 원소계의 점진적인 진화를 보게 됩니다. (제5장 "정신계" 참조)

모나드의 위대한 근본 유형은 일곱 가지입니다. 때로는 세 가지 기본 색상에서 파생된 태양 스펙트럼의 일곱 가지 색상과 같이 묘사되기도 합니다. "위에서 그러하듯, 아래에서도 그러하다"라는 말처럼, 우리는 본능적으로 *삼중 로고스와 태초의 일곱 불의 아들[145]을 떠올리게 됩니다. 그리스도교에서는 이를 삼위일체와 "보좌 앞에 있는 일곱 영"으로, 조로아스터교에서는 아후라 마즈다[146]와 일곱 아메샤 스펜타[147]로 표현합니다.

이러한 유형들 각각은 고유한 특성을 지니고 있습니다. 그리고 이러한 특성은 영겁에 걸친 진화 주기 전체에 걸쳐 지속됩니다. 해당 모나드에 의해 생명이 부여된 모든 살아 있는 것들의 연속체에 영향을 미치면서 말입니다. 이제 이러한 각 유형에서 세분화 과정이 시작됩니다. 이 과정은 계속해서 세분화되고, 또 세분화되어 마침내 개체에 도달할 때까지 계속됩니다.

---

145 태초의 일곱 불의 아들(Seven Primeval Sons of the Fire): 세 로고이로부터 비롯된 일곱 명의 창조적 존재들.
146 아후라마즈다(Ahuramazda): 조로아스터교의 최고신.
147 아메샤 스펜타(Ameshaspentas): 조로아스터교에서 아후라마즈다를 보좌하는 일곱 명의 대천사.

모나드는 밖으로 향하는 에너지를 방출하기 시작합니다. 이 에너지에 의해 형성되는 흐름을 살펴볼 텐데, 한 가지 진화 계통만 살펴보아도 충분합니다. 나머지 여섯 가지 유형도 원리는 동일하기 때문입니다. 이 흐름은 비록 짧은 형체-생명[148]을 가질 뿐이지만, 그 형체-생명을 통해 얻는 모든 경험은 모나드 안에 '반응하는 생명[149]'의 증가로 나타납니다. (모든 경험은 모나드에 축적됩니다.)

그런데 이 반응하는 생명은 종종 서로 조화롭지 않은 다양한 진동들로 이루어져 있습니다. 이 때문에 모나드 내부에서는 분리되려는 경향이 생겨납니다. (서로 다른 진동들이 분리됩니다.) 조화롭게 진동하는 힘들은 마치 함께 작용하기 위해 무리를 이룹니다. 그 결과, 주요 특징은 동일하지만 세부적인 면에서는 다른, 마치 같은 색깔의 다양한 색조와 같은, 여러 하위 모나드[150]가 형성됩니다. (이 '하위 모나드'라는 용어를 잠시 사용하겠습니다.)

이 하위 모나드들은 상위 정신계의 하위 영역에서 오는 충격에 의해, 하위 정신계에 속하는 *제2 원소계의 모나드가 됩니다. 그리고 이 과정은 계속됩니다. 모나드는 반응하는 능력을 계속해서 더해 갑니

---

148 형체-생명(form-life): 모나드가 특정한 형태를 취하고 있는 기간, 즉, 개체적인 존재로서 경험을 쌓는 기간을 의미한다.
149 반응적 생명(responsive life): 모나드가 외부 자극에 반응하고, 경험을 통해 배우고 성장하는 능력을 의미한다.
150 하위 모나드(sub-Monads): 하나의 모나드가 여러 부분으로 나뉘어, 각각 독립적으로 진화하는 단계를 의미하며 이는 개체성의 기원이 된다.

다. 각 모나드는 수많은 형체의 생명을 불어넣는 근원입니다. 모나드는 이러한 형체들을 통해 진동을 수신합니다. 그리고 형체가 해체됨에 따라, 끊임없이 새로운 형체에 생명을 불어넣습니다. 세분화 과정 또한 앞서 설명한 원인으로 인해 계속됩니다.

이처럼 각 모나드는 계속해서 형체 속에 자신을 화신(incarnates)시킵니다. 그리고 자신이 생명을 불어넣은 형체들을 통해 얻은 모든 결과를 깨어난 힘으로 내면에 축적합니다. 우리는 이러한 모나드를 여러 형체 집단의 영혼으로 간주할 수 있습니다. 그리고 진화가 진행됨에 따라, 이러한 형체들은 점점 더 많은 속성을 보여 줍니다. 이러한 속성들은 모나드 집단 영혼[151]의 힘이 그 영혼이 환생한 형체들을 통해 발현되는 것입니다.

이 제2 원소계의 수많은 하위 모나드는 진화하여 심령 물질[152]의 진동에 반응하는 단계에 이르렀습니다. 그리고 제2 원소계의 수많은 하위 모나드들은 심령계에서 활동하기 시작하며 *제3 원소계[153]의 모나드가 됩니다. 이러한 과정을 통해 하위 모나드들은 더 조밀한 물질계에서 이미 정신계에서 겪었던 모든 진화 과정을 반복합니다.

---

151 모나드 집단 영혼(Monadic Group-Soul): 여러 형체들에 동시에 생명을 부여하며, 그 형체들을 통해 경험을 축적하는 모나드를 의미한다.
152 심령 물질(Astral Matter): 심령체를 구성하는, 물질보다 더 미묘하고 높은 진동을 가진 물질.
153 제3 원소계(Third Elemental Kingdom): 모나드가 심령계의 감정적 및 에테르적 진동에 반응하면서, 보다 구체적이고 밀도 높은 형태들을 만들어 내기 시작하는 세 번째 단계이다.

모나드 집단 영혼인 그들은 점점 더 많아지고 세부적으로 점점 더 다양성을 보여 줍니다. 전문화된 특성이 더욱 뚜렷해짐에 따라 각 모나드가 생명력을 불어넣는 형체의 수는 줄어듭니다. 한편, 그동안 (우주 창조의 근원인) 로고스로부터 끊임없이 흘러나오는 생명의 흐름은 더 높은 차원에서 새로운 형체의 모나드를 공급합니다. 따라서 진화는 끊임없이 진행되고, 더 진화된 모나드들이 하위 차원에 화신(incarnate)하면 그들의 자리는 상위 차원에서 새로 나타난 모나드들이 차지합니다.

심령계에서 모나드, 즉 모나드 그룹 영혼의 이러한 끊임없이 반복되는 환생 과정을 통해, 모나드들의 진화는 진행됩니다. 마침내 모나드들은 물질 물질로부터 오는 충격에 반응할 준비가 됩니다. 각 차원의 궁극적인 원자[154]는 바로 위 차원의 가장 거친 물질로 구성된 구형-벽[155]을 가지고 있다는 것을 기억하면, 모나드가 어떻게 한 차원에서 다른 차원으로 이어지는 충격에 반응하게 되는지 쉽게 알 수 있습니다.

제1 원소계에서, 모나드는 해당 차원의 물질에 반응하며 진동하는 법을 배우게 됩니다. 점차 그 진동에 익숙해진 모나드는, 곧 그 물질 중에서도 가장 거친 형태를 통해 전해지는 진동, 즉 바로 아래 차원에서 오는 진동에도 반응하기 시작합니다. 따라서 물질계의 가장 거친

---

154 각 차원의 궁극적인 원자: 각 차원을 구성하는 가장 기본적인 입자.
155 구형 벽(Sphere-Walls): 원자를 둘러싸고 있는 에너지 장벽.

물질로 구성된 형체인, 물질 외피 안에서, 모나드는 심령 원자 물질의 진동에 민감해지게 됩니다. 그리고 가장 거친 심령 물질로 이루어진 형체를 입게 되면, 마찬가지로 원자적 물리적 에테르[156], 즉 가장 거친 심령계 물질로 구형 벽이 이루어진 에테르에도 반응하게 됩니다.

4) 물질계에서의 모나드 발현

이렇게 모나드는 물질계에 발을 딛게 됩니다. 정확히 말해, 이 모든 모나드 그룹 영혼들은 희미한 물리적 형체, 즉 미래에 물질계의 조밀한 광물이 될 에테르체로 화신(Incarnate)하기 시작합니다. 이 희미한 형체 속으로 자연의 정령들은 더 조밀한 물리적 물질을 쌓아 올립니다. 이런 과정을 통해 모든 종류의 광물이 형성됩니다. 광물은 진화하는 생명이 스스로를 가두는 가장 단단한 몸체이며, 생명의 힘이 가장 미약하게 발현되는 통로입니다.

각각의 모나드 그룹 영혼은 고유한 광물적 표현, 즉 자신이 화신(Incarnate)하는 광물 형태를 지니고 있으며, 이는 매우 세분화된 수준까지 발전했습니다. 이러한 모나드 그룹 영혼들은 통틀어 광물 모나드[157], 혹은 광물계에 화신(Incarnate)하는 모나드라고 불리기도 합니

---

156 원자적 물리적 에테르(Atomic Physical Ether): 물질계를 구성하는 일곱 가지 영역 중 가장 미세한 수준의 에테르로, 가장 거친 심령계 물질로 이루어진 구형(Sphere)의 벽으로 둘러싸여 있다.
157 광물 모나드(Mineral Monad): 광물계에 화신하는 모나드 그룹 영혼을 통칭하는 용어. 진화의 초기 단계에서 모나드가 가장 조밀하고 단단한 광물 형태를 통해 경험을 쌓는 단계를 의미합니다. 이 단계에서 모나드는 극도로 제한된 의식을 보이며, 물질계의 기본적인 형태를 구축하는 역할을 한다.

다. 이제부터 모나드의 깨어난 에너지는 진화 과정에서 좀 더 능동적인 역할을 하게 됩니다. 일단 활동을 시작한 에너지는 어느 정도 적극적으로 자신을 표현하고자 합니다. 그리고 자신이 갇혀 있는 형체를 빚어내는 데 뚜렷한 영향력을 행사합니다.

모나드의 에너지가 광물 형체에 담기에는 너무 활발해지면, 더 유연한 형태를 지닌 식물계가 등장하기 시작합니다. 자연의 정령들은 물질계 전반에 걸쳐 이러한 진화를 돕습니다. 사실 광물계에서도 이미 형체를 명확하게 조직하려는 경향, 즉 성장이 이루어지는 일정한 선을 만들려는 경향이 나타나고 있었습니다. 이는 성장의 축이 되어 형태를 결정하며, 광물의 결정에서 뚜렷이 관찰됩니다. 이 경향은 이후 모든 형체를 빚어내는 과정을 지배합니다. 그리고 모든 이들이 잘 알고 있는, 자연물의 정교한 대칭성을 만들어 내는 원인이 됩니다.

5) 생명체의 진화와 개체성의 발달

식물계에 속한 모나드 그룹 영혼은 훨씬 더 다양한 외부 자극에 노출됩니다. 그 결과, 점점 더 빠르게 분열하고 세분화됩니다. 다양한 식물 분류군, 즉 과(Family), 속(Genus), 종(Species)의 진화는 바로 이 보이지 않는 세분화 과정에서 비롯된 것입니다.

어떤 속(Genus)에 속하는 생물들이 있다고 가정해 봅시다. 이 속(Genus) 전체는 하나의 모나드 그룹 영혼과 연결되어 있습니다. 이 생물들이 매우 다양한 환경에 놓이게 되면, 즉, 각각의 형체(개체)들이 서로 다른 외부 자극(충격)을 받게 되면 변화가 시작됩니다. 이렇게 모나드 내부에서 새로운 분화(세분화) 경향이 나타납니다. 이렇게 세분화된 결과, 다양한 종(Species)들이 진화하게 됩니다. 그리고 새롭게 탄생한 각각의 종(Species)은, 이제 자신만의 고유한 그룹 영혼, 즉 종(Species) 단위의 그룹 영혼을 가지게 됩니다.

자연이 스스로의 작용에 맡겨질 때, 그 과정은 비록 자연의 정령들이 종(Species)의 분화에 많은 기여를 한다 하더라도, 느리게 진행됩니다. 하지만 인간이 진화하고, 인위적인 재배 체계를 시작할 수 있습니다. 인간에 의한 인위적인 특정한 힘의 작용을 촉진하고 다른 힘을 억제하면 이러한 분화는 상당히 빠르게 일어날 수 있습니다. 그리하여 종의 차이가 쉽게 나타나게 되었습니다. 모나드 그룹 영혼에 실질적인 분열이 일어나기 전까지는, 형체들이 유사한 영향에 노출되면 분리 경향이 다시 사라질 수 있습니다. 하지만 분열이 완료되면, 새로운 종은 명확하고 확고하게 자리를 잡고, 자신만의 독자적인 갈래를 뻗어 나갈 준비를 갖추게 됩니다.

수명이 긴 일부 식물에서는 개체성의 요소가 발현되기 시작합니다. 이는 유기체의 안정성 덕분에 개별성이 어렴풋이 그 모습을 드러내는 것입니다. 수십 년 동안 살아가는 나무는, 유사한 환경이 반복적으로 유사한 자극을 유발하고, 계절이 해마다 반복되며, 그에 따른 연속적인 움직임, 즉 수액의 상승, 잎의 출현, 바람의 손길, 햇살, 빗방울 등, 이 모든 외부 영향이 규칙적인 흐름을 보입니다. 이 흐름은 모나드 그룹 영혼에 반응적인 떨림(진동)을 일으킵니다. 그리고 연속적인 반복을 통해 그 순서가 각인되면서, 하나의 사건이 반복되면 그 뒤에 자주 따라오는 사건에 대한 어렴풋한 기대로 이어지게 됩니다. 자연은 어떤 특성도 갑작스럽게 진화시키지 않습니다. 그리고 이것들은 나중에 기억과 예상이 될 것의 첫 희미한 징후입니다.

식물계에서는 또한 감각의 전조가 나타나며, 이는 고등 식물에서 서양 심리학자들이 "전반적(Massive)" 감각이라 부르는, 쾌락과 불쾌감으로 진화합니다. 전반적 감각은 유기체 전반에 퍼져 있으며, 신체의 어느 한 부분이 다른 부분보다 특별히 더 강하게 느껴지지 않는 감각입니다. 이는 "예민한(Acute)" 감각과 반대되는 개념입니다.

모나드는 하강해 온 여러 차원의 물질을 끌어모아 자신을 둘러쌌다는 점을 기억해야 합니다. 그렇기 때문에 모나드는 이러한 차원에서 오는 자극과 접촉할 수 있습니다. 가장 강력하고 물질의 가장 조밀한 형체와 가장 가까운 자극이 가장 먼저 느껴집니다. 햇살이 없을 때의 추위는 마침내 모나드의 의식에 각인됩니다. 그리고 모나드의 심령계 외피는 희미한 진동을 일으키며, 앞서 언급한 약한 전반적 감각을 발생시킵니다. 형체의 기계적 구성과 그 형체가 영혼을 불어넣는 모나드에 진동을 전달하는 능력에 영향을 미치는 비와 가뭄은 또 다른 "대립 쌍"입니다. 이러한 대립 쌍의 작용은 차이의 인식을 일깨우며, 이는 모든 감각, 그리고 나아가 모든 생각의 뿌리가 됩니다. 이렇게 식물계의 모나드 그룹 영혼은 반복적인 식물로의 윤회를 통해 진화하며 식물계의 모나드들 중 최상위 종에 깃든 그룹 영혼은 다음 단계로 나아갈 준비를 갖추게 됩니다.

이다음 단계는 동물계로의 진입입니다. 여기서 모나드 그룹 영혼들은 물질 육체와 심령체 안에서 매우 뚜렷한 개체성을 서서히 진화시킵니다. 동물은 자유롭게 움직일 수 있기 때문에 한곳에 뿌리내린 식물이 경험할 수 있는 것보다 더 다양한 환경에 놓이게 되며, 이러한 다양성은 언제나 그렇듯 분화를 촉진합니다.

그러나 같은 종(Species) 또는 아종[158]에 속하는 여러 야생 동물을 활성화하는 모나드 그룹 영혼은, 매우 다양한 자극을 받지만, 그 대부분이 지속적으로 반복되고 그룹의 모든 구성원이 공유하기 때문에, 분화는 매우 느리게 진행됩니다.

이러한 자극들은 물질체와 심령체의 발달을 돕고, 이를 통해 모나드 그룹 영혼은 많은 경험을 축적합니다. 그룹의 한 구성원의 형체가 소멸하면, 그 형체를 통해 수집된 경험은 모나드 그룹 영혼에 축적되어 물들인다고 할 수 있습니다. 모나드 그룹 영혼의 살짝 증가된 생명력은 그 그룹을 구성하는 모든 형체로 흘러 들어가, 소멸된 형체의 경험을 모두와 공유합니다. 이러한 방식으로 지속적으로 반복되는 경험이 모나드 그룹 영혼에 저장되어, 새로운 형체로 깃드는 영혼에게 "축

---

158 아종(Subspecies): 같은 종 내에서, 지리적 분포나 특징에 따라 구분되는 집단.

적된 유전적 경험"인 본능으로 나타나게 됩니다.

  수많은 새가 매의 먹이가 되었기 때문에, 갓 알에서 나온 병아리도 유전적 천적인 매가 접근하면 몸을 움츠립니다. 병아리 안에 깃든 생명이 그 위험을 알고 있고, 타고난 본능은 그 지식의 표현이기 때문입니다. 이러한 방식으로 동물들이 수많은 일상적인 위험으로부터 자신을 보호하는 놀라운 본능이 형성됩니다. 반면 새로운 위험은 동물들을 당황하게 만들고 이에 대비하지 못합니다.

  동물이 인간의 영향을 받게 되면서, 모나드 집단 영혼은 훨씬 더 빠르게 진화합니다. 그리고 인간이 재배하는 식물에 영향을 미치는 것과 유사한 원인으로 인해, 환생하는 생명의 세분화가 더 쉽게 일어납니다. 이에 따라 개체성(personality)이 점차 발달하여 점점 더 뚜렷한 형태로 나타나게 됩니다. 마치 야생 동물의 무리 전체가 마치 하나의 개체성에 의해 움직이는 것처럼 진화의 초기 단계에서는 개체성이 거의 복합적이라 할 수 있습니다. 이처럼 형체들이 하나의 공동 영혼에 의해 완전히 지배되고, 그 공동 영혼은 외부 세계로부터의 자극에 영향을 받습니다.

  더 고등화된 유형의 가축화된 동물들, 즉 코끼리, 말, 고양이, 개는 더욱 개별화된 개체성을 보여 줍니다. 예를 들어, 두 마리의 개는 같은 상황의 자극 속에서 매우 다르게 행동할 수 있습니다. 모나드 집단 영혼은 완전한 개별화에 점차 가까워짐에 따라, 점점 더 적은 수의 형체에 화신(化身)하며 욕망체, 즉 카마적 몸체는 상당히 발달합니다. 그리고 육체가 죽은 후에도 꽤 오랫동안 동안 지속됩니다. 카마로카에서 독립적으로 존재하면서 말입니다. 마침내, 모나드 집단 영혼에 의해 생명이 부여되는 형체의 수가 감소하여 하나에 이릅니다. 그리고 그것은 일련의 단일 형체에 생명을 불어넣습니다. 이는 마나스와 그에 따른 원인체와 정신체가 없다는 점만 제외하면 인간의 윤회와 다르지 않습니다.

모나드 집단 영혼에 의해 하강한 정신 물질은 정신계로부터 오는 자극에 민감해지기 시작합니다. 그러면 동물은 로고스 생명의 세 번째 거대한 하강을 받아들일 준비가 됩니다. 성막[159]은 인간 모나드를 받아들일 준비가 된 것입니다.

영혼의 탄생과 진화

1) 진화의 시작

인간 모나드는, 우리가 보았듯이, 그 본질이 삼중적입니다. 그 세 가지 원리는 각각 영, 영적 영혼, 인간 영혼, 즉 아트마-붓디-마나스로 명명됩니다. 의심할 여지 없이, 영겁에 걸친 진화 과정에서, 상향 진화하는 형체의 모나드[160]는 점진적인 성장을 통해 마나스를 펼칠

---

159 성막(Tabernacle): 인간의 육체와 심령체, 욕망체를 포함한, 영혼이 깃드는, 일종의 그릇.
160 동물계에서 진화를 거쳐, 인간으로의 탄생을 준비하는 모나드.

수 있었을 것입니다. 그러나 과거의 인류와 현재의 동물 모두에서, 그러한 것은 자연의 경로가 아니었습니다.

이렇게 신성한 자아인 모나드를 위한 몸이 준비되자, 그 안에 영혼이 깃들었습니다. 상위 차원으로 부터 가장 근원적인 생명력인 아트마(Âtma)가 마치 황금빛 실과 같은 붓디(Buddhi)로 자신을 감싸며 내려온 것입니다. 그리고 세 번째 원리인 마나스(정신)는 형체 내부에서 발아된 상태로, 상위 정신계에서 모습을 드러냈습니다. 이 붓디와 마나스의 결합으로 인해 배아 상태의 원인체[161]가 형성되었습니다. 이것이 영의 개별화, 즉 영이 형체 안에 갇히는 것입니다. 그리고 원인체 안에 갇힌 이 영이 영혼, 즉 진정한 인간입니다. 이것이 개별화된 영혼의 탄생 시점입니다. 개별화된 영혼의 본질은 영원하고, 태어나지도 죽지도 않지만, 개체로서 시간 속에서 그의 탄생은 명확하기 때문입니다.

더욱이, 이 쏟아져 나온 생명은 진화하는 형체에 직접 도달하는 것이 아니라, 중개자를 통해 도달합니다. 수용 지점에 도달한 인류에게, *마음의 아들들[162]이라고 불리는 위대한 존재들이 인간에게 아트마-

---

161 배아 상태의 원인체(Embryonic Causal Body): 인간 영혼의 경험이 축적되고, 카르마가 형성되는, 초기 단계의 원인체.
162 솔라 피트리스(Solar Pitris): 마음의 아들들(Sons of Mind)로 인류에게 높은 지성(Higher Manas), 의식, 자의식(Self-Consciousness)을 부여한 태양의 조상들로 여겨지는 존재들이다. 마나사푸트라(Manasaputras)로도 불린다.

붓디-마나스의 *모나드적 불꽃[163]을 던졌습니다. 이 모나드적 불꽃이 배아 상태의 영혼 형성에 필요했습니다.

  그리고 이 위대한 존재들 중 일부는 실제로 인간의 형체로 화신(化身)했습니다. 유아기의 인류를 인도하고 가르치기 위해서 말입니다. 이 마음의 아들들은 다른 세계에서 자신의 지적 진화를 완료하고 상대적으로 어린 세계인 우리 지구에 왔습니다. 인류의 진화를 돕기 위해서 말입니다. 마음의 아들들은 진실로 우리 인류 대다수의 영적 아버지입니다. 또한 훨씬 낮은 등급의 다른 지적 존재들도 있습니다. 이들은 이전 주기에 다른 세계에서 진화한 사람들입니다. 그들은 방금 설명한 방식으로 유아기의 영혼을 받은 인류의 후손들 사이에 환생했습니다. 이 인류가 진화함에 따라, 영혼의 거처는 개선되었습니다. 그리고 진화를 계속하기 위해 환생의 기회를 기다리고 있던 수많은 영혼들이 그 자손들 사이에서 태어났습니다.

  이 부분적으로 진화한 영혼들은 고대 기록에서 마음의 아들들이라고도 불립니다. 그들은 정신(Mind)을 소유하고 있었지만 상대적으로 거의 발달하지 않았습니다. 우리는 그들을 인류 대부분의 배아 상태의 영혼과 위대한 스승들의 성숙한 영혼과 구별하기 위해 어린 영혼이라고 부를 수 있습니다.

---

163 신성한 불꽃(Divine Spark): 인간의 가장 내면에 깃든, 신성한 근원에서 비롯된 영원불멸의 영적 본질. **모나드적 불꽃(Monadic Spark)이라고도 불린다.**

이 어린 영혼들은, 그들의 더 진화된 지성으로 인해, 고대 세계의 선도적인 유형을 형성했습니다. 정신적으로 더 높고, 따라서 지식 습득 능력이 더 뛰어난 계층이었습니다. 이 어린 영혼들은 고대에 상대적으로 진화가 더딘 대중을 지배했습니다. 그렇게 해서 우리 세계에 가장 고도로 진화한 인종과 가장 덜 진화한 인종을 구분하는 거대한 정신적, 도덕적 능력의 차이가 생겨났습니다. 심지어 단일 인종의 내에서도, 고도의 철학적 사상가와 거의 동물에 가까운 본능적 욕망과 지적 능력을 구분하는 차이가 존재합니다. 하지만 이러한 차이는 단지 진화 단계, 즉 영혼의 나이의 차이일 뿐이며 이러한 차이는 이 지구상에서 인류의 역사를 통틀어 존재해 왔습니다. 우리가 역사적 기록을 아무리 멀리 거슬러 올라가더라도, 우리는 높은 지성과 저급한 무지가 공존하는 것을 발견할 수 있습니다. 그리고 우리를 더 먼 과거로 이끄는 비전의 기록은 인류 초기 수천 년에 대한 비슷한 이야기를 들려줍니다.

이러한 영혼의 진화 단계 차이는 자연스러운 현상입니다. 따라서 우리는 이 차이를 마치 누군가가 부당한 이득을 취하고, 누군가는 부당한 고통을 겪는 것처럼 여겨, 괴로워해서는 안 됩니다. 가장 고결한 영혼도 이전 세계에서 어린 시절과 유아기를 거쳤습니다. 그곳에서 다른 영혼들은 현재 그보다 훨씬 높은 곳에 있었고, 지금은 다른 영혼들이 그보다 낮은 곳에 있습니다. 가장 낮은 영혼은 우리의 가장 높은 영혼들이 서 있는 곳으로 올라갈 것입니다. 그리고 아직 태어나지 않은 영혼들은 진화의 현재 위치를 차지할 것입니다. 상황이 불공평해 보이는 이유는 우리가 현 인류 이전에 진화했던 존재도 없고, 인류 이후에 진화할 존재도 없는 것처럼, 고립된 상태로만 바라보았기 때문입니다. 불공평을 보는 것은 우리의 무지입니다. 자연의 길은 평등합니다. 그리고 자연은 모든 자녀에게 유아기, 어린 시절, 그리고 성년기를 가져다줍니다. 우리의 어리석음이 모든 영혼이 동시에 같은 진화 단계에 있어야 한다고 요구한다면, 그리고 그 요구가 충족되지 않아서 "불공평해!"라고 외친다면, 그 책임은 자연에게 있는 것이 아니라 우리의 어리석음에 있는 것입니다.

2) 진화 초기 영혼의 특징

H. P. 블라바츠키의 비유를 다시 빌리자면, 마치 두 줄기의 태양 빛이 창문 틈 사이로 들어와 하나로 합쳐질 수 있습니다. 비록 처음에는 둘이었지만, 결국 하나의 빛줄기를 형성하는 것처럼, 우리 우주의 신성한 근원인 지고의 태양(Supreme Sun)으로부터 나오는 광선도 이와 같습니다. 두 번째 광선, 즉, 상위 자아는 인간의 영혼의 거처로 들어갈 때 첫 번째 광선(이미 인간의 몸에 깃들어 있던 생명력)과 섞입니다. 이것은 단지 거기에 새로운 생명력과 빛을 더했을 뿐입니다. 그리고 이제 하나가 된 인간 모나드는, 그 근원인 신성한 생명의 더 높은 능력을 인간 안에서 펼쳐 나가는 위대한 여정을 시작한 것입니다.

갓 태어난 영혼, 즉 생각하는 존재(Thinker)는 처음에는 제대로 된 정신체를 갖추지 못했습니다. 그저 동물 시절부터 가져온, 아직 제 기능을 하지 못하는, 얇은 정신 물질 막 정도가 있을 뿐이었습니다. 이것은 이제 막 싹을 틔우기 시작한 원인체에 붙어 있는, 정신체의 씨앗과도 같았습니다. 그리고 아주 오랜 시간 동안, 강력한 욕망과 본능이 이 영혼을 지배했습니다. 자신의 충동과 욕구를 따라 영혼을 마구 휘둘렀습니다. 마치 거친 파도처럼, 억제되지 않은 동물적 욕망을 영혼에게 쉴 새 없이 퍼부었습니다.

지금 우리가 서 있는, 더 높은 곳에서 내려다보면, 이 영혼의 유년기가 꽤나 추해 보일 수도 있습니다. 하지만 이 시기는 마음의 씨앗이 싹을 틔우기 위해 꼭 필요한 과정이었습니다. 무언가를 생각하기 위해서는, 우선 어떤 것과 다른 것의 차이를 인식해야 합니다. 그런데 아직 생각할 줄 모르는 영혼에게, 이러한 인식이 싹트게 하려면, 강렬하고 격렬한 대조를 영혼이 겪게 해야 했습니다. 그 차이를 강제로라도 깨닫게 하기 위해서 말입니다. 그래서, 마치 몰아치는 폭풍처럼, 격렬한 쾌락과 짓누르는 고통이 번갈아 가며 영혼을 끊임없이 강타했던 것입니다.

외부 세계는 욕망적 본성을 통해 영혼을 끊임없이 두드렸습니다. 마침내 영혼은 천천히 인식을 하기 시작했고, 수많은 반복 끝에 이러한 인식을 저장했습니다. 각 생애에서 얻은 작은 진전은, 앞서 살펴본 바와 같이, 생각하는 존재에 의해 축적되었습니다. 그리하여 더딘 진보가 이루어졌습니다.

사실상, 이때는 생각이 거의 이루어지지 않았기에, 정신체를 조직하는 작업 또한 거의 이루어지지 않았다고 볼 수 있습니다. 이는 진실로 더딘 진보였습니다. 수많은 인식이 생각-이미지[164]로 저장되고 나서야, 비로소 내면에서 시작된 정신적 활동의 기반이 될 수 있는 재료가 마련되었습니다. 이러한 정신적 작용은 둘 이상의 생각-이미지가 서로 결합하고, 그로부터 아무리 기초적인 수준일지라도 어떤 추론이 이루어질 때 시작됩니다. 그 추론은 이성의 시작이자, 인간의 지성이 그 이후로 진화시키거나 받아들인 모든 논리 체계의 싹이었습니다. 처음에는 이러한 추론이 모두 욕망적 본성을 위해, 즉 쾌락을 늘리고 고통을 줄이기 위해 이루어졌을 것입니다. 하지만 이런 각각의 추론은 정신체의 활동성을 증가시키고, 정신체가 더 쉽게 기능하도록 자극했을 것입니다.

인간이 유아기에 있던 이 시기에는 선과 악에 대한 지식이 없었다는 것을 쉽게 알 수 있습니다. 인간에게 옳고 그름은 존재하지 않았습니다. 옳다는 것은 신의 의지와 일치하는 것이며, 영혼의 진보를 돕고, 인간의 상위 본성을 강화하며 하위 본성을 훈련하고 복종시키는 것입니다. 반대로 그르다는 것은 진화를 지연시키고, 영혼이 배워야 할 교훈을 이미 배운 후에도 낮은 단계에 머무르게 하며, 하위 본성이 상위 본성을 지배하도록 조장하고, 인간이 신으로 진화하는 대신 벗어나야 할 동물적 욕망에 동화되도록 만드는 것입니다.

---

164 생각-이미지: 외부 세계의 경험이 정신체에 각인되어 형성된 정신적 표상을 의미한다.

인간이 무엇이 옳은지 알기 위해서는 먼저 (자연) 법칙의 존재를 배워야 했습니다. 그리고 이 법칙은 외부 세계에서 자신을 끌어당기는 모든 것을 따르고, 탐나는 모든 대상을 움켜쥐고, 그런 다음 달콤하거나 쓴 경험을 통해 자신의 기쁨이 법칙과 조화를 이루는지 아니면 상충하는지 배움으로써만 알 수 있었습니다. 우리는 맛있는 음식을 먹는 경험을 통해 이 점을 분명히 알 수 있습니다. 유아기의 인간이 이 경험으로부터 자연법칙의 존재를 어떻게 배우는지 살펴보겠습니다. 인간이 배가 고파 음식을 먹었을 때, 그 사람의 배고픔은 가라앉았고, 미각은 만족스러웠으며, 그 경험으로부터 오직 즐거움만이 생겨났습니다. 유아기 인간(영혼)의 행동은 법칙과 조화를 이루었기 때문입니다. 다른 경우에, 그 사람은 즐거움을 늘리고자 지나치게 많이 먹었고, 그 결과 고통을 겪었습니다. 그 사람은 법칙을 어겼기 때문입니다. 즐거움이 과하면 고통으로 변한다는 것은, 이제 막 깨어나기 시작하는 지성에게는 혼란스러운 경험입니다.

유아기의 인간(영혼)은 욕망에 이끌려 과도함에 빠지고, 그때마다 고통스러운 결과를 경험하기를 반복했을 것입니다. 마침내 그 사람은 절제를 배웠습니다. 즉, 이 측면에서 자신의 신체적 행위를 물질계의 법칙에 맞추는 법을 배운 것입니다. 유아기의 인간들은 자신에게 영향을 미치지만 통제할 수 없는 조건들이 존재하며, 오직 그 조건들을 준수해야만 육체적 행복이 보장된다는 것을 발견했기 때문입니다. 이와 유사한 경험들이 모든 신체 기관을 통해 한결같은 규칙성을 가지고 인간에게 흘러 들어왔습니다. 밖으로 뻗어 나가는 인간의 욕망은 자연의 법칙에 따라 작용하는지 아니면 반대로 작용하는지에 따라 인간에게 즐거움이나 고통을 가져다주었습니다. 그리고 경험이 쌓이면서, 긍정적 혹은 부정적 경험은 그 사람의 발걸음을 인도하고, 그 사람의 선택에 영향을 미치기 시작했습니다.

3) 경험하고 성장하는 영혼

하지만 영혼이 매번의 생마다 새로운 경험을 처음부터 다시 시작해야 하는 것은 아니었습니다. 왜냐하면 영혼은 매번 새로 태어날 때마다 조금씩 성장한 정신적 능력과 끊임없이 축적되는 저장고를 가지고 왔기 때문입니다. 이 초기 단계의 성장은 매우 느렸다고 말했습니다. 정신적 작용이 이제 막 시작되었기 때문입니다. 육체의 죽음 이후, 유아기 인간의 영혼은 카마로카에서 대부분의 시간을 보냈습니다. 카마로카 이후 유아기 인간의 영혼은 짧은 데바찬[165] 기간 동안 잠을 잤습니다. 이 데바찬의 기간 동안 영혼은 지상에서 겪었던 아주 미세하고 초보적인 생각, 감정, 감각들을 무의식적으로 흡수하고 통합했습니다. 그런데 이러한 초보적인 경험들은 아직 충분히 발달하지 않아 더 높은 단계의 능동적인 천상 생활에는 아직 적합하지 않았습니다.

아무런 과거도 없이, 무(無)에서 갑자기 생겨난, 뚜렷한 정신적, 도덕적 특이성을 지닌 영혼이라는 개념은, 마치 아무 데도 관련이 없는 아기들이 갑자기 나타나 뚜렷한 인종 및 가족 유형을 보이는 것만큼이

---

165 데바찬: 천상의 삶을 의미하며, 정신계에서의 영적 휴식과 성장의 기간을 뜻한다.

나 터무니없는 개념입니다. 마찬가지로 인간도, 그의 육체도, 아무런 원인 없이 생겨나지 않으며, 로고스가 직접 개별 인간을 만들어 낸 것도 아닙니다.

다른 많은 경우와 마찬가지로, 보이지 않는 것들은 보이는 것과의 유추를 통해 명확하게 드러납니다. 사실, 보이는 것은 보이지 않는 것들의 이미지, 즉 반영에 지나지 않습니다. 유전이라는 생명의 연속성이 없다면, 육체적 특이성이 진화할 방법이 없을 것입니다. 마찬가지로 지성의 연속성이 없다면, 정신적, 도덕적 자질이 진화할 방법이 없을 것입니다. 두 경우 모두, 연속성이 없다면 진화는 첫 단계에서 멈출 것이고, 세상은 계속해서 생성되는 코스모스가 아니라, 무한하고 고립된 시작들만 존재하는 혼돈이 될 것입니다.

이 초기 시대에 개인의 진보 유형과 본질에 많은 다양성을 야기하는 것은 개인을 둘러싼 환경이라는 점을 간과해서는 안 됩니다. 궁극적으로 모든 영혼은 자신의 모든 능력을 개발해야 하지만, 이러한 능력이 개발되는 순서는 영혼이 처한 상황에 따라 달라집니다. 기후, 자연의 비옥함 또는 척박함, 산악 지대 또는 평야 지대의 삶, 내륙 숲 또는 해안가 등, 이러한 것들과 수많은 다른 요인들이 이제 막 깨어나기 시작하는 정신적 에너지 중 어떤 것을 활성화합니다.

극심한 고난, 즉 자연과의 끊임없는 투쟁 속에서 살아가는 삶은, 열대 섬의 풍요로운 환경에서 진화한 것과는 매우 다른 능력을 발달시킬 것입니다. 이 두 가지 능력은 모두 필요합니다. 왜냐하면 영혼은 자연의 모든 영역을 정복해야 하기 때문입니다. 이렇게 해서 같은 나이의 영혼들에서도 현저한 차이가 발생할 수 있습니다. 탐구자가 영혼의 "실용적인" 능력과 "명상적인" 능력, 즉 활동적이고 외향적인 에너지와 조용하고 내면으로 향하는 사색적 능력 중 어떤 것을 더 높이 평가하는지에 따라, 한 영혼이 다른 영혼보다 더 진보한 것처럼 보일 수 있습니다. 완성된 영혼은 이 모든 능력을 갖추고 있지만, 만들어지는 과정에 있는 영혼은 두 가지 능력을 순차적으로 발전시켜야 합니다. 이로 인해 인간들 사이에서 발견되는 엄청난 다양성의 또 다른 원인이 생겨납니다.

여기서 다시 한번 상기해야 할 것은, 인간의 진화는 개별적이라는 점입니다. 단일한 모나드 그룹 영혼에 의해 생명력을 얻은 집단에서는, 모든 개체에게서 동일한 본능이 발견될 것입니다. 왜냐하면 경험을 담는 그릇은 바로 그 모나드 그룹 영혼이고, 그 영혼은 자신에게 의존하는 모든 형체에 생명을 불어넣기 때문입니다.

그러나 각 인간은 한 번에 단 하나의 육체만을 가지며, 모든 경험을 담는 그릇은 원인체입니다. 원인체는 자신의 유일한 육체에 생명을 불어넣으며, 다른 육체와는 연결되어 있지 않기 때문에 다른 육체에 영향을 미칠 수 없습니다. 앞서 설명한 이유로 우리는 개별 인간들 사이의 차이가, 매우 유사한 동물들 사이의 차이보다 훨씬 크다는 것을 알 수 있습니다. 그렇기 때문에, 인간의 자질이 어떻게 진화하는지는 인간 집단을 대상으로 연구할 수 없습니다. 오직 개별 인간, 즉 윤회를 통해 지속되는 개인을 통해서만 연구할 수 있습니다. 과학은 이러한 연구를 수행할 능력이 부족하기 때문에, 샹카라차리아[166]나 피타고라스와 같은 지적 진화나 붓다나 그리스도와 같은 도덕적 진화를 추적할 수 없습니다.

윤회의 메커니즘

이제 윤회의 요소들을 살펴보겠습니다. 윤회에 익숙하지 않은 사람들이 느끼는 어려움, 예를 들어 기억 상실과 같은 문제들을 설명하기 위해서는 이러한 요소들에 대한 명확한 이해가 필요합니다. 인간은 육체적 죽음, 카마로카, 그리고 데바찬을 거치면서 육체, 심령체, 정신체와 같은 다양한 몸체를 차례대로 잃게 됩니다. 이 몸체들은 모두 분해되고, 그 입자들은 각 차원의 물질들과 다시 섞입니다. 인간과 육체와의 연결은 완전히 끊어지고 끝납니다. 그러나 심령체와 정신체는 지상 생활의 활동에서 비롯된 능력과 특성의 싹을, 생각하는 존재(Thinker)인 인간 자신에게 전달합니다. 그리고 이 싹들은 그의 다음 심령체와 정신체의 씨앗으로서 원인체 안에 저장됩니다.

이 단계가 되면, 마치 한 평생이라는 여정에서 얻은 모든 경험을 자

---

166 샹카라차리아(Shankaracharya): 8세기경 인도의 힌두 철학자이자 영적 스승. 순수 비이원론(모든 것이 하나라는 사상), 즉 아드바이타 베단타(Advaita Vedanta) 철학을 확립한 인물로, 우파니샤드의 가르침을 재해석하고 통합하여 힌두 사상에 지대한 영향을 미쳤다.

신의 내면에 온전히 축적하여 자양분으로 삼아 성장해 온 일꾼, 즉 '진정한 나 자신'만이 남게 됩니다. 그리고 새로운 인생이라는 여명이 밝아 오면, 그는(Thinker) 다시 세상이라는 일터로 나가야 합니다. 그 여정은 황혼 녘, 즉, 다음 죽음의 순간이 찾아올 때까지 계속되는 것입니다.

새로운 삶은 정신적 싹을 활성화함으로써 시작됩니다. 이 싹들은 하위 정신계의 물질들을 끌어들여, 그 사람의 정신적 단계를 정확하게 나타내는 정신체를 만들어 냅니다. 이 정신체는 모든 정신적 능력을 표현하는 몸체입니다. 과거의 경험들은 이 새로운 정신체 안에 정신적 이미지로 존재하는 것이 아닙니다. 정신적 이미지로서 과거의 경험들은 이전의 정신체가 소멸할 때 함께 소멸되었습니다. 오직 과거 경험들의 정수, 즉 능력에 미친 영향만이 남습니다. 과거의 경험들은 정신의 양식이었고, 정신이 힘으로 엮어 낸 재료였습니다. 그리고 새로운 정신체 안에서 그 본질들은 능력으로 다시 나타나, 그 몸체의 재료를 결정하고 기관을 형성합니다. 이렇게 생각하는 존재(Thinker)가 하위 정신계에서 다가올 삶을 위해 새로운 정신체를 입게 되면 생각하는 존재는 심령적 싹을 활성화하여 심령계에서 심령체를 준비합니다.

이 새롭게 형성된 심령체는 그 사람의 욕망의 본성을 정확하게 나타냅니다. 마치 씨앗이 그 부모 나무를 빼닮듯이, 그 영혼이 과거 생애 동안 진화시킨 자질들을 충실하게 재현합니다. 이렇게 인간은 다음 생을 위한 준비를 완전히 갖추게 됩니다. 그 영혼의 과거의 생에 대한 유일한 기억은 오직 원인체 안에만 새겨져 있습니다. 이 원인체야말로 생을 거듭하며 영속하는 유일한 몸, 즉 변치 않는 본질입니다.

한편, 인간의 영혼 밖에서는 그 영혼의 특성을 발현하기에 꼭 맞는 육체를 준비하기 위한 작업이 진행됩니다. 전생에서 맺은 인연, 타인에 대한 책임과 의무, 이 중 일부가 그 영혼이 태어날 장소와 가족을 결정하는 데 영향을 미칩니다. (새로운 생의 외부적 환경을 결정하는 이러한 요소들은 제10장 "카르마"에서 더 자세히 설명하겠습니다.) 그 영혼은 다른 이들에게 행복의 원천이었을 수도, 불행의 원천이었을 수도 있습니다. 이것은 그 영혼의 다가올 삶의 조건들을 결정하는 중요한 요인이 됩니다. 그 영혼의 욕망적 본성은 잘 훈련되어 있거나 아니면 무질서하고 제멋대로일 것입니다. 이것은 새로운 물질 육체의 유전적 특성을 정할 때 고려됩니다. 그리고 그 영혼이 예술과 같이 특정한 정신적 능력을 갈고닦아 왔는지도 중요합니다. 왜냐하면 섬세한 신경 조직과 예민한 감각이 필요한 분야에서는 유전적 요인이 크게 작용하기 때문입니다.

이와 같이, 인간의 환생에 영향을 미치는 다양한 요인들의 무수한 조합은 끝없는 다양성을 만들어 냅니다. 한 사람이 여러 상충되는 성향을 동시에 지니고 있을 수 있습니다. 따라서 어떤 한 육체에서는 그 중 일부만이 발현될 수 있기에, 조화롭게 발현될 수 있는 특성들을 선별해야 합니다. 이러한 모든 과정은 엄청난 힘을 지닌 영적 존재들에 의해 진행되는데, 이 존재들은 바로 H. P. 블라바츠키가 《비밀의 교리》에서 언급한 리피카[167]와 마하라자[168]들입니다. 리피카는 카르마의 기록을 보관하며, 마하라자는 리피카의 지시에 따라 이를 실질적으로 집행하는 역할을 합니다. 이들은 생각, 욕망, 행동으로 인해 끊임없이 작동하는 인과의 법칙, 즉 카르마를 감독하며, 이러한 역할 때문에 종종 '카르마의 대천사'라고 불립니다. 이들은 각자가 과거 생애 동안 엮어 낸 운명의 실타래를 쥐고 있으며, 그 실타래에 따라 윤회하는 영혼을 그에 걸맞은 환경으로 인도합니다. 그 환경은 과거의 삶을 통해 자신이 알게 모르게 스스로 선택한 결과입니다.

이렇게 인종, 국가, 가족이 정해지고 나면, 그 사람의 특성을 표현하고 그가 과거에 지은 카르마를 해결하기에 가장 적합한 '육체의 틀' 즉, 설계도가 이 위대한 존재들에 의해 주어집니다. 그런 다음, 이 육체의 틀(설계도)을 복제한 새로운 에테르체가 어머니의 자궁 안에서 정령(elemental)들에 의해 형성됩니다. 이 모든 과정의 중심 동력은 카르마의 대천사의 의도와 생각입니다.

그리고 물질 육체는 에테르체를 뼈대 삼아, 마치 벽돌을 하나하나 쌓아 올리듯 분자 단위로 정교하게 만들어집니다. 이 과정에서 부모

---

167 리피카(Lipika): 모든 존재의 행위, 생각, 감정을 아카식 레코드에 기록하는 천상의 존재들. 카르마의 법칙이 공정하게 집행되도록 돕는 우주의 기록관으로, 개인의 카르마를 정확하게 기록하고 보존한다.
168 마하라자/데바라자(Maharajas/Devarajas): 우주의 네 방향을 수호하고 우주적 카르마를 집행하는 천상의 왕들. 각각 고유한 특성과 능력을 지니고 있으며, 인류의 진화에도 영향을 미치는 존재들이다.

로부터 물려받은 유전적 특성이 온전히 발휘됩니다. 더 나아가, 주변 사람들, 특히 지속적으로 함께 있는 아버지와 어머니의 생각과 감정은 육체를 구축하는 작업을 하는 정령에게 영향을 미칩니다. 즉, 환생하는 인간이 과거에 관계를 맺었던 사람들이, 그가 이 지상에서의 새로운 삶을 위해 필요한 신체적 조건 형성에 영향을 미치는 것입니다.

아주 초기 단계에 새로운 심령체가 에테르체와 연결되어 에테르체의 형성에 큰 영향을 미칩니다. 그리고 정신체는 심령체를 통해 신경계에 작용하여, 앞으로 자신이 세상에 드러나는 데 적합한 도구가 되도록 가다듬습니다. 이러한 영향은 태아기 때부터 시작되어 아이가 태어날 때 뇌 형성은 그 아이가 지닌 지적, 도덕적 능력의 수준과 균형을 드러냅니다. 이러한 영향은 출생 후에도 계속됩니다. 뇌와 신경계가 형성되고, 심령체 및 정신체와 긴밀하게 연결되는 과정은 만 7세 무렵까지 이어집니다. 이 시기가 지나면 비로소 인간과 육체의 연결이 완성됩니다. 그리고 이 시기부터는, (영혼이) 육체의 형성에 직접 관여하기보다는, 완성된 육체를 도구로 삼아 세상을 경험하고 배우며, 자신의 의지를 실현한다고 말할 수 있습니다.

이 나이(7세)까지, 생각하는 존재(Thinker)의 의식은 물질계보다는 심령계에 더 많이 머물러 있습니다. 그리고 이는 어린아이들에게서 종종 나타나는 심령적 능력의 발현으로 증명됩니다. 7세 이하의 아이들은 보이지 않는 친구들과 요정의 풍경을 보고, 어른들에게는 들리지 않는 목소리를 들으며, 심령계로부터 매력적이고 섬세한 환상을 포착

합니다. 이러한 현상은 대개 생각하는 존재가 육체를 통해 효과적으로 일하기 시작하면서 사라집니다. 그리고 꿈꾸는 듯한 아이는 평범한 소년이나 소녀가 되는데, 이는 종종 자녀의 "이상함"의 원인을 모르는 당황한 부모에게 큰 안도감을 줍니다.

대부분의 아이들은 적어도 이러한 "이상함"을 조금은 가지고 있습니다. 그러나 아이들은 "거짓말을 한다"라는 비난이나, 아이들이 훨씬 더 두려워하는 조롱을 피하기 위해, 자신의 환상과 비전을 공감해 주지 않는 어른들로부터 재빨리 숨기는 법을 배웁니다. 만약 부모들이 아이들의 뇌를 볼 수 있다면, 부모들은 아이들이 스스로 구분할 수 없는, 물리적이고 심령적인 충격들이 뒤얽혀 진동하는 것을 보게 될 것입니다.

또한 어린아이들의 두뇌는 매우 유연하기 때문에 때때로 상위 영역으로부터 전율을 받아, 천상의 아름다움과 영웅적인 업적에 대한 비전을 포착하기도 합니다. 만약 부모가 아이 뇌 속의 이러한 작용을 볼 수 있다면, 아이를 더 잘 이해하고 양육할 수 있을 것입니다. 아이들은 아직 언어 표현이 서툴러, 자신이 느끼는 미묘한 감각들을 표현하기 어려워합니다. 하지만 아이들은 분명히 그 감각들을 인지하고 있으며, 어떻게든 표현하고, 또 간직하려 애씁니다. 아이가 횡설수설하며 무언가를 표현하려 할 때, 부모가 그 노력을 이해하고 인내심을 갖고 반응해 준다면 아이의 성장에 큰 도움이 될 것입니다.

환생을 믿고 이해한다면 아이들의 삶에서 가장 안타까운 부분을 없앨 수 있습니다. 아이들의 영혼은 새로운 몸을 통제하려고 애쓰며, 조밀한 물질 육체와 완전히 연결되려고 노력합니다. 동시에, 아이들의 영혼은 미묘한 심령체와 정신체의 진동을 물질 육체에 전달하는 능력을 잃지 않으려 합니다. 이러한 영혼의 외로운 싸움은 환생에 대한 이해를 통해 해소될 수 있습니다.

제9장

윤회, 의식과 몸의 진화

의식 진화의 4단계

1) 초기 의식 단계의 특징

생각하는 존재(Thinker)는 세 하위 세계(물질계, 심령계, 정신계)에서 수없이 많은 생을 거듭하며 윤회합니다. 이 과정에서 그는(Thinker) 의식의 상승 단계를 차례차례 밟아 나가는데, 그 단계들은 분명하게 구분됩니다. 생각하는 존재가 진정으로 성장하려면, 이 모든 단계를 반드시 경험해야 합니다. 그리고 이를 위해서는 많은 생이 필요하다는 너무나 당연한 사실이야말로, 사려 깊은 이들에게 윤회가 진실이라는 가장 강력한 확신을 줄 수 있습니다.

영혼의 진화의 첫 번째 단계는 갓 개별화된 영혼이 모든 경험을 오직 감각에만 의존합니다. 이 시기에 정신이 하는 역할이라고는, 어떤 대상과의 접촉 후에는 쾌감이 따르고 다른 대상과의 접촉 후에는 고통이 따른다는 것을 인식하는 것입니다. 이러한 대상들은 마음속에 이미지(mental pictures)를 형성합니다. 그리고 이 이미지들은 곧 기억과 주체성의 싹을 틔우는 역할을 합니다. 즉, 과거에 쾌감을 주었던 것이 지금 없더라도, 그 이미지를 떠올리며 그것을 다시 찾고자 하는 욕구가 생겨나는 것입니다. 외부 세계를 좋고 싫음으로 나누는 이러한 초보적인 구분은, 단순히 좋고 싫음을 구분하는 것을 넘어, '많을수록 더 좋다' 혹은 '많을수록 더 고통스럽다'와 같이, 양이 많고 적음에 따라 즐거움과 고통의 크기가 달라진다는 것을 이해하기 시작하는 단계로 나아갑니다.

이러한 진화 단계에서 기억은 매우 짧게 유지됩니다. 다시 말해, 정신적 이미지들은 매우 일시적입니다. 갓난아기와 같은 생각하는 존재(Thinker)는 과거를 통해 미래를 예측한다는 개념을, 아주 기초적인 수준에서조차 떠올리지 못합니다. 그렇기 때문에 진화 초기 단계 인간의 행동은 외부 세계로부터 오는 충격에 의해 전적으로 좌우되거나, 기껏해야 욕구나 욕망의 충동에 따라 움직이며 즉각적인 만족을 갈망합니다. 진화 초기 단계의 인간은 미래의 안녕에 아무리 필요한 것이라 할지라도, 당장의 만족을 위해서는 무엇이든 버릴 것입니다. 현재의 욕구가 다른 모든 고려 사항을 압도하기 때문입니다. 이러한 배아 상태에 있는 초기 단계에 머물러 있는 인간 정신의 많은 사례는 심각한 범죄자들과 평범한 사람들의 사고방식과 비교해 보는 것으로 알 수 있습니다. 이런 사람들은 한 단계 더 성숙해지기 위해 많은 생애가 필요하다는 것을 절감할 수 있을 것입니다.

도덕적 능력은 정신적 능력과 마찬가지로 전혀 발달하지 않았다는 것은 말할 필요도 없습니다. 선과 악에 대한 개념은 아직 생겨나지 않았습니다. 아직 전혀 발달하지 않은 정신에 선이나 악에 대한 기초적인 개념조차 전달하는 것은 불가능합니다. 찰스 다윈이 언급한 호주 원주민의 유명한 사례에서처럼, 진화의 초기 단계 인간에게 선과 즐거움은 같은 의미입니다. 굶주림에 시달린 그 원주민은 음식으로 삼을 수 있는 가장 가까운 생명체에게 창을 던졌는데, 공교롭게도 그것은 그 호주 원주민의 아내였습니다. 한 유럽인이 그 행동의 사악함을 항의했지만, 아무런 인상도 주지 못했습니다. 아내를 먹는 것이 매우 나쁘다는 비난에, 그는 단지 그 낯선 사람이 그녀가 맛이 없거나 소화가 안 된다고 생각한다고 추론할 뿐이었습니다. 그 호주 원주민은 식사 후에 자신의 배를 쓰다듬으며 평화롭게 미소 짓고, 만족스러운 표정으로 "그녀는 아주 맛있습니다"라고 말하며 그 항의한 사람을 안심시켰습니다.

그 원주민과 아시시의 성 프란치스코 사이의 도덕적 거리를 생각으로 가늠해 보십시오. 그러면 육체의 진화가 있듯이 영혼의 진화가 있어야만 한다는 것을 알게 될 것입니다. 그렇지 않다면, 영혼의 영역에서는 끊임없는 기적, 즉 아무런 관련 없이 뚝뚝 떨어져 만들어지는 창조가 있어야 할 것입니다.

2) 의식의 발달 과정

인간이 이러한 배아 상태의 정신 상태에서 점차 벗어날 수 있는 길은 두 가지입니다. 하나는 자신보다 훨씬 더 진화한 사람들에 의해 직접 지배되고 통제되는 것이고, 다른 하나는 도움 없이 스스로 천천히 성장하도록 내버려두는 것입니다. 후자의 경우, 헤아릴 수 없는 수천 년의 세월이 흘러야 함을 의미합니다. 왜냐하면 본보기도 없고 훈련도 없이, 그저 외부 대상으로부터 오는 끊임없이 변화하는 충격과 자신만큼 미성숙한 다른 인간들과의 마찰에만 맡겨진다면, 내면의 에너지는 매우 느리게 깨어날 수밖에 없기 때문입니다.

사실, 인류는 직접적인 가르침과 모범, 그리고 강제적인 훈련의 길을 통해 진화해 왔습니다. 이미 살펴본 바와 같이, 일반적인 인류 대다수가 개별적 자아를 탄생시킨 불꽃을 받았을 당시, '마음의 아들들' 중 일부가 스승으로서 인간의 몸으로 태어났습니다. 또한 다양한 진화 단계에 있는 덜 진화된 '마음의 아들들'이 인류 진보의 선구자 역할을 하기 위해 육신을 입고 세상에 왔습니다.

이들은 위대한 스승들의 자비로운 통치 아래에서, 덜 진화된 이들을 다스렸습니다. 그리고 덜 진화된 사람들에게 올바른 삶을 위한 기본 규칙들을 강제적으로 따르게 했습니다. 물론 그 규칙들은 처음에는 매우 기초적인 수준이었지만, 배아 상태의 영혼들의 정신적, 도덕적 능력 발달을 크게 앞당기는 데 결정적인 역할을 했습니다. 다른 모든 기록은 차치하더라도, 오래전에 사라진 문명들의 거대한 유적들, 즉 당시의 인류의 지식으로는 불가능했을 고도의 공학 기술과 지적 설계를 보여 주는 유적들만 보더라도, 원대하게 계획하고 위대하게 실행할 능력을 갖춘 뛰어난 지성을 지닌 사람들이 이 지구상에 존재했음을 충분히 짐작할 수 있습니다.

의식 진화의 초기 단계를 계속해서 살펴보겠습니다. 감각이 정신을 완전히 지배했고, 초기의 정신적 노력은 욕망에 의해 촉발되었습니다. 이로 인해 인간은 느리고 서툴게나마 예측하고 계획하기 시작했습니다. 인간은 특정한 정신적 이미지들의 명확한 연관성을 인식하기 시작했습니다. 그리고 하나의 이미지가 나타나면, 그 뒤에 반드시 따라오던 다른 이미지의 등장을 기대하게 되었습니다. 인간은 추론을 하기 시작했고, 심지어 이러한 추론에 대한 믿음을 바탕으로 행동을 개시하기까지 했습니다. 이는 엄청난 발전입니다. 또한 인간은 욕망의 격렬한 충동을 따르는 것을 때때로 주저하기 시작했습니다. 요구했던 만족이 그 후에 일어나는 고통과 정신 속에서 연결되어 있음을 반복해서 발견했기 때문입니다.

이러한 행동은 언어로 표현된 규칙의 압력에 의해 훨씬 더 가속화되었습니다. 인간은 특정 만족을 추구하는 것이 금지되었고, 불순종에는 고통이 따를 것이라는 말을 들었습니다. 인간이 즐거움을 주는 대상을 움켜쥐고 그 쾌락 뒤에 고통이 뒤따르는 것을 발견했을 때, 인간의 마음에 훨씬 더 강한 인상을 남겼습니다. 이것은 우연하게 일어난 일보다 미리 경고했던 일이 일어난 것이 우리에게 강한 인상을 남기는 것과 같은 이치입니다. 이렇게 기억과 욕망 사이에서 끊임없이 갈등이 일어났고, 정신은 그 갈등으로 인해 더욱 활발해졌으며, 더 생생하게 기능하도록 자극을 받았습니다. 사실, 이 갈등은 두 번째 큰 단계로의 도약을 의미했습니다.

여기에서 처음으로 의지(will)의 싹이 나타나기 시작했습니다. 욕망과 의지는 인간의 행동을 이끄는 두 가지 원동력이며, 심지어 의지는 욕망들의 투쟁에서 승리한 욕망이라고 정의되기도 합니다. 그러나 이는 아무것도 설명하지 못하는 조잡하고 피상적인 관점입니다. 욕망이란 생각하는 존재(Thinker)의 외향적 에너지로, 외부 대상의 매력에 의해 방향이 결정됩니다. 반면, 의지란 과거 경험에서 이끌어 낸 이성적 결론에 의해, 혹은 생각하는 존재 자신의 직관적 통찰에 의해 방향이 결정됩니다. 다시 말해, 욕망은 외부의 영향을 받아 이끌리고, 의지는 내부로부터 이끌립니다.

인간 진화의 초기 단계에서는 욕망이 절대적인 주권을 지니고 있어 인간을 이리저리 몰고 다닙니다. 진화 중반 단계에서는 욕망과 의지가 끊임없이 충돌하며 때로는 욕망이, 때로는 의지가 승리를 거둡니다. 하지만 진화가 끝나는 단계에서는 욕망이 완전히 사라지고, 의지가 방해받지 않고 도전받지 않는 지배권을 행사하게 됩니다.

생각하는 존재(Thinker)가 스스로 명확하게 판단하고 직관적으로 행동할 수 있을 만큼 충분히 성숙하기 전까지, 의지는 이성을 통해 생각하는 존재의 인도를 받습니다. 그런데 이성은 오직 자신이 경험했던 것, 즉 머릿속에 저장된 기억(정신적 이미지)만을 재료로 삼아 결론을 내릴 수밖에 없습니다. 문제는 그 기억의 양이 한정되어 있기 때문에, 의지는 끊임없이 잘못된 행동을 명령합니다. 이러한 잘못된 행동에서 비롯되는 고통은 다시금 기억의 창고에 새로운 경험을 쌓아 줍니다.

따라서 이성은 더 풍부해진 경험을 바탕으로 더 나은 결론을 내릴 수 있게 됩니다. 이러한 과정을 통해 우리는 진보하고, 지혜가 생겨나는 것입니다.

한편 욕망은 종종 의지와 교묘하게 뒤섞입니다. 그래서 마치 자신의 의지로 선택한 것처럼 보이는 행동이, 사실은 더 저차원적인 본능, 즉 순간의 만족을 주는 대상을 향한 갈망에 이끌린 결과인 경우도 많습니다. 욕망은 의지와 정면으로 맞붙어 싸우는 대신, 은밀하게 의지의 흐름 속에 스며들어, 그 방향을 본래 의도와는 다른 곳으로 틀어 버립니다. 개체적 자아(Personality)의 욕망은 이처럼 자신을 억누른 의지에게 앙갚음하듯 음모를 꾸밉니다. 그리고 정정당당하게 싸워서는 얻지 못한 것을, 교활한 속임수를 써서 얻어 내는 경우가 종종 있습니다. 하위 정신의 능력이 완전히 진화하는 이 두 번째 큰 단계 전체에서, 이러한 감각의 지배와 이성의 지배 간의 끊임없는 내적 갈등은 일반적인 상태입니다.

인간이 해결해야 할 문제는 의지의 자유를 보존하면서 갈등을 종식시키는 것입니다. 즉, 최선의 선택을 하도록 의지를 필연적으로 결정하되, 그 최선을 선택의 문제로 남겨 두는 것입니다. 최선은 선택되어야 하지만, 미리 정해진 필연성과 같은 확실성을 지닌 자발적인 의지에 의해 선택되어야 합니다. 강제적인 법칙의 확실성은 수많은 의지로부터 얻어야 하며, 각 의지는 자신의 진로를 자유롭게 결정할 수 있어야 합니다. 모순처럼 보이는 이 문제의 해결책은 알고 보면 간단합니다. 인간이 자신의 행동을 자유롭게 선택하도록 하되, 모든 행동이 필연적인 결과를 낳도록 하십시오. 인간이 모든 욕망의 대상 속에서 마음껏 뛰어다니며 원하는 것을 움켜쥐도록 하되, 그 선택의 모든 결과 즉 즐겁거나 고통스러운 결과를 경험하게 하십시오. 머지않아 인간은 궁극적으로 고통을 초래하는 욕망의 대상을 움켜쥐는 것(소유하는)을 자유롭게 거부할 것입니다. 소유가 고통으로 끝난다는 것을 충분히 경험했다면, 인간은 더 이상 고통의 대상을 욕망하지 않을 것입니다.

만약 인간이 쾌락을 붙잡고 고통을 피하려고 발버둥 쳐도, 결국 인간은 (카르마의) 법칙의 맷돌 사이에서 갈릴 수밖에 없습니다. 그리고 그 교훈은 그가 깨달을 때까지 몇 번이고 계속해서 반복될 것입니다. 윤회는 배움이 느린 사람에게도, 그들이 깨우칠 때까지 필요한 만큼 수없이 많은 생애를 제공합니다. 고통을 가져오는 대상에 대한 욕망은 서서히 사라질 것입니다. 그리고 그 유혹의 대상이 아무리 매혹적인 모습으로 다가와도, 그 사람은 외부의 강요가 아닌, 자신의 자유로운 선택으로 그 유혹을 거부하게 될 것입니다. 그것은 더 이상 욕망의 대상이 아니며, 그 힘을 잃었기 때문입니다.

이와 같이 대상 하나하나에 대한 선택은 점점 더 법칙과 조화를 이루게 됩니다. "잘못된 길은 많지만, 진리의 길은 하나입니다." 모든 잘못된 길을 걷고 나서, 그 모든 길이 고통으로 끝난다는 것을 알게 되었을 때, 진리의 길을 걷고자 하는 선택은 흔들리지 않습니다. 왜냐하면 이것은 지식에 기반하기 때문입니다. 하위 영역들은 법칙에 의해 강제되어 조화롭게 작동합니다. 반면 인간의 영역은 서로 충돌하는 의지들이 법칙에 대항하고 반항하는 혼돈의 상태입니다. 그리고 그 속에서 점차 더 고귀한 통일성, 즉 자발적 복종이라는 조화로운 선택이 진화합니다. 이 복종은 자발적이고, 지식과 불복종의 결과에 대한 기억에 기반을 두고 있기 때문에 안정적이며 어떤 유혹에도 흔들리지 않습니다. 무지하고 경험이 없는 인간은 항상 유혹에 넘어질 위험에 처해 있었을 것입니다. 그러나 경험을 통해 선과 악을 아는 신(God)과 같은 존재로서, 선을 선택하는 그의 의지는 이제 그 어떤 변화의 가능성을 넘어섰습니다.

도덕적인 영역에서 의지는, 흔히 양심이라고 불립니다. 그리고 이 양심 역시 다른 영역에서와 마찬가지로 여러 어려움에 직면합니다. 이미 여러 번 반복해서 해 왔고, 그 결과가 이성이나 생각하는 존재(Thinker) 자신에게 익숙한 행동들에 대해서는, 양심은 바르고 분명하게 그 목소리를 냅니다. 그러나 경험이 없어 결과를 예측하기 어려운, 낯선 문제에 직면하면 양심은 확신에 찬 목소리를 내지 못합니다. 양심은 이성으로부터 불확실한 추론만 얻을 뿐입니다. 생각하는 존재는 지금 겪는 상황과 비슷한 경험을 해 본 적이 없다면, 그 어떤 직관도 발휘할 수 없습니다. 결국, 양심은 우물쭈물하며 망설이는 듯한 태도를 보이게 됩니다. 따라서 양심은 종종 잘못된 결정을 내립니다. 즉, 의지가 이성이나 직관으로부터 명확한 지시를 받지 못하여 행동을 잘못 이끄는 것입니다.

우리는 또한 외부에서 마음으로 쏟아지는 영향력, 즉 다른 사람들, 친구, 가족, 공동체, 국가와 같은 집단의 생각-에너지체로부터 오는 영향력을 간과해서는 안 됩니다. (제3장, "심령계" 참조) 이 모든 것들은 마치 특정한 색깔과 냄새를 가진 공기처럼 정신을 집단의 생각-에너지체로 가득 채워 그 독특한 분위기 속에 잠기게 합니다. 그 결과, 우리가 세상을 바라보는 방식이 영향을 받아 모든 것의 겉모습이 왜곡되고, 모든 것이 불균형하게 보입니다. 이렇게 외부의 영향으로 이성이 영향을 받으면, 종종 자신의 경험으로부터 침착하게 판단조차 하지 못합니다. 마치 색안경을 끼고 세상을 보듯 왜곡된 매개체를 통해 자신의 과거 경험이라는 자료를 검토하면서, 잘못된 결론을 도출하게 됩니다.

도덕적 능력의 진화는 사랑에 의해 매우 크게 촉진됩니다. 비록 생각하는 존재(Thinker)의 초기 진화 단계에서는 동물의 본능과 같이 이기적인 사랑일지라도 말입니다. 도덕률은 자연의 운행 법칙을 분별하고, 인간의 행동을 신성한 의지와 일치시키는 깨우친 이성에 의해 제정됩니다. 그러나 외부의 힘이 강제하지 않을 때 이러한 법칙에 복종하려는 충동은 사랑, 즉 자신을 다른 사람에게 주고자 하는 인간 내면의 숨겨진 신성(divinity)에 뿌리를 두고 있습니다. 도덕성은 유아기의 생각하는 존재가 아내, 자녀, 친구에 대한 사랑에 의해 처음으로 움직여, 자신에게 그 어떤 이득이 되지 않더라도 사랑하는 사람을 위한 헌신의 행동을 할 때 시작됩니다. 도덕성은 하위 본성에 대한 첫 번째 정복이며, 이를 완전히 정복하는 것이 도덕적 완성의 성취입니다.

그러므로 많은 저급한 종류의 오컬트 수행처럼 사랑을 약화시키려 노력하지 않는 것이 중요합니다. 아무리 불순하고 저급한 사랑일지라도, 냉정하고 고립된 사람들에게는 닫혀 있는 도덕적 진화의 가능성을 제공합니다. 사랑을 창조하는 것보다 정화하는 것이 더 쉬운 일입니다. 그리고 이것이 위대한 스승들이 죄인들이 바리새인[169]과 서기관[170]들보다 천국에 더 가까이 있다고 말한 것입니다.

3) 고차원 의식의 발달

의식의 세 번째 큰 단계는 고차원적인 지적 능력이 발달합니다. 정신은 더 이상 감각에서 얻은 정신적 이미지에만 머무르지 않고, 순전히 구체적인 대상에 대해서만 추론하지 않으며, 사물을 서로 구별하는 속성에만 관심을 두지 않습니다. 생각하는 존재(Thinker)는 사물 간의 차이점에 주목함으로써 사물을 명확하게 구별하는 법을 배웠고, 이제는 그와는 다른 여러 사물에서 공통적으로 나타나는 어떤 속성을 기준으로 사물들을 함께 묶기 시작합니다. 그리고 그 속성을 통해 사물들을 서로 연결해 공통된 속성을 끄집어내어 추상화합니다. 그리고 그 속성을 지닌 대상들을 그렇지 않은 대상들과 구분합니다. 이러한 과정을 통해, 인간은 다양함 속에서 동일함을 알아차리는 능력을 키워 나갑니다. 이것은 훗날 만물의 근원에 존재하는 '유일자'를 인식

---

169   바리새인(Pharisees): 예수 시대에 존재했던 유대교의 한 분파로, 율법과 전통을 엄격하게 준수하는 것을 강조했다.
170   서기관(Scribes): 구약 성경과 율법을 필사하고 해석하며 가르치는 사람들로, 율법 교사, 랍비라고도 불렸다. 예수 시대에는 종교적, 사회적 지도층을 형성했으며, 일부는 바리새파에 속하기도 했다.

하는 단계를 향한 진보입니다.

이처럼 인간은 주변의 모든 것들을 분류하면서, 종합하는 능력을 발전시키고, 분석하는 능력뿐만 아니라 새롭게 구성하는 능력 또한 배우게 됩니다. 머지않아 인간은 또 다른 단계를 밟아 그 공통된 속성을 나타나는 모든 대상과는 별개의 '생각'으로 인식하게 됩니다. 이렇게 사랑, 정의, 아름다움과 같은 추상적인 개념, 즉 더 높은 종류의 관념적인 대상에 대한 정신 이미지를 구성합니다. 이 정신-이미지는 이 물질세계에는 물질적인 형태로 존재하지 않습니다. 하지만, 이 정신-이미지는 물질세계보다 더 높은 차원인 정신계의 더 높은 영역에서는 실재(實在)합니다. 그리고 이 정신-이미지는 생각하는 존재(Thinker) 자신이 사고하고, 창조하고, 진화하는 데 사용할 수 있는 재료를 제공합니다.

하위 정신은 논리적인 사고 과정을 거쳐 추상적인 개념을 이해하게 됩니다. 이것은 마치 하위 정신이 할 수 있는 가장 높은 수준의 정신 활동과 같습니다. 이 과정을 통해 하위 정신은 상위 정신계의 입구에 다다르게 되고, 그 너머에 존재하는 더 높은 차원의 진실을 어렴풋이나마 엿볼 수 있게 됩니다. 생각하는 존재(Thinker)는 이러한 생각들을 보며, 늘 그 생각들 속에서 살아갑니다. 이렇게 추상적 사고 능력이 발달하고 훈련됨에 따라, 생각하는 존재는 자신의 세계에서 영향력을 발휘하게 되며, 자신의 영역에서 능동적으로 기능하는 삶을 시작하게 됩니다.

정신이 진화한 사람들은 감각적인 삶에 거의 관심을 두지 않고, 외부 관찰이나 외부 대상의 이미지에 대한 정신적 적용에도 큰 관심이 없습니다. 그들의 능력은 내면으로 향하며, 더 이상 만족을 찾아 밖으로 분출되지 않습니다. 정신이 진화한 사람들은 내면에서 고요히 머물며, 철학적 문제, 삶과 사유의 가장 심오한 측면들에 몰두합니다. 결과보다는 원인을 이해하려고 노력하며, 외부 세계의 모든 다양성 아래에 존재하는 '유일자'를 인식하는 데 점점 더 가까이 다가갑니다.

네 번째 의식 단계에 이르면, 그 '유일자'를 보게 됩니다. 지성이 쌓아 올린 장벽을 뛰어넘어, 의식은 온 세상을 품을 수 있을 만큼 크게 확장됩니다. 모든 것을 자신의 내면에서, 그리고 자신의 일부로서 바라보게 됩니다. 또한 자기 자신을 로고스에서 비롯된 한 줄기 빛, 즉 로고스와 하나인 존재로 인식합니다. 그렇다면, '생각하는 존재(Thinker)'는 어디에 있을까요? 그는(Thinker) 이제 의식 그 자체가 되었습니다. 영적 영혼(Spiritual Soul)은 의지에 따라 자신의 하위 몸체들 중 어떤 것이든 자유롭게 사용할 수 있습니다. 하지만 더 이상 그 사용에 얽매이지 않으며, 이 충만하고 자각적인 삶을 누리는 데 그러한 몸체들이 꼭 필요한 것도 아닙니다. 그 순간, 더 이상 강제적인 윤회는 종료되며, 인간은 죽음을 넘어선 존재, 즉 진정한 불멸을 성취한 것입니다. 이제 그 사람은 "하나님의 성전의 기둥이 되어 다시는 나가지 아니하리라"라는 경지에 이르게 됩니다. 이 부분을 더 깊이 이해하기 위해서는, 의식의 몸체들이 순차적으로 깨어나는 과정, 즉 인간 영혼의 조화로운 도구로서 하나씩 그 기능을 발휘하게 되는 과정을 살펴볼 필요가 있습니다.

의식의 몸체 활성화

1) 육체의 활성화

우리는 이미 '생각하는 존재(Thinker)'가 분리된 삶을 시작하는 바로 그 순간부터 정신체, 심령체, 에테르체, 그리고 물질 육체와 같은 여러 겹의 껍질(몸체)을 지니고 있음을 알고 있습니다. 이것들은 그의 생명력이 외부로 진동하는 매개체, 말하자면 '의식의 다리'를 형성합니다. '생각하는 존재'로부터 비롯된 모든 신호는 이 다리를 통해 물질 육체에 전달되고, 외부 세계에서 오는 모든 자극 역시 이 다리를 통해 그에게 전달됩니다. 우리가 여러 몸체(정신체, 심령체, 에테르체, 육체)를 가지고 있고, 이 몸체들이 서로 연결되어 생각과 감정, 외부 자극을 주고받는 통로 역할을 하는 것은 사실입니다. 하지만, 이것은 각 몸체가 '개별적인 의식의 도구'로 '활성화'되는 것과는 완전히 다른 이야기입니다. 지금부터 우리가 집중적으로 살펴볼 것이 바로 이 몸체들의 활성화입니다.

가장 하위에 있는 몸체, 즉 물질 육체는 가장 먼저 조화로운 작동 체계를 갖추도록 다듬어지는 몸체입니다. 뇌와 신경계는 정교하게 발달되어야 하며, 그 진동 범위 내의 모든 미세한 떨림에도 섬세하게 반응할 수 있어야 합니다. 초기 단계에는 물질 육체가 거친 물질로 구성되어 있기 때문에, 그 진동 범위는 극도로 제한되며, 육체에 깃든 정신 기관은 가장 느린 진동에만 반응할 수 있습니다.

당연히, 육체는 자신과 유사한 물질로 이루어진 외부 사물에서 오는 자극에 훨씬 더 빠르게 반응합니다. 의식의 몸체로서 육체가 활성화된다는 것은, 내부에서 시작되는 진동에 반응할 수 있도록 만들어진다는 것을 의미합니다. 그리고 이 활성화가 얼마나 빠르게 이루어지는지는, 하위 본성이 상위 본성과 얼마나 잘 협력하는지, 즉 내면의 주인에게 얼마나 충실히 종속시키는지에 달려 있습니다.

정말 수없이 많은 생을 거듭하고 나서야, 비로소 하위 본성은 자신이 영혼을 위해 존재하고 있다는 것을 깨닫기 시작합니다. 자신의 모든 가치는 영혼에게 제공할 수 있는 도움에 달려 있으며, 영혼과 하나가 됨으로써만 불멸을 얻을 수 있다는 사실을 어렴풋이 인식합니다. 이때부터 하위 본성의 진화는 이전과는 비교할 수 없을 정도로 빨라집니다. 그전까지의 진화는 자신도 모르는 사이, 무의식적으로 이루어졌습니다. 초기 단계에서 삶의 목표는 하위 본성을 만족시키는 것, 그뿐이었습니다. 물론, 이것이 '생각하는 존재(Thinker)'의 내면에 잠재된 에너지를 깨우기 위해 반드시 필요한 과정이기는 했지만, 그렇다고 육체가 '의식의 도구'가 되는 데 직접적으로 역할을 하지는 못했습니다. 육체를 진정한 '의식의 도구'로 만들기 위한 본격적인 노력은, 인간의 삶이 정신체에 중심을 두게 되고, 생각이 감각을 지배하기 시작하면서 비로소 시작됩니다.

정신적인 능력을 갈고닦는 것은 뇌와 신경계에 직접적인 영향을 미칩니다. 거친 물질들은 서서히 몸 밖으로 배출되고, 그 자리에는 '생각하는 존재(Thinker)'가 보내는 미세한 진동에 맞춰 함께 진동할 수 있는, 더 섬세한 물질들을 위한 공간이 마련됩니다. 뇌는 그 구조가 더욱 정교해지고, 마치 촘촘한 주름과 같이 복잡하게 얽힌 표면적을 한껏 넓혀, 생각의 진동에 반응하도록 준비된 신경 물질들이 더 많이 자리 잡을 수 있도록 합니다. 신경계는 마치 미세하게 조율된 악기와 같이, 그 균형이 더욱 섬세해지고, 아주 작은 자극에도 민감하게 반응하며, 모든 정신 활동의 미묘한 떨림 하나하나를 더욱 생생하게 포착해냅니다. 그리고 앞서 언급했듯이, 하위 정신이 자신이 영혼을 위한 도구라는 사실을 스스로 깨닫게 되면, 그 역할을 다하기 위해 적극적으로 협력하기 시작합니다. 개체적 자아(Personality)는 이제 의식적으로 자신을 훈련하기 시작합니다. 그리고 순간의 쾌락보다 영원히 지속될 '참나', 즉 불멸의 존재로서의 이익을 우선시하며 노력합니다.

개체적 자아는 더 저급한 쾌락을 좇는 데 시간을 낭비하는 대신, 그 시간을 기꺼이 정신 능력의 진화에 기꺼이 투자합니다. 매일 일정한 시간을 할애하여 진지하게 공부하고, 뇌는 외부 자극이 아닌 내면의 신호, 즉 생각하는 존재(Thinker)로부터 오는 신호를 기꺼이 받아들이도록 훈련됩니다. 또한, 연속적으로 이어지는 깊이 있는 사고에 집중하도록 훈련하며, 과거의 경험들로 만들어진 쓸모없고 파편적인 이미지들을 제멋대로 떠올리는 것을 자제하도록 훈련합니다. 뇌는 주인이 원하지 않을 때는 스스로 활동을 멈추고 휴식을 취하도록, 그리고 먼저 진동을 일으키는 것이 아니라, 오직 주인의 명령에만 반응하도록 훈련받습니다. 이러한 훈련이 성과를 보이고 있다는 징후 중 하나는,

더 이상 잠잘 때 뇌가 제멋대로 만들어 내는, 단편적인 이미지들이 뒤섞인 혼란스러운 꿈을 거의 꾸지 않게 된다는 것입니다. 즉, 뇌가 통제되기 시작하면 이러한 종류의 꿈은 거의 경험하지 않습니다.

더 나아가, 뇌에 영양을 공급하는 음식에 대해서도 세심한 주의가 필요합니다. 고기나 피, 술처럼 조밀한 종류의 음식 섭취는 중단될 것이며, 순수한 음식이 순수한 물질 몸을 만들어 낼 것입니다. 점차 낮은 진동의 음식은 몸에서 설 자리를 잃게 되고, 육체는 점점 더 완전하게 의식의 도구로 변화합니다. 이러한 육체는 모든 생각의 진동에 섬세하게 반응하고, 영혼이 내보내는 진동에 예민하게 반응합니다.

에테르체는 물질 육체의 구성을 매우 밀접하게 따르기 때문에 에테르체의 정화와 활성화하는 법을 별도로 공부할 필요는 없습니다. 왜냐하면 에테르체는 일반적으로 의식의 도구(몸체)로서 기능하는 것이 아니라 물질 육체와 하나로서 작용합니다. 사고나 죽음으로 인해 에테르체가 육체에서 떨어져 나가면, 내부에서 보내는 신호에 매우 둔감해집니다. 사실, 에테르체의 역할은 의식의 도구가 아니라 특화된 생명력인 프라나를 담아 두는 그릇에 가깝습니다. 따라서 에테르체는 육체에 생명 에너지를 공급하는 통로인데, 이 통로가 육체와 분리되면 생명 에너지 공급이 끊겨 육체에 혼란과 해로움을 초래합니다.

2) 심령체의 활성화

감정을 담는 그릇인 심령체는, 육체 다음으로 깨어나는 두 번째 그릇입니다. 우리는 심령체가 제 기능을 다할 수 있도록 성숙해지는 과정에서 겪는 여러 변화를 이미 3장 "심령계"에서 살펴보았습니다. 이렇게 성숙이 완료되어 심령체가 완전히 제 기능을 하게 되면, 그 안에 갇혀 있던 의식은 잠잘 때 육체를 떠나 심령계를 돌아다니며, 심령체의 감각으로 심령계의 대상을 지각하기 시작합니다. 즉, 이전에는 심령계에서 오는 정보들이 뒤죽박죽 섞인 잡음처럼 느껴졌다면, 활성화된 후에는 그 정보들이 특정 대상과 연결되어 의미 있는 메시지로 다가오기 시작합니다.

처음 심령계를 인식하게 되면, 그 지각은 매우 혼란스럽습니다. 마치 갓 태어난 아기가 물질계에서 처음 감각을 경험할 때 세상이 낯설고 뒤섞여 보이는 것과 같습니다. 아기가 경험을 통해 하나하나 세상을 배워 가듯, 생각하는 존재(Thinker)도 이 미세한 몸체인 심령체를 통해 새로운 능력을 점차 깨우쳐 나가야 합니다. 그리고 이 능력을 통해 심령적 요소들을 제어하고, 심령적 위험으로부터 자신을 보호할 수 있습니다. 물론, 낯선 심령계에 홀로 버려지는 것은 아닙니다. 심령계에 대해 더 잘 아는 스승들이 가르침과 도움을 주고, 스스로를 보호할 수 있을 때까지 든든한 울타리가 되어 줍니다. 점차 심령체는 영혼의 온전한 통제 아래 놓이게 되고, 심령계에서의 삶은 물질계에서의 삶만큼 자연스럽고 익숙해집니다.

3) 정신체의 활성화

생각을 담는 그릇인 정신체는, 현 인류의 진화 단계에서는 스승의 직접적인 가르침 없이는 독립적인 활동을 위해 활성화되는 경우는 거의 없습니다. 그리고 정신체가 온전히 기능하는 것은 제자에게나 가능한 일입니다. (제12장 "상승의 길" 참조) 5장 "정신계"에서 보았듯이, 정신체는 정신계에서 독립적으로 활동하기 위해 새롭게 빚어집니다. 그리고 이 정신체가 주인의 뜻대로 완벽하게 움직이려면, 그에 맞는 경험과 훈련이 필요합니다. 여기서 육체, 심령체, 정신체, 이 세 가지 몸체 모두에 해당되는 중요한 사실이 있습니다. 하지만, 심령체나 정신체처럼 눈에 보이지 않는 몸체의 경우에는 이 사실을 잊기 쉽습니다. 왜냐하면 육체는 성장하고 발달하는 것이 눈에 뻔히 보이지만, 심령체나 정신체는 그렇지 않기 때문입니다. 그 중요한 사실이란, 이 몸체들이 모두 '진화'한다는 것입니다. 그리고 수행과 훈련을 통해 더 높은 단계로 진화할수록, 더 섬세하고 높은 수준의 에너지를 감지하고 반응하는 능력이 커진다는 것입니다

숙련된 화가의 눈은 일반인의 눈보다 얼마나 더 풍부한 색의 향연을 볼 수 있을까요? 전문 음악가의 귀는 일반인이 그저 단조로운 소리로만 치부하는 곳에서 얼마나 더 다채로운 화음의 울림을 들을 수 있을까요? 이처럼 우리의 오감이 예민해질수록, 세상은 점점 더 풍성하고 다채로운 모습으로 우리에게 다가옵니다. 투박한 농부는 오직 자신이 일구는 밭과 쟁기에만 시선을 빼앗기지만, 섬세한 감성을 지닌 이는 길가에 수줍게 피어난 들꽃과 미풍에 살랑이는 아스펜잎의

춤, 드높은 창공에서 쏟아지는 종달새의 황홀한 노래와 숲속을 가로지르는 작은 새들의 날갯짓, 양치식물의 그늘 아래 쏜살같이 숨는 토끼와 나뭇가지 사이를 장난치듯 오가는 다람쥐의 재롱, 야생의 수줍은 손짓, 들판과 숲이 뿜어내는 싱그러운 향기, 시시각각 모습을 바꾸는 구름 낀 하늘의 신비, 그리고 언덕을 어루만지는 빛과 그림자의 향연까지, 이 모든 것을 생생하게 느끼고 만끽합니다. 농부도, 감성이 풍부한 이도, 똑같이 눈과 뇌를 가지고 있지만, 세상을 바라보는 눈, 세상을 느끼는 능력은 이토록 다릅니다.

이는 다른 차원의 세계에서도 마찬가지입니다. 심령체와 정신체가 독립적으로 기능하는 의식의 그릇으로 막 깨어나기 시작할 때는, 마치 투박한 농부와 같은 수용 능력을 보입니다. 그래서 심령계와 정신계의 단편적인 부분과 그곳의 낯설고 미묘한 현상들만이 의식 속으로 들어옵니다. 그러나 이 의식의 몸체들은 빠르게 성장하여 점점 더 많은 것을 담아내고, 주변 환경을 더욱 정확하게 의식에 전달합니다. 여기서도 우리는 기억해야 할 것이 있습니다. 우리의 앎은 자연의 능력에 비하면 보잘것없다는 것, 그리고 물질계에서처럼 심령계와 정신계에서도 우리는 여전히 어린아이에 불과하다는 것입니다. 우리는 거대한 대양의 파도가 해변에 던져 놓은 조개껍데기 몇 개를 줍는 데 불과하지만, 대양 깊은 곳에 숨겨진 보물은 아직 탐험되지 않은 채 남아 있습니다.

4) 원인체와 붓디체의 활성화

원인체가 의식의 도구로 활성화되는 것은 정신체가 활성화된 후에 이어집니다. 이는 인간에게 더욱 경이로운 의식 상태를 열어 주며, 한계 없이 아득한 과거와 미래의 영역으로 뻗어 나갑니다. 그러면, 생각하는 존재(Thinker)는 자신의 과거에 대한 기억을 소유하여 여러 생애에 걸친 삶과 죽음 이후의 삶을 통해 자신의 성장을 추적할 수 있을 뿐만 아니라, 지구의 유구한 역사를 자유롭게 탐험하고, 세상 경험의 귀중한 교훈을 배울 수 있습니다. 또한 진화를 이끄는 숨겨진 법칙과 자연의 품속에 감춰진 생명의 심오한 비밀을 연구할 수 있습니다.

원인체라는 고귀한 의식의 몸체를 통해, 생각하는 존재는 이시스[171]의 숨겨진 진실에 다가갈 수 있습니다. 그곳에서 그는(Thinker) 이시스의 강렬한 시선을 마주해도 눈이 멀지 않으며, 그녀에게서 발산되는 지혜의 빛 속에서 세상의 고통과 종말의 원인을 명확히 볼 수 있습니다. 그러한 존재는 세상의 슬픔에 대한 깊은 연민과 동정심을 지니게 되지만, 더 이상 무력한 고통에 휩싸이지는 않습니다. 원인체를 의식의 도구로 활용하고, 깨달음의 눈으로 신성한 법칙의 영광을 목격하는 사람들은 강인함, 평온함, 그리고 심오한 지혜를 얻게 됩니다.

붓디체가 의식의 그릇으로 깨어나면, 인간은 분리되지 않는 지복에

---

171 이시스(Isis): 고대 이집트 신화에 등장하는 여신으로, 생명, 마법, 치유, 부활 등을 관장한다. 오시리스(Osiris)의 아내이자 호루스(Horus)의 어머니로, 남편을 부활시킨 신화로 잘 알려져 있다.

들어가, 모든 존재와의 완전하고 생생한 하나 됨을 경험합니다. 원인체에서 의식의 주요 요소가 지식, 궁극적으로는 지혜인 것처럼, 붓디체에서 의식의 주요 요소는 지복과 사랑입니다. 지혜의 고요함이 원인체의 가장 큰 특징이라면, 가장 부드러운 자비가 붓디체로부터 끊임없이 흘러나옵니다. 여기에 아트마(Âtma)의 기능이 더해져 신과 같고 평온한 힘이 나타나면, 인간은 신성(神性)을 덧입게 되고, 신-인간(God-man)은 그의 능력, 지혜, 사랑의 충만함 속에서 완전히 드러납니다.

5) 상위 의식의 깨움과 그 준비

원인체나 붓디체와 같은 상위 몸체가 활성화되면, 그 몸체는 더 높은 차원의 의식(지혜, 통찰, 능력)을 경험하게 됩니다. 하지만 이 상위 의식이 곧바로 정신체나 심령체, 육체와 같은 하위 몸체로 모두 전달되는 것은 아닙니다. 하위 몸체는 상위 의식의 내용 중, 자신의 발달 수준에 맞는 일부분만을 받아들일 수 있으며, 이 과정은 각 몸체가 활성화된 직후에 바로 일어나는 것이 아니라, 시간과 노력을 필요로 합니다. 이 부분은 사람마다 처한 환경과 맡은 역할에 따라 크게 다릅니다. 왜냐하면, 육체보다 상위 차원의 의식은, 영적 스승의 가르침을 받는 수습 제자 단계에 이르러서야 비로소 깨어나기 시작하기 때문입니다. (제12장 "상승의 길" 참조) 그리고 그 단계에서 수행해야 할 임무는 그 시대가 필요로 하는 것에 맞춰 주어집니다.

제자, 나아가 제자가 되기를 꿈꾸는 이들은, 자신의 모든 능력을 오로지 세상을 위해 봉사하는 데 사용하도록 훈련받습니다. 그리고 제자는 상위 차원에서 의식의 도구를 완전히 사용할 수 있어야 합니다. 왜냐하면 그의 작업 중 많은 부분이 오직 그 상위 차원에서만 수행될 수 있기 때문입니다. 또한 상위 의식의 지식을 하위 의식에 잔달할지 여부는, 대개 제자가 맡은 일의 필요에 따라 결정됩니다. 그러나 그 작업에 대한 지식을 그 일과 아무 관련 없는 육체에 전달하는 것은 중요하지 않습니다. 그리고 상위 차원에서의 작업에 대한 지식을 육체에 전달할지 말지는, 전달하거나 전달하지 않는 것이 물질계에서의 그의 작업 효율에 어떤 영향을 미치느냐에 따라 결정됩니다.

현대인의 육체는 아직 진화 단계가 낮기 때문에, 상위 차원의 의식이 육체에 진동을 전달하여 반응하도록 강제하는 것은 큰 부담을 줍니다. 외부 환경이 매우 좋지 않다면, 이러한 부담은 신경계에 문제를 일으키거나, 과민증과 그에 따른 부작용을 유발할 수 있습니다. 그래서 상위 차원 의식의 몸체를 온전히 다루며, 유체 이탈을 통해 중요한 일들을 수행하는 사람들이 상위 차원에서 사용하는 지식을 육체적 의식으로 전달하고자 할 때는 분주한 인간 세상에서 벗어나 조용한 곳에 머무릅니다. 이는 민감한 육체를 거칠고 시끄러운 일상생활로부터 보호하기 위함입니다.

육체가 상위 의식의 진동을 받아들이기 위해 준비해야 할 가장 중요한 것은 다음과 같습니다.

1) 순수한 음식과 순수한 삶을 통해 육체에서 거친 물질로부터 물질 몸을 정화하는 것입니다. 또한, 2) 감정을 완전히 다스리고, 외부

의 혼란과 변화에 흔들리지 않는 평온하고 균형 잡힌 마음가짐을 길러야 합니다. 그리고 3) 감각적인 대상과 그로부터 비롯된 정신적 이미지에서 벗어나, 진리에 대해 조용히 명상하는 습관을 들이고, 더 높은 차원의 것에 집중해야 합니다. 특히, 뇌를 쉴 새 없이 움직이게 하고 이리저리 날뛰게 하는, 조급하고 흥분된 마음의 분주함을 멈추어야 합니다. 4) 영적인 가치, 지혜, 진리와 같은 '더 높은 세계의 것들'에 대한 진정한 사랑이 필요합니다. 세속적인 욕망보다 영적인 가치를 더 소중하게 만들어, 마치 사랑하는 친구와 함께 있을 때처럼, 마음이 진리와 함께 편안하게 머무는 것입니다.

육체가 상위 의식의 진동을 받아들이기 위해 준비 과정은 "영혼"을 "육체"로부터 의식적으로 분리하는 데 필요한 준비 과정과 매우 유사합니다. 그리고 그 준비 과정은 제가 다른 곳에서 다음과 같이 설명한 바 있습니다.

수행자는 모든 일에 극도의 절제를 실천하고, 한결같고 평온한 마음 상태를 가꾸는 것에서부터 시작해야 합니다. 그의 삶은 깨끗해야 하고 생각은 순수해야 합니다. 육체는 영혼에 엄격히 복종하도록 해야 하며, 정신은 고귀하고 고차원적 주제에 몰두하도록 훈련되어야 합니다. 수행자는 습관적으로 타인에 대한 자비, 공감, 도움을 실천해야 합니다. 자신에게 영향을 미치는 고통과 쾌락에 대해서는 무관심해야 합니다. 그리고 용기, 꿋꿋함, 헌신을 길러야 합니다.

이러한 것을 준비하려는 수행자는 다른 사람들이 그저 말로만 하는 종교와 윤리를 직접 삶으로 실천해야 합니다. 끈기 있는 수행을 통해 어느 정도 자신의 마음을 제어하는 법을 배우게 되면, 이제 한층 더 강도 높은 훈련에 돌입해야 합니다. 매일같이 난해하고 추상적인 주제에 정신을 집중하거나, 숭고한 헌신의 대상(그리스도, 붓다, 크리슈나)을 향해 마음을 모으는 수행을 해야 합니다. 이러한 집중이란 외부 대상은 물론이고, 감각의 작용, 심지어는 자신의 마음이 만들어 내는 온갖 잡념에도 흔들리지 않으며, 오직 하나의 지점에 확고하게 의식을 고정하는 것을 의미합니다. 마치 한 점 빛을 응시하듯, 모든 의식을 단 하나의 대상에 쏟아붓는 것입니다.

마음은 흔들림 없는 견고함과 고정된 상태로 굳건해져야 합니다. 점진적으로, 외부 세계와 육체로부터 주의를 거두어들이는 법을 배우게 될 것입니다. 그렇게 되면, 감각은 조용하고 고요하게 유지되는 반면, 마음은 모든 에너지를 안으로 모아 자신이 도달할 수 있는 가장 높은 단 하나의 생각 지점에 쏟아부을 수 있을 정도로 강렬하게 살아 있어야 합니다.

마음이 이러한 상태를 비교적 쉽게 유지할 수 있게 되면, 다음 단계를 위한 준비가 된 것입니다. 강하지만 침착한 의지의 노력을 통해, 물질 육체의 뇌 안에서 작용하며 도달할 수 있는 가장 높은 생각을 넘어설 수 있습니다. 그리고 그 노력 속에서, 상위 의식과 결합하여 육체로부터 자유로워진 자신을 발견하게 됩니다. 이 경지에 이르면, 잠이나 꿈을 꾸는 듯한 감각이나 의식의 상실은 없습니다. 마치 육체라는 무거운 짐을 벗어 던진 것처럼, 자신의 어떤 부분도 잃지 않은 채 몸 밖에 있는 자신을 발견합니다. 높은 경지에 오른 수행자는 실제로 "육체에서 벗어난" 것이 아니라, "빛의 몸"을 입고 육체에서 나온 것입니다. 이 빛의 몸은 그의 아주 작은 생각에도 복종하며, 수행자의 의지를 실현하는 아름답고 완벽한 도구 역할을 합니다. 이 상태에서 그 수행자는 다차원의(미묘한) 세계를 자유롭게 오갈 수 있지만 새로운 환경에서 능숙하게 활동하려면 오랫동안 신중하게 자신의 능력을 훈련해야 합니다.

이러한 육체로부터의 자유는 다른 방법으로도 얻을 수 있습니다. 그것은 강렬한 헌신을 통해서나, 위대한 스승이 제자에게 전수하는 특별한 수행법을 통해서 가능합니다. 어떤 방법을 택하든, 그 결과는 같습니다. 즉, 온전한 의식을 지닌 채 영혼이 자유로워지는 것입니다. 영혼은 의지에 따라 육체로 돌아와 다시 들어갈 수 있으며, 이러한 상황에서 자신이 경험한 것들에 대한 기억을 뇌-정신에 각인시켜 육체 안에 있는 동안에도 그 기억을 유지할 수 있습니다.(09)

전생의 그림자 재능

1) 예정설과 윤회

앞서 개략적으로 설명한 주요 개념들을 이해한 사람들은 이러한 개념 자체가 윤회가 자연의 섭리라는 가장 강력한 증거임을 느낄 것입니다. "영혼의 진화"라는 말에 내포된 거대한 진화가 완성되려면 윤회가 필수적입니다. 영혼이 단지 특정한 종류의 물질적 육체의 진동의 집합체에 불과하다는 유물론적 관점을 잠시 제쳐 두면, 유일한 대안은 각 영혼이 아기가 태어날 때 새로 창조되는 존재이며, 선한 경향이나 악한 경향을, 능력이나 어리석음을, 창조주의 임의적인 변덕에 따라 부여받는다는 것입니다.

이슬람교도가 말하듯이, 인간의 운명은 태어날 때부터 목에 걸려 있습니다. 왜냐하면 운명은 인간의 성격과 환경에 달려 있기 때문입니다. 새로 창조된 영혼이 세상에 던져진다면, 그 창조된 영혼을 둘러싼 환경과 그에게 각인된 성격에 따라 행복이나 불행으로 운명 지어질 수밖에 없습니다. 이렇게 윤회의 대안은 가장 불쾌한 형태의 예정설[172]입니다.

이 예정설을 인정한다면 인간을 서서히 진화하는 존재로 보는 대신, 오늘날의 잔혹한 범죄자가 시간이 흘러 성인과 영웅의 고귀한 자질을 발전시킬 것이라고 보는 관점을 버려야 합니다. 세상을 지혜롭게 계획되고 지혜롭게 이끌어지는 성장 과정으로 보는 대신, 우리는 세상을 가장 불공정하게 대우받는 감각적인 존재들의 혼돈으로 보아야 합니다. 이들은 정의나 자비와는 무관하게, 어떤 임의적인 외부 의

---

172 예정설(Predestination): 신 또는 운명에 의해 모든 일, 특히 개인의 구원이나 영혼의 운명이 미리 정해져 있다는 믿음 혹은 교리. 개인의 자유 의지나 노력과는 관계없이, 이미 결정된 미래가 존재한다는 사상이다.

지에 의해 행복이나 불행, 지식이나 무지, 미덕이나 악덕, 부유함이나 가난, 천재성이나 어리석음을 부여받습니다. 이것은 합리적이지도 않고 의미도 없는, 진정한 지옥입니다. 그리고 이 혼돈은 우주의 더 높은 영역으로 여겨집니다. 반면, 우주의 더 낮은 영역에서는 법칙의 질서 정연하고 아름다운 작용이 나타납니다. 이 법칙은 낮고 단순한 형태에서 더 높고 복잡한 형태로 끊임없이 진화하며, 명백하게 '의로움', 조화, 아름다움을 만들어 냅니다.

만약 잔인한 범죄자의 영혼이 계속 존재하며 진화하도록 예정되어 있다고 가정해 보겠습니다. 그리고 그가 현재의 유아기 상태로 영원히 머물 운명이 아니라, 사후에 다른 세계에서 진화가 일어날 것이라고 인정한다면, 영혼 진화의 원리는 인정되는 셈입니다.

2) 영혼 진화의 장

결국, 이제는 진화가 어디에서 일어나는가의 문제만 남습니다. 만약 지상의 모든 영혼이 같은 진화 단계에 있다면, 유아기 단계를 넘어선 영혼의 진화를 위해 다른 세계가 필요하다는 주장에 대해 많은 것을 말할 수 있을 것입니다. 하지만 우리 주변에는 이미 상당히 진보한 영혼들이 존재하며, 그들은 고귀한 정신적, 도덕적 자질을 지니고 태어납니다. 같은 논리로, 우리는 진보한 영혼들이 이 지구에 태어나기 전, 다른 세계에서 진화해 왔다고 추론해야 합니다. 그렇다면 이런 의문이 생깁니다. 지구는 진화 초기 단계의 영혼뿐만 아니라 이미 상당히 진보한 영혼에게도 적합한 다양한 환경을 제공하는데, 왜 모든 영혼이 각자의 진화 단계에 상관없이 단 한 번만 지구를 방문하고, 나머지 모든 진화는 지구와 유사한, (그리고 지구가 이미 제공하는 환경과 다르지 않은) 다른 세계에서 이루어져야 할까요?

우리가 이곳 지구에 태어나는 영혼들의 다양한 발달 수준과 특성을 보면 알 수 있듯이, 지구는 이미 여러 단계를 거친 영혼들에게도 충분한 성장 환경을 제공합니다. 비전의 가르침은 영혼이 여러 세계를 거쳐 진화한다고 가르칩니다. 그리고 영혼은 각 세계에서 그 세계에서 가능한 진화를 완료할 때까지 몇 번이고 다시 태어납니다. 세계들 자체도 진화의 사슬을 형성하며, 각 세계는 특정 진화 단계를 위한 장으로서의 고유한 역할을 수행합니다. 우리의 세계는 하위 계(kingdom)인 광물계, 식물계, 동물계는 물론 인간계의 진화에 적합한 장을 제공합니다. 따라서 이 모든 계에서 집단적(광물, 식물, 동물계) 혹은 개별적(인간계) 윤회가 계속해서 일어납니다.

이렇게 우리가 주변 세계를 탐구할 때, 우리를 윤회라는 동일한 목표로 인도하는 많은 생각 흐름들이 있습니다. 진실로, 다른 세계에서의 더 나아간 진화가 우리 앞에 놓여 있습니다. 그러나 신성한 질서에 따라, 우리 세계가 가르치는 교훈을 배우고 마스터하기 전까지는 그 세계들은 우리에게 열려 있지 않습니다.

3) 재능의 숨겨진 연결 고리

인간과 인간 사이에 존재하는 엄청난 차이점은 이미 각 영혼 뒤에 진화적 과거가 있음을 암시하는 것으로 여겨져 왔습니다. 인간의 육체는 겉으로 보이에 모두 비슷해 보일지라도, 사이코패스적 범죄자와 가장 고귀한 성인 사이에는 정신적, 도덕적 능력에 있어 엄청난 차이가 존재합니다. 정신의 진화가 늦은 사람들이 훌륭한 체격과 큰 뇌를 가지고 있다고 해도, 그들의 정신세계는 철학자나 성인의 정신세계와 얼마나 다르겠습니까!

만약 뛰어난 지성과 고결한 인품이 문명화된 삶을 통해 축적된 결과라고 본다면, 몇 가지 사실에 직면하게 됩니다. 오늘날 가장 유능한 사람이라 할지라도 과거의 지적 거인들의 업적을 뛰어넘지 못하고, 우리 시대의 그 누구도 역사 속 성인들이 보여 준 숭고한 도덕성에 미치지 못한다는 점입니다. 게다가, 천재는 부모에게서 유전되지도 않고, 그 재능을 이어받을 자식도 없다는 점을 생각해 보아야 합니다. 천재는 한 가문이 점진적으로 발전해 가는 과정에서 나타나는 정점이 아니라, 어느 날 갑자기 혜성처럼 등장합니다. 대개 자식을 낳지 않거나, 낳더라도 그 아이는 그저 평범한 자녀일 뿐, 천재성을 이어받지는 못합니다.

더욱 주목할 만한 점은, 음악 천재는 대개 음악가 집안에서 태어난다는 것입니다. 음악적 재능이 발현되려면 특별한 신경계 구조가 필요하고, 이러한 신경계는 유전의 법칙을 따르기 때문입니다. 하지만 음악 천재를 배출하고 나면, 그 가문의 역할은 끝난 것처럼 보입니다. 그 후 몇 세대에 걸쳐 서서히 평범해져 보통 사람들 사이로 묻혀 버리는 경우가 얼마나 많습니까? 바흐, 베토벤, 모차르트, 멘델스존의 후손 중에 그 조상들에 필적할 만한 천재가 어디 있습니까? 분명 천재성은 스튜어트 가문이나 부르봉 왕가처럼 왕위를 물려주듯 아버지에게서 아들에게로 대물림되지 않습니다.

윤회를 제외하고, "영재"를 설명할 수 있는 다른 근거는 무엇이겠습니까? 빛의 파동설을 발견한 토머스 영 박사[173]의 사례를 예로 들어 보겠습니다. 그의 업적은 아직까지도 충분히 널리 알려지지 않은 위대한 인물입니다. 영 박사는 두 살 때 이미 "상당히 유창하게" 글을 읽을 수 있었고, 네 살이 되기 전에 성경을 두 번이나 통독했습니다. 일곱 살에는 산수를 배우기 시작했고, 선생님과 함께 워킹엄의 '가정교사 길잡이[174]'를 절반도 배우기 전에 이미 그 내용을 숙달했습니다. 몇 년 후, 그는 학교에 다니면서 라틴어, 그리스어, 히브리어, 수학, 부기, 프랑스어, 이탈리아어를 통달했고, 선반 기술과 망원경 제작에도 능했으며, 동양 문학에 심취했습니다. 열네 살 때, 영 박사는 자신보다 1년 반 어린 소년과 함께 개인 교습을 받기로 되어 있었습니다. 그러나 처음에 고용된 교사가 오지 않자, 영 박사가 그 소년을 가르쳤습니다.(10)

---

173 토머스 영 박사: 18세기 말에서 19세기 초에 활동한 영국의 과학자, 의사, 언어학자로, 빛의 파동설, 색채 이론, 탄성 이론 등에 공헌했다.
174 워킹엄의 《가정교사 길잡이(Tutor's Assistant)》: 18세기에 널리 사용된 산수 교과서.

윌리엄 로원 해밀턴 경[175]은 훨씬 더 조숙한 재능을 보였습니다. 그는 겨우 세 살 때 히브리어를 배우기 시작했고, "일곱 살 때 더블린 트리니티 대학의 한 연구원으로부터 연구원 지망생들보다 더 뛰어난 히브리어 실력을 보였다는 평가를 받았습니다. 열세 살에는 적어도 13개 언어에 대해 상당한 수준의 지식을 습득했습니다." 해밀턴이 열세 살에 습득한 언어에는 고전어와 현대 유럽어 외에도 페르시아어, 아랍어, 산스크리트어, 힌두스탄어, 심지어 말레이어까지 포함되어 있었습니다. 그는 열네 살 때, 더블린을 방문한 페르시아 대사에게 칭찬의 편지를 썼습니다. 그 대사는 영국에 페르시아어로 그렇게 훌륭한 문서를 작성할 수 있는 사람이 있을 줄 몰랐다고 말했습니다. 해밀턴 경의 친척은 이렇게 회상합니다. "여섯 살 꼬마였던 그가 어려운 수학 문제에 답하고는, 신나게 자신의 작은 수레로 달려가던 모습이 기억납니다."

열두 살 때, 해밀턴은 당시 더블린에서 신기한 재주로 사람들의 구경거리가 되어 있던 미국 출신의 '계산 신동'인 콜번과 대결을 펼쳤고, 항상 뒤처지지만은 않았습니다." 열여덟 살이 되었을 때, 아일랜드 왕립 천문학자였던 브링클리 박사는 1823년에 그에 대해 이렇게 말했습니다. "이 젊은이는 앞으로가 아니라, 이미 당대 최고의 수학자입니다." "대학 시절 그의 경력은 그야말로 전례가 없을 정도였습니다. 비범한 재능을 지닌 경쟁자들 사이에서, 그는 모든 과목, 모든 시험에서

---

175 윌리엄 로원 해밀턴 경: 19세기 아일랜드의 수학자, 물리학자, 천문학자로, 사원수(quaternion)의 발견으로 잘 알려져 있다.

1등을 차지했습니다."(11)

생각이 깊은 학생이라면 이러한 천재들을 저능아나 평범한 아이와 비교해 보십시오. 그리고 이러한 천재들이 남다른 재능을 가지고 어떻게 사상의 선구자가 되었는지 주의 깊게 살펴보십시오. 마지막으로 그러한 뛰어난 영혼들이 과연 그들 뒤에 아무런 과거 생이 없이 갑자기 나타난 것인지 스스로에게 질문해 보십시오. 가문 내의 유사성은 일반적으로 "유전의 법칙"으로 설명됩니다. 그러나 정신적, 도덕적 인격의 차이는 가족 구성원 사이에서 끊임없이 발견되지만, 이러한 정신적인 차이점은 설명하지 못합니다. 윤회는 가족 간의 육체적 유사성은 영혼이 자신과 맞는 유전자를 가진 가족을 선택하기 때문이라고 설명합니다. 반면 정신적, 도덕적 차이는 각 영혼의 고유한 특성과 과거 생의 인연, 즉 카르마에 의해 특정 가족 구성원과 연결되어 태어나기 때문이라고 설명합니다. (제10장 "카르마" 참조)

"쌍둥이와 관련하여 중요한 점은 유아기에는 어머니와 간호사의 예리한 눈으로도 이 쌍둥이들을 서로 구별할 수 없는 경우가 많다는 것입니다. 반면, 인생의 후반기에 마나스(정신)가 그의 육체적 외피에 작용하게 되면, 육체적 유사성은 줄어들고 인격의 차이가 유동적인 이목구비에 새겨져 그 모습을 변형시킵니다."(12) 정신적, 도덕적 차이와 함께 나타나는 육체적 유사성은 서로 다른 두 가지 인과의 흐름이 만난다는 것을 암시하는 듯합니다.

특정 종류의 지식을 습득하는 데 있어, 지적 능력이 거의 동등한 사람들 사이에서 발견되는 현저한 차이점은 윤회를 가리키는 또 다른 "지표"입니다. 어떤 사람은 진리를 즉시 인식하는 반면, 다른 사람은 오랜 시간 주의 깊게 관찰한 후에도 진리를 파악하지 못합니다. 그러나 또 다른 진리가 그들에게 제시될 때, 정반대의 상황이 벌어질 수 있습니다. 즉, 두 번째 사람은 또 다른 진리를 볼 수 있지만 첫 번째 사람은 놓칠 수 있습니다. 두 명의 학생이 신지학에 매료되어 공부를 시작합니다. 1년 후 한 명은 신지학의 주요 개념에 익숙해져 이를 적용할 수 있는 반면, 다른 한 명은 미로 속에서 헤매고 있습니다. 한 명에게는 각 원리가 제시될 때 익숙해 보였지만, 다른 한 명에게는 새롭고, 이해할 수 없고, 낯설게 보였습니다.

윤회를 믿는 사람이라면, 누군가에게는 그 가르침이 오래된 것이고, 또 다른 누군가에게는 새로운 것이라는 사실을 이해할 것입니다. 어떤 사람은 빠르게 배우는데, 그 이유는 그 사람이 이미 알고 있던 것을 기억해 내기 때문입니다. 빠르게 배우는 사람은 단지 과거에 배웠던 지식을 떠올리고 있을 뿐입니다. 반면, 어떤 사람은 더디게 배우는데, 그 이유는 이 사람은 과거에 이러한 자연의 진리를 접해 본 적이 없기 때문입니다. 이 사람은 처음으로 그 진리를 힘들게 익히고 있는 것입니다.(13) 마찬가지로, 우리가 흔히 말하는 직관도 "사실은 과거 생에서는 익숙했지만 이번 생에서는 처음 마주하는 것을 알아보는 것"일 뿐입니다. 이것은 그 사람이 과거에 어떤 길을 걸어왔는지 보여 주는 또 다른 이정표라고 할 수 있습니다.

4) 숨겨진 기억의 문

많은 사람들이 윤회를 선뜻 받아들이지 못하는 가장 큰 이유는 자신의 전생을 기억하지 못하기 때문입니다. 하지만 우리는 지금 살고 있는 이 생에서조차 많은 것을 기억하지 못한다는 사실을 잊습니다. 우리는 아주 어렸을 적 기억은 흐릿하며, 갓난아기 시절은 아예 기억조차 나지 않는다는 것을 잘 알고 있습니다. 게다가, 완전히 잊었다고 생각했던 과거의 일들이 사실은 기억 저편 어두운 동굴 속에 숨겨져 있다가, 어떤 병에 걸리거나 최면 상태에서 생생하게 떠오를 수 있다는 것 또한 알고 있어야 합니다.

죽음을 앞둔 사람이 유아기 때만 들었던, 그리고 평생 들어 본 적 없는 언어를 말하는 경우가 알려져 있습니다. 또한, 섬망[176] 상태에서 오랫동안 잊고 있었던 사건들이 의식 속에 생생하게 떠오르기도 합니다. 사실 아무것도 잊혀지는 것은 없습니다. 단지 대부분의 사람들이 인식하는 의식은 가장 제한된 형태의 의식입니다. 우리가 인식하는 제한된 의식의 시야 밖에는 많은 것들이 가려져 있습니다. 현재 삶의 일부 기억이 이 제한된 의식의 범위를 벗어나 저장되어 있다가, 뇌가 극도로 민감해져서 평소에는 인지하지 못했던 진동에 반응할 수 있을 때 다시 기억하게 됩니다. 과거 생의 기억도 육체적 의식의 범위를 벗어나 저장되어 있습니다. 그 기억은 생애에서 생애로 이어지며 영속하는 유일한 존재인 '생각하는 존재(Thinker)' 안에 모두 담겨 있

---

176 섬망(delirium): 의식이 혼탁해지고 착란, 환각 등이 나타나는 상태

습니다. 그는(Thinker) 모든 경험을 거친 유일한 "나"이기에, 그 기억의 책 전체를 펼쳐 볼 수 있습니다.

더욱이, 생각하는 존재(Thinker)는 자신의 과거 기억을 자신의 육체적 몸체에 각인시킬 수 있습니다. 육체적 몸이 그의(Thinker) 빠르고 미세한 진동에 반응할 수 있을 만큼 충분히 정화되면 육신을 가진 인간은 그 존재가 가진 과거에 대한 지식을 공유할 수 있습니다. 기억의 어려움은 망각에 있는 것이 아닙니다. 왜냐하면 더 하위의 몸체인 육체는 그 주인의 이전 생을 경험한 적이 없기 때문입니다. 그 어려움은 현재의 몸이 현재의 환경에 몰두해 있고, 영혼이 말할 수 있는 유일한 수단인 섬세한 떨림에 전혀 반응하지 못하는 데 있습니다. 과거를 기억하고자 하는 사람들은 현재에 관심을 집중해서는 안 되며, 더 미세한 영역으로부터 오는 인상을 받아들일 수 있을 때까지 육체를 정화하고 정제해야 합니다.

그러나 자신의 과거 생을 기억하는 사람들도 상당수 존재합니다. 이들은 육체적 감각 기관을 필요한 만큼 예민하게 발달시킨 사람들입니다. 물론 이들에게 윤회는 더 이상 이론이 아니라 개인적 지식의 문제가 됩니다. 그들은 과거 생을 기억하며 삶을 되돌아볼 때, 삶은 영원히 이어진다는 것을 깨닫고, 현재의 인연 속에서 과거의 소중한 관계를 다시 발견할 때, 삶은 비로소 안정감과 존엄성을 얻게 됩니다. 죽음은 삶의 끝이 아니라, 마치 여행과 같이 한 장소에서 다른 장소로 이동하는 것과 같습니다. 여행이 친구와의 우정을 끊을 수 없듯이, 죽음도 영혼의 연결을 끊을 수 없습니다. 죽음은 그저 삶의 한 과정일 뿐이라는 사실을 깨닫고, 두려움 없이 자연스럽게 받아들이게 됩니다. 현재 우리가 맺고 있는 소중한 인연들은 과거 생에서부터 이어져 온, 끊어지지 않는 황금 사슬의 일부입니다. 그리고 이러한 인연은 미래에도 계속 이어질 것이라는 믿음 속에서, 우리는 기쁨과 확신을 가지고 미래를 맞이할 수 있습니다.

가끔 우리는 바로 직전 생을 기억하는 아이들을 봅니다. 대개 어린 나이에 세상을 떠났다가 거의 곧바로 다시 태어난 경우입니다. 서양에서는 이런 아이들이 동양보다 훨씬 드뭅니다. 서양에서는 그런 말을 하는 아이를 믿지 않는 경우가 많고, 그러다 보면 아이도 자신의 기억을 차츰 의심하게 되기 때문입니다. 반면, 윤회를 당연하게 여기는 동양에서는 아이의 말에 귀를 기울이고, 사실인지 확인해 보기도 합니다.

여기서 기억과 관련하여 짚고 넘어가야 할 중요한 점이 또 하나 있습니다. 과거에 일어난 일들에 대한 기억 자체는 오직 '생각하는 존재(Thinker)' 안에만 고스란히 남아 있습니다. 하지만 그 경험의 결과로 체화된 능력은 하위 인간(lower man)이 사용할 수 있습니다. 만약 과거의 그 모든 일들이 뒤죽박죽 정리되지 않은 채 한꺼번에 뇌로 쏟아져 들어온다면, 우리는 과거의 경험으로부터 아무런 교훈도, 도움도 얻을 수 없을 것입니다. 둘 중 하나를 선택해야 할 때, 우리는 뒤죽박죽인 과거의 기억 속에서 비슷한 상황을 골라내고, 그 결과를 일일이 되짚어 보면서, 한참을 헤매고 나서야 겨우 결론에 도달할 것입니다. 그리고 그 결론은 중요한 요소를 간과하여 왜곡될 가능성이 매우 높으며, 결정을 내려야 할 시점이 훨씬 지난 후에 도달할 가능성이 큽니다.

수백 번의 삶을 거치며 겪은 크고 작은 일들을 모두 기억하는 것은, 빠르게 대처해야 할 위급한 상황에서는 오히려 짐이 될 뿐입니다. 현명한 우주는 '생각하는 존재(Thinker)'에게는 사건에 대한 기억을 남겨주고, 우리의 '정신체'에게는 육체에서 벗어난 긴 시간을 제공합니다. 이 기간 동안 모든 사건은 정리되고, 비교되고, 그 결과에 따라 분류됩니다. 그리고 그 결과들은 능력으로 구체화되고, 이 능력들은 생각하는 존재의 다음 정신체를 형성합니다.

이러한 방식으로 확장되고 개선된 능력은 즉시 사용할 수 있게 됩니다. 그리고 과거의 능력들이 그 안에 있기 때문에, 과거 경험의 결과에 따라 지체 없이 결정을 내릴 수 있습니다. 명료하고 빠른 통찰력과 신속한 판단은 과거의 경험이 효과적인 형태로 만들어진 결과일 뿐입니다. 이것은 관련된 경험을 선택하고 비교하고, 각각의 선택이 필요한 상황에서 추론을 도출해야 하는, 동화되지 않은 경험의 덩어리보다 훨씬 유용한 도구입니다.

그러나 이러한 모든 생각의 갈래를 뒤로하고, 근본적인 질문으로 돌아가 보겠습니다. 이성적인 존재로서 인간의 삶을 어떻게 이해할 수 있을까요? 불의와 잔혹함이 인간의 무력함을 짓밟는 이 세상에서,

과연 삶에 어떤 의미가 있을까요? 바로 이 지점에서, 우리는 윤회의 필요성을 절감하게 됩니다. 윤회를 통해 인간은 신성하고 영광스러운 목적지를 향해 진화하는 존엄한 불멸의 존재가 됩니다. 윤회가 없다면, 인간은 우연한 환경의 흐름에 휩쓸리는 지푸라기, 자신의 성격, 행동, 운명에 대해 책임질 수 없는 나약한 존재에 불과합니다.

윤회라는 개념이 있기에, 우리는 지금 당장 진화의 사다리 어디쯤에 있든, 두려움 없이 희망찬 미래를 그릴 수 있습니다. 신성으로 향하는 그 사다리 꼭대기에 오르는 것은 이제 시간의 문제이기 때문입니다. 하지만 윤회가 없다면, 우리는 앞으로 나아갈 수 있다는 그 어떤 합리적인 근거도 찾을 수 없고, 심지어 미래가 있으리라는 믿음조차 갖기 어렵습니다. 아무런 과거도 없는 존재가 무슨 수로 미래를 기약할 수 있겠습니까? 어쩌면 우리는 시간이라는 망망대해에 떠 있는 한낱 물거품 같은 존재일지도 모릅니다. 선과 악, 그 어떤 자질을 받았든, 아무런 이유도 모른 채 '무(無)'에서 툭 튀어나와 세상에 던져진 우리가, 무엇 때문에 그 자질을 갈고닦으며 살아가야 하겠습니까? 설령 우리에게 미래가 주어진다 한들, 지금처럼 고립되고, 뿌리도, 연결고리도 없는 덧없는 삶의 반복이 아니겠습니까? 현대인은 믿음에서 윤회를 지워 버림으로써, 신에게서는 그 공의로움을, 인간에게서는 그 안정감을 빼앗아 버렸습니다. 그저 '운'에 기대어 살아갈 뿐, 변함 없는 법칙이 주는 강인함과 존엄함은 잃어버린 채, 정처 없이 표류하는 삶이라는 바다 위에서, 이리저리 흔들리는 나약한 신세가 된 것입니다.

제10장

카르마

우리가 만드는 운명, 카르마

1) 원인과 결과의 순환

지금까지 윤회를 통한 영혼의 진화를 살펴보았습니다. 이제 우리는 환생을 주관하는 위대한 인과 법칙, 즉 카르마 법칙을 살펴볼 준비가 되었습니다. 카르마는 산스크리트어로 문자 그대로 "행위"를 의미합니다. 모든 행위는 앞선 원인에서 비롯된 결과이고, 각 결과는 미래 결과의 원인이 되기 때문에, 원인과 결과라는 개념은 행위라는 개념의 필수적인 부분입니다. 따라서 행위, 즉 카르마라는 단어는 인과 관계, 또는 인간의 모든 활동을 구성하는 끊어지지 않고 연결된 일련의 원인과 결과를 나타내는 데 사용됩니다.

따라서 "이것은 나의 카르마이다"라는 표현은 때때로 어떤 사건에 대해 사용됩니다. 즉, "이 사건은 과거에 내가 일으킨 원인의 결과이다"라는 의미입니다. 어떤 삶도 고립되어 있지 않습니다! 한 생은 그 이전에 있었던 모든 생의 자식이며, 그 뒤에 이어질 모든 생의 부모입니다. 이는 한 개인의 영혼이 겪는 모든 전생을 하나의 연속체로 볼 때, 각 삶은 이전 생의 결과이자 다음 생의 원인이 된다는 의미입니다.

"우연"이나 "사고"와 같은 것은 존재하지 않습니다. 모든 사건은 선행하는 원인과 연결되어 있고, 후속 결과와 연결되어 있습니다. 모든 생각, 행동, 상황은 과거와 인과적으로 관련되어 있으며 미래에 인과적으로 영향을 미칠 것입니다. **우리의 무지가 과거와 미래를 모두 가리고 있기 때문에, 사건은 종종 우리에게 허공에서 갑자기 나타나는 것처럼, 즉 "우연한" 것처럼 보입니다.** 그러나 이러한 모습은 허상이며 전적으로 우리의 지식 부족으로 인한 것입니다. 마치 원시인이 물리적 우주의 법칙을 알지 못하여 물리적 사건을 원인이 없는 것으로 간주하고, 알려지지 않은 물리 법칙의 결과를 "기적(우연)"으로 여기는 것과 같습니다. 이와 유사하게, 대부분의 사람들은 도덕 및 정신 법칙에 무지합니다. 그 결과, 많은 사람들은 도덕적, 정신적 사건들이 아무런 원인 없이 발생한다고 간주합니다. 그리고 알려지지 않은 도덕 및 정신 법칙이 낳는 결과들을 그저 좋거나 나쁜 "운"으로 치부해 버립니다.

처음에는 그동안 우연의 영역이라 여겼던 것들이 사실은 깨뜨릴 수 없고 변하지 않는 법칙의 지배를 받는다는 사실을 깨닫게 됩니다. 그러면 무력감, 심지어는 도덕적이고 정신적인 마비 상태에 빠지기 쉽습니다. 인간은 마치 강철로 된 운명의 손아귀에 붙잡힌 것처럼 보입니다. 모든 것을 숙명으로 받아들이는 이슬람의 "키스멧[177]" 사상이

---

177 키스멧(kismet): 숙명, 운명. 이슬람 문화에서 운명론적 태도를 나타내는 용어, 모든 일이 신의 뜻에 따라 정해져 있다고 믿는 것을 의미한다.

유일한 철학적 입장인 것처럼 느껴지기도 합니다. 마치 원시인이 처음으로 물리적 법칙의 존재를 어렴풋이 깨닫고, 자신 몸의 모든 움직임, 그리고 외부 자연의 모든 움직임이 변하지 않는 법칙에 따라 일어난다는 사실을 알게 되었을 때 느끼는 감정과 비슷할 것입니다.

하지만 점차 깨닫게 됩니다. 자연법칙은 모든 것이 작용하는 조건만을 정해 줄 뿐, 그 작용 자체를 일일이 규정하지는 않는다는 사실을 말입니다. 따라서 인간은 활동하는 차원의 조건 때문에 외부 활동에 제약을 받더라도, 그 내면의 중심에서는 항상 자유로운 상태로 존재합니다. 또한, 처음에는 그 조건들을 모르거나 알고도 그 조건에 대항하는 동안에는 그 조건이 자신을 지배하며 끊임없이 노력을 좌절시킵니다. 그러나 그 조건들을 이해하고, 그 방향을 알고, 그 힘을 계산하게 되면, 오히려 그 조건들을 지배하고, 그 조건들은 자신의 하인이자 조력자가 된다는 사실을 배우게 됩니다.

사실, 과학은 오직 물질계에서만 가능합니다. 왜냐하면 그 법칙들이 불가침적이고 불변하기 때문입니다. 자연법칙이라는 것이 존재하지 않는다면, 과학은 존재할 수 없을 것입니다. 연구자는 수많은 실험을 수행하고, 그 결과를 통해 자연이 어떻게 작동하는지 배웁니다. 이것을 알게 되면, 연구자는 원하는 결과를 얻기 위해 어떻게 해야 할지 계산할 수 있습니다. 만약 그 결과를 얻는 데 실패한다면, 그 연구자는 필요한 조건 중 하나를 빠뜨렸다는 것을 압니다. 즉, 그 연구자의 지식이 불완전하거나 계산을 잘못한 것입니다. 그는 자신의 지식을 검토하고, 방법을 수정하고, 계산을 다시 합니다. 그에게는 확고하고 완전한 확신이 있습니다. 만약 그 연구자가 질문을 올바르게 한다면, 자연은 변함없는 정확성으로 그에게 답할 것이라는 확신입니다. 수소와 산소가 오늘은 그 연구자에게 물을 주고 내일은 청산가리를 주지는 않을 것입니다. 불은 오늘 그 연구자를 불태우고 내일은 그 연구자를 얼음으로 만들지 않을 것입니다. 만약 물이 오늘은 액체이고 내일은 고체라면, 그것은 물을 둘러싼 조건이 변했기 때문입니다. 그리고 원래 조건을 다시 설정하면 원래 결과가 나타날 것입니다.

자연법칙에 대한 새로운 정보는 새로운 제약이 아니라 새로운 힘입니다. 왜냐하면 자연의 모든 에너지는 이해하는 만큼 사용할 수 있는 힘이 되기 때문입니다. 따라서 "아는 것이 힘이다"라는 말이 있습니다. 이는 정확히 아는 만큼 그 힘들을 활용할 수 있기 때문입니다. 사용할 힘을 선택하고, 서로 균형을 맞추고, 목적을 방해하는 반대 에너지를 중화함으로써 결과를 미리 계산하고 미리 정해 놓은 결과를 가져올 수 있습니다.

원인을 이해하고 조작함으로써 결과를 예측할 수 있습니다. 따라서 처음에는 인간의 행동을 마비시키는 것처럼 보였던 자연의 경직성 그 자체가, 무한히 다양한 결과를 만들어 내는 데 사용될 수 있습니다. 각각의 힘이 가진 완벽한 경직성은 그 힘들의 조합에서 완벽한 유연성을 가능하게 합니다. 왜냐하면 힘은 모든 종류가 존재하고 모든 방향으로 움직이며 각각 계산 가능하기에, 선택을 하고 선택된 힘들을 결합하여 원하는 결과를 얻을 수 있기 때문입니다.

  목표가 정해지면, 원인으로서 조합된 힘들의 균형을 신중하게 조정함으로써 그 목표를 틀림없이 달성할 수 있습니다. 그러나, 사건을 이끌고 원하는 결과를 가져오기 위해서는 지식이 필요하다는 것을 기억해야 합니다. 무지한 사람은 불변하는 법칙에 부딪혀 좌절하며 휘청거리는 반면, 지식이 있는 사람은 앞을 내다보고, 원인을 만들고, 방지하고, 조정하고, 목표한 바를 달성하며 꾸준히 앞으로 나아갑니다. 이는 그가 운이 좋아서가 아니라 이해하고 있기 때문입니다. 전자는 자연의 장난감이자 노예로서, 자연의 힘에 이리저리 휩쓸립니다. 반면에 후자는 자연의 주인으로서, 자신의 의지가 선택한 방향으로 나아가기 위해 자연의 에너지를 활용합니다.

  물리적 법칙의 영역에서 참된 것은 도덕적, 정신적 세계, 즉 똑같이 법칙이 지배하는 영역에서도 참입니다. 여기서도 무지한 자는 노예이고, 현자는 군주입니다. 여기서도 무력하게 만드는 것처럼 보였던 불가침성과 불변성은 확실한 진보와 미래에 대한 명확한 방향 설정에 필요한 조건임이 밝혀집니다. 인간은 자신의 운명의 주인이 될 수 있습니다. 오직 그 운명이 법칙의 영역에 놓여 있기 때문입니다. 그 영역에서 지식은 영혼의 과학을 구축하고 인간의 손에 자신의 미래를 통제하고 미래의 성격과 미래의 환경을 모두 선택할 수 있는 힘을 줍니다. 한때 마비를 초래할 것처럼 보였던 카르마에 대한 지식은 이제 영감을 주고, 지지해 주며, 기운을 북돋아 주는 힘이 됩니다.

카르마는 인과 법칙, 즉 원인과 결과의 법칙입니다. 그리스도교 입문자인 성 바울은 "속지 마십시오. 하나님은 조롱당하지 않으십니다. 사람은 무엇을 심든지 그대로 거둘 것입니다"(갈라디아서 6:7)라고 간결하게 말했습니다. 인간은 자신이 기능하는 모든 차원, 즉 육체적, 감정적, 정신적 영역에서 끊임없이 결과의 원인이 되는 힘들을 내보내고 있습니다. 이러한 힘은 그 자체로 양과 질에서 과거 활동의 결과인 동시에, 그가 존재하는 각 세계(차원)에서 작동시키는 원인이 됩니다. 그 힘들은 자신과 타인 모두에게 특정한 결과를 가져옵니다. 그리고 이러한 원인은 자신을 중심으로 활동의 전체 영역에 방사되기 때문에, 그 결과에 대한 책임은 자신에게 있습니다.

자석에는 그 힘이 작용하는 영역인 "자기장"이 있습니다. 자기장의 크기는 자석의 세기에 따라 달라집니다. 이와 마찬가지로, 모든 인간은 자신이 방출하는 힘이 작용하는 영향력의 장을 가지고 있습니다. 그리고 이 힘들은 곡선을 그리며 작용하여 발산한 곳으로 되돌아가고, 이 힘들이 나온 중심으로 다시 들어갑니다.

2) 운명을 만드는 에너지

이 주제는 매우 복잡하기 때문에, 우리는 이 주제를 세분화한 다음, 그 세분된 부분을 하나씩 탐구할 것입니다. 인간은 일상생활에서 자신이 존재하는 세 가지 세계에 속하는 세 가지 종류의 에너지를 내보냅니다. 첫째, 정신계에서는 정신적 에너지를 내보내며, 이것은 우리가 생각이라고 부르는 원인을 발생시킵니다. 둘째, 심령계에서는 욕망 에너지를 내보내며, 이것은 우리가 욕망이라고 부르는 것을 발생시킵니다. 셋째, 이러한 정신적, 심령적 에너지에 의해 촉발된 육체적 에너지는 물질계에서 작용하여 우리가 행위라고 부르는 원인을 발생시킵니다. 우리는 이러한 각 에너지가 어떻게 작동하는지, 그리고 각각이 어떤 종류의 결과를 초래하는지 연구해야 합니다. 그래야만 우리가 만들어 내는 복잡하고 얽힌 조합, 즉 총체적으로 "우리의 카르마"라고 불리는 것에서 각 에너지가 어떤 역할을 하는지 지능적으로 추적할 수 있습니다. 동료들보다 더 빠르게 발전하여 더 높은 차원에서 활동할 수 있는 능력을 얻은 사람은 더 높은 힘의 중심이 됩니다. 그러나 현재로서는 이러한 경우는 고려하지 않고, 세 가지 세계에서 환생의 주기를 밟고 있는 일반적인 인간에 국한하여 생각하겠습니다.

이 세 가지 에너지, 즉 생각, 욕망, 행동의 에너지를 공부할 때는, 그 에너지를 만들어 낸 사람 자신에게 미치는 영향과 그 사람의 영향력 안에 있는 다른 사람들에게 미치는 영향을 구분해서 살펴봐야 합니다. 이 부분을 명확히 이해하지 못하면, 카르마의 작동 방식을 공부하는 사람은 종종 깊은 혼란의 늪에 빠져 헤매게 됩니다. 또한 모든 에너지는 그 에너지가 시작된 차원에서 작용하며, 그 강도에 따라 아래 차원들에도 영향을 미친다는 점을 기억해야 합니다. 에너지가 시작된 차원은 그 에너지에 고유한 특성을 부여합니다. 그리고 그 에너지는 본래의 성질에 따라, 아래 차원의 더 섬세한 물질 또는 더 거친 물질에 진동을 일으켜 영향을 줍니다. 어떤 행동을 하게 만드는 그 '동기'가 그 에너지가 어느 차원에 속하는지를 결정합니다.

다음으로, 우리는 성숙한 카르마, 즉 현생에서 피할 수 없는 사건으로 나타날 준비가 된 카르마[178]와, 성격적 카르마[179]를 구분할 필요가 있습니다. 성격적 카르마는 축적된 경험의 결과로 나타나는 경향성으로 나타나며, 과거 성격적 카르마를 창조했던 힘(에고, Ego)에 의해 현재 생에서 수정될 수 있습니다. 또한, 지금 만들어지고 있으며 미래의 사건과 미래의 성격을 발생시킬 카르마[180]를 구분해야 합니다. 이러한 구분은 신지학 학생들에게는 프라랍다[181], 산치타[182], 경향성으로 나타나는 것은 이 산치타 카르마의 일부이고, 크리야마나[183]로 익숙할 것입니다.

더 나아가, 우리는 개인이 자신의 카르마를 만드는 동시에, 다른 사람들과 연결되어 다양한 그룹, 즉 가족, 국가, 인종의 일원이 되며, 그

---

178 성숙한 카르마(Ripe Karma): 과거의 행동으로 인해 이미 결과가 나타날 준비가 되어, 현생에서 피할 수 없는 사건으로 발현되는 카르마입니다. 예를 들어, 전생에 누군가를 크게 도왔다면, 현생에서 그에 대한 보답으로 예상치 못한 도움을 받는 형태로 나타날 수 있습니다.
179 성격적 카르마(Karma of Character): 과거 생의 경험들이 축적되어 형성된 개인의 성격적 경향성을 의미한다. 이는 현재 생에서 자아의 노력에 의해 변화될 수 있는 여지가 있다. 예를 들어, 전생에 인내심이 부족했던 사람은 현생에서 의식적인 노력을 통해 인내심을 기를 수 있다.
180 지금 만들어지고 있는 카르마(Karma that is now making): 현재의 생각, 욕망, 행동을 통해 새롭게 생성되고 있는 카르마로, 미래에 그 결과를 낳게 된다. 지금 선한 생각과 행동을 많이 하면, 미래에 긍정적인 결과를 가져올 가능성이 높아진다.
181 프라랍다(Prārabdha): 이미 시작되어 현생에서 그 결과를 경험하게 되는 카르마를 의미한다. 마치 이미 발사된 화살과 같아서, 그 결과를 피할 수 없다.
182 산치타(Sanchita): 과거 생애에 축적되었지만 아직 그 결과를 드러내지 않은 카르마를 의미한다. 마치 창고에 쌓여 있는 곡식과 같아서, 언젠가 그 결과를 드러내게 된다.
183 크리야마나(Kriyāmāna): 현재 만들어지고 있는 카르마를 의미한다. 마치 지금 밭에 씨앗을 뿌리는 것과 같아서, 미래에 그 결과를 거두게 된다.

일원으로서 각 그룹의 집단적 카르마[184]를 공유한다는 것을 알아야 합니다.

이렇게 카르마에 대한 연구는 매우 복잡하다는 것을 알 수 있습니다. 그러나 위에서 설명한 카르마 작용의 주요 원리를 파악함으로써, 그 일반적인 의미에 대한 일관된 이해를 어렵지 않게 얻을 수 있습니다. 그리고 세부 사항은 기회가 있을 때 여유롭게 연구할 수 있습니다. 무엇보다도, 세부 사항을 이해하든 못하든, 각 개인이 자신의 카르마를 만들고, 자신의 능력과 한계를 모두 스스로 창조한다는 사실을 결코 잊어서는 안 됩니다. 그리고 각 개인은 스스로 만든 능력과 한계 안에서 언제든 작용하며, 여전히 살아 있는 영혼으로서 자신입니다. 따라서 인간은 스스로의 능력을 강화하거나 약화시키고, 스스로의 한계를 확장하거나 축소할 수 있다는 것을 잊지 마십시오.

인간을 묶는 사슬은 그 자신이 만든 것이며, 인간은 그 사슬을 풀어낼 수도 있고, 더 강하게 고정할 수도 있습니다. 인간이 사는 집 또한 스스로 지은 것이며, 원하는 대로 개조하거나, 낡게 내버려두거나, 새로 지을 수 있습니다. 우리는 늘 유연한 점토를 다루고 있으며, 원하는 대로 형태를 만들 수 있습니다. 그러나 점토는 굳어져서 철처럼 단

---

184 집단적 카르마(Collective Karma): 개인이 속한 그룹(가족, 국가, 인종 등) 구성원들의 행동이 축적되어 형성된 카르마로, 개인은 그룹의 일원으로서 그 영향을 받게 된다. 예를 들어, 한 국가의 국민들이 과거에 다른 민족을 침략하여 고통을 주었다면, 그 국가는 전쟁, 재난, 또는 다른 국가로부터의 고립 등 부정적인 집단적 카르마를 겪게 될 수 있다.

단해지고, 우리가 부여한 형태는 유지됩니다. 관련해서 에드윈 아놀드 경[185]이 번역한 히토파데샤[186]의 속담은 다음과 같습니다.

"보라! 점토는 마르면 철이 되지만,
토기장이는 점토를 빚는다.
오늘의 주인은 운명이지만,
어제의 주인은 인간이었다."

따라서 우리는 모두 자신의 미래의 주인입니다. 비록 오늘 우리가 과거의 결과에 의해 제약을 받고 있다고 할지라도 말입니다.

카르마의 구조와 작동 원리

1) 생각 에너지체의 작용, 생각의 카르마

이제 카르마를 연구하기 위해 이미 제시된 구분들을 순서대로 살펴보겠습니다. 먼저, 세 가지 종류(생각, 욕망, 행동)의 원인과 그 원인이 창조자와 영향을 받는 사람들에게 미치는 영향을 살펴보겠습니다.

이 세 가지 종류의 원인 중 첫 번째는 바로 우리의 생각입니다. 생각은 인간의 카르마를 창조하는 가장 강력한 요소입니다. 왜냐하면

---

185 에드윈 아놀드 경(Sir Edwin Arnold): 19세기 영국의 시인이자 언론인으로, 동양의 종교와 철학을 서구에 소개하는 데 기여했다.
186 히토파데샤(Hitopadesha): 고대 인도의 우화집으로, 삶의 지혜와 교훈을 담고 있다.

생각은 자아(SELF)의 에너지가 정신 물질 안에서 작용하는 과정이기 때문입니다. 이 정신 물질은, 더 미세한 형태로 개별 영혼의 몸체를 형성하고, 더 거친 형태에서는 자의식의 모든 진동에 빠르게 반응합니다. 우리가 생각이라고 부르는 진동, 즉 생각하는 존재(Thinker)의 즉각적인 활동은 정신 물질로 이루어진 형상, 즉 생각-이미지를 만들어 냅니다. 그리고 이 생각-이미지는 앞서 살펴본 것처럼 그 사람의 정신체를 형성하고 다듬습니다. 모든 생각은 이 정신체를 변화시키며, 각 생애의 정신적 능력은 이전 생애의 생각들에 의해 만들어집니다.

인간은 스스로 인내심을 가지고 반복적으로 생각함으로써 만들어 낸 사고력이나 정신적 능력 외에 다른 어떤 사고력이나 정신적 능력도 가질 수 없습니다. 또한 이렇게 만들어진 생각의 이미지(마음속의 형상)는 소멸되지 않고 일정한 능력의 재료로 남습니다. 그리고 같은 종류의 생각의 이미지, 즉 동일한 유형의 생각들이 모여 하나의 능력을 형성합니다. 이 능력은 같은 종류의 생각을 더 할 때마다, 즉 같은 유형의 생각의 이미지를 생성할 때마다 더욱 강해집니다.

이 법칙을 알면, 인간은 자신이 원하는 정신적 특성을 점진적으로 만들어 갈 수 있습니다. 이것은 마치 벽돌공이 벽을 쌓는 것만큼이나 확실하고 분명하게 이루어질 수 있습니다. 죽음은 그의 작업을 멈추지 않습니다. 오히려 육체라는 속박으로부터 그를 해방시킴으로써 마음속에 형성된 여러 이미지들이 모여 '능력'이라 부르는 구체적인 기관으로 발전하는 과정을 도와줍니다. 그리고 이 능력은 그가 물질계의 다음 생에 환생할 때 가져가게 됩니다. 즉, 새로운 육체의 뇌 중 일부가 이 능력을 위한 기관으로서의 역할을 하도록 형태가 만들어지는 것입니다. 이 과정은 잠시 후에 설명할 것입니다.

이 모든 능력들이 모여 지상에서 처음 시작하는 생을 위한 정신체를 형성합니다. 그리고 그의 뇌와 신경계는 그의 정신체가 물질계에서 발현될 수 있도록 형성됩니다. 이처럼 한 생애에서 창조된 생각의 이미지는 다른 생애에서 정신적 특성과 경향성으로 나타납니다. 이러한 이유로 우파니샤드[187] 중 하나에 이렇게 쓰여 있습니다. "인간은 사색하는 존재다. 이 생에서 무엇을 사색하든, 다음 생에서 그와 같이 된다."(14) 이것이 바로 법칙이며, 이 법칙은 우리의 정신적 특성을 만드는 것을 전적으로 우리 손에 맡깁니다. 우리가 정신적 특성을 잘 구축하면, 이익과 명예는 우리의 것이 됩니다. 만약 정신적 특성을 잘못 구축하면, 손실과 책임 역시 우리의 것입니다. 따라서 정신적 특성은 그것을 생성한 개인에게 작용하는 개인적 카르마의 한 사례입니다.

그러나 우리가 논하는 바로 이 사람은 자신의 생각으로 다른 사람들에게 영향을 미칩니다. 자신의 정신체를 형성하는 이러한 생각의 이미지는 진동을 일으켜 이차적인 형체로 자신을 복제(생각의 에너지체

---

187 우파니샤드(Upanishads): 고대 인도의 철학적, 종교적 문헌으로, 베다*의 핵심 가르침을 담고 있다.
*베다(Veda): 고대 인도-아리안족의 종교적 문헌 모음으로, 힌두교의 가장 오래되고 권위 있는 성전(聖典). 주로 신들에 대한 찬가, 기도, 제례 의식, 주문(呪文) 등으로 구성되어 있으며, 우주의 기원과 질서, 인간의 삶과 의무에 대한 가르침을 담고 있다.

를 의미)합니다. 이러한 이차적 형체 즉 생각의 에너지체는 일반적으로 욕망과 섞여 심령 물질을 끌어들입니다. 그래서 제가 신지학 매뉴얼[188]의 4번째 책 《카르마》에서 이러한 이차적 생각의 에너지체를 심령-정신적 이미지라고 부른 적이 있습니다. 이러한 생각의 에너지체는 창조자를 떠나 다소 독립적인 생명을 유지합니다. 그리고 여전히 생각-에너지체의 창조자와도 자기적 연결이 되어 있습니다. 또한 이 생각의 에너지체는 다른 사람들과 접촉하고 영향을 미칩니다. 이러한 작용을 통해 생각을 창조한 사람과 다른 사람들 사이에 카르마적 연결이 형성됩니다.

이렇게 만들어진 카르마의 연결은 그 생각을 한 창조자의 미래 환경에 큰 영향을 미칩니다. 이러한 방식으로 미래의 생에서 사람들을 선악으로 묶는 끈이 만들어지고 이 끈에 의해 우리는 친척, 친구, 적으로 둘러싸이게 됩니다. 또한 이 끈이 우리의 앞길에 도움을 주는 이들과 방해가 되는 이들이 나타나는 이유이기도 합니다. 우리는 이 생에서 아무런 이유도 없이 누군가로부터 사랑을 받거나, 억울하게 미움을 받게 되는 이유도 여기서 찾을 수 있습니다. 이 결과를 탐구하면서, 우리는 중요한 원리를 이해하게 됩니다. 우리의 생각이 우리 자신에게 미치는 영향을 통해 우리의 정신적, 도덕적 특성을 만들어 낼 뿐

---

188 신지학 매뉴얼: 신지학 핵심 개념들을 다룬 입문서 시리즈로 7권으로 구성되어 있다. 인간의 다차원적 구성 원리, 윤회와 카르마, 사후 세계, 그리고 다양한 차원(특히 아스트랄계와 데바찬계)에 대한 신지학적 관점을 제시한다. 애니 베전트와 C.W.리드비터의 저술을 통해, 신지학의 기본 가르침과 영적 탐구의 기초를 제공하는 안내서 역할을 한다.

만 아니라, 다른 사람들에게도 영향을 미침으로써 우리의 미래의 인간관계를 결정하는 데 도움을 준다는 것입니다.

2) 욕망 에너지체의 작용, 욕망의 카르마

두 번째 중요한 에너지 부류는 우리의 욕망, 즉 외부 세계에서 우리를 끌어당기는 대상에 대한 우리의 갈망으로 구성됩니다. 인간의 욕망에는 항상 정신적 요소가 개입되기 때문에, 우리는 "정신적 이미지"라는 용어를 확장하여 욕망을 포함할 수 있습니다. 비록 욕망은 주로 심령 물질로 표현되지만 말입니다. 이러한 욕망은 그것을 생성한 사람에게 작용하여 그의 욕망체, 즉 심령체를 만들고 형성합니다. 또한 그 사람이 죽은 이후 카마로카에서 그의 운명을 결정하고, 다음 환생에서 그의 심령체의 본성을 결정합니다.

욕망이 동물적이거나, 술에 취한 듯 방탕하거나, 잔인하거나, 불결할 때, 그것은 온갖 종류의 선천적 질병을 낳는 주된 원인이 됩니다. 그러한 욕망은 허약하고 병든 뇌를 만들어 간질, 강직증, 그리고 다양한 신경 질환을 유발하며, 신체적 기형과 불구를 초래하고, 극단적인 경우에는 흉측한 괴물을 낳기도 합니다. 비정상적으로 강렬하거나 왜곡된 동물적 욕망은 심령계에서 특정한 연결 고리를 형성할 수 있습니다. 이 연결 고리들은 일정 기간 동안 자아(Ego)를 묶어 두며, 그 자아는 이러한 욕망들로 형성된 심령체를 지니고, 본래 이런 욕망이 속하는 동물들의 심령체와 이어져 환생이 지연됩니다. 이러한 운명을 피한다 하더라도, 동물적인 형체를 한 심령체는 때때로 출산 전 태아의 육체 형성에 그 특성을 각인시켜, 가끔씩 반인간적인 끔찍한 존재가 태어나기도 합니다.

욕망은 대상에 집착하는 외부 지향적 에너지이기 때문에, 항상 그 욕망을 충족시킬 수 있는 환경으로 사람을 끌어당깁니다. 세속적인 욕망은 영혼을 외부 세계에 묶어, 욕망의 대상을 가장 쉽게 얻을 수 있는 곳으로 그를 이끕니다. 그러므로 인간은 자신의 욕망에 따라 태어난다고 말하는 것입니다.(15) 또한 욕망은 환생할 장소를 결정하는 원인 중 하나입니다.

한편 욕망에 의해 만들어진 생각의 에너지체는 생각에 의해 생성된 에너지체와 마찬가지로 다른 사람들에게 영향을 미칩니다. 따라서 이러한 생각의 에너지체는 우리를 다른 영혼들과 연결시키는데, 흔히 사랑과 증오라는 강력한 끈으로 묶입니다. 왜냐하면 현 인류 진화 단계에서 인간의 욕망이 생각(지성)보다 더 강하고 지속적이기 때문입니다. 따라서 욕망은 미래의 생에서 인간관계를 결정하는 데 큰 역할을 하며, 본인은 전혀 인식하지 못하는 사람들과 그 영향력을 그 생애로 가져올 수 있습니다.

어떤 사람(A)이 지독한 증오와 복수심에 가득 찬 생각을 내보내어 다른 사람(B)에게 살인을 저지르게 하는 충동을 심어 주었다고 가정해 봅시다. 비록 A와 B는 물질계에서 만난 적이 없더라도, 그 생각을 만들어 낸 사람(A)은 자신의 카르마에 의해 범죄를 저지른 사람(B)과 연결됩니다. 과거 생에 A가 B에게 범죄를 저지르도록 부추긴 잘못은, 훗날 B가 A에게 어떤 형태로든 고통을 주는 방식으로 되돌아옵니다. 현재 생에서 A가 겪는, 마치 '마른하늘에 날벼락'처럼 느껴지는 불행 중 많은 경우가, 사실은 과거 생의 자신(A)의 행동(생각, 욕망)에 대한 결과입니다.

어떤 사람도 자신이 받을 자격이 없는 고통을 겪지는 않습니다. 그러나 기억의 부재가 카르마 법칙의 작용을 막지는 못합니다. 우리는 이를 통해 자신의 욕망이 자신에게 미치는 영향을 깨닫습니다. 우리의 욕망은 욕망의 본성을 만들고, 이를 통해 다음 생에서 우리의 육체에 큰 영향을 미칩니다. 또한 욕망은 환생할 장소를 결정하는 데 중요한 역할을 하며, 다른 사람에게 미치는 영향을 통해 미래 생에서 우리 주변에 인간관계를 형성하도록 돕습니다.

3) 행동, 생각과 욕망 에너지체의 결과

물질계에서 행동으로 나타나는 세 번째 주요 에너지군은 다른 사람에게 미치는 영향을 통해 많은 카르마를 생성하지만, 내면의 인간에게 직접적으로 거의 영향을 미치지 않습니다. 이러한 행동들은 생각하는 존재(Thinker)의 과거 생각과 욕망의 결과이며, 행동이 나타내는 카르마는 대부분 발생하는 과정에서 소진됩니다. 행동은 새로운 생각, 욕망, 감정을 불러일으키는 만큼만 그에게 간접적으로 영향을 미칩니다. 행동을 생성하는 힘은 생각, 욕망, 감정에 있지, 행동 자체에 있는 것은 아니기 때문입니다. 그리고 반복된 행동은 육체의 습관을 형성하고, 이는 외부 세계에서 자아(Ego) 표현을 제한합니다. 하지만 이 습관은 육체와 함께 소멸되므로, 영혼에 미치는 영향에 관한 한, 그 행동으로 인한 카르마는 한 생애로 국한됩니다.

물질적 행복과 불행의 연결 고리

하지만, 우리가 행동이 다른 사람들에게 미치는 영향을 연구할 때에는 상황이 상당히 다릅니다. 특정 행동이 타인에게 행복이나 불행을 유발하고, 그 행동이 타인에게 영향을 미치게 된다면 이러한 영향은 우리를 타인과 연결시키는 고리가 됩니다. 이는 미래에 우리가 맺게 될 인간관계를 결정짓는 세 번째 요인이 되며 우리가 비인간적 환경이라 부를 수 있는 것들을 결정짓는 주요 요인으로 작용합니다. 대체로 우리가 태어나는 물리적 환경이 우호적인지 비우호적인지는 과거에 우리의 행동이 다른 사람들을 행복하게 했는지 아니면 불행하게 했는지에 달려 있습니다. 물질계에서 타인에게 미치는 물리적 결과는 카르마적으로 작용하여, 미래 생에서 행위자에게 좋거나 나쁜 환경으로 되돌아옵니다.

만약 어떤 사람이 자신의 부, 시간, 노력을 희생하여 사람들을 물질적으로 행복하게 했다면, 이 행동은 카르마적으로 그 사람에게 물질적 행복을 가져다주는 우호적인 물리적 환경을 가져다줄 것입니다. 만약 그 사람이 다른 사람들에게 광범위한 물질적 고통을 야기했다면, 그 사람은 자신의 행동으로부터 카르마적으로 물질적 고통을 초래하는 비참한 물리적 환경을 거두게 될 것입니다. 그리고 이것은 어떤 경우든 그 사람의 동기가 무엇이었는지와는 무관합니다. 이 사실은 우리에게 다음과 같은 법칙을 생각하게 합니다.

모든 힘은 그 자체의 차원에서 작용합니다. 만약 어떤 사람이 다른 사람들을 위해 물질계에 행복을 심는다면, 그 사람은 물질계에서 자신에게 행복을 가져다주는 환경을 거둘 것이며, 물질계의 행복을 심은 그 사람의 동기는 결과에 영향을 미치지 않습니다. 어떤 사람이 이웃을 파멸시키기 위해 밀을 투기 목적으로 심을 수도 있지만, 그 사람의 나쁜 동기가 밀알을 민들레로 자라게 하지는 않습니다. 동기란 정신적이거나 심령적인 힘으로, 그것이 의지에서 비롯되었는지 욕망에서 비롯되었는지에 따라 그 성격이 달라지며, 각각 도덕적·정신적 성향 혹은 욕망적 본성에 영향을 끼칩니다. 즉, 어떤 행위가 물질적 행복을 유발할 때, 이는 물질계에서 작용하는 물리적 힘의 결과입니다. 인간은 자신의 행동을 통해 물질 차원에서 이웃에게 영향을 미치며, 주변에 행복을 확산시키기도 하고 고통을 유발하기도 합니다. 그 결과로 인류 전체의 행복 총량이 증가하거나 감소합니다. 이러한 증감은 동기가 선하든, 악하든, 혹은 그 둘이 혼합된 것이든 상관없이 발생할 수 있습니다.

예를 들어, 어떤 사람 A가 순수한 이타심에서, 즉 동료 인간들에게 행복을 주고자 하는 간절한 마음에서 한 도시에 공원을 기증했다고 가정해 봅시다. 반면, B라는 사람은 단순히 과시하고자 하는 마음, 즉 사회적 명예를 주는 이들의 관심을 끌고자 하는 욕망에서 비슷한 행위를 할 수도 있습니다. 예를 들어, 작위를 얻기 위한 대가로 기증할 수도 있습니다. 또 다른 C라는 사람은 부분적으로는 이타적이고 부분적으로는 이기적인, 혼합된 동기에서 공원을 기증할 수 있습니다.

이러한 동기들은 각기 다른 세 사람의 성격에 영향을 미쳐, 그들의 미래 환생에서 더 나은 사람, 혹은 더 나쁜 사람으로 태어나거나, 혹은 별다른 변화 없이 태어나도록 이끌 것입니다. 하지만 중요한 것은, 그 행동으로 인해 많은 사람들이 행복을 느낀다는 사실 자체는 기증자의 숨은 의도와는 아무런 상관이 없다는 것입니다. 많은 사람들은 그 공원을 기증한 사람의 숨은 동기와 무관하게 그곳에서 즐거운 시간을 보냅니다. 그리고 그 즐거움은 공원을 기증한 사람의 행동 덕분에 생겨난 것이기에, 그 사람은 카르마의 원리에 따라 공익에 상응하는 권리를 얻게 됩니다. 즉, 우주는 그에게 합당한 보상을 제공할 것입니다. 공원을 기부한 사람은 광범위한 물질적 즐거움을 주었기 때문에 물질적으로 편안하거나 호화로운 환경을 받게 될 것이며, 그 사람이 희생한 물질적인 부는 정당한 보상, 즉 그의 행동이 낳은 카르마의 열매를 가져다줄 것입니다.

이것은 정당한 권리입니다. 하지만 그 사람이 그렇게 해서 얻은 지위를 어떻게 활용하는지, 그리고 그가 얻은 부와 환경으로부터 얼마나 큰 행복을 느끼는지는 대부분 그 사람의 됨됨이, 즉 인격에 달려 있습니다. 그리고 이 역시 그 사람에게 주어지는 정당한 보상입니다.

뿌린 대로 거둔다는 말처럼, 각 씨앗은 그에 알맞은 결실을 맺게 되는 법입니다.(16)

이처럼 카르마의 섭리는 참으로 공평합니다. 카르마는 나쁜 사람이라도 다른 이들에게 행복을 준 행동에 대한 정당한 대가를 줍니다. 하지만 그 나쁜 동기로 인해 그 자신의 인격 또한 그만큼 삐뚤어진 인격으로 되돌려줍니다. 그래서 그 사람이 아무리 부유한 환경에 있더라도 불만족스럽고 불행하게 지내도록 합니다.

선한 사람도 선한 동기에서 비롯된 잘못된 행동으로 인해 물질적 고통을 야기한다면, 그 고통을 피할 수 없습니다. 그 사람이 야기한 고통은 그 사람에게 물질적 환경에 고통을 가져올 것입니다. 그러나 그 사람의 선한 동기는 그 자신의 인격을 개선하여 내면에 영원한 행복의 원천을 제공할 것입니다. 그래서 그 사람은 고난 속에서도 인내하고 만족할 것입니다. 이러한 원리들을 우리가 주변에서 접하는 현실에 적용해 보면, 많은 의문들이 풀릴 것입니다.

동기와 행동의 결과(또는 결실)가 각각 다르게 영향을 미치는 이유는, 그 힘들이 생성된 차원의 특성을 지니고 있기 때문입니다. 더 높은 차원에서 생성된 힘일수록 더 강력하고 오래 지속됩니다. 따라서 동기는 행동보다 훨씬 더 중요합니다. 선한 동기에서 비롯된, 비록 잘못된 행동이라 할지라도, 나쁜 동기에서 비롯된 올바른 행동보다 행위자에게 더 많은 선을 가져다줍니다. 그 이유는, 인격에 영향을 미치는 동기는 장기적으로 이어진 일련의 결과들을 만들어 내기 때문입니다. 즉, 그 사람의 인격에 따라 앞으로 하게 될 모든 행동들이 영향을 받아, 더 나은 방향으로, 혹은 더 나쁜 방향으로 나아가게 됩니다. 반면에, 행동은 그 자체로는 새로운 무언가를 만들어 내는 힘이 없습니다. 단지 다른 사람에게 행복이나 불행을 주는 결과만을 낳고 소멸됩니다.

 살다 보면 여러 의무 사이에서 갈등하며 어떤 길이 옳은지 판단하기 어려울 때가 있습니다. 이때, 카르마의 법칙을 이해하는 사람은 자신의 모든 이성과 판단력을 발휘하여 최선의 길을 찾기 위해 부단히 노력합니다. 그 사람은 자신의 행동 뒤에 숨은 동기를 꼼꼼히 살피며, 이기적인 욕심은 버리고, 마음을 맑게 정화하는 데 온 힘을 쏟습니다. 그런 연후에야 비로소, 어떤 두려움도 없이 용감하게 행동합니다. 혹여라도 그 행동이 실수로 밝혀지더라도, 카르마의 법칙을 이해한 사람은 그로 인해 겪게 되는 고통을 미래를 위한 값진 교훈으로 삼아 달게 받아들입니다. 동시에, 그 사람의 순수하고 고결한 동기는 앞으로 삶 전체에 걸쳐 그 사람의 인격을 고결하게 만드는 밑거름이 될 것입니다.

 이처럼, 어떤 힘이든지 그 힘은 처음 생겨난 차원의 특성을 고스란히 간직하고 있다는 원리는 우리 삶에 지대한 영향을 미칩니다. 만약 우리가 어떤 행동을 할 때 그 동기가 물질적인 것을 얻기 위한 것이라면, 그 힘은 우리가 사는 이 물질세계, 즉 물질계 안에서 작용하고, 결국 우리를 그 물질세계에 얽매이게 만듭니다. 만약 천상의 대상, 즉 천상계에 존재하는 것을 얻고자 하는 것이 그 동기라면, 그 힘은 천상계에서 작용하여 우리를 그곳에 묶어 둘 것입니다. 반면에, 오직 신성한 봉사만을 위한 순수한 동기에서 비롯된 힘은 그 어떤 것에도 얽매이지 않고 영적인 차원에서 자유롭게 발현됩니다. 그러한 힘은 결코 그 사람을 얽맬 수 없습니다. 왜냐하면 그 사람은 그 어떤 것도 바라지 않고 오직 베풀기만 하기 때문입니다.

카르마의 종류와 운명의 직조

1) 성숙한 카르마, 피할 수 없는 운명

성숙한 카르마는 수확할 준비가 되어 불가피하게 닥쳐오는 카르마입니다. 과거의 모든 카르마 중에는 한 생애의 한계 내에서 소진될 수 있는 특정한 양이 존재합니다. 어떤 카르마들은 너무나 이질적이어서 단일 육체 안에서는 해소될 수 없고, 그 발현을 위해서는 매우 다른 유형의 몸체를 필요로 합니다. 또한 여러 영혼들에게 진 빚이 있는데, 이 모든 영혼들이 동시에 환생하는 것은 아닙니다. 어떤 카르마는 특정한 국가나 특정한 사회적 지위에서 해소되어야 하는 반면, 그 사람은 완전히 다른 환경을 필요로 하는 다른 카르마를 지니고 있기도 합니다.

그러므로 전체 카르마 중 오직 일부만이 주어진 생애에서 해소될 수 있으며, 이 부분은 위대한 카르마의 대천사들에 의해 선택됩니다. 이 대천사들에 대해서는 곧 설명할 것입니다. 영혼은 함께 해결될 수 있는 원인들의 총합을 소진하기에 적합한 가족, 국가, 장소, 육체로 환생하도록 인도됩니다. 이러한 원인들의 총합은 그 사람의 특정 생애의 길이를 결정하며 육체에 그 특징, 능력, 한계를 부여합니다. 그 사람의 생애 기간 동안 전생에서 그 사람이 의무를 진 영혼들과 만나게 하고, 그를 친척, 친구, 적으로 둘러쌉니다. 그 사람이 태어나는 사회적 조건을 장점과 단점을 동반하여 정해 줍니다. 또한 그 사람이 사용할 뇌와 신경계의 조직을 형성함으로써 그가 발휘할 수 있는 정신적 에너지를 선택합니다. 이렇게 그의 외적 삶에서 발생하는 문제와 기쁨을 초래하고 단일 생애에 가져올 수 있는 원인들을 한데 모읍니다.

이 모든 것이 "성숙한 카르마"이며, 이는 유능한 점성가가 작성한 점성술 차트(horoscope)에서 대략적인 윤곽을 그릴 수 있습니다. 이 모든 것에서 인간은 선택권이 없습니다. 모든 것은 과거에 그 사람이 한 선택들에 의해 결정되며, 그 사람은 자신이 초래한 결과를 온전히 감수해야 합니다. 따라서 영혼이 새로운 생애를 위해 선택하는 몸(육체, 심령체, 정신체)은 자신의 과거의 직접적인 결과이며, 성숙한 카르마의 매우 중요한 부분을 형성합니다. 이 몸들은 모든 면에서 영혼을 제한하며, 그 사람의 과거는 그 사람에 대한 심판으로 나타나 스스로 만든 한계를 드러냅니다.

결론적으로 우리는 이러한 한계를 기꺼이 받아들이고, 그 개선을 위해 부지런히 노력하는 것이 현명합니다. 왜냐하면 인간은 신성한 카르마의 법칙에서 벗어날 수 없기 때문입니다.

2) 생각 축적의 결과 행동의 카르마

매우 중대한 또 다른 종류의 성숙한 카르마가 있는데, 바로 불가피한 행동의 카르마입니다. 모든 행동은 일련의 생각의 최종적 표현입니다. 화학에서 예를 빌리자면, 우리는 같은 종류의 생각을 계속해서 추가함으로써 생각의 포화 용액을 얻습니다. 그러다가 또 다른 생각, 혹은 심지어 외부로부터의 충동이나 진동이 그 전체를 고체화시킵니다. 즉, 생각을 표현하는 행동이 되는 것입니다. 만약 우리가 같은 종류의 생각, 예를 들어 복수심을 끈질기게 반복한다면, 우리는 마침내 포화점에 도달하게 되고, 어떤 충동이든 이러한 생각을 행동으로 굳혀 범죄를 초래하게 됩니다. 혹은 우리는 다른 사람을 돕고자 하는 생각을 끈질기게 반복하여 포화점에 도달했을 수도 있고, 기회라는 자극이 우리를 건드리면 그 생각들은 영웅적인 행동으로 구체화됩니다.

인간은 이러한 종류의 성숙한 카르마를 가지고 올 수 있습니다. 행동으로 굳어질 준비가 된 그러한 생각의 덩어리를 건드리는 첫 번째 진동은 그 사람을 새로운 의지 없이, 무의식적으로, 그 행위를 저지르도록 재촉할 것입니다. 그 사람은 멈춰서 생각할 수 없습니다. 그 사람은 마음의 첫 번째 진동이 행동을 유발하는 상태에 있습니다. 무게 중심이 딱 맞는 지점에 놓여 있는 상태에서는 아주 작은 충동에도 넘어가게 됩니다. 이러한 상황에서, 인간은 자신이 저지른 어떤 범죄나, 자신이 수행한 어떤 숭고한 자기 헌신 행위에 놀라게 될 것입니다. 그는 "생각 없이 저질렀어"라고 말하지만, 실은 너무나 자주 그 생각을 해 왔기에 그 행동이 불가피하게 되었다는 사실을 알지 못합니다.

사람이 어떤 행동을 여러 번 하고자 뜻하면, 그 사람은 마침내 자신의 의지를 돌이킬 수 없게 고정시키고, 그 사람이 행동하는 것은 단지 시간 문제가 됩니다. 하지만 그 사람이 생각할 수 있는 한, 그의 자유 의지는 남아 있습니다. 왜냐하면 그 사람은 새로운 생각을 오래된 생각에 맞서 설정할 수 있고, 반대되는 생각을 반복함으로써 점차 오래된 생각을 소멸시킬 수 있기 때문입니다. 하지만 일단 생각이 행동으로 옮겨지는 순간, 더 이상은 되돌릴 수 없습니다. 그 행동에 따른 결과는 정해져 있고, 그 시점부터는 다른 선택을 할 수 없게 됩니다. 여기에 필연과 자유 의지에 대한 오래된 문제의 해답이 있습니다. 인간은 자유 의지를 행사함으로써 점차 자신을 위한 필연성을 만들어 냅니다. 그리고 그 두 극단 사이에는 우리가 의식하는 내면의 갈등을 만들어 내는 자유 의지와 필연성의 모든 조합이 놓여 있습니다.

우리는 의지에 의해 인도되는 목적 있는 행동의 반복을 통해 지속적으로 습관을 만들어 갑니다. 그 후 습관은 한계가 되고, 우리는 그 행동을 자동적으로 수행하게 됩니다. 그러다 어쩌면 우리는 그 습관이 나쁘다는 결론에 도달하고, 반대되는 생각으로 그 습관을 없애기 위해 힘들게 노력하기 시작합니다. 그리고 여러 번 불가피하게 그 습관으로 빠져든 후, 새로운 생각의 흐름이 그 물줄기를 돌리고, 우리는 완전한 자유를 되찾습니다. 그리고 다시 서서히 또 다른 족쇄를 만들게 되는 경우가 많습니다.

이처럼 오래된 생각-에너지체는 지속되면서 우리의 사고 능력을 제한하고, 개인적 그리고 국가적 편견으로 나타납니다. 대다수는 자신이 그렇게 제한되어 있다는 것을 알지 못하고, 속박된 상태를 알지 못한 채 그 사슬 속에서 평온하게 살아갑니다. 하지만 자신의 본성에 대한 진실을 배우는 사람들은 자유로워집니다. 뇌와 신경계의 구조는 우리 삶의 가장 뚜렷한 필수 요소 중 하나입니다. 이는 우리가 과거의 생각으로 인해 필연적으로 형성된 결과입니다. 우리는 종종 이러한 뇌와 신경계의 제약에 부딪혀 괴로워합니다. 하지만 이러한 제약은 점진적으로 개선될 수 있으며, 그 한계는 확장될 수 있을지언정 갑작스럽게 초월할 수는 없습니다.

3) 과거의 그림자 숨겨진 카르마

이처럼 성숙한 카르마의 또 다른 형태는, 과거의 악한 생각이 어떤 사람 주위에 악습의 껍질을 만들어 그를 가두고 악한 삶을 살게 하는 경우입니다. 이러한 행동은 앞서 설명했듯이 그의 과거로부터 비롯된 필연적인 결과입니다. 과거의 악한 생각들은 이전 생애에서 발현될 기회를 얻지 못해 지금껏 남아 있던 것입니다. 그동안 영혼은 성장하며 고귀한 자질들을 키워 왔습니다. 그러다 특정 생애에서 과거 악행으로 형성된 견고한 껍질이 특정 계기를 통해 외부로 표출되기도 합니다. 이 껍질 때문에 영혼은 그간 발전시켜 온 내면의 성장을 외부로 드러내지 못합니다. 마치 부화 직전의 병아리가 알껍데기 속에 갇혀 외부에는 껍데기만 보이는 것과 같습니다.

시간이 흘러 과거의 카르마가 모두 해소되면, 마치 위대한 스승의 한마디, 감명 깊은 책, 훌륭한 강연과 같이 우연해 보이는 사건을 통해 그 껍질이 깨지고, 마침내 영혼은 자유롭게 세상 밖으로 나옵니다. 이것이 우리가 종종 듣는 드물고 갑작스럽지만 영구적인 "영적 각성", 즉 "신성한 은총의 기적"입니다. 카르마의 법칙을 깨달은 자(knower)에게는 이러한 현상들이 지극히 당연하게 이해되며 자연법칙의 영역 안에서 일어나는 일입니다.

4) 인격 형성과 축적된 카르마

한 개인의 인격으로 나타나는 축적된 카르마는 성숙한 카르마와 달리, 항상 수정될 가능성이 있습니다. 축적된 카르마는, 그것이 형성하는 데 들어간 생각-에너지의 강도에 따라 강하거나 약한 다양한 경향성으로 구성됩니다. 그리고 이러한 경향성은, 그 경향성과 같은 방향으로, 혹은 반대 방향으로 작용하는 새로운 생각-에너지의 흐름에 의해 더욱 강화되거나 약화될 수 있습니다.

만약 우리 자신의 좋지 않은 인격이나 경향성을 발견한다면, 우리는 그것들을 제거하기 위해 노력할 수 있습니다. 종종 우리는 강렬하게 솟구치는 욕망의 흐름에 압도되어 유혹에 저항하는 데 실패합니다. 그러나 우리가 비록 실패하더라도 더 오래 저항할수록, 좋지 않은 인격을 극복하는 데 더 가까워집니다. 그러한 저항의 모든 실패는 역설적이게도 성공을 향한 한 걸음입니다. 왜냐하면 저항은 욕망의 에너지 일부를 소모시키고, 결과적으로 미래에 사용 가능한 욕망 에너지는 줄어들기 때문입니다. 우리는 지금까지 현재 만들어지는 과정에 있는 카르마에 대해 살펴보았습니다.

5) 공동체와 개인의 얽힌 카르마

우리가 어떤 집단, 예를 들어 가족이나 민족 같은 공동체의 운명, 즉 카르마를 생각할 때, 그 구성원 개개인에게 미치는 카르마의 힘은 개인의 운명에 새로운 변수로 작용합니다. 마치 여러 방향에서 당겨지는 줄다리기처럼, 한 사람에게 여러 힘이 작용하면 그 사람은 어느 한쪽으로만 끌려가는 것이 아니라, 그 힘들이 합쳐진 방향으로 움직이게 됩니다. 이처럼 집단의 카르마는 그 집단을 이루는 사람들 개개인의 카르마가 서로 영향을 주고받으며 만들어 낸 결과물이며, 모든 구성원은 그 거대한 흐름에 휩쓸려 함께 나아가게 됩니다.

예를 들어, 한 영혼(A)이 전생에 맺은 인연으로 인해 특정 가족의 일원으로 태어났다고 가정해 봅시다. 그 영혼은 자신의 카르마에 이끌려 이 가족과 깊은 관계를 맺게 된 것입니다. 그 가족은 부유한 할아버지로부터 막대한 재산을 상속받았습니다. 그런데 어느 날, 자식이 없이 죽은 줄 알았던 할아버지의 형으로부터 내려온 상속인(C)이 나타나고 재산은 그 상속인에게 넘어갑니다. 그 가족의 아버지(B)는 큰 빚더미에 앉게 됩니다. 개인만 놓고 보면 이 영혼(A)은 과거에 이 상속인(C)와 아무런 관련이 없었을 가능성이 있습니다. 오히려 과거 생에서 아버지(B)가 그 상속인(C)에게 어떤 빚(의무)을 졌고, 그로 인해 지금과 같은 파국을 맞이한 것일 수 있습니다. 이처럼 영혼은 가족이라는 집단의 카르마에 얽매여, 자신(A)의 직접적인 잘못이 아닌 아버지(B)의 행동으로 인해 고통을 겪게 될 위기에 처하는 것입니다.

만약 그 사람(A)의 과거에서 가족의 카르마로 인한 고통으로 소진될 수 있는 과오가 있다면, 그 사람은(A) 그 고통 속에 남겨져 자신의 카르마를 해소할 것입니다. 하지만 고통을 겪을 만한 카르마가 없다면, "뜻밖의 상황"을 통해 그 가족의 카르마에서 벗어납니다. 예를 들어, 과거 생에서 그 영혼(A)에게 은혜를 입었던 사람(D)이 그를 입양하고 교육하려는 충동을 느껴 그를(A) 구해 줄 수도 있습니다.

이러한 집단 카르마의 작용은 철도 사고, 선박 침몰, 홍수, 사이클론 등과 같은 재난에서 더욱 명확하게 드러납니다. 예를 들어, 열차 사고가 발생했다고 가정해 봅시다. 이 재난은 직접적으로는 기관사, 승무원, 철도 회사 이사진, 해당 노선의 설비 제작자 또는 철도 회사 직원들의 행동으로 인해 발생합니다. 이들은 자신이 부당한 대우를 받았다고 생각하여, 철도 회사 전체에 불만과 분노의 생각을 쏟아 냅니다. 과거에 갑작스럽게 단축된 삶의 빚을, (반드시 당장 갚아야 할 필요는 없는) 축적된 카르마의 형태로 가지고 있는 사람들은, 이 사고에 휘말려 그 빚을 갚게 될 수 있습니다. 반면에, 그 기차를 타려고 했지만 과거에 그러한 빚이 없는 사람은, 마치 "신의 섭리"처럼 우연히 기차 시간에 늦어 사고를 피하게 됩니다.

집단 카르마는 한 사람을 전쟁에 돌입하는 국가의 혼란 속으로 밀어 넣을 수도 있습니다. 그리고 여기서도 그 사람은 그 당시 생애의 성숙한 카르마에 꼭 국한되지 않는, 과거의 빚을 갚을 수도 있습니다. 어떠한 경우에도 인간은 자신이 받아서는 안 될 고통을 겪지는 않습니다. 그러나 만약 예측하지 못한 기회가 생겨 과거의 빚을 갚을 수 있다면, 그것을 갚고 영원히 그 빚에서 벗어나는 것이 좋습니다.

운명의 설계자, 카르마의 대천사

"카르마의 대천사"는 위대한 영적 지성체들로, 모든 개인의 카르마 기록을 보관하고, 복잡하게 얽힌 카르마 법칙의 실타래를 풀어 조율하는 역할을 합니다. H. P. 블라바츠키는 《비밀의 교리》에서 그들을 리피카(카르마의 기록자), 마하라자(힌두교의 마하데바 또는 차투르데바)와 그 하위 존재들이라고 묘사합니다. 마하라자와 그 하위 존재들은 "지상에서 카르마를 집행하는 대리자"입니다.

리피카는 모든 인간의 카르마 기록을 알고 있으며, 전지적 지혜로 그 기록의 일부를 선택하고 조합하여 한 생애의 계획을 세우는 존재입니다. 리피카는 윤회하는 영혼이 다음 생에서 입게 될 육체에 대한 "근본적인 설계도"를 제공합니다. 이 설계도는 영혼이 이번 생에서 발휘할 능력과 겪게 될 한계를 모두 담고 있습니다. 그리고 마하라자는 리피카에게서 이 설계도를 받아서, 훨씬 더 구체적이고 상세한 "실물 크기의 모형"으로 만듭니다. 그런 다음, 마하라지의 하위 존재들 중 하나에게 이 모형을 복제하라는 임무를 맡깁니다. 이렇게 복제된 것이 바로 "에테르체"입니다. 이 에테르체는 앞으로 태어날 아기의 "물질 육체의 주형(鑄型), 즉 틀"이라고 할 수 있습니다. 이 에테르체를 구성하는 미세한 에너지 물질은 어머니로부터 공급받으며, 어머니로부터 물려받는 신체적 특징, 즉 유전적인 영향을 받게 됩니다.

이처럼 에테르체가 형성되는 과정에는 어머니의 유전적 특질뿐만 아니라, 태어날 아기가 속할 인종, 국가, 그리고 부모의 선택까지도 카르마의 법칙에 따라 정교하게 조율됩니다. 인종, 국가, 부모는, 앞으로 태어날 자아(Ego)의 육체에 적합한 물질적인 재료를 제공하고, 그의 초기 생애에 적합한 환경을 제공할 수 있는지에 따라 카르마의 대천사들에 의해 선택됩니다. 가족의 육체적 유전 형질은 에테르체 및 육체를 구성하게 될 물질의 특정한 유형을 제공하고, 시간이 흐르면서 물질 조합의 특정한 특징들을 진화시켜 왔습니다. 유전병, 신경계의 유전적 섬세함 등은 명확한 물질적 조합을 의미하며, 이는 다음 세대로 전달될 수 있습니다.

정신체와 심령체에 특별한 개성을 발달시켜 온 자아(Ego)는 이러한 특성들을 발현하기 위해 그에 맞는 특별한 신체적 특징을 필요로 합니다. 카르마의 대천사는 이러한 요구 사항을 충족하는 육체적 유전 형질을 가진 부모에게로 그를 인도합니다. 예를 들어, 음악에 전념해 온 고도의 예술적 재능을 지닌 자아는 음악가 집안에서 육체를 얻도록 이끌릴 것입니다. 그 가문에서는 에테르체와 조밀한 육체를 만드는 데 필요한 물질들이 그의 필요에 맞게 준비되어 있을 것이고, 유전적으로 내려오는 신경계는 그의 재능을 발현하는 데 필요한 정교한 도구를 제공할 것입니다.

  반대로, 매우 악한 유형의 자아(Ego)는 거칠고 사악한 가족으로 이끌릴 것입니다. 그 가족의 육체는 가장 거친 물질 조합으로 구성되어 그 악한 자아의 정신체와 심령체에서 오는 충동에 잘 반응할 수 있는 몸을 만들 것입니다. 예를 들어, 욕망적 본능의 하위 정신이 이끄는 대로 탐닉하여 방탕한 삶, 특히 술에 중독되었던 자아를 생각해 보겠습니다. 카르마의 법칙에 따라, 이러한 자아는 과도한 음주로 인해 신경계가 손상된 가족에 환생하도록 인도될 것입니다. 그리고 그 자아는 자신의 새로운 육체를 구성할 건강하지 못한 세포와 조직을 제공할 술에 찌든 부모로부터 태어나게 될 것입니다. 이처럼 카르마의 대천사는 수단을 목적에 맞게 조정하고 정의가 실현되도록 보장합니다. 자아는 재능과 욕망이라는 자신의 카르마적 유산을 지니고 오며, 그에 걸맞은, 영혼의 몸체(vehicle)가 되기에 적합한 육체를 받게 됩니다.

카르마에서 벗어나는 길

  영혼은 자신의 모든 책임을 다할 때까지, 즉 모든 개별적 카르마를 소진할 때까지 지상으로 돌아와야 합니다. 그리고 매 생애마다 생각과 욕망은 새로운 카르마를 생성합니다. 그렇기에 "어떻게 이 끊임없이 새롭게 얽히는 속박을 끝낼 수 있을까? 영혼은 어떻게 해방에 이를 수 있을까?"라는 의문이 생길 수 있습니다. 이렇게 우리는 "카르마의 종결"이라는 주제에 이르게 되고, 이것이 어떻게 가능한지 탐구해야 합니다.

이 지점에서 우선해서 파악해야 할 것은 카르마가 우리를 얽매는 요소가 무엇인지 명확히 알아야 합니다. 밖으로 향하는 영혼의 에너지는 어떤 대상에 집착하게 되고, 영혼은 욕망의 대상과 결합하여 그 집착을 실현할 수 있는 장소로 다시 끌려갑니다. 영혼이 어떤 대상에 집착하는 한, 그 대상을 누릴 수 있는 장소로 끌려갈 수밖에 없습니다. 좋은 카르마도 나쁜 카르마만큼이나 영혼을 속박합니다. 왜냐하면 카르마는 지상이든, 천계이든, 어떤 욕망이든지 간에 영혼을 그 욕망이 충족되는 장소로 끌어당기기 때문입니다.

행동은 욕망에 의해 촉발됩니다. 행위는 행위 자체를 위해 행해지는 것이 아니라, 그 행위를 통해 욕망하는 무언가를 얻기 위해, 즉 그 결과물을 획득하기 위해, 전문용어로는 그 열매를 누리기 위해 행해집니다. 사람들은 땅을 파거나, 건물을 짓거나, 옷감을 짜는 것 자체를 원하는 것이 아니라, 땅을 파고, 건물을 짓고, 옷감을 짬으로써 얻는 돈이나 재화라는 결과를 원하기 때문에 일합니다. 변호사는 사건의 건조한 세부 사항을 진술하는 것 자체를 원하는 것이 아니라, 부와 명성, 지위를 원하기 때문에 변론합니다. 마찬가지로 우리 주변의 사람들은 항상 무언가를 위해 일하고 있습니다. 그들을 일하게 하는 자극(원인)은 그 일 자체인 노동이 아니라 그 노동이 가져다주는 결과에 있습니다. 행동의 결과에 대한 욕망이 일하는 사람들을 행동으로 이끌고, 그 결과에 대한 즐거움은 일하는 사람의 노력을 보상합니다.

그러므로 욕망은 카르마를 우리와 묶는 요소입니다. 영혼이 지상이나 천상의 어떤 대상도 더 이상 욕망하지 않을 때, 물질계, 심령계, 정신계의 삼계(三界)에서 돌아가는 윤회의 수레바퀴에 대한 그의 끈은 끊어집니다. 행동 자체는 영혼을 붙잡을 힘이 없습니다. 행동이 완료되면 과거로 사라지기 때문입니다. 그러나 결과에 대한 끊임없이 새로워지는 욕망은 영혼을 끊임없이 새로운 활동으로 몰아넣고, 이로 인해 새로운 사슬이 계속해서 만들어집니다. 이렇게 욕망이라는 채찍에 의해 인간들이 끊임없이 행동으로 내몰리는 것을 보더라도 우리는 절망해서는 안 됩니다. 왜냐하면 욕망은 나태함, 게으름, 무기력을 극복하고 인간에게 경험을 제공하는 활동을 하도록 촉구합니다.

예를 들어 풀밭에서 한가로이 졸고 있는 원시인을 주목해 보십시오. 그 원시인은 배고픔, 즉 음식에 대한 욕구에 의해 활동하게 되고, 그 욕구를 충족시키기 위해 인내심, 기술, 그리고 끈기를 발휘하도록 이끌립니다. 이와 같이 원시인은 정신적 자질을 계발하지만, 배고픔이 충족되면 다시 졸고 있는 동물로 돌아갑니다. 정신적 자질이 얼마나 전적으로 욕망의 자극에 의해 진화되었으며, 명성에 대한 욕망과 사후의 명성에 대한 욕망이 얼마나 유용했는지 생각해 보십시오. 인간은 신성에 가까워질 때까지 욕망의 자극이 필요합니다. 그리고 욕망은 그 사람이 위로 올라갈수록 더 순수해지고 덜 이기적으로 성장할 뿐입니다. 그럼에도 불구하고 욕망은 인간을 윤회에 묶습니다. 만일 인간이 자유로워지고 싶다면, 인간은 반드시 욕망을 소멸시켜야 합니다.

결국 해방을 갈망하기 시작한 수행자는 "행위의 결과에 대한 포기"를 실천하라는 가르침을 받습니다. 즉, 그 수행자는 점차 자기 안에서 어떤 대상을 소유하고자 하는 욕망을 근절해 나갑니다. 처음에는 자발적이고 의도적으로 그 대상을 거부함으로써, 소유하고자 했던 대상이 없이도 만족하는 데 익숙해지도록 자신을 훈련합니다. 시간이 지나면 수행자는 더 이상 소유하고자 했던 것을 그리워하지 않게 되고, 그것에 대한 욕망이 마음에서 사라지고 있음을 발견합니다. 이 단계에서 그 수행자는 행위가 자신에게 가져다주는 결과에 무관심해졌다고 해서 의무인 어떤 일도 소홀히 하지 않도록 매우 주의합니다. 그리고 모든 의무를 진지하게 수행하는 동시에 그 의무가 가져오는 결과에 대해서는 완전히 무관심하도록 자신을 훈련합니다. 수행자가 이 경지에 완벽하게 도달하여 어떤 대상도 욕망하지도 싫어하지도 않게 되면, 그 수행자는 더 이상 카르마를 생성하지 않습니다. 지상이나 천계로부터 아무것도 바라지 않게 되면서, 그 수행자는 어느 쪽에도 끌리지 않습니다. 그 수행자는 그 어느 곳에서도 어떤 형태로든 그에게 줄 수 있는 어떤 것도 원하지 않기에, 수행자와 지상이나 천계 사이의 모든 연결 고리는 끊어집니다. 이것이 새로운 카르마 생성에 관한 한, 개별적 카르마의 소멸입니다.

그러나 영혼은 새로운 사슬을 만드는 것을 멈추는 것뿐만 아니라 오래된 사슬도 제거해야 합니다. 그리고 이 오래된 사슬은 점차 닳아 없어지도록 내버려두거나 의도적으로 끊어 내야 합니다. 이 사슬을 끊기 위해서는 지식이 필요합니다. 과거를 되돌아보고, 그곳에서 시작된 원인, 즉 현재에 그 결과로 나타나고 있는 원인을 볼 수 있는 지식 말입니다. 어떤 수행자가 자신의 과거 생을 되돌아보면서, 미래에 일어날 어떤 사건을 초래할 원인을 발견했다고 가정해 봅시다. 더 나아가, 이러한 원인이 자신에게 가해진 상처에 대한 증오의 생각이며, 그것이 1년 후 가해자에게 고통을 줄 것이라고 가정해 봅시다. 그 수행자는 과거로부터 작용하는 원인들과 섞일 새로운 원인을 도입할 수 있습니다. 그리고 그 수행자는 과거의 원인을 상쇄하는 강한 사랑과 선의의 생각으로 대응하여 카르마의 원인들을 소진시킬 수 있습니다. 이로써, 그렇지 않았다면 필연적으로 일어났을 사건, 그리고 그 사건이 차례로 새로운 카르마적 문제를 일으키는 것을 막을 수 있습니다.

이와 같이 수행자는 과거에서 오는 힘과 동등하지만 반대되는 힘을 보내어 카르마의 원인들을 중화할 수 있으며, 이러한 방식으로 "지식으로 자신의 카르마를 불태울" 수 있습니다. 유사한 방식으로 수행자는 현재 생에서 생성되었지만 정상적으로는 미래 생에서 작용할 카르마를 종결시킬 수 있습니다.

또한, 수행자는 과거에 다른 영혼들에게 진 빚, 그들에게 행한 잘못, 다른 영혼들에게 갚아야 할 의무에 의해 방해받을 수 있습니다. 그래서 수행자는 자신의 지식을 사용하여 이 세상이나 다른 두 세계(심령계와 정신계) 중 한 곳에 있는 빚을 갚아야 할 영혼들을 찾고, 그들에게 봉사할 기회를 찾을 수 있습니다. 마찬가지로 수행자가 어떤 카르마적 빚을 지고 있는 영혼이 그의 현생에 환생했을 수도 있습니다. 이런 경우 수행자는 그 영혼을 찾아내어 빚을 갚을 수 있습니다. 그렇게 함으로써 사건의 흐름에 맡겨졌다면 추가적인 윤회를 필요로 했거나 미래 생에서 그 수행자를 방해했을 굴레로부터 자신을 자유롭게 할 수 있습니다.

오컬티스트들이 취하는 이상하고 당혹스러운 행동 방식은 때때로 이러한 설명으로 이해될 수 있습니다. 신비 지식을 가진 사람은 일반 사람들이 보기에는 자신과 전혀 어울리지 않는다고 생각하는, 심지어는 이상하게 여기거나 비난할 만한 사람과 깊은 관계를 맺기도 합니다. 그러나 그 오컬티스트는 자신의 진보를 방해하고 지연시킬 카르마적 의무를 조용히 이행하고 있는 것입니다.

자신의 과거 생을 되돌아볼 만큼 충분한 인식을 소유하지 못한 사람이라도 현생에서 자신이 시작한 많은 원인을 소진할 수 있습니다. 그들은 자신이 기억할 수 있는 모든 것을 신중하게 검토하고, 자신이 다른 사람에게 잘못을 저지른 일이나 다른 사람이 자신에게 잘못을 저지른 일을 찾아낼 수 있습니다. 전자의 경우에는 사랑과 봉사의 생각을 쏟아 내고, 가능하다면 물질계에서도 그 피해자에게 봉사함으로써 그 원인을 소진합니다. 후자의 경우에는 용서와 선의의 생각을 보내 그 원인을 소진합니다. 이처럼 과거 생을 되돌아볼 만큼 충분한 인식을 소유하지 못한 사람들도 자신의 카르마적 빚을 줄이고 해방의 날을 앞당길 수 있습니다.

모든 위대한 종교 스승들이 가르치는 '악을 선으로 갚으라'는 계율에 순종하는 경건한 사람들은, 자신도 모르는 사이에 현생에서 발생했지만 그대로 두었다면 미래에 작용했을 카르마를 소진하고 있습니다. 만약 경건한 사람들이 증오의 관계를 맺는 데 필요한, 마치 실과 같은 요소, 즉 증오심을 조금이라도 보태지 않고, 오히려 끈질기게 모든 증오의 힘을 사랑의 힘으로 중화한다면, 어느 누구도 경건한 사람들과 증오의 끈을 엮을 수 없습니다. 영혼이 사방으로 사랑과 자비를 발산하면, 증오의 생각은 그 어떤 것에도 깃들 수 없습니다.

"이 세상의 왕(욕망)이 오고 있지만, 내 안에는 그가 차지할 것이 아무것도 없습니다." 모든 위대한 스승들은 이 법칙을 알고 있었고, 그 위에 가르침을 세웠습니다. 위대한 스승들을 존경하고 헌신하는 마음으로 스승의 가르침에 순종하는 사람들은, 비록 그 작동 원리에 대한 자세한 내용을 알지 못하더라도, 그 법칙에 따라 이익을 얻습니다. 무지한 사람도 과학자가 제시한 지침을 충실히 수행하면, 비록 자연법칙에 대한 무지에도 불구하고, 그 법칙에 따라 작업함으로써 결과를 얻을 수 있습니다. 이와 동일한 원리가 물질계를 넘어선 세계에서도 유효합니다. 공부할 시간이 없어서, 전문가의 가르침에 따라 삶의 일상적인 행동을 인도하는 규칙을 받아들여야 하는 많은 사람들은, 자신도 모르는 사이에 카르마적 부채를 갚고 있을 수 있습니다.

윤회와 카르마가 대부분의 사람들에게 당연하게 받아들이는 나라에서는, 삶의 고난 역시 피할 수 없는 자연의 일부로 여기며 조용히 받아들이는 태도가 자리 잡습니다. 이는 일상의 평온함과 만족감을 높여 주는 밑거름이 됩니다. 불행에 휩싸이더라도 신(God)이나 다른 사람을 탓하기보다는, 자신의 과거 실수와 잘못이 쌓여 만들어진 결과로 여깁니다. 이러한 사람들은 체념하는 듯 보이지만, 사실은 고난 속에서도 최선을 다하며 살아갑니다. 카르마의 법칙을 모르는 이들이 무거운 짐에 짓눌려 괴로워하는 것과는 달리, 이들은 오히려 근심과 불안에서 자유롭습니다. 카르마의 법칙을 이해하는 사람들은 자신의 미래 생이 자신의 노력에 달려 있다는 것을 깨닫고, 자신에게 이러한 고통을 가져다주는 법칙이 자신이 선의 씨앗을 뿌리면 필연적으로 자신에게 기쁨을 가져다줄 것이라는 것도 깨닫습니다. 따라서 특정한 인내심과 삶에 대한 철학적 관점이 생겨나고, 이는 사회적 안정과 전반적인 만족으로 직접 이어집니다.

가난하고 무지한 사람들이 심오하고 상세한 형이상학을 공부할 수는 없습니다. 그러나 그들은 모든 사람이 지상에 수없이 다시 태어나고, 지금의 삶은 이전의 삶에 의해 형성된다는 이러한 단순하지만 중요한 진리를 본능적으로 이해합니다. 그들에게 환생은 마치 해가 뜨고 지는 것처럼 자연스럽고 당연한 일입니다. 그것은 자연의 순리이기에, 불평하거나 거부하는 것은 의미가 없습니다.

신지학이 이러한 비전의 진리를 서구 사상의 정당한 위치로 복원하면, 그 진리들은 점차 서서히 그리스도교 문화권 내 모든 계층으로 퍼질 것입니다. 이를 통해 삶의 본질에 대한 이해와 과거의 결과를 받아들이는 자세가 확산될 것입니다. 그때가 되면, 삶이 이해할 수 없고, 불공정하며, 통제 불가능하다는 초조하고 절망적인 감정에서 비롯된 불만이 사라질 것입니다. 대신, 깨달음으로 밝혀진 지식과 법칙에 대한 앎에서 우러나오는 조용한 강인함과 인내심이 그 자리를 차지할 것입니다. 이러한 내적 힘은, 마치 영원을 위해 탑을 쌓듯, 차분하고 계획적으로 미래를 준비하는 사람들의 원동력이 될 것입니다.

제11장

영혼 진화의 열쇠

우주 진화의 원리들

1) 우주의 근본 원리

카르마의 법칙을 이해한 후에는, 우리는 자연스럽게 자기 내어줌의 법칙(Law of Sacrifice)을 탐구해야 합니다. 한 스승이 말씀하셨듯이, 자기 내어줌(사랑)의 법칙에 대한 이해는 카르마의 법칙을 이해하는 것만큼이나 필수적이며 중요한 법칙입니다. '왜냐하면 카르마의 법칙이 과거의 행동에 대한 결과를 규정하는 정의의 법칙이라면, 자기 내어줌의 법칙은 미래를 건설하고 더 높은 차원으로 나아가게 하는 원동력이기 때문입니다. 이러한 자기 내어줌의 법칙은 우주의 근본 원리이기도 합니다.'(편집자) 로고스는 자기 내어줌, 다시 말해 사랑이라는 행위를 통해 스스로를 제한하여 우주의 형체로 나타나셨습니다. 즉, 우주는 로고스의 사랑, 즉 헌신을 통해 유지되며, 인간은 사랑의 실천, 즉 헌신을 통해 완전에 이릅니다. 힌두교의 경전인 '브리하다란야코파니샤드[189]'는 새벽이 자기희생 속에 있다고 말하며, 조로아스

---

189 브리하다란야카 우파니샤드(Brihadaranyakopanishad): "위대한 숲의 가르침"이라는 뜻으로, 초기 우파니샤드 중 하나이자 가장 방대한 문헌. 아트만과 브라흐만의 합일, 윤회, 카르마 등 힌두 철학의 핵심 사상을 담고 있으며, 신지학의 형이상학적 우주론에도 영향을 미쳤다.

터교에서는 아후라 마즈다가 자기희생의 행위에서 비롯되었다고 가르칩니다. 또한 그리스도교에서는 세상을 창조할 때부터 희생된 어린 양을 로고스의 상징으로 여깁니다. 이처럼 여러 종교에서 헌신의 중요성을 강조하고 있습니다. 그러므로 고대의 비전으로 비롯된 모든 종교는 사랑, 즉 헌신을 중심 가르침으로 삼고 있으며, 신비주의의 가장 심오한 진리 중 일부도 자기 내어줌의 법칙에 뿌리를 두고 있습니다.

비록 미약하게나마 로고스의 자기 내어줌인 사랑의 본질을, 이해하려는 시도는 우리를 자기 내어줌(희생)이 본질적으로 고통스러운 것이라는 매우 일반적인 실수에서 벗어나게 해 줄 것입니다. 사실 자기 내어줌의 본질은 다른 이들이 생명을 함께 누릴 수 있도록 자발적이고 기쁘게 생명을 쏟아붓는 것입니다. 고통은 오직 희생하는 존재의 내면에 불협화음이 있을 때, 즉 베푸는 것에서 기쁨을 느끼는 상위 자아와 움켜쥐고 소유하는 것에서 만족을 느끼는 하위 자아 사이에 갈등이 있을 때만 발생합니다. 고통이라는 요소를 불러오는 것은 오로지 그 내면의 불협화음뿐입니다. 완전함의 정점인 로고스에게는 그러한 불협화음이 생겨날 수 없습니다. 유일자(The One)는 마치 완벽한 화음을 이루는 오케스트라와 같습니다. 그 안에는 무한하고 아름다운 울림들이 가득하지만, 그 모든 울림은 단 하나의 음으로 조율됩니다. 그리고 그 안에서 생명과 지혜, 그리고 충만한 행복이 어우러져 존재의 단 하나의 근원적인 음을 만들어 냅니다.

2) 로고스의 창조 원리

로고스의 자기 내어줌, 즉 사랑은 로고스가 현현하기 위해 자신의 무한한 생명을 자발적으로 제한하는 데 있었습니다. 상징적으로 말하면, 중심은 어디에나 있고 둘레는 어디에도 없는 무한한 빛의 바다에서, 살아 있는 빛으로 가득 찬 영역, 즉 로고스가 솟아오릅니다. 그리고 그 영역의 표면은 로고스가 현현하기 위해 자신을 제한하려는 그의 의지, 다시 말해 그가 자신을 가두는 베일입니다. 이것은 로고스의 자기 제한 능력, 즉 그의 마야(Māyā)이며, 모든 형체가 발생하는 제한 원리입니다. 로고스의 생명은 "영(Spirit)"으로 나타나고, 그의 마야는 "물질(Matter)"로 나타나며, 영과 물질은 현현하는 동안 결코 분리되지 않습니다. 그 안에 우주가 형체를 갖출 수 있도록 로고스는 자신을 그 베일 안에 가둡니다.

로고스의 자기 내어줌(사랑)의 대상은 아직 존재하지 않습니다. 창조될 우주와 그 안에 존재할 모든 것의 미래 존재는 오직 로고스의 "생각" 속에만 놓여 있습니다. 창조될 우주는 로고스에게 그 개념을 빚지고 있으며, 장차 자신의 다양한 생명을 소유할 것입니다. "부분이 없는 브라흐만(Brahman)" 안에서는 로고스의 자발적인 자기희생, 즉 스스로 형상을 취하여 무수한 형태를 발산하는 행위가 없다면 다양성이 발생할 수 없습니다. 이렇게 발산된 각 존재는 로고스의 생명의 불꽃을 부여받았으므로, 로고스의 형체로 진화할 수 있는 힘을 지니고 있습니다. "존재의 탄생을 야기하는 최초의 자기 내어줌은 행위(카르마)라고 불린다"라고 경전에 전해집니다.(17) 그리고 자기 존재의 완전한 휴식의 지복에서 벗어나 활동하는 이 행위는 언제나 로고스의 자기 내어줌, 사랑의 발현으로 인식되어 왔습니다.

이러한 자기 내어줌(사랑)은 우주가 존재하는 기간 동안 계속됩니다. 왜냐하면 로고스의 생명은 분리된 모든 "생명"을 지탱하는 유일한 근원이며 로고스는 자신이 탄생시킨 무수한 형체 각각에 자신의 생명을 제한하고, 각 형체에 내재된 모든 제약과 한계를 짊어지기 때문입니다. 로고스는 그 어떤 형체에서든 언제라도 무한한 주님으로서 우주를 자신의 영광으로 가득 채우며 솟아오르실 수 있습니다. 그러나 오직 숭고한 인내와 느리고 점진적인 확장을 통해서만 각 형체는 자신과 같이 무한한 힘을 가진, 스스로 존재하는 중심으로 인도될 수 있습니다.

그러므로 로고스는 스스로를 형체 안에 가두고, 완전함에 이를 때까지 모든 불완전함을 견뎌 냅니다. 그리하여 로고스의 피조물은 로고스와 같아지고 그와 하나가 되지만, 자신만의 고유한 기억의 실타래를 간직하게 됩니다. 이처럼 자신의 생명을 형체로 쏟아붓는 것은 최초의 자기 내어줌(사랑)의 일부이며, 그 안에는 마치 아버지가 자녀를 세상에 내보내는 것과 같은 지복이 담겨 있습니다. 각각의 개별적 존재는 결코 사라지지 않을 정체성을 진화시키고, 다른 모든 것과 조화된 자신의 고유한 음(音)을 내어 영원한 지복, 지성, 생명의 노래를 부풀게 하기 위함입니다.

이것이 바로 자기 내어줌의 사랑의 참된 의미입니다. 다른 어떤 부수적인 요소가 섞여 있더라도, 사랑의 자기 내어줌의 핵심은 다른 존재들이 생명에 참여하고, 그 생명 안에서 살아가고, 마침내 스스로 설 수 있을 때까지, 자발적으로 자신의 생명을 쏟아 내는 것입니다. 그리고 이것은 곧 신성한 기쁨의 표현입니다. 마치 새가 지저귈 때, 화가가 자신의 생각을 그림으로 표현할 때 느끼는 기쁨처럼, 자신의 능력을 발휘하는 모든 활동에는 언제나 기쁨이 따릅니다. 신성한 생명의 본질적인 활동은 내어주는 것에 있어야 합니다. 왜냐하면 자신보다 더 높은 존재는 없고, 그로부터 무언가를 받을 수도 없기 때문입니다. 만약 현현한 생명이 활동적인 움직임이라면, 현현한 생명 그 자체는 반드시 자신을 밖으로 쏟아 내야만 합니다. 그러므로 영의 특징은 '(사랑을) 내어주는 것'입니다. 왜냐하면 영은 모든 형체 속에서 활동하는 신성한 생명 그 자체이기 때문입니다.

3) 물질의 속박과 생명의 자유

반면, 물질의 본질적인 활동은 '받는 것'에 있습니다. 물질은 생명의 충동을 받아들임으로써 특정한 형체로 만들어집니다. 그리고 물질 그 자체는 계속해서 생명의 충동을 받아들임으로써 그 형체를 유지합니다. 만약 생명의 충동을 받지 못하게 되면 형체는 흩어져 버립니다. 물질의 모든 활동은 이처럼 받는 것의 성질을 띠며, 오직 받음으로써만 그 형체를 유지할 수 있습니다. 그렇기 때문에 물질은 항상 무언가를 움켜쥐고, 붙잡고, 자신의 것으로 만들려고 애씁니다. 형체가 지속되는 것은 얼마나 움켜쥐고 유지하는지에 달려 있습니다. 따라서 물질은 가능한 모든 것을 자신 안으로 끌어들이려고 하며, 자신이 내어주는 모든 것을 인색해합니다. 물질의 기쁨은 곧 움켜쥐고 소유하는 것입니다. 물질에게 주는 행위는 마치 죽음을 향해 나아가는 것과 같습니다.

이러한 관점에서 보면, 왜 사람들이 헌신을 고통스러운 것으로 여기게 되었는지 쉽게 이해할 수 있습니다. 신성한 생명은 내어주는 행위를 통해 기쁨을 찾습니다. 심지어 형체 안에 갇혀 있을 때에도, 그 형체가 주는 행위로 인해 소멸되는 것을 개의치 않습니다. 왜냐하면 그 형체는 단지 일시적인 겉모습일 뿐이며, 신성한 생명이 개별적으로 성장하기 위한 도구에 불과하다는 것을 알고 있기 때문입니다. 반면, 자신의 생명력이 빠져나가는 것을 느낀 형체는 고통 속에 울부짖습니다. 그리고 그 생명 흐름을 붙잡기 위해 애쓰고 저항합니다. 자기 내어줌은 형체가 '자신의 것'이라 여기는 생명 에너지를 감소시키거나, 때로는 완전히 소진시켜 형체를 소멸되도록 합니다.

형상의 세계, 즉 물질계의 낮은 차원에서는 이 같은 자기 내어줌은 희생의 측면만이 인식되고 형체는 마치 도살장으로 끌려가는 존재처럼 고통과 공포 속에서 울부짖었습니다. 형체에 눈이 먼 인간들이 자신을 기꺼이 내어주는 자유로운 생명 대신 고통받는 형체와 희생을 동일시한 것은 놀라운 일이 아닙니다. "보소서! 주님, 당신의 뜻을 행하러 왔나이다. 나는 기꺼이 행하겠나이다"라고 기꺼이 외치는 대신에 말입니다. 인간은 누구나 상위 자아와 하위 자아를 모두 인지합니다. 그리고 종종 자신의 자의식을 상위 자아보다 하위 자아와 더 동일시하는 경향이 있습니다. 그 결과, 하위 자아, 즉 형체가 겪는 고군분투를 마치 자신의 고군분투인 것처럼 느낍니다. 나아가 더 높은 의지에 순종하며 고통을 감내하는 것을 자기 내어줌이라고 잘못 생각하게 됩니다. 결국 자기 내어줌을 고통에 대한 경건하고 체념적인 수용으로 여기게 된 것입니다. 이는 당연한 결과입니다.

인간은 자신을 형체가 아닌 생명과 동일시할 때까지는 자기 내어줌에서 고통이라는 요소를 제거할 수 없습니다. 완벽하게 조화를 이룬 존재에게는 고통이 있을 수 없습니다. 왜냐하면 그 형체는 생명의 완벽한 매개체가 되어, 기꺼이 받거나 내어주기 때문입니다. 투쟁이 멈추면 고통도 멈춥니다. 고통은 불협화음, 마찰, 상반되는 움직임에서 발생하기 때문입니다. 그리고 전체 본성이 완전한 조화 속에서 작동하는 곳에서는 고통을 일으키는 조건이 존재하지 않습니다.

생명의 순환과 인간계의 진화

1) 생명의 순환

이처럼 자기 내어줌 즉, 사랑의 법칙은 우주 안에서의 생명 진화의 법칙이기에, 우리는 그 사다리의 모든 단계가 자기 내어줌을 통해 이루어진다는 것을 알게 됩니다. 즉, 생명은 더 높은 형체로 태어나기 위해 스스로를 쏟아붓고, 그 생명을 담고 있던 형체는 소멸합니다. 소멸하는 형체만을 보는 사람들은 자연을 수많은 죽음이 쌓인 곳으로 여깁니다. 반면, 불멸의 영혼을 보는 사람들은 소멸하는 형체를 보며 더 새롭고 높은 형체를 취하기 위해 탈출하여 위로 솟구치는 생명으로부터 기쁨에 찬 탄생의 노래를 듣습니다.

광물계의 모나드는 식물의 생산과 유지를 위해 자신의 형체를 분해함으로써 진화합니다. 광물은 분해되어 식물 형체의 재료가 됩니다. 식물은 토양에서 영양분을 흡수하여 분해하고, 자신의 구성 물질로 만듭니다. 광물의 형체는 소멸함으로써 식물의 형체가 자라나도록 합니다. 이처럼 광물계에 새겨진 사랑의 법칙은 생명과 형체의 진화 법칙입니다. 생명은 계속 나아가고, 모나드는 진화하여 식물계를 만들어 냅니다. 이때 하위 형체의 소멸은 상위 형체의 출현과 유지를 위한 조건이 됩니다.

이 이야기는 식물계에서도 반복됩니다. 식물계의 형체는 동물의 형체가 생성되고 성장할 수 있도록 차례대로 자신을 내어줍니다. 풀과 곡물, 나무는 도처에서 동물 신체의 영양 공급을 위해 소멸합니다. 식물의 조직은 분해되어 동물이 그 구성 물질을 동화하고 자신의 신체를 구성하도록 합니다. 다시 한번, 이번에는 식물계에 사랑의 법칙이 새겨집니다. 식물계의 생명은 자신의 형체가 소멸하는 동안 진화합니다. 모나드는 진화하여 동물계를 만들어 내고, 식물은 동물 형체가 탄생하고 유지될 수 있도록 바쳐집니다.

지금까지 고통이라는 개념은 자기 내어줌(사랑)과 연관되지 않았습니다. 왜냐하면 우리가 탐구를 통해 살펴본 바와 같이, 식물의 심령체는 기쁨이나 고통과 같은 어떤 강렬한 감각을 일으킬 만큼 충분히 발달되지 않았기 때문입니다. 하지만 동물들이 살아가는 모습을 보면 자기 내어줌에는 고통이 따른다는 것을 알 수 있습니다. 인간의 손길이 닿지 않은 "자연 상태"에서 동물이 서로를 잡아먹을 때 발생하는 고통이 존재합니다. 또한 인간이 동물의 진화를 돕는 과정에서 고통의 양을 크게 증가시켰고, 육식 동물의 약탈 본능을 감소시키기보다는 오히려 강화한 것도 사실입니다. 하지만 인간은 이러한 본능을 자신의 목적을 위해 이용했을 뿐, 그 본능을 심어 준 것은 아닙니다.

인간이 직접적으로 진화에 관여하지 않은 무수한 종류의 동물들이 서로를 잡아먹습니다. 광물계와 식물계에서처럼, 형체는 다른 형체를 유지하기 위해 헌신됩니다. 인간이 지구상에 나타나기 훨씬 전부터, 생존을 위한 치열한 경쟁은 계속되었습니다. 그리고 그 경쟁은 생명과 형체 모두의 진화를 더욱 빠르게 만들었습니다. 한편, 형체가 파괴될 때 발생하는 고통은, 진화하는 영혼에게 모든 형체는 일시적이며, 사라지는 겉모습과 영원히 지속되는 생명은 다르다는 것을 알려주는 기나긴 가르침의 시작을 알리는 신호였습니다.

2) 인간계의 진화

인간의 하위 본성은 하위 계(界)들을 지배하는 것과 동일한 자기 내어줌(사랑)의 법칙에 따라 진화했습니다. 그러나 인간의 모나드를 탄생시킨 신성한 생명의 하강은 사랑의 법칙이 생명의 법칙으로 작동하는 방식에 변화를 가져왔습니다. 인간은 스스로 판단하고 행동하는 힘, 즉 '의지'를 발전시켜야만 했습니다. 따라서 동물계, 식물계, 광물계를 진화의 길로 이끌었던 강제력은 인간에게는 사용할 수 없었습니다. 만약 그렇게 했다면, 이 새롭고 필수적인 능력, 즉 '의지'의 성장을 방해했을 것이기 때문입니다.

어떤 광물도, 어떤 식물도, 어떤 동물도 자기 내어줌의 법칙을 스스로 선택하라고 요구받지 않았습니다. 자기 내어줌의 법칙은 그들에게는 외부로부터 주어진 것이었으며, 피할 수 없는 거대한 힘에 의해 성장이 강제되었습니다. 반면 인간은, 스스로 판단하고 생각하는 지성을 키우기 위해 '선택의 자유'를 누려야 했습니다. 여기서 중요한 질문이 떠오릅니다. "인간은 고통을 피하려는 민감한 존재입니다. 더욱이, 지각이 있는 형체가 붕괴될 때 고통은 피할 수 없습니다. 이러한 상황에서, 어떻게 하면 인간이 자유롭게 선택하도록 내버려두면서도, 동시에 자기 내어줌(사랑)의 법칙을 배울 수 있을까요?"

만약 인간이 스스로 답을 찾아야 했다면, 수많은 영겁에 걸친 경험과 탐구를 통해 인간은 마침내 자기 내어줌(사랑)의 법칙이 생명의 근본 법칙이라는 것을 발견했을 것입니다. 그러나 이 점에서도, 다른 많은 점들과 마찬가지로, 인간은 스스로의 힘에만 맡겨지지 않았습니다. 인간이 아직 미성숙한 단계에 있을 때, 신성한 스승들이 그들 곁에 계셨고 스승들은 권위 있게 자기 내어줌의 법칙을 선포하셨습니다. 신성한 스승들은 인간의 지성을 훈련시킨 종교들 안에서 가장 이해하기 쉬운 형태로 그 법칙을 담아냈습니다.

이 어린 영혼들에게, 그들이 가장 원하는 것이나 생존이 달려 있는 것을 아무런 대가 없이 포기하라고 갑자기 요구하는 것은 소용없는 일이었을 것입니다. 진화의 초기 단계 인간들은 자발적인 자기 내어줌(사랑)의 경지에 이르기까지 점진적으로 이어지는 길을 따라 인도되어야 했습니다. 이를 위해 인간들은 먼저 자신이 분리된 개체가 아니라 더 큰 전체의 일부이며, 인간들의 생명은 그들보다 상위 또는 하위의 다른 생명들과 연결되어 있다는 것을 배웠습니다.

인간들의 육체적 생명은 하위의 생명, 즉 흙과 식물에 의해 유지되었습니다. 인간들은 하위의 생명들을 섭취했고, 그렇게 함으로써 갚아야 할 빚을 지게 되었습니다. 인간은 다른 생명들의 자기 내어줌으로 살아가면서, 다른 생명들도 지탱할 무언가를 차례로 내어줘야 했습니다. 즉, 인간들은 자양분을 공급받은 만큼 자양분을 공급해야 했습니다. 인간들은 물리적 자연을 인도하는 심령적 존재들의 활동에 의해 생산된 열매를 취하면서, 소모된 힘을 적절한 제물을 통해 보충해야 했습니다.

이러한 이유로 자연의 힘, 혹은 종교가 가르쳐 온 대로 물리적 질서를 인도하는 지적 존재들에게 바치는 모든 희생 제물이 생겨났습니다. 불은 조밀한 물질을 빠르게 분해하기 때문에 불에 탄 제물의 에테르 입자를 빠르게 에테르로 되돌렸습니다. 따라서 심령 입자는 쉽게 해체되어 흙의 비옥함과 식물의 성장과 관련된 심령적 존재들에게 동화될 수 있었습니다. 이처럼 주고받는 순환의 바퀴는 계속해서 돌아갔고, 인간은 자신이 자연에 끊임없이 빚을 지고 있으며, 그 빚을 끊임없이 갚아야 한다는 것을 배웠습니다.

이처럼 의무감이 인간의 마음에 심어지고 길러졌으며, 전체, 즉 자양분을 공급하는 어머니 자연에 대한 의무가 인간의 생각에 각인되었습니다. 이러한 의무감은 그 이행이 자신의 안녕에 필수적이라는 생각과 밀접하게 연결되어 있었습니다. 그리고 계속 번영하고자 하는 소망이 인간에게 빚을 갚도록 움직였다는 것은 사실입니다. 인간들은 이제 막 첫 교훈을 배우고 있는 어린 영혼이었고, 생명의 상호 의존성, 즉 개별적인 생명이 다른 이들의 헌신에 의존한다는 이 교훈은 인간의 성장에 매우 중요했습니다. 아직 인간은 주는 것의 신성한 기쁨을 느낄 수 없었습니다. 아직 신성한 기쁨을 알지 못했기에, 자신에게 자양분을 공급하는 것, 즉 자신에게 이로운 것을 포기하려는 형체의 망설임, 그 이기심을 먼저 극복해야만 했습니다. 그리고 이 시기의 희생은 소중히 여기는 무언가를 포기하는 것을 의미했습니다. 다시 말해, 의무감과 계속 번영하고자 하는 소망 때문에 마지못해 포기하는 것으로 여겨졌습니다.

다음 단계의 가르침은 자기 내어줌(사랑)에 대한 보상을 이 세상 너머의 세계로 옮겨 놓았습니다. 처음에는 물질적인 것을 내어주면 물질적인 풍요를 얻을 수 있다고 배웠습니다. 그다음에는 물질적인 것을 내어주면 죽음 이후의 저세상, 즉 천국에서 영원한 기쁨을 누릴 수 있다고 믿게 되었습니다. 자기 내어줌에 대한 보상은 더 높은 차원의 것이 되었고, 인간은 일시적인 것을 내어줌으로써 영원한 것을 얻을 수 있다는 것을 배웠습니다. 이는 무엇이 더 가치 있는지를 분별하는 지혜로 이끄는 중요한 가르침이었습니다. 물질에 대한 집착은 이제 천국의 기쁨에 대한 갈망으로 바뀌었습니다. 모든 대중 종교에서 우리는 현명한 스승들이 이러한 가르침을 사용하는 것을 볼 수 있습니다. 스승들은 너무나 지혜로웠기에, 갓 태어난 미성숙한 영혼에게 아무런 보상 없는 영웅적인 행동을 기대하지 않았습니다. 대신 숭고한 인내심으로 고집스러운 아이들을 달래듯, 진화 초기 단계 인간들의 하위 본성에게는 험난하고 고통스러운 길을 천천히 함께 걸어갔습니다.

점차적으로 인간들은 신체를 복종시키도록 유도되었습니다. 그들은 종종 부담스러운 성격의 종교 의식을 매일 규칙적으로 수행함으로써 게으름을 극복하고, 유용한 방향으로 활동을 이끌어 신체의 활동을 조절하도록 배웠습니다. 그들은 육체/형체(form)를 정복하고 생명에 복종하도록 훈련받았습니다. 또한, 마음이 천국에서 보상을 누리고자 하는 욕망에 따라 선행과 자선 활동을 정신의 지시대로 몸으로 실천하는 데 익숙해졌습니다.

우리는 힌두교, 페르시아, 중국 문화 속에서 사람들이 어떻게 그들의 다양한 의무를 배우고 실천했는지 볼 수 있습니다. 동양의 사람들은 조상, 부모, 연장자에게 순종하고 존경을 표하며, 예의 바르게 자선을 베풀고, 모든 이에게 친절을 베풀도록 육체를 훈련시켰습니다. 사람들은 천천히 영웅적인 행동과 헌신을 높은 수준으로 발전시켜 나갔습니다. 자신의 신념을 지키기 위해 기꺼이 고문과 죽음도 두려워하지 않았던 순교자들이 그 훌륭한 예입니다. 물론 인간들은 육체를 희생한 대가로 천국에서 "영광의 면류관"을 쓰게 될 것이라고 기대했습니다. 그렇지만 육체에 대한 집착을 이겨 내고 보이지 않는 영적인 세계를 더 중요하고 현실적인 것으로 만든 것만으로도 큰 성취였습니다.

다음 단계는 의무감이 확고하게 자리 잡았을 때 이루어졌습니다. 이 단계는 몇 가지 특징을 지닙니다. 첫째, 하위 자아를 상위 자아에게 헌신하는 것이, 다른 세상에서 받을 보상과는 상관없이, 그 자체로 "옳은" 일이라고 여겨졌습니다. 둘째, 전체에 대한 부분으로서 개인이 지닌 의무가 분명하게 인식되었습니다. 셋째, 다른 이들의 도움으로 살아가는 개인이 그에 대한 보답으로 봉사하는 것은, 마치 당연히 갚아야 할 빚처럼, 그 어떤 대가도 바라지 않고 행하는 것이 마땅하다고 여겨졌습니다.

인간 진화의 열쇠

마침내 인간은 자기 내어줌(사랑)의 법칙을 생명의 법칙으로 인식하기 시작했고, 자발적으로 그 법칙과 자신을 동일시하기 시작했습니다. 그리고 자신이 거주하는 육체와 자신을 분리하여 생각하고, 진화하는 생명과 자신을 동일시하는 법을 배우기 시작했습니다. 이로 인해 그 사람은 점차 모든 육체의 활동에 대해 무관심을 느끼게 되었습니다. 단, "마땅히 해야 할 의무"로서의 활동은 예외였습니다. 그 사람은 모든 활동을 자신이 그 결과에 대한 어떠한 욕망도 없이, 세상에 빚진 생명 활동을 위한 단순한 통로로 여기게 되었습니다. 이처럼 그 사람은 앞서 언급한 지점에 도달했습니다. 즉, 그 사람을 세 가지 세계(물질계, 심령계, 정신계)로 끌어당기는 카르마가 더 이상 생성되지 않는 지점입니다. 그 사람은 존재의 수레바퀴의 회전이 자신에게 어떤 달콤한 열매를 가져다주기 때문이 아니라 단지 회전되어야 하기 때문에 수레바퀴를 돌렸습니다.

그리고 자기 내어줌(사랑)의 법칙을 완전히 인식하면, 인간은 정신계를 넘어섭니다. 정신계는 의무를 의무로서, 즉 "빚진 것이기 때문에 해야 할 일"로 인식하는 곳입니다. 그보다 더 높은 붓디계는 모든 자아가 하나임을 느끼고, 모든 활동이 분리된 자아의 이익이 아닌 모두의 이익을 위해 쏟아지는 곳입니다. 오직 그 차원에 이르러서야 자기 내어줌의 법칙은, 그저 머리로만 옳다고 이해하는 것을 넘어, 가슴 벅찬 기쁨이자 특권으로 느껴집니다.

붓디계에서 인간은 생명이 하나라는 것을 분명히 봅니다. 그 생명은 로고스의 사랑이 자유롭게 흘러나오는 것으로서 영원히 쏟아져 나옵니다. 스스로를 분리하여 유지하는 생명은 기껏해야 보잘것없고 비천한 것이며, 게다가 은혜를 모르는 어리석은 것이라는 것을 분명히 알게 됩니다. 그곳에서 온 마음은 로고스를 향해 사랑과 경배의 강한 파도로 솟구쳐 오르고, 기쁨에 찬 자기 내어줌(사랑)으로 그분의 생명과 사랑이 세상을 향해 흘러가는 통로가 됩니다. 그분의 빛을 전하는 자, 그분의 자비를 전하는 사자, 그분의 영역에서 일하는 일꾼이 되는 것, 그것이 살아갈 가치가 있는 유일한 삶으로 보입니다. 진화를 앞당기고, 선한 법칙에 봉사하며, 세상의 무거운 짐을 덜어 주는 것, 그 봉사는 마치 주님 자신의 기쁨처럼 느껴집니다.

붓디계에 도달한 사람만이 세상의 구원자 중 한 명으로 행동할 수 있습니다. 왜냐하면 붓디계에서 그 사람은 모든 존재와 하나이기 때문입니다. 모든 생명이 하나로 연결된 붓디계에서 인류와 하나 된 그는 힘과 사랑, 생명을 분리된 어떤 자아 또는 모든 자아로 흘려보낼 수 있습니다. 이 높은 차원에 이른 사람은 이제 영적인 힘의 근원이 되었고, 그의 생명을 쏟아부음(사랑)으로써 우주의 모두가 사용할 수 있는 영적 에너지가 증가합니다. 그가 분리된 자아를 위해 무언가를 추구하며 물질계, 심령계, 정신계에서 사용했던 힘은 이제 모두 하나의 거룩한 헌신으로 모아지고, 그로 인해 영적 에너지로 변환되어 세상에 영적 생명으로 쏟아집니다.

이러한 변환은 해당 에너지가 어느 차원에서 발현되는지를 결정하는 동기에 의해 이루어집니다. 만약 어떤 사람의 동기가 물질적 대상을 얻는 것이라면, 방출된 에너지는 오직 물질계에서만 작용합니다. 어떤 사람이 욕망적 대상을 원한다면, 그는 심령계에서 에너지를 방출합니다. 그 사람이 정신적 기쁨을 추구한다면, 그의 에너지는 정신계에서 기능합니다. 그러나 그 사람이 로고스의 통로가 되기 위해 자신을 내어준다면, 그는 영적 차원(spiritual plane) 에너지를 방출하게 되며, 이는 영적 힘(spiritual force)의 능력과 예리함으로 모든 차원에서 작용합니다. 그러한 사람에게는 행동하는 것과 행동하지 않는 것이 같습니다. 왜냐하면 자기 내어줌의 사람은 아무것도 하지 않으면서 모든 것을 하고, 모든 것을 하면서 아무것도 하지 않는 상태에 있기 때문입니다.

자기 내어줌의 사람에게는 높고 낮음, 크고 작음이 같습니다. 그 사람은 채워야 할 모든 자리를 채우고, 로고스는 모든 곳, 모든 행동에 동일하게 존재합니다. 그 사람은 어떤 형체로든 흘러 들어갈 수 있고, 어떤 방향으로든 일할 수 있으며, 더 이상 선택이나 차이를 알지 못합니다. 그 사람의 생명은 자기 내어줌(사랑)을 통해 로고스의 생명과 하나가 되었습니다. 그 사람은 모든 것에서 하나님을 보고, 하나님 안에서 모든 것을 봅니다. 그러니 어떻게 장소나 형체가 그에게 어떤 차이를 만들 수 있겠습니까? 그 사람은 더 이상 자신을 형체(몸)와 동일시하지 않고, 자의식을 가진 생명 그 자체가 됩니다. "아무것도 소유하지 않았지만, 모든 것을 소유하고 있습니다." 아무것도 요구하지 않지만 모든 것이 그 자기 내어줌의 사람에게 흘러 들어옵니다. 그 사람의 삶은 지복입니다. 왜냐하면 그 사람은 지복 그 자체인 그의 주님과 하나이기 때문입니다. 그리고 형체(몸)에 대한 애착 없이 봉사를 위해 형체(몸)를 사용하기 때문에, "그 사람은 고통의 종지부를 찍었습니다."

우리 스스로 자기 내어줌(사랑)의 법칙에 따라 살아가기로 결심할 때, 그 결심은 우리 앞에 놀라운 영적 성장의 가능성을 펼쳐 놓습니다. 이러한 가능성을 조금이라도 이해하는 사람이라면 누구든, 깨달음의 높은 경지에 도달하기 훨씬 전부터, 헌신의 삶을 간절히 시작하고 싶어 할 것입니다. 다른 심오한 영적 진리와 마찬가지로, 이 법칙은 일상생활에 적용할 수 있는 매우 실용적인 면을 지니고 있습니다. 그 아름다움을 느끼는 사람이라면 누구나 이 법칙을 실천하는 것을 망설일 필요가 없습니다. 자기 내어줌을 실천하기로 결심한 사람은 매일 하루를 자기 내어줌의 행위로 시작하는 훈련을 할 것입니다. 즉, 하루의 일을 시작하기 전에 자신의 삶을 바친 신께 자신을 바치는 것입니다. 수행자가 깨어나서 가장 먼저 하는 생각은 자신의 모든 힘을 주님께 바치는 것입니다.

그러면 일상생활의 모든 생각, 말, 행동이 자기 내어줌(사랑)으로 행해질 것입니다. 행위의 결과를 위해서도 아니고, 심지어 의무로서도 아니라, 그 순간에 자신의 주님을 섬길 수 있는 방법으로 행해질 것입니다. 수행자에게 일어나는 모든 일은 주님의 뜻의 표현으로 받아들여질 것입니다. 즐거움, 고난, 걱정, 성공, 실패, 이 모든 것이 주님께 헌신하는 사람에게는 봉사의 길을 보여 주는 것이기에 반가운 일입니다. 그 사람은 그 일(즐거움과 고통 등)이 다가올 때 기꺼이 받아들이고 자기 내어줌으로 바칠 것입니다. 그 일이 떠나갈 때도 기꺼이 놓아줄 것입니다. 그 일이 떠나간다는 것은 그의 주님이 더 이상 즐거움과 고통을 필요로 하지 않으신다는 것을 보여 주기 때문입니다.

수행자가 가진 어떤 능력이든, 그는 기꺼이 봉사를 위해 사용합니다. 능력이 그를 저버릴 때, 그는 행복하고 평온하게 그 실패를 받아들입니다. 더 이상 능력을 사용할 수 없으므로, 그 수행자는 그 능력들을 다른 이들에게 줄 수 없습니다. 아직 다 소진되지 않은 과거의 원인으로 인해 발생하는 고통조차도 기꺼이 받아들임으로써 자발적인 자기 내어줌(사랑)으로 바뀔 수 있습니다. 다가오는 고통을 자신의 것으로 받아들이고, 나아가 그 고통을 통해 더 높은 목적을 이루겠다는 적극적인 의지를 가짐으로써, 수행자는 그 고통을 신에게 바치는 선물로 승화시킬 수 있습니다. 그리고 이러한 헌신과 봉사의 동기를 통해 고통을 영적인 힘으로 변화시킬 수 있습니다. 모든 인간의 삶은 자기 내어줌의 법칙을 실천할 수 있는 수많은 기회를 제공합니다. 그리고 이러한 기회를 포착하고 활용할 때 모든 인간의 삶은 힘을 발휘하게 됩니다.

이렇게 되면 깨어 있는 의식을 확장하지 않고도, 인간은 영적 차원에서 일하는 존재가 될 수 있습니다. 이러한 수행자는 영적 차원에서 잠재된 에너지를 해방시켜, 이 에너지가 하위 세계들 속으로 흘러내리게 만듭니다. 여기, 육체에 갇혀 있는 하위 의식 상태에서 자신을 내어주는 행위는 그의 신성한 자아인 모나드(Monad)의 붓디적(buddhic) 측면으로부터 응답하는 생명의 전율을 불러일으킵니다. 이것은 모나드가 영적 자아(spiritual Ego)가 되는 시기를 앞당깁니다. 영적 자아는 스스로 움직이며 자신의 모든 '몸체(육체, 심령체, 정신체)'를 지배하게 되고, 필요에 따라 각 몸체를 활용하여 이루어야 할 일을 수행합니다.

그 어떤 수행법도 자기 내어줌(사랑)의 법칙을 이해하고 실천하는 것만큼 우리의 성장을 빠르게 촉진하고, 우리 안에 잠재된 모든 영적 능력을 신속하게 발현시키지는 못합니다. 그렇기에 위대한 스승께서는 자기 내어줌 법칙을 "인간을 위한 진화의 법칙"이라고 칭하셨습니다. 사실 이 법칙은 지금 이 글에서 설명된 것보다 훨씬 더 깊고 신비로운 측면을 가지고 있습니다.

이러한 심오한 진실은, 인내와 사랑으로 가득 찬 마음으로 자신의 삶을 온전히 헌신하는 이들에게, 말로 표현할 수 없는 방식으로 자연스럽게 드러날 것입니다. 고요 속에서만 들을 수 있는 것들이 있습니다. "침묵의 소리(내면의 신성한 소리)"만이 전해 줄 수 있는 가르침이 있습니다. 사랑의 법칙 안에 담긴 가장 깊은 진리가 바로 그 고요함과 침묵 속에서 우리에게 말을 건네고 있습니다.

제12장

상승의 길, 입문에서 해탈까지

해방을 위한 결단

　인간이 올라온 길, 그리고 지금도 오르고 있는 길은 너무나도 웅장하여 상상만으로도 그 장엄함에 압도되고, 그 기나긴 여정을 생각하는 것만으로도 지쳐 버릴 지경입니다. 갓 태어난 인간의 미성숙한 영혼이 있습니다. 그리고 해방과 승리를 통해 완성된, 신성한 인간의 영적 영혼이 있습니다. 이 둘 사이에는 엄청난 차이가 있어 보입니다. 하지만 놀랍게도 이 둘의 차이는 '진화의 정도' 차이일 뿐입니다. 미성숙한 영혼은 인간 영적 성장의 시작점에 있을 뿐입니다. 반면 신성한 인간의 영혼은 그 성장의 끝, 즉 완성점에 도달한 것입니다. 다시 말해, 진화 초기 단계의 영혼 안에는 이미 신성한 인간으로 성장할 모든 가능성이 잠재되어 있습니다. 단지 그 가능성이 아직 발현되지 않았을 뿐입니다. 이 사실은 믿기 어려울 정도로 놀랍습니다.

　갓 태어난 인간의 영혼 아래로는 동물, 식물, 광물, 에테르 원소의 긴 행렬들이 펼쳐져 있습니다. 진화를 완성한 인간 영혼의 위로는 초인적인 존재들, 즉 초한[190], 마누[191], 붓다, 구축자, 리피카들이 무한한 단계로 펼쳐져 있습니다. 누가 감히 이 위대한 존재들의 무리를 일일이 헤아리거나 이름 지을 수 있겠습니까? 이와 같은 관점에서, 인간의 생명은 더 거대한 삶의 무대 중 하나로 여겨집니다. 인간계 내부에 존재하는 많은 단계들은 상대적으로 좁은 범위로 축소되어 보입니다. 그리고 인간의 진화는 하나의 등급에 불과한 것으로 여겨집니다. 이는 에테르 원소로부터 시작하여 현현한 신(manifested God)에 이르기까지 서로 연결된 생명들 중 하나의 계층을 나타냅니다.

우리는 인간이 갓 태어난 영혼이 나타난 시점부터 시작해서, 욕망의 삶에서 이성의 삶으로 이어지는 의식의 진화 단계를 거쳐, 영적으로 발전된 상태에 이르기까지의 상승 과정을 추적해 왔습니다. 인간은 물질계, 심령계 정신계에서 끊임없이 탄생과 죽음의 순환을 반복하며 각 세계에서 수확을 거두고 진보의 기회를 얻습니다. 이제 우리는 인간 진화의 마지막 단계로 접어드는 인간을 따라갈 수 있습니다. 이제 인류 대부분에게는 아직 미래의 일이지만, 일부 선구자들이 이미 도달했고 오늘날 소수의 사람들이 걷고 있는 인간 진화의 마지막 단계를 살펴보겠습니다. 이 단계들은 두 가지 범주로 분류됩니다. 첫

---

190 초한(Chohan): 신지학에서 영적 위계의 높은 지위에 있는 존재, 스승(Master)으로도 불린다. 이들은 진화의 여정에서 높은 단계를 성취한 존재들로, 인류의 영적 성장을 돕고 신성한 계획의 실현에 기여한다.
191 마누(Manu): 인류의 조상 혹은 시조로 여겨지는 존재이자, 각 인종(Root Race)의 혹은 문명의 진화를 주관하는 지도자. 이들은 각기 다른 시기에 출현하여 인류에게 문명을 전수하고, 영적, 정신적, 물질적 발전을 이끄는 역할을 담당한다.

번째는 '입문의 길(probationary Path)'로 불리고, 두 번째는 '제자의 길(the Path of discipleship)'로 불립니다. 이제 우리는 이 단계를 자연스러운 순서대로 살펴보겠습니다.

인간의 지적, 도덕적, 영적인 본성이 발달함에 따라, 인간은 삶의 목적을 더욱 자각하게 됩니다. 그리고 점점 더 그 목적을 자신의 삶 속에서 이루고자 하는 열망이 커집니다. 반복적으로 지상의 즐거움을 갈망하고, 그것을 충분히 소유한 뒤, 이어지는 권태를 경험하면서, 인간은 점차 지상의 가장 훌륭한 선물들조차도 덧없고 만족스럽지 못하다는 점을 배우게 됩니다. 인간은 수없이 많은 욕망을 위해 노력하고, 그것을 얻으며, 사용하고, 만족감을 느꼈다가, 결국 싫증을 느낀 경험을 통해, 지상이 제공하는 모든 것에 대해 염증을 느끼며 등을 돌리게 됩니다. 지친 영혼은 한숨을 내쉬며 이렇게 말합니다.

"저것이 무엇을 이롭게 하는가? 모든 것이 헛되고 괴로울 뿐이다. 수백 번, 아니 수천 번도 나는 소유해 보았다. 그러나 결국 소유 자체에서도 실망을 발견할 뿐이었다."

"이 즐거움들은 물 위에 떠 있는 거품처럼 환상일 뿐이다. 요정처럼 아름답고 무지개 빛깔을 띠지만, 손이 닿으면 터져 버린다. 나는 실체를 갈망한다. 그림자는 충분히 보았다. 나는 영원하고 참된 것을 갈망한다. 나를 둘러싼 제한들로부터, 나를 이 끊임없이 변하는 환영들 속에 가두는 속박으로부터 자유를 찾고 싶다."

영혼은 해방을 갈구하며 울부짖습니다. 이 지상의 삶에 대한 깊은 깨달음 때문입니다. 시인들이 꿈꾸던 완벽한 세상이 온다 해도 마찬가지입니다. 모든 악이 사라지고, 슬픔이 끝나고, 기쁨이 가득하고, 아름다움이 절정에 이른 그런 세상 말입니다. 그 모든 것이 완벽해진다 해도, 영혼은 결국 그 세상에 싫증을 느낄 것입니다. 그 어떤 것에도 욕심내지 않고, 그 완벽한 세상에서 돌아설 것입니다. 이 땅은 영혼에게 감옥과 같습니다. 아무리 아름답게 꾸며진 감옥이라 해도, 영혼은 그 벽 너머에 있는 자유롭고 무한한 세상을 갈망합니다.

천상조차도 이 영혼에게는 매력적이지 않으며 싫증을 냅니다. 천상의 기쁨은 빛을 잃었고, 지적이고 감정적인 즐거움조차 더 이상 만족을 주지 못합니다. 천국의 즐거움 또한 "오고 가며, 영원하지 않습니다." 이 즐거움들도 감각과의 접촉처럼 한정적이고, 일시적이며, 진정한 만족을 주지 못합니다. 영혼은 끊임없이 변하는 것들에 지쳤습니다. 그 지긋지긋함 때문에 자유를 갈구하며 울부짖습니다.

때때로 지상과 천상의 덧없음에 대한 깨달음은 처음에는 한순간의 스침에 불과합니다. 외부의 현실은 다시 지배력을 발휘하고, 그 환상적인 즐거움의 유혹은 다시 영혼을 안락함 속으로 끌어들입니다. 어떤 삶은 고귀한 일, 이타적인 행동, 순수한 생각, 고결한 행위로 가득차 있을 수도 있습니다. 그러나 이 모든 현상적인 것들이 텅 비어 있다는 깨달음이 영혼의 확고한 생각이 되기까지는 여러 번의 삶을 거쳐야 할 수도 있습니다.

하지만 언젠가 영혼은 자신의 갈증을 채워 주지 못하는 지상과 천상을 단호히 끊어 냅니다. 이처럼 덧없는 것에서 벗어나 영원한 것을 향해 나아가려는 결연한 의지가 바로 입문의 길로 들어서는 관문입니다. 영혼은 모두가 가는 순탄한 길에서 벗어나, 산비탈을 오르는 가파른 길로 들어섭니다. 지상과 천상이라는 삶의 속박에서 벗어나, 더 높은 곳의 자유에 도달하기로 굳게 결심합니다.

입문의 네 가지 자격

1) 입문의 길과 스승의 역할

입문의 길에 들어선 사람이 해야 할 일은 전적으로 정신적이고 도덕적인 수행입니다. 그 사람은 "자신의 스승과 대면할" 수 있을 만큼 스스로를 성장시켜야 합니다. 그런데 "자신의 스승"이라는 말이 무슨 뜻인지 먼저 짚고 넘어가야겠습니다. 우리 인류 중에는 인간으로서의 진화를 이미 마치고, 인류 전체의 발전을 이끌고 돕는 위대한 스승들이 있습니다.

이 위대한 존재들, 즉 스승들은 인간과 초인간적 존재를 연결하기 위해 자발적으로 인간의 몸으로 환생합니다. 스승들은 특정 조건을 충족한 사람들이 자신의 제자가 되는 것을 허락합니다. 이는 제자들의 진화를 촉진하여 위대한 형제단에 들어갈 자격을 갖추게 하고, 인류를 위한 영광스럽고 자비로운 일을 돕도록 하기 위함입니다.

스승들은 항상 인류를 주시합니다. 그리고 덕을 실천하고, 인류의 선을 위해 이타적으로 일하며, 지적 노력을 인류에 봉사하는 데 사용하고, 진실한 헌신과 경건함, 순수함을 통해 동료들보다 앞서 나가고, 인류 전체에 쏟아지는 영적 도움 그 이상의 도움을 받을 자격을 갖춘 사람들을 눈여겨봅니다. 개인이 특별한 도움을 받으려면, 특별한 수용성을 보여야 합니다. 왜냐하면 스승들은 인류의 진화를 돕는 영적 에너지를 분배하는 존재이기 때문입니다. 그리고 이 에너지를 한 영혼의 더 빠른 성장을 위해 사용하는 것은 그 영혼이 빠른 진보의 능력을 보여 주고, 인류의 조력자가 될 수 있도록 빠르게 준비될 수 있을 때만 허용됩니다. 즉, 자신에게 주어진 도움을 인류에게 되돌려 줄 수 있을 때만 허용되는 것입니다.

만약 어떤 사람이 종교와 철학이 주는 보편적인 가르침과 도움을 최대한 받아들입니다. 그리고 자신의 노력을 더합니다. 그리하여 인류 전체의 영적 성장을 이끄는 선두 그룹에 합류하기 위해 정진합니다. 동시에 사랑과 이타심, 그리고 타인을 돕고자 하는 마음을 보입니다. 그러면 이 사람은 인류의 수호자들(Masters)에게 특별한 주목을 받게 됩니다. 또한, 그의 내면의 힘과 직관을 시험하고, 더 나아가 성장시킬 수 있는 기회들이 주어집니다. 이러한 기회들을 성공적으로 활용하는 만큼, 이 사람은 더 많은 도움을 받고 진정한 삶을 엿볼 수 있게 됩니다. 마침내 세속적인 삶의 불만족스럽고 비현실적인 본질이 점점 더 영혼을 짓누르고, 앞서 언급한 결과, 즉 자유를 갈망하게 하고 이 사람은 입문의 길로 이끄는 권태로움으로 이어집니다.

이제 이 사람은 입문의 길에 들어섰습니다. 이는 수습 기간을 거치는 제자, 즉 첼라(chelâ)의 위치에 놓인다는 것을 의미합니다. 그리고 어떤 한 스승이 제자로 받아들여 보살피기 시작합니다. 스승은 이 사람을 진화의 대로에서 벗어나, 해방으로 이끄는 가파르고 좁은 길을 안내할 스승을 찾는 사람으로 인식합니다. 그 스승은 바로 그 길의 입구에서 이 사람을 기다리고 있습니다.

비록, 이 길에 갓 들어선 수행자들은 자신의 스승이 누구인지 알지 못합니다. 하지만, 스승은 이미 이 사람을 알고 있습니다. 이 사람의 노력을 지켜보고, 발걸음을 인도합니다. 이 사람의 성장에 가장 도움이 되는 환경으로 그를 이끌고, 완벽한 통찰력에서 비롯된 지혜와 어머니의 다정한 보살핌으로 그를 지켜봅니다. 가는 길이 외롭고 어두워 보일 수 있습니다. 어린 제자는 자신이 홀로 버려졌다고 느낄 수도 있습니다. 하지만, "형제보다 더 가까운 친구"와 같은 스승이 항상 곁에 있습니다. 비록, 스승의 도움은 눈에 보이지 않을 수 있지만, 그 도움은 이 사람의 영혼에 닿고 있습니다.

2) 제자의 자격

위대한 형제단의 지혜에 따라, 견습 제자는 완전한 제자가 되기 위해 갖추어야 할 '네 가지 자격'이 있습니다. 입문의 길을 걷는 제자는 이 자격들을 갖추기 위해 정진해야 합니다. 완벽하게 갖출 필요는 없지만, 입문이 허락되려면, 적어도 이 자격들을 갖추기 위해 노력하고, 어느 정도는 갖추고 있어야 합니다.

그 1) 첫 번째 자격은 바로 진짜(실재)와 가짜(비실재)를 구별하는 능력입니다. 이 능력은 이미 제자의 마음속에서 서서히 자라나고 있었고, 그를 이 길로 이끈 원동력이었습니다. 이 구별 능력은 그의 마음속에서 점점 더 명확하고 뚜렷해집니다. 그리고 그를 얽매던 속박에서 서서히, 그러나 크게 벗어나게 합니다. 왜냐하면 2) 두 번째 자격인 외부 사물에 대한 무관심은, 그 덧없고 무가치함을 명확히 꿰뚫어 봄으로써 생기는 자연스러운 결과이기 때문입니다.

견습 제자는 삶의 모든 즐거움을 앗아 간 권태로움의 근원을 깨닫기 시작합니다. 오직 실재만이 영혼을 만족시킬 수 있습니다. 그런데도, 그는 덧없는 비실재에서 만족을 찾으려 했고, 그로 인해 끊임없이 실망했던 것입니다. 견습 제자는 모든 형체는 덧없고 실체가 없다는 것을 깨닫습니다. 생명의 힘에 따라 끊임없이 변화하기 때문입니다. 그리고 오직 하나의 생명만이 유일한 실재라는 사실도 깨닫습니다. 우리는 그 생명을 수많은 베일에 가려진 채, 무의식적으로 찾고 갈망합니다. 이러한 깨달음은, 제자가 일반적으로 겪게 되는 급변하는 환경을 통해 더욱 강해집니다. 모든 외적인 것들이 얼마나 불안정한지를 뼈저리게 느끼게 하기 위해서입니다.

제자의 삶은 마치 폭풍과 같은 스트레스가 몰아치는 것과 같습니다. 이는 물질, 심령, 정신계에서 수많은 생을 거치며 서서히 발달하는 영적 자질들을, 제자의 삶 속에서는 강제로 빠르게 성장시켜 완성을 향해 나아가도록 하기 위함입니다. 제자는 기쁨과 슬픔, 평화와 폭풍, 휴식과 고된 노동 사이를 쉴 새 없이 오갑니다. 그러면서 그 변화무쌍함 속에서 덧없는 형체들의 실체를 꿰뚫어 봅니다. 그리고 그 모든 것을 관통하는, 변함없이 존재하는 생명을 느끼는 법을 배웁니다. 그렇게 제자는 오고 가는 것들의 존재 유무에 점점 더 무관심해집니다. 그리고 변함없는 실재에 점점 더 시선을 고정합니다.

통찰력과 내면의 안정을 키워 가는 동시에, 제자는 3) 세 번째 자격을 갖추기 위해 노력합니다. 그것은 바로 진정한 제자의 길에 들어서기 전에 요구되는 여섯 가지 정신적 자질입니다. 이 모든 것을 완벽하게 갖출 필요는 없습니다. 하지만, 적어도 어느 정도는 갖추고 있어야만 앞으로 나아가는 것이 허용됩니다.

우선, (1) 제자는 자신의 생각을 통제하는 법을 배워야 합니다. 생각은 마치 바람처럼 길들이기 어렵습니다. 부산하고 제멋대로인 마음에서 태어나기 때문입니다.(18) 입문의 길에 들어서기 전부터, 제자는 이미 꾸준한 명상과 집중 수행을 통해 이 반항적인 마음을 어느 정도 다스려 왔습니다. 이제 제자는 더욱 집중된 에너지로 이 작업을 완수하기 위해 노력합니다. 왜냐하면, 자신의 급속한 성장과 함께 생각의 힘도 엄청나게 커질 것이기 때문입니다. 만약 이 힘을 철저히 통제하지 못한다면, 자신과 타인 모두에게 큰 위험을 초래할 수 있음을 잘 알고 있습니다. 이기적이고 야심만만한 사람에게 생각의 창조력을 맡기는 것은, 어린아이에게 다이너마이트를 장난감으로 주는 것보다 위험합니다.

(2) 둘째로, 견습 제자는 내면의 통제력뿐 아니라 외적인 통제력도 길러야 합니다. 자신의 생각을 엄격하게 다스리는 것처럼, 자신의 말과 행동도 엄격하게 통제해야 합니다. 마음이 영혼에 순종하듯, 육체와 감각으로 대표되는 하위 본성도 마음에 순종해야 합니다. 제자가 외부 세계에서 얼마나 도움이 되는 존재인지는, 그가 보여 주는 순수하고 고귀한 삶의 모범에 달려 있습니다. 마찬가지로, 내면세계에서의 그의 유용성은 생각의 확고함과 강인함에 의해 결정됩니다. 종종 선한 의도로 시작한 일이, 사소한 말실수나 경솔한 행동과 같은 낮은 차원의 부주의로 인해 망쳐지기도 합니다. 따라서 입문의 길을 걷는 이는 모든 면에서 완벽한 이상을 향해 정진해야 합니다. 그래야 훗날 진정한 제자의 길을 걸을 때, 자신의 실수로 인해 좌절하거나, 적들이 진리를 폄훼하고 공격하게 되는 일이 없을 것입니다. 이미 말했듯이, 이 단계에서는 그 어떤 것에도 완벽함이 요구되지는 않습니다. 그러나 현명한 제자는 최선을 다한다 해도 여전히 갈 길이 멀다는 것을 잘 압니다. 그렇기에 더욱 완벽을 향해 정진합니다.

(3) 셋째, 완전한 제자가 되기를 갈망하는 이는 숭고하고 원대한 덕목인 관용을 기르기 위해 정진합니다. 관용이란, 각 사람과 각 존재 형태를 있는 그대로 조용히 받아들이는 마음입니다. 자신의 마음에 들도록 바꾸려 하지 않고 말입니다. 견습 제자는 유일한 생명이 무수히 많은 한계를 지닌 다양한 모습으로 나타난다는 것을 깨닫기 시작합니다. 그리고 각 모습은 그 자체의 위치와 시간에 맞게 존재한다는 사실을 이해합니다. 그는 생명의 제한된 표현들을 다른 것으로 바꾸

려 하지 않고, 있는 그대로 받아들이는 법을 배웁니다. 제자는 이 세상을 계획하고 이끄는 지혜를 존경하게 되고 불완전한 부분들이 서서히 삶을 살아가는 모습을 차분하고 평온한 시선으로 바라봅니다.

술에 취해 비틀거리는 알코올중독자를 예로 들어 보겠습니다. 그는 자신의 하위 본성에 지배당하면서, 그로 인해 발생하는 고통이라는 알파벳을 배우고 있습니다. 그 알코올중독자는 자신의 단계에서, 마치 성인이 이 땅의 학교에서 마지막 가르침을 배우고 있는 것처럼, 그 나름대로 유용하게 자신의 역할을 수행하고 있는 것입니다. 누구에게든, 그가 할 수 있는 것 이상을 요구해서는 안 됩니다. 한 명은 사물을 통해 배우는 유치원생과 같습니다. 반면에 다른 한 명은 졸업을 앞두고 대학을 떠날 준비를 하는 대학생과 같습니다. 둘 다 자신의 나이와 위치에 맞는 것이며, 자신의 자리에서 도움과 공감을 받아야 합니다. 이것이 바로 신비학에서 말하는 "관용"의 가르침 중 하나입니다.

(4) 넷째로, 인내를 길러야 합니다. 모든 것을 기꺼이 견디고 어떤 것에도 분개하지 않으며, 목표를 향해 흔들림 없이 곧장 나아가는 인내를 말합니다. 어떤 일도 법칙을 벗어나 그에게 일어날 수 없습니다. 그리고 제자는 그 법칙이 선하다는 것을 알며 정상을 향해 곧장 뻗어 있는 산 중턱의 바위투성이 길이, 잘 닦여진 구불구불한 고속도로만큼 발에 편안할 수 없다는 것을 이해합니다. 이 제자는 짧은 몇 번의 생애 동안 과거에 쌓인 모든 카르마적 빚을 갚고 있다는 것을 깨닫습니다. 그리고 그 빚이 그만큼 무거울 수밖에 없다는 것도 압니다. 이

제자가 뛰어든 그 치열한 투쟁은 그에게 -

(5) - 다섯 번째 자질인 믿음을 키워 줍니다. 자신의 스승과 자신에 대한 믿음, 즉 어떤 것에도 흔들리지 않는 고요하고 강한 확신 말입니다. 제자는 스승의 지혜와 사랑, 능력을 신뢰하는 법을 배웁니다. 그리고 자신의 마음속에 있는 신성을 깨닫기 시작합니다. 말로만 믿는다고 하는 것이 아니라, 진정으로 깨닫는 것입니다. 그 신성은 모든 것을 자신에게 복종시킬 수 있는 힘을 지니고 있습니다.

(6) 마지막 정신적 필수 요소인 균형, 즉 평정심은, 앞선 다섯 가지 자질을 추구하는 과정에서 자신도 모르게 어느 정도 자라납니다.

제자의 길을 걷겠다는 굳은 결심을 하는 것 자체가 이미 더 높은 본성이 깨어나고 있다는 신호입니다. 그리고 외부 세계가 확실히 밀려났음을 의미합니다. 제자의 삶을 살기 위한 끊임없는 노력은, 영혼을 감각의 세계에 묶어 두던 마지막 끈마저 풀어 줍니다. 이는 영혼이 하위 대상들로부터 주의를 거두기 시작하면서, 그 대상들이 지니던 매력 또한 점점 힘을 잃기 때문입니다. 바가바드 기타의 표현처럼, 이 대상들은 "몸 안에 절제하며 거하는 자로부터 스스로 물러나듯"(19) 점차 사라지고, 균형을 깨뜨릴 힘도 완전히 상실하게 됩니다. 이러한 과정 속에서 제자는 세상의 모든 것들 속에서도 흔들리지 않는 법을 배우게 되며, 그것들을 구하거나 거부하지 않고 살아가는 법을 익히게 됩니다. 그는 또한 모든 종류의 정신적 고난 속에서, 정신적 기쁨과 고통이 번갈아 찾아오는 속에서도 균형을 유지하는 법을 배웁니다. 이러한 균형은 제자의 삶을 인도하는, 항상 주의 깊게 지켜보는 스승의 보살핌을 통해 겪는, 앞서 언급된 급격한 변화 속에서 더욱 단단해집니다.

이 여섯 가지 정신적 자질을 어느 정도 갖추게 되면, 입문의 길을 걷는 제자는 이제 마지막 4) 네 번째 자격을 위해 정진해야 합니다. 그것은 바로 해방을 향한 깊고 강렬한 열망입니다. 신과 하나가 되고자 하는 영혼의 갈망은, 그 자체로 영혼이 완성될 것임을 약속합니다. 이 열망은 그가 온전한 제자가 될 준비를 마쳤다는 마지막 신호탄과 같습니다. 왜냐하면, 일단 해방에 대한 깊고 강렬한 열망이 확실하게 자리를 잡으면, 그것은 다시는 사라지지 않기 때문입니다. 그리고 그 열망을 경험한 영혼은 다시는 이 땅의 샘물에서 만족을 얻을 수 없습니다. 그 물을 마시면 언제나 밋밋하고 아무런 맛도 느껴지지 않을 것입니다. 결국, 제자는 진정한 생명의 물을 향한 더욱 깊어지는 갈망을 품고, 이 땅의 샘물에서 돌아설 것입니다.

이 단계에 이른 그는 "입문할 준비가 된 사람"입니다. 이 땅의 삶에 대한 미련을 영원히 끊어 버리는 "흐름에 뛰어들" 준비가 된 것입니다. 단, 제자가 스승을 섬기고 인류의 진화를 도울 수 있는 경우는 예외입니다. 이제부터 제자의 삶은 더 이상 자신만을 위한, 분리된 삶이 아닙니다. 그것은 인류라는 제단에 바쳐지는 희생, 즉 자신의 모든 것을 기꺼이 바쳐 모두의 선을 위해 사용되는 거룩한 자기 내어줌이 될 것입니다.

준비된 자(아디카리)[192]

비베카(VIVEKA)	실재와 허상을 구별하는 능력	
바이라갸(VAIRÂGYA)	허상에 대한 무관심	
샤트삼파티 (SHATSAMPATTI)	① 샤마(SHAMA)	생각의 통제
	② 다마(DAMA)	행동의 통제
	③ 우파라티(UPARATI)	관용
	④ 티티크샤(TITIKSHA)	인내
	⑤ 슈랏다(SHRADDHA)	믿음
	⑥ 사맏다(SANADDGBA)	집중 혹은 마음의 균형
무묵샤(MUMUKSHA)	해탈을 향한 열망	

상승의 길과 성장

1) 상승의 길에 들어선 제자

입문의 길을 걸으며 네 가지 자격을 발전시키는 동안, 제자는 여러 다른 면에서도 성장해 나갈 것입니다. 그는 스승으로부터 많은 가르침을 받습니다. 이 가르침은 보통 육체가 깊은 잠에 빠져 있을 때 영혼에게 전달됩니다. 영혼은 잘 발달된 심령체를 입고, 의식을 담는 그릇으로서 심령체에 익숙해질 것입니다. 그리고 가르침과 영적인 깨달음을 얻기 위해 스승에게로 이끌려 갈 것입니다.

또한, 제자는 명상 훈련을 받습니다. 육체를 벗어난 상태에서 이루

---

192 아디카리(Adhikari)는 산스크리트어로 "자격이 있는 자", "권한을 가진 자", "준비된 자"를 의미한다. 힌두교, 특히 베단타 철학에서 이 용어는 영적인 길, 특히 해탈(Moksha)에 이르는 길을 걷기에 적합한 자격을 갖춘 사람을 지칭하는 데 사용된다.

어지는 이 효과적인 수행은, 그의 내면에 잠들어 있던 고차원적인 능력들을 일깨우고 활성화시킬 것입니다. 그러한 명상을 통해, 제자는 더 높은 존재의 영역에 도달하고, 정신계의 삶에 대해 더 깊이 배우게 될 것입니다. 그는 자신의 커져 가는 능력을 인류를 위해 봉사하는 데 사용하도록 훈련받습니다. 육체가 잠든 수많은 시간 동안, 제자는 심령계에서 열심히 일합니다. 죽음을 통해 심령계로 넘어간 영혼들을 돕고, 갑작스러운 사고로 고통받는 영혼들을 위로하며, 자신보다 덜 깨우친 영혼들을 가르치고, 수많은 방법으로 도움이 필요한 영혼들을 도울 것입니다. 이처럼 제자는 겸손한 방식으로 스승들의 자비로운 봉사를 돕고, 스승들의 숭고한 형제단과 협력합니다. 비록 보잘것없고 낮은 단계일지라도, 형제단의 일원으로서 함께 일하게 되는 것입니다.

2) 제자의 환생

입문의 길에서든 혹은 그 제자의 길이든, 제자는 더 빠른 영적 상승을 위한 특별한 선택, 즉 '포기'를 행할 수 있는 기회를 얻습니다. 그는 "데바찬을 포기"할 수 있습니다. 다시 말해, 물질세계에서 해방된 후 그를 기다리는 천상의 영역에서의 영광스러운 삶을 포기하는 것입니다. 이 경우 제자는 대부분 스승들과 함께 상위 정신계의 중간 영역에서 보내게 될 것입니다. 만약 제자가 고귀하고 헌신적인 삶의 결실인 이 데바찬을 포기한다면, 데바찬에서 사용되었을 영적 에너지는 세상을 위한 봉사에 쓰이도록 해방됩니다. 그리고 그는 빠른 지상 환생을 기다리며 심령계에 머뭅니다.

이 경우, 제자의 스승은 제자의 환생을 세심하게 계획하고 이끌어 줍니다. 그가 세상에 더 큰 선(善)을 행하고, 그 자신이 더욱 성장하며, 제자에게 주어진 숭고한 임무를 수행하는 데 가장 알맞은 환경에서 태어나도록 이끕니다. 제자는 이제 모든 개인적인 욕심과 이기심을 신성한 사업에 완전히 종속시키고, 제자에게 요구되는 모든 방식으로 헌신적으로 봉사하겠다는 굳은 결의를 다진 단계에 이르렀습니다. 그러므로 제자는 기꺼이 자신이 신뢰하는 스승에게 자신을 온전히 맡깁니다. 그리고 제자는 최대한 봉사할 수 있고, 인류의 진화를 돕는 영광스러운 임무에서 자신의 몫을 충실히 수행할 수 있는 세상의 자리를 기꺼이, 그리고 기쁘게 받아들입니다. 그러한 고귀한 영혼을 품은 아이가 태어나는 가정은 큰 축복을 받았습니다. 제자의 영혼은 스승의 축복을 한 몸에 받고, 항상 스승의 보살핌과 인도를 받습니다. 그는 자신의 하위 몸체(육체, 심령체, 정신체)들을 빠르게 통제하여 영적 성장을 이룰 수 있도록 가능한 모든 도움을 받습니다.

아주 드물게, 제자가 다른 영혼이 떠난 직후, 그 영혼이 머물던 몸에 깃드는 경우도 있습니다. 이런 경우는 이전에 그 육체를 사용했던 영혼이 짧은 생애만 지상에서 살도록 예정되어 있는 경우입니다. 만약 어떤 제자가 다시 태어나기에 적합한 몸을 찾고 있었다면, 그의 스승은 그 다른 영혼이 몸을 떠나기 전부터, 그 몸을 유심히 지켜볼 것입니다. 그 이유는, 짧은 생을 살다 갈 다른 영혼이 자신의 몸을 떠난 후에, 그 몸에 제자의 영혼을 담아, 지상에서 인류에 봉사하는 데 사용하고 제자의 남은 카르마를 해소하기 위해서입니다. 그래서 그 영혼의 짧은 생애가 끝나고 영혼의 사후의 여정이 시작되면 남겨진 육체는 기다려 온 제자가 깃들게 될 것입니다. 버려진 육체에 제자의 영혼이 깃들게 되고, 겉으로 보기에 죽은 것처럼 보였던 육체는 다시 생명을 얻게 될 것입니다. 이러한 경우는 극히 드물지만, 신비학자들에게는 잘 알려진 현상이며, 신비학 서적에서도 이에 대한 다양한 기록[193]을 찾아볼 수 있습니다.

3) 완전한 제자와 족쇄의 극복

환생이 정상이든 비정상이든, 제자 자신의 영혼의 진보는 계속됩니다. 그리고 앞서 언급한 '입문을 받을 준비가 된' 시기에 도달합니다. 제자는 그 입문의 관문을 통해, 확고하게 받아들여진(완전한) 제자로서, 길(Path)에 들어섭니다. 이 길은 네 개의 뚜렷한 단계로 구성되며, 각 단계로의 입문은 입문식에 의해 보호됩니다. 각 입문식에는 의식의 확장이 수반되며, 이는 입문이 허용하는 단계에 속하는 '지식의 열쇠'라고 불리는 것을 제공합니다. 그리고 이 지식의 열쇠는 또한 힘의 열쇠이기도 합니다. 왜냐하면 모든 자연 영역에서 지식은 진정으로 힘이기 때문입니다.

제자의 길(Path)에 들어섰을 때, 제자는 "집 없는 사람"이 됩니다. 그

---

[193] 롭상 람파: 티베트 고승의 환생인 롭상 람파(Lobsang Rampa)는 스승의 인도로 '시릴 호스킨'이라는 한 영국인과 상호 합의하에 '영혼 이주'를 감행한다. 영국인과 몸을 맞바꾼 롭상은 자신의 진귀한 경험과 영적 지식을 담은 책들을 줄줄이 발표하며 서구의 독자들에게 큰 충격을 안겼으며, 총 열아홉 권의 책을 남긴 채 1981년에 사망했다. 한국에서는 《롭상 람파의 가르침》, 《나는 티벳의 라마승이었다》 등의 책으로 번역되어 있다.

는 더 이상 지상을 집으로 여기지 않습니다. 제자는 이곳에 머무를 곳이 없습니다. 제자에게는 그의 스승을 섬길 수 있는 모든 곳이 환영받는 곳입니다. 참고로 힌두교에서는 이 단계를 방랑자라는 뜻의 파리브라자카(Parivrajaka)라고 부르고 불교에서는 흐름에 도달한 자라는 뜻의 스로타파티(Srotāpatti)라고 부릅니다. 제자의 첫 번째 입문식 이후와 두 번째 입문식 이전에 이렇게 불립니다.

제자가 첫 번째 입문을 통과하고 두 번째 입문을 준비하는 단계에 있는 동안, 진보를 방해하는 세 가지 장애물이 있는데 이는 "족쇄"라고 불립니다. 제자는 이것들을 제거해야 합니다. 그리고 이제, 그가 빠르게 자신을 완성해야 하므로, 그는 인격의 결점을 완전히 제거하고, 이 단계의 제자에게 주어진 임무를 완벽하게 수행해야 합니다. 제자가 두 번째 입문을 통과하기 전에 그의 팔다리에서 풀어야 할 세 가지 족쇄는 개체적 자아(the personal self)라는 환상, 의심, 그리고 미신입니다.

① 개체적 자아는 의식 속에서 하나의 환영으로 인식되어야 하며, 더 이상 영혼에 현실로서 자리를 잡지 못하도록 그 영향력을 완전히 상실해야 합니다. 제자는 자신을 만물과 하나로 느껴야 하며, 모든 것이 그 안에서 살아 숨 쉬고, 또한 그 역시 모든 것의 일부임을 인식해야 합니다.

② 의심은 반드시 사라져야 합니다. 단순히 억누르는 것이 아니라, 참된 앎(지식)을 통해 의심을 없애야 합니다. 제자는 환생과 카르마, 그리고 스승의 존재를 머리로만 이해하는 것이 아니라, 그 자신이 직접 경험하고 확인해서 마치 숨 쉬는 것처럼 자연의 사실로 받아들여야 합니다. 이렇게 함으로써 이러한 점들에 대한 의심이 다시는 그의 마음속에 떠오를 수 없도록 해야 합니다.

③ 미신은 사람이 실재에 대한 지식, 그리고 자연의 질서 속에서 종교적 의식과 의례가 지니는 본래의 의미를 깨닫게 되면, 자연스럽게 사라집니다. 제자는 모든 수단을 자유자재로 활용하는 법을 배우지만, 그 어떤 것에도 얽매이지 않습니다.

제자가 이러한 족쇄를 벗어 던졌을 때 그는 자신에게 열린 두 번째 입문식을 마주하게 됩니다. 그와 함께 새로운 "지식의 열쇠"와 더욱 넓어진 세상을 보는 눈을 얻게 됩니다. 물론 이 과업을 완수하는 데 여러 번의 생이 걸리기도 하고, 때로는 한 생의 일부분 만에 이루어지기도 합니다.

눈부신 신성의 완성

이제 제자는 그의 앞에 빠르게 짧아지는, 지상에서의 의무적인 삶의 기간을 봅니다. 왜냐하면 이 단계에 도달하면, 그는 이번 생이나 아니면 다음 생에 세 번째와 네 번째 입문식을 반드시 통과해야 하기 때문입니다. 힌두교에서는 이 두 번째 단계의 제자를 '작은 오두막을 짓는 자'라는 뜻의 쿠티차카(Kutichaka)라고 부르는데, 이는 제자가 마침내 평화가 깃든 안식처에 도달했음을 의미합니다. 불교에서는 '한 번만 더 이 땅에 태어나는 자'를 뜻하는 사크리다가민(Sakridāgāmin)이라고 부릅니다.

이 단계에서 제자는 자신의 내면에 잠재된 능력들, 즉 영혼과 연결된, 눈에 보이지 않는 미묘한 몸체에 속하는 능력들을 온전히 일깨워 자유롭게 사용할 수 있도록 훈련해야 합니다. 왜냐하면 더 높은 존재의 영역에서 봉사하기 위해서는 그 능력들이 반드시 필요하기 때문입니다. 만약 제자가 이전에 이미 그 능력들을 갈고닦았다면, 이 단계는 매우 짧게 끝날 수도 있습니다. 그러나 만약 그렇지 않다면, 그는 세 번째 입문식을 받기 전에, 즉 "백조", 저 높은 천상으로 자유롭게 날아오르는 존재, 수많은 전설 속에서 신비롭게 등장하는 경이로운 생명의 새가 되기 전에, 다시 한번 죽음의 관문을 통과해야 할 수도 있습니다. 힌두교에서는 이러한 제자를 '나'라는 한계를 초월한 자를 일컫는 파라마함사(Paramahamsa)라고 부릅니다. 불교에서는 깨달은 자(Arhat) 즉, '존경받을 만한 자'라고 부릅니다.

이 길의 세 번째 단계에서 제자는 네 번째와 다섯 번째 족쇄, 즉 욕망과 혐오를 벗어 던집니다. 제자는 만물 속에 깃든 유일한 참된 자아(the One self)를 봅니다. 이제 겉모습이 아름답든 추하든, 더 이상 그를 현혹할 수 없습니다. 그는 모든 것을 평등한 눈으로 바라봅니다. 제자가 입문의 길에서 소중히 키웠던 관용의 아름다운 꽃봉오리는 이제 활짝 피어나, 모든 것을 부드럽게 감싸안는, 만물을 아우르는 크나큰 사랑으로 피어납니다. 제자는 "모든 생명체의 친구"이자, 만물이 살아 숨 쉬는 이 세상에서 "살아 있는 모든 것을 사랑하는 자"입니다.

신성한 사랑의 살아 있는 화신(化身)으로서, 제자는 빠르게 네 번째 입문으로 나아갑니다. 이 입문은 그를 제자의 길의 마지막 단계인 '개체성을 초월한 자', '존경받을 존귀한 자'입니다. 이 단계를 힌두교에서는 "나는 곧 그것(THAT)이다"라는 진리를 깨달은 자를 함사(Hamsa)라고 부르며, 불교에서는 더 이상 윤회하지 않는 자를 아나가민(Anāgāmin)이라고 합니다. 여기서 제자는 자신의 의지대로 머물며, 아무리 가늘지라도 여전히 자신을 옭아매고 해방을 가로막는 마지막 미세한 족쇄들을 남김없이 벗어던집니다. 제자는 형체가 있는 삶에 대한 모든 집착을 떨쳐 버리고, 형체가 없는 삶에 대한 모든 갈망마저도 떨쳐 버립니다. 이것들은 그를 묶는 사슬과 같으며, 제자는 그 어떤 사슬에도 얽매이지 않는 자유로운 존재가 되어야 합니다. 이 단계의 제자는 세 가지 세계인 물질계, 심령계, 정신계를 자유롭게 오갈 수 있지만, 그 어떤 것도, 그 어떤 작은 조각도, 그를 붙잡을 힘이 없습니다. "형체가 없는 세계"의 눈부신 광채는, 형체가 있는 세계의 구체적인 영광보다 더 이상 그를 매혹하지 못합니다.

그런 다음, 제자는 가장 위대한 업적을 이룹니다. 그것은 바로 분리됨이라는 마지막 족쇄, 즉 끊임없이 "나"를 만들어 내는 능력 즉, 아함카라[194]를 벗어던지는 것입니다. 아함카라의 역할은 자신을 다른 이들과 분리된 존재로 인식하게 합니다. 왜냐하면 그는 깨어 있는 의식 속에서, 모든 존재의 참된 자아가 하나로 연결되어 있음이 분명하게 드러나는 붓디(buddhic) 차원, 즉 하나 됨의 경지에 머물기 때문입니다. '나'를 만드는 기능, 즉 아함카라는 영혼이 탄생할 때부터 함께합니다. 이것은 우리 각자가 가진 개별성의 핵심입니다. 아함카라는 영혼의 성장을 통해 얻어진 귀중한 경험과 깨달음이 모두 모나드(Monad)에 통합될 때까지 존속합니다. 마침내 해방의 단계에 이르면, 아함카라는 그 역할을 다하고 사라집니다. 하지만 아함카라가 완전히 사라지는 것은 아닙니다. 아함카라는 그동안 쌓아 온 귀중한 결과, 즉 '개별적 정체성(identity) 감각'을 모나드에게 남깁니다. 이 개별적 정체성 감각은 매우 순수하고 섬세합니다. 그래서 모든 존재가 하나라는 '하나됨의 의식'을 조금도 훼손하지 않습니다.

그렇게 되면, 그 어떤 외부의 자극에도 흔들리지 않게 됩니다. 제자는 그 무엇도 훼손할 수 없는, 변함없는 평화라는 영광스러운 옷을 입고, 고요히 서 있습니다. 그리고 그 '나'를 만들어 내는 기능을 완전히

---

194 아함카라(Ahamkāra): 힌두 철학, 특히 상키야 학파에서 사용하는 용어로, '나'라고 하는 에고 의식, 즉 개체적 자아의식을 의미한다. 이는 '나를 만드는 것'이라는 어원을 가지고 있으며, 진정한 자아(아트만, Atman)와는 구별되는, 분리된 개체라는 환상을 만들어 내는 마음의 작용을 가리킨다. 아함카라는 프라크리티(Prakriti, 물질)의 진화 과정에서 마하트(Mahat, 또는 붓디, Buddhi, 우주적 지성)로부터 파생되는 것으로 여겨지며, 감각, 마음, 행동 기관 등과 상호작용 하여 개체적 경험을 만들어 낸다. 영적 수행의 목표 중 하나는 이 아함카라의 허구성을 깨닫고, 진정한 자아와 합일하는 것이다.

버림으로써, 그의 영적인 눈을 가리고 있던 마지막 남은 구름마저 걷어 냈습니다. 제자의 예리한 통찰력을 흐리게 할 수 있는 마지막 한 조각의 구름까지 말입니다. 이처럼 마침내 제자는 하나 됨을 깨달음 속에서 무지(Avidyā)[195]가 사라집니다. 무지(無知)는 첫 번째 착각이자 마지막 착각으로, 분리된 세상(현상계)을 만들어 내는 근원이며, 니다나[196]들 중 첫 번째 요소입니다. 그러나 해탈이 이루어질 때 이 무지는 떨어져 나갑니다. 분리된 모든 것을 만들어 내는 한계(제약)는 사라지고, 인간은 완전함에 도달하며 자유로워지는 것입니다.

마침내 그 길의 끝에 다다랐습니다. 그리고 그 길의 끝은 바로 열반(Nirvāna)으로 들어가는 문입니다. 제자는 그 길의 마지막 단계를 밟아가는 동안, 육신을 벗어나 이 경이로운 의식 상태, 즉 열반의 상태를 경험하곤 했습니다. 이제, 그가 그 문턱을 넘어서면, 열반 의식은 제자의 일상적인 의식이 됩니다. 왜냐하면 열반은 해방된 영혼의 진정한 고향이기 때문입니다. 힌두교에서는 이를 '살아 있는 해탈'이라는 뜻의 지반묵타(Jivanmukta)라고 부르며, 불교에서는 '더 이상 배울 것이 없는 자'라는 뜻의 아세카(Asekha)라고 부릅니다.

---

195 아비드야(Avidya): 참된 자아, 즉 신성한 본질에 대한 무지(無知)를 뜻하며, 윤회와 고통의 근본 원인으로 여겨진다. 이 무지로 인해, 덧없는 현상 세계를 실재로 착각하고 집착하게 된다.

196 니다나(Nidanas): 윤회의 수레바퀴를 돌게 하는 열두 가지 인과 연쇄, 즉 십이연기(十二緣起)를 의미한다. 무명(無明)에서 시작하여 늙음과 죽음으로 이어지는 고통의 사슬을 나타내며, 이 고리를 끊어야 해탈에 이를 수 있다.

제자는 마침내 인간으로서 도달할 수 있는 최고의 경지에 이르렀습니다. 그는 인간이 지닌 한계의 끝에 도달했습니다. 그 위로는 수많은 위대한 존재들이 아득히 펼쳐져 있지만, 그들은 이미 인간을 초월한 존재들입니다. 육신 속에서의 고통스러운 십자가형은 이제 끝났습니다. 마침내 해방의 시간이 울려 퍼졌고, 승리자의 입술에서 "다 이루었다!"라는 환희에 찬 승리의 함성이 울려 퍼집니다. 보십시오! 마스터가 된 제자는 저 문턱을 넘어, 열반의 눈부신 빛 속으로 사라져 갔습니다. 또 한 명의 이 땅의 아들이 죽음을 이겨 내고 영원한 생명을 얻었습니다.

저 숭고한 빛 너머에 어떤 신비가 감추어져 있는지 우리는 알지 못합니다. 다만 희미하게나마, 그곳에서 궁극적 자아(the Supreme Self)를 발견하고, 사랑하는 이와 사랑받는 이가 하나가 됨을 느낄 수 있을 뿐입니다. 긴 탐구는 끝이 나고, 가슴의 갈증은 영원히 해소됩니다. 기나긴 구도의 여정은 끝났고, 영혼의 목마름은 영원히 해소되었습니다. 그는 마침내 주님의 기쁨 속으로 들어갔습니다.

그렇다면 이 땅은 그 위대한 아들을 영영 잃어버린 것일까요? 인류는 그 승리한 아들을 잃고, 절망 속에 홀로 남겨진 것일까요? 그렇지 않습니다! 이 위대한 이는 오히려 저 눈부신 빛의 품에서 나와, 다시금 열반의 문턱에 우뚝 서 있습니다. 온몸에서 말로 형언할 수 없는 영광스러운 빛을 뿜어내며, 마치 신이 인간의 모습으로 이 땅에 내려온 듯, 그렇게 거룩한 모습으로 서 있습니다. 하지만 이제 그의 시선은 이 땅을 향해 있습니다. 위대한 이의 두 눈은 길 잃고 헤매는 인간의 아들들, 즉 자신의 육신의 형제들을 향해 더없이 거룩하고 자비로운 연민의 빛을 쏟아 내고 있습니다. 그는 길 잃은 양처럼 목자 없이 흩어진 이들을 외면한 채 버려둘 수 없습니다. 거대한 희생을 감수하며 도달한 장엄한 경지, 완전한 지혜와 '끝없는 생명의 힘'으로 충만한 위엄을 입고, 위대한 이는 이 땅을 다시 찾아와 인류를 축복하고 안내하는 지혜의 스승이자 존엄한 가르침을 전하는 왕 같은 존재이자 신성한 인간으로서 활동합니다.

이처럼 이 땅으로 다시 돌아온 스승은, 자신이 입문의 길을 걸을 때보다 훨씬 더 강력한 힘을 자유자재로 다루며 인류를 위해 봉사하는 데 온 힘을 쏟습니다. 그는 전 인류를 돕는 데 자신을 온전히 바쳤습니다. 그리고 자신이 가진 그 모든 숭고한 힘을 오직 이 세계의 진화를 더욱 앞당기는 데 쏟아붓습니다. 이 위대한 이는 자신이 과거 제자였을 때 받았던 그 모든 도움과, 인도와 가르침을, 이제 막 그 길에 들어서려는 이들에게 빚을 갚듯 아낌없이 베풀어 줍니다. 그들을 인도하고, 돕고, 가르칩니다. 마치 자신이 과거에 받았던 것처럼 말입니다. 이것이 바로 인간이 가장 낮은 초기 인간의 단계에서 출발하여 신과 같은 인간으로까지 올라가는 머나먼 여정입니다. 인류는 지금 그 고귀한 목표를 향해 한 걸음 한 걸음 나아가고 있습니다. 그리고 마침내 그 눈부신 영광의 자리에 도달할 것입니다.

제13장

우주의 순환과 인류의 진화

행성 사슬과 만반타라의 순환

1) 일곱 글로브의 행성 진화 체계

 우주의 창조와 진화는 본질적으로 거대한 질서와 조화를 바탕으로 이루어져 있으며, 이러한 질서는 수없이 많은 차원과 계층을 통해 드러납니다. 태양계 전체를 주관하는 로고스의 생명력은 행성과 그 안의 모든 생명을 창조하고 진화하게 하는 근원이 됩니다. 이 거대한 계획 속에서 각각의 행성은 자신만의 특성과 역할을 부여받으며, 여러 진화 단계를 통해 자신의 독특한 발전을 이루어 갑니다. 이제 우리는 이러한 태양계 구조의 한 단위로서 각 행성이 품고 있는 고유의 체계, 즉 일곱 개의 영역(globe)이 어떻게 배열되고, 진화하며, 윤회를 거듭하는지 살펴보도록 하겠습니다.(편집자) *(이하의 내용은 1장 우주의 기원과 진화에서 '일곱 로고스와 하위 존재들'의 내용에서 이어지는 내용입니다.)*

 각 행성을 주관하는 신성한 존재, 즉 행성 로고스는 자신의 진화하는 영역 내에서 가장 낮은 세 개의 차원에 일곱 개의 영역(globe), 다시 말해 일곱 개의 세계를 창조합니다. 이해를 돕기 위해, 기존에 사용되던 명칭을 따라 이 일곱 세계를 각각 A, B, C, D, E, F, G라고 부르겠습니다.

이것들은 지안의 서(Book of Dzyan)[197]의 6절에서 언급된 서로를 탄생시키며 순환하는 일곱 개의 소우주(순환체, wheels[198])입니다. 행성 로고스는 이전 주기의 행성계의 형태를 본떠 일곱 개의 영역들을 건설하고, 각 영역을 불변의 영원한 중심에 배치합니다.(20)

이 소우주(wheel)들이 불멸이라 불리는 까닭은, 각 소우주(wheel)가 그저 다음 세대 바퀴에 생명을 부여하는 데서 그치지 않고, 그 자신 역시 같은 중심에서 윤회하기 때문입니다.

이 일곱 영역(globe)은 타원 형태의 궤도를 따라 세 쌍으로 배치되어 있다고 볼 수 있습니다. 그중 가장 중심에 있는 영역은 그 궤도의 가장 아래쪽, 즉 가장 낮은 지점에 자리 잡고 있습니다. 대체로 첫 번째와 일곱 번째 영역인 A와 G는 상위 정신계의 영역에 존재합니다. 두 번째와 여섯 번째 영역인 B와 F는 형태가 있는 하위 정신계 영역에 해당합니다. 세 번째와 다섯 번째 영역인 C와 E는 심령계에 속해 있습니다. 그리고 네 번째 영역인 D는 우리가 살고 있는 이 물질계에 존재합니다. H. P. 블라바츠키는 이 영역들을 가리켜 "형성의 세계의 네

---

197 지안의 서(Book of Dzyan): 고대의 비밀 경전으로, 우주의 기원과 진화, 인류의 탄생과 역사를 상징과 은유로 기록하고 있다고 전해진다. H. P. 블라바츠키 여사가 《비밀의 교리》를 저술하는 데 있어 핵심적인 자료로 삼았다고 알려져 있다.
198 원문의 "wheel(바퀴)"는 단순히 물리적인 바퀴의 의미보다는 영적 수준의 순환성과 다차원적 진화를 담고 있는 개념적 함의를 가지고 있다. 따라서 "소우주"로 번역하여 이러한 우주의 내적 구조와 인간 존재의 진화적 과정을 반영하려 했다. 그러나 원문의 느낌을 그대로 이해하고자 한다면 "wheel"을 "순환체"로 생각하며 읽어도 무방하다.

하위 차원에 걸쳐 단계적으로 배열되어 있다."(21)라고 설명했습니다. 즉, 물질계, 심령계, 그리고 정신계의 두 하위 수준(상위와 하위)을 뜻합니다.

이 일곱 영역(globe)의 배치는 다음과 같이 도식화해 볼 수 있습니다. 이것이 일반적인 형태이지만, 진화가 진행되는 특정 시기에는 이 형태가 변형되기도 합니다.

정신계	무형 (상위)	A			G	원형
	유형 (하위)		B		F		창조적
심령계			C	E		형성적
물질계				D			물질적

이 일곱 개의 영역(globe)은 하나의 행성 고리, 다시 말해 행성 사슬을 이룹니다. 자, 이제 이 행성 사슬을 마치 하나의 살아 있는 생명체, 즉 하나의 행성적 생명체로 가정해 봅시다. 이 행성적 생명은 일곱 개의 영역을 순차적으로 거치며, 이 일곱 영역은 이 생명체의 거대한 몸, 즉 행성체를 구성합니다. 그리고 이 행성체는 그 생명이 지속되는 기나긴 시간 동안 일곱 번에 걸쳐 해체와 재구성을 반복합니다. 즉, 행성 사슬은 일곱 번의 환생을 경험하는 것이며, 한 번의 환생(생애)에서 얻은 경험과 결과는 다음 환생(생애)으로 고스란히 전달됩니다.

더욱이, 각각의 행성 사슬은 그 이전에 존재했던, 더 낮은 수준에서 생명을 다한 행성 사슬의 후손이자 창조물입니다. 비유하자면, 이전 행성 사슬은 다시 태어난, 즉 윤회한 것이라고 할 수 있습니다.(22)

이 일곱 번의 순환적 환생(전문 용어로 "만반타라"라고 부르며, 신성한 계획에 따라 거시적 차원에서 이루어지는 윤회를 의미함)이 모여 각 행성을 주관하는 신성한 존재, 즉 행성 로고스의 영역, 다시 말해 "행성 진화"를 이룹니다. 그리고 일곱 명의 행성 로고스가 존재하기 때문에, 각각 서로 다른 일곱 개의 행성 진화가 모여 우리가 사는 이 태양계를 구성한다고 볼 수 있습니다. (시네트는 이를 "일곱 개의 진화 체계"라고 명명했습니다.) 《비밀의 교리》에서는 모든 것의 근원인 유일자로부터 일곱 로고스가 비롯되고, 그 각각의 로고스로부터 일곱 개의 영역(globe)으로 구성된, 일곱 개의 연속적인 행성 사슬이 탄생하는 과정을 다음과 같이 묘사하고 있습니다.

"하나의 빛으로부터 일곱 개의 빛이 나오고, 일곱 개의 빛 각각으로부터 일곱 번씩 일곱이 나온다."(23)

2) 만반타라의 순환

이제 행성 사슬이 겪는 환생, 다시 말해 만반타라에 대해 좀 더 자세히 알아보겠습니다. 놀랍게도 이 만반타라는 다시 일곱 개의 작은 단계로 나뉩니다. 각 행성을 주관하는 신성한 존재, 즉 행성 로고스로부터 뿜어져 나오는 생명의 파동이 행성 사슬를 한 바퀴 휘감아 도는 것을 "한 주기(a round)"라고 부릅니다. 이 거대한 생명의 파동이 일곱 번, 즉 일곱 주기를 거치면 비로소 하나의 만반타라가 완성됩니다. 이를 통해 우리는 각 영역(globe)이 하나의 만반타라 동안 일곱 번의 활동기를 가지며, 그 각각의 활동기마다 진화하는 생명체들의 터전이 된다는 사실을 알 수 있습니다.

이제 시야를 좁혀 하나의 영역(globe)을 예로 들어 보겠습니다. 그 영역이 활동기에 접어들면, 일곱 근원 인종(root-races)과 밀접하게 연결된 여섯 개의 비인간계, 이렇게 총 일곱 개의 계[199]가 그곳에서 함께 진화합니다. 이 일곱 계는 진화의 모든 단계에 있는 수많은 생명체를 품고 있으며, 그들 모두 더 높은 곳을 향한 무한한 가능성을 지니고 있습니다. 한 영역의 활동기가 끝나면, 그곳에서 진화하던 생명체들은 다음 영역으로 이동하여 성장을 계속하고, 이렇게 한 주기(round)가 끝날 때까지 영역에서 영역으로 옮겨 가며 진화의 여정을 이어 갑니다. 진화하는 형체들은 일곱 주기, 즉 만반타라가 끝날 때까지 각

---

199 일곱 계: 지구와 같은 하나의 글로브에서 일곱 개의 계가 함께 진화한다고 본다. 일곱 계는 제1, 2, 3 원소계, 광물계, 식물계, 동물계, 인간계가 포함된다. 이들은 각각 뚜렷이 구분되지만, 서로 긴밀히 상호작용 하며, 하나의 거대한 생명의 흐름 속에서 진화해 나간다.

주기를 따라 계속해서 과정을 진행하며, 행성 사슬의 환생이 끝날 때까지 나아갑니다. 그때 행성 진화의 결과는 행성 로고스에 의해 수집됩니다. 물론 우리는 이 장엄하고 신비로운 진화 과정에 대해 아는 것이 거의 없습니다. 그저 스승들께서 이 거대한 전체에서 가장 두드러진 핵심만을 우리에게 알려 주셨을 뿐입니다.

우리가 살고 있는 이 지구가 속한 행성 진화를 보더라도, 우리는 그 행성을 구성하는 일곱 개의 영역(globe)이 처음 두 번의 만반타라 동안 어떤 과정을 거쳐 진화했는지 전혀 알지 못합니다. 세 번째 만반타라에 대해 알려진 것이라곤, 지금 우리가 밤하늘에 보는 저 달이 바로 그 당시 행성 사슬의 D 영역이었다는 사실뿐입니다. 그렇다고 해도 이 한 가지 사실은, 행성 사슬이 겪는 연속적인 환생이라는 것이 무엇을 의미하는지 우리가 조금 더 또렷하게 이해하는 데 실마리를 제공해 줍니다. 과거 달의 행성 사슬을 구성했던 일곱 개의 영역은 정해진 순서에 따라 일곱 번의 순환적 진화를 거쳤습니다. 다시 말해, 각 행성을 주관하는 신성한 존재, 즉 행성 로고스의 숨결, 다른 말로 표현하면 생명의 파동이 일곱 번 그 행성 사슬을 휘감아 돌면서 각 영역에 순차적으로 생명을 불어넣은 것입니다.

이는 마치 자신의 영역을 다스리는 로고스가 먼저 A 영역(globe)에 주의를 기울여, 그곳에 하나의 세상을 구성하는 무수한 생명체를 순차적으로 탄생시킨 것과 같습니다. 진화가 어느 정도 진행되면, 로고스는 B 영역으로 주의를 돌리고, A 영역은 서서히 평화로운 잠에 빠져듭니다. 이처럼 생명의 파동은 영역에서 영역으로 전달되어, G 영역이 진화를 마치면서 원의 한 바퀴, 즉 한 주기를 완성합니다. 그 후 외부적인 진화 활동이 멈추는 휴식기(프랄라야라)가 이어집니다.

이 휴식기가 끝나면 외부적인 진화가 다시 시작되어 두 번째 주기를 맞이하고, 이전과 마찬가지로 A 영역(globe)에서 시작됩니다. 이 과정은 여섯 번 반복되지만, 일곱 번째, 즉 마지막 주기에 도달하면 변화가 생깁니다. 일곱 번째 활동기를 마친 A 영역은 서서히 붕괴되고, 불멸의 라야 중심[200] 상태가 이어집니다. 그 후, 다음 만반타라가 시작될 때, 이전 행성 A의 "원리들"이 깃들 새로운 A 영역이 새로운 몸처럼 진화합니다. 이 구절은 단지 첫 번째 만반타라의 A 영역이 두 번째 만반타라의 A 영역 사이의 관계에 대한 개념을 전달하기 위한 것이며, 그 연결의 본질은 여전히 감춰져 있습니다.

3) 달과 지구와의 관계

우리는 과거 달 주기의 D 영역(globe), 즉 지금의 달과, 현재 지구 주기의 D 영역인 지금의 지구 사이의 관계에 대해 거의 알지 못합니다. 그러나 시네트는 우리가 가진 빈약한 지식을 《The System to Which We Belong(우리가 속한 체계)》에서 다음과 같이 간결하게 요약했습니다.

---

[200] 라야 중심(Laya Center): 물질과 에너지가 서로 변환되는 중립 지점, 또는 균형점으로, 한 차원에서 다른 차원으로 이동하는 통로 역할을 한다. 이 중심은 창조와 해체, 발현과 비발현이 만나는 경계 지점이라고 할 수 있다.

"지구가 새롭게 형성되기 시작할 무렵, 거대한 성운, 즉 가스와 먼지로 이루어진 방대한 구름이, 소멸 중인 이전 행성과 거의 유사한 관계를 맺는 중심 주위를 따라 생성되었습니다. 이 관계는 오늘날 지구와 달 사이의 중심이 맺고 있는 관계와 유사합니다. 다만 그 당시 성운 상태에서는 물질이 응집된 부피가 지금의 고체 지구가 차지하는 부피보다 훨씬 더 방대했습니다.

이 성운은 사방으로 뻗어나가며 오래된 행성을 불꽃처럼 감싸 안았고, 그 온도는 우리가 알고 있는 그 어떤 온도보다도 훨씬 높았던 것으로 보입니다. 이로 인해, 오래된 행성에 남아 있던 대기, 물, 그리고 모든 휘발성 물질들은 기체 상태로 전환되었고, 새로 형성된 성운 중심의 인력(중력장)에 끌리게 되었습니다.

이러한 과정을 통해, 이전 행성의 공기와 바다는 새로운 행성의 구성 요소로 흡수되었습니다. 그 결과 오늘날의 달은 메마르고 눈부신, 건조하고 구름 하나 없는 덩어리가 되었으며, 더 이상 어떤 물질적 생명도 거주할 수 없는 상태에 이르렀습니다. 그리고 현재의 만반타라가 종말에 가까워지는 제7주기가 도래하면, 이 달은 완전히 해체되어, 그 안에 남아 있는 물질들은 모두 유성 먼지로 분해될 것입니다."[24]

H. P. 블라바츠키가 수제자들에게 구두로 가르친 내용을 담은《비밀의 교리》제3권에는 다음과 같이 기록되어 있습니다.

"우리 지구의 진화 초기에는 달이 지금보다 지구에 훨씬 더 가까웠고 더 컸습니다. 달은 우리에게서 멀어졌고 크기도 많이 줄었습니다. (달은 자신의 모든 원리를 지구에 주었습니다.) 일곱 번째 주기 동안 새로운 달이 나타날 것이며, 우리의 달은 마침내 분해되어 사라질 것입니다."(25)

인류의 진화: 일곱 인종과 일곱 주기

1) 인류의 기원, 피트리스

달의 만반타라 동안의 진화는 일곱 부류의 존재를 낳았습니다. 이들은 조상(Fathers) 또는 피트리스[201]라고 불립니다. 왜냐하면 그들이 지구 만반타라의 존재들을 낳았기 때문입니다. 이들은 《비밀의 교리》에서 말하는 달의 피트리스[202]입니다. 그리고 이들보다 더 발달한 두 부류가 더 있었습니다. 이들은 태양의 피트리스[203], 인간(Men), 하위 디아니[204] 등으로 다양하게 불립니다. 이들은 지구 진화의 초기 단계

---

201 피트리스(Pitris): 신지학에서 인류의 조상으로 여겨지는 존재들. 진화 과정에서 인간에게 다양한 구성 원리를 부여한 것으로 알려져 있으며, 루나 피트리스와 솔라 피트리스로 구분된다.
202 루나 피트리스(Lunar Pitris): "달의 조상"으로 번역되며, 인류에게 물질적 육체(형체)를 부여한 존재들. 달과 관련된 에너지와 연관되어 있으며, 지구상에 생명체가 물질적 형태를 갖추는 데 기여했다.
203 솔라 피트리스(Solar Pitris): "태양의 조상"으로 번역되며, 인류에게 높은 지성, 의식, 자의식을 부여한 존재들. 태양과 관련된 에너지와 연관되어 있으며, "마음의 아들들(Sons of Mind)", "마나사푸트라(Manasaputras)", "태양 천사(Solar Angels)"로도 불린다.
204 하위 디아니(Lower Dhyanis): 신지학에서 천상의 위계 중 하위에 속하는 존재들로, 물질계와 직접적으로 가까운 영역에서 활동한다. 이들은 상위 디아니(Higher Dhyanis)의 지시를 받아, 물질계의 진화와 관련된 역할을 수행하며, 주로 행성, 원소계 그리고 인간계의 하위 구성 원리 형성에 기여한다.

에 참여하기에는 너무나 진보했지만, 미래의 성장을 위해 후기 물리적 조건의 도움이 필요했습니다.

이 두 부류 중 상위 부류는 개별화된 동물과 유사한 존재, 즉 배아 영혼을 가진 생물로 구성되었습니다. 다시 말해, 그들은 원인체(causal body)를 이미 형성한 존재들이었습니다. 두 번째 부류는 아직 원인체를 완전히 형성하지는 않았지만, 그 형성을 향해 나아가고 있는 단계에 있었습니다.

첫 번째 부류에 속한 달의 피트리스는 이제 막 지성이 나타나기 시작하는 상태였으며, 두 번째 및 세 번째 부류는 욕망의 원리(Kāmic principle)만이 발달된 상태였습니다.

이렇게 총 일곱 부류로 구성된 달의 피트리스는, 행성 사슬의 네 번째 환생인 지구 사슬로 넘겨져 더 높은 단계의 진화를 이어가기 위한 기반이 되었습니다. 이 존재들은 신성한 자아인 모나드로서 지구 사슬(Earth-chain)에 들어왔으며, 다음과 같은 특성을 갖추고 있었습니다.

첫 번째 부류에는 정신 원리(mental principle)가 깃들어 있었고, 두 번째 및 세 번째 부류에는 욕망 원리(카마)가 발달해 있었습니다. 네 번째 부류는 그 욕망 원리가 배아 상태였고, 다섯 번째 부류는 아직 형성에 접근하고 있는 초기 단계였으며, 여섯 번째와 일곱 번째 부류에 이르러서는 그 원리가 거의 인식될 수 없는 수준에 머물러 있었습니다.

이러한 존재들은 구축자들(Builders)이 만들어낸 형상들과 에테르 원소를 혼(soul)으로 삼아 깃들기 위해 지구 사슬에 진입하게 된 것입니다. 여기서 "구축자"는 각 차원에서 실제로 형체를 빚어내는 무수한 지성, 즉 의식과 능력의 계층이 점진적으로 다른 존재들의 집단을 일컫는 이름입니다. 상위 계층 존재들은 지휘하고 통제하는 역할을 맡고, 하위 계층 존재들은 제공된 모델을 따라 물질을 빚어 형체를 만들어 냅니다. 그리고 여기서 행성 사슬에 속한 연속적인 영역(globe)들의 역할이 드러나게 됩니다.

2) 행성 영역의 진화 과정

A 영역(globe)은 원형의 세계(Archetypal World)로, 해당 주기 동안 정교하게 다듬어질 형체의 모델이 구축되는 곳입니다. 행성 로고스의 마음으로부터 최상위 구축자(Builder)들이 원형 관념(Archetypal Ideas)을 받아, 상위 정신계의 구축자들을 이끌어, 해당 주기를 위한 원형 형체를 빚어냅니다.

B 영역(globe)에서는 이 형체들이 하위 계급의 구축자들에 의해 정신계 물질(Mental Matter)로 다양하게 복제되고, 서로 다른 계통을 따라 서서히 진화합니다. 그러다가 더 조밀한 물질이 스며들 준비가 되면 심령 물질(Astral Matter)의 구축자들이 그 임무를 이어받아 C 영역에서 심령적 형체(Astral Forms)를 빚어내고, 세부 사항을 더욱 정교하게 다듬습니다. 심령계 조건이 허용하는 한 형체가 진화하면, D 영역의 구축자들이 물질계에서 형체를 만드는 임무를 이어받습니다. 그리하여 가장 낮은 종류의 물질이 적절한 유형으로 만들어지고, 형체는 가장

조밀하고 완전한 상태에 도달합니다.

이 중간 지점부터 진화의 성격은 다소 변화합니다. 지금까지는 형체를 구축하는 데 가장 큰 관심이 집중되었습니다. 상승하는 궤도에서는 진화하는 생명의 몸체로서 형체를 사용하는 데 주된 관심이 집중됩니다. D 영역(globe)에서 진화의 후반부에 접어들고 E와 F 영역에 이르면 이제는 '의식'이 주도적인 역할을 합니다. 이 의식은 다양한 차원에서 자신을 표현합니다. 먼저 물질계에서, 그다음에는 심령계와 하위 정신계에서, 순차적으로 표현됩니다. 이때 의식은 '형체'를 통해 자신을 드러냅니다. 이 형체들은 이전에 하강하는 궤도(A에서 D영역으로)에서 정교하게 만들어졌던 것과 동등한 형체들입니다.

하강하는 궤도에서 모나드는 진화하는 형체에 자신을 최대한 각인시키고, 이러한 각인은 계속해서 이어집니다. 반면 상승하는 궤도에서 모나드는 형체의 내면의 지배자로서 그 형체를 통해 자신을 표현합니다. G 영역(globe)에서는 해당 주기의 완성이 이루어지며, 모나드는 A 영역의 원형 형체를 자신의 몸체로 삼아 그 안에 깃들고 활용합니다. 이 모든 단계 동안 달의 피트리스는 형체의 영혼 역할을 하며, 형체를 품고, 나중에는 그 안에 깃들며 활동했습니다.

3) 주기별 진화의 특성

첫 세 번의 주기 동안 가장 힘든 임무를 맡는 것은 첫 번째 계층의 피트리스입니다. 두 번째와 세 번째 계층의 피트리스는 첫 번째 계층이 빚어낸 형체 안으로 흘러 들어갑니다. 첫 번째 계층은 잠시 동안 형체에 영혼을 불어넣어 준비를 마친 후, 두 번째와 세 번째 계층이 깃들도록 남겨 두고 떠납니다. **첫 번째 주기**가 끝날 무렵이면, 광물의 원형적 형체가 내려와 이후의 주기들을 거치며 정교하게 다듬어지고, 네 번째 주기의 중간 지점에서 가장 조밀한 상태에 이릅니다. "불"은 이 첫 번째 주기를 상징하는 "원소"입니다.

두 번째 주기에서 첫 번째 계층의 피트리스는 인간으로서의 진화를 계속합니다. 마치 오늘날 인간 태아가 여전히 하위 단계를 거치는 것처럼, 첫 번째 피트리스는 하위 단계만을 거칩니다. 반면 두 번째 계층은 해당 주기가 끝날 때쯤 초기 인간 단계에 도달합니다. 이 주기의 중요한 작업은 식물 생명의 원형적 형체를 하강시키는 것이며, 이 형체들은 다섯 번째 주기에서 완성에 도달할 것입니다. "공기"는 두 번째 주기의 "원소"입니다.

세 번째 주기에서, 첫 번째 계층의 피트리스는 형태상으로 확실히 인간의 모습을 갖추게 됩니다. 몸은 비록 젤리와 같고 거대하지만, D 영역(globe)에서는 직립 보행을 시작할 수 있을 정도로 단단해집니다. 첫 번째 계층의 피트리스들은 유인원과 비슷한 모습이며, 몸은 털로 덮여 있습니다. 세 번째 계층의 피트리스는 초기 인간 단계에 도달합니다. 두 번째 계층의 태양의 피트리스는 이 주기에서 D 영역에 처음으로 나타나, 인간 진화를 주도합니다. 그리고 동물의 원형 형체가 하강하여 여섯 번째 주기가 끝날 때까지 완벽하게 다듬어지며, "물"이

이 주기의 특징적인 "원소"입니다.

일곱 번의 주기로 이루어진 지상에서의 거대한 진화 시기, 즉 만반타라의 중간 지점인 **네 번째 주기**는 인류의 원형 형체를 A 영역(globe)으로 가져오는 것으로 구별됩니다. 이전의 주기들이 각각 동물, 식물, 광물의 특징을 지녔던 것처럼, 이 주기는 인간의 특징이 두드러집니다. 일곱 번째 주기가 되어서야 비로소 이러한 원형들이 인류에게서 완전히 실현될 것입니다. 하지만 인간 형체가 지닌 가능성이 네 번째 주기의 원형을 통해 나타납니다. "흙"은 이 주기의 "원소"이며, 가장 조밀하고 가장 물질적인 특징을 지닙니다.

첫 번째 계층의 태양의 피트리스는 네 번째 주기의 초기 단계 동안 D 영역(globe) 주변을 어느 정도 맴돌고 있다고 말할 수 있습니다. 그러나 태양의 피트리스는 세 번째 인종의 중반에 행성 로고스로부터 생명의 세 번째 거대한 흐름이 쏟아져 나온 후에야 비로소 화신(化身)합니다. 또한, 태양의 피트리스들은 인종이 발전함에 따라 그 수가 점차 증가했으며, 네 번째 초기 인종에 이르러서는 대규모로 화신(환생)합니다.

4) 인류의 진화와 인종의 발달

우리 지구인 D 영역(globe)에서 이루어지는 인류의 진화는, 앞서 여러 번 언급되었던 대로, 일곱 가지로 나뉘는 지속적이고 뚜렷한 다원성을 강하게 보여 줍니다. 제3 주기(Round) 동안 인류는 이미 일곱 가지 인종(혹은 종족)의 형태를 드러냈으며, 제4 주기에서는 이러한 근본적 분화가 C 영역에서 매우 명확해졌습니다. 여기서는 각 일곱 인종이 각각의 하위 인종(sub-race)으로 진화하게 됩니다. D 영역에서 인류의 시작은 첫 번째 인종(일반적으로 근원 인종이라고 불림)으로부터 시작되며, 이 일곱 가지 근원 인종은 각각 "자신의 위치에서" 독립적으로 출현합니다.(26)

이 일곱 유형은 순차적으로 발생한 것이 아니라 동시에 존재했으며, 모두 함께 첫 번째 근원 인종을 구성합니다. 각 근원 인종은 다시 다시 일곱 개의 하위 인종으로 나뉩니다. 젤리같이 형체가 없는 생물체인 첫 번째 근원 인종으로부터, 더 명확하고 응집성을 가진 두 번째 근원 인종이 진화합니다. 그리고 두 번째 근원 인종으로부터 유인원과 유사한 생명체인 세 번째 근원 인종이 진화합니다. 세 번째 근원 인종은 거대한 덩치의 서툴고 어색한 인간의 외형을 가지게 되었습니다. 레무리아인이라고 불리는 이 세 번째 근원 인종의 진화 중반에, 훨씬 더 진화가 진행된 금성의 다른 행성 사슬에서 고도로 진화한 영광스러운 존재들이 지구에 옵니다. 고도로 진화한 존재들은 마음의 아들들(Sons of Mind) 중에서도 높은 계층에 속했으며, 종종 그들의 빛나는 외형 때문에 불의 아들들(Sons of Fire)로 불렸습니다.

고도로 진화한 존재들은 이제 막 걸음마를 시작한 어린 인류를 가르치는 신성한 스승으로서 지구에 머무릅니다. 그들 중 일부는 세 번째로 쏟아져 내려오는 거대한 생명의 흐름을 위한 통로 역할을 합니다. 또한 동물처럼 본능에 따라 살던 인간에게 모나드 생명의 불꽃을 심어 주어, 생각하고 판단할 수 있는 능력의 근간, 즉 원인체를 형성하도록 돕습니다. 이 과정을 통해, 세 계층의 달의 피트리스가 개별화된 영혼, 즉 개체성을 획득하게 됩니다. 이들이 바로 인류의 방대한 대부분을 차지합니다.

한편, 태양의 피트리스는 두 계층으로 나뉘는데, 이들은 달의 피트리스와는 달리 이미 개별화된 존재들입니다. 태양의 피트리스의 첫 번째 계층은 달의 사슬(lunar chain)에서 진화를 마치기 전에 이미 개별화되었습니다. 두 번째 계층은 달의 사슬에서 진화를 마친 후에 개별화되었습니다. 이 두 계층의 태양의 피트리스는 '마음의 아들'이라고 불리는 존재들 중 하위 두 계층을 형성합니다. 태양의 피트리스의 두 번째 계층은 세 번째 근원 인종(레무리아인)의 진화 중반에 지구에 환생합니다. 그리고 첫 번째 계층의 태양의 피트리스는 대부분 네 번째 근원 인종인 아틀란티스인 시기에 뒤늦게 합류합니다.

현재 인류 진화를 이끌고 있는 다섯 번째 인종, 즉 아리안종[205]은 아틀란티스인의 다섯 번째 하위 인종에서 진화했습니다. 가장 유망한 집단들은 중앙아시아에 거주하고 있었고, 마누라고 불리는 위대한

---

205 아리안종(Āryans): 신지학에서 제5 근원 인종을 지칭하는 용어로 역사적, 인류학적 맥락에서 사용되는 "아리아인"과는 구분된다. 제5 근원 인종은 인도유럽어족의 조상으로 여겨지며, 현재 지구상에 존재하는 대다수 인종의 기원이 되었다. 신지학에서는 아리안 인종이 영적, 지적 능력의 발전을 담당한다고 본다.

존재의 직접적인 지도 아래 새로운 인종 유형이 진화했습니다. 중앙 아시아에서 나타난 첫 번째 아리안 하위 인종은 히말라야산맥 남쪽의 인도 지역에 정착했습니다. 그들은 교사, 전사, 상인, 노동자(각각 브라만, 크샤트리아, 바이샤, 수드라)라는 네 계급으로 나뉘었습니다. 이들은 당시 인도를 차지하고 있던 네 번째 인종과 세 번째 인종들을 정복하며 광대한 인도 대륙에서 지배적인 인종으로 자리 잡았습니다.

5) 행성계의 미래와 완성

일곱 번째 주기의 일곱 번째 인류 시대가 끝날 때, 다시 말해 우리 지구적 만반타라가 마무리될 때, 우리 지구 행성계는 그동안 축적해 온 삶의 결실들을 다음 세대 행성계에게 물려주게 될 것입니다. 이 결실들은 바로 깨달음을 얻어 신성한 경지에 이른 인간들, 즉 붓다, 마누, 초한, 마스터들입니다. 이들은 신성한 잠재력을 완전히 실현하기 위해 아직 물질적 경험이 더 필요한 수많은 존재들을 이끌 준비를 갖춘 채, 행성 로고스의 지휘 아래 새로운 진화의 여정을 이끌어 나갈 것입니다.

우리 지구 행성계의 진화 과정에는 총 일곱 번의 만반타라가 있습니다. 지금 우리는 네 번째 만반타라를 지나고 있습니다. 따라서 아직 다섯 번째, 여섯 번째, 일곱 번째 만반타라는 오지 않았습니다. 이 시기들은 현재로서는 "미래의 자궁 속에 있다"라고 표현할 수 있으며 까마득한 미래의 이야기입니다. 그 시기가 도래하면, 행성 로고스는 모든 진화의 결실들을 자신 안으로 거두어들이고, 그의 자녀들과 함께 휴식과 지복(至福)의 시기에 들어갈 것입니다. 우리는 그 높은 상태에 대해 말할 수 없습니다. 우리 진화의 현 단계에서, 상상할 수 없는 그 영광을 어떻게 감히 꿈꿀 수 있겠습니까? 다만, 우리는 기쁜 영혼이 되어 '주님의 기쁨에 동참'하게 될 것이라는 사실만을 어렴풋이 알 뿐입니다. 그리고 그분 안에서 휴식하며, 저 앞에 펼쳐진 장엄한 생명과 사랑의 무한한 영역, 그리고 한없는 힘과 기쁨의 높이와 깊이를 바라보게 될 것입니다. 그 영역은 마치 유일한 존재처럼 한계가 없고, 유일하게 존재하는 그 자체처럼 무궁무진합니다.

제14장
종교의 기원과 백색 형제단

종교의 기원과 신지학

전 세계 주요 종교들을 살펴보면, 그 종교들이 종교적, 윤리적, 철학적 측면에서 수많은 공통분모를 지니고 있다는 사실은 널리 알려져 있습니다. 하지만 이 현상은 보편적으로 인정되면서도, 그 근본적인 원인에 대해서는 여전히 논쟁이 분분합니다.

일부 사람들은 종교가 인간의 무지라는 토양 위에서 상상력에 의해 발생했다고 주장합니다. 그들은 종교가 원시적인 정령 숭배(애니미즘[206])와 물신 숭배(페티시즘[207])에서 점차 변형되어 발전했다고 봅니다. 종교들 간의 유사성을 자연 현상, 특히 태양과 별의 숭배로 설명하려

---

206 애니미즘(Animism): 모든 자연물, 동물, 심지어 무생물에도 영혼이나 신령한 존재가 깃들어 있다고 믿는 신앙 체계. 정령 숭배는 원시 종교의 가장 기본적인 형태로 여겨지며, 전 세계 다양한 문화권에서 발견된다. 이는 자연과의 조화와 영적 세계와의 소통을 중시하는 신앙이다.
207 페티시즘(Fetishism): 특정한 물체에 초자연적인 힘이나 영적 존재가 깃들어 있다고 믿고 숭배하는 신앙 형태이다. 숭배 대상이 되는 물체를 페티시(Fetish)라고 부르며, 부적, 조각상, 자연물 등이 해당될 수 있다. 페티시는 신성한 힘을 지니고 있거나 신과 소통하는 매개체로 여겨진다.

는 한 부류도 있고, 성적 상징인 남근 숭배[208]로 모두를 해석하려는 또 다른 부류도 있습니다. 그들은 두려움, 욕망, 무지, 그리고 경탄이라는 감정이 원시인들로 하여금 자연의 힘을 의인화하게 만들었다고 말합니다. 또한, 사제들은 이러한 원시인의 공포와 희망, 그리고 막연한 상상과 혼란스러운 질문들을 교묘히 이용했다고 주장합니다. 그래서 신화는 경전이 되고, 상징이 사실로 받아들여졌으며, 그러한 과정의 기반이 되는 공통된 원리가 존재했다는 것입니다. 결과적으로 만들어진 종교들의 유사성은 불가피하다고 이들은 주장합니다.

이러한 주장은 흔히 '비교 신화학[209]'을 연구하는 학자들에 의해 제기됩니다. 이들의 수많은 "증거" 아래 평범한 사람들은 반박할 수는 없을지 몰라도, 여전히 납득하기는 어렵습니다. 표면적으로는 종교들의 유사성을 부정할 수 없지만, 사람들은 어렴풋이 이런 의문을 갖게 됩니다.

"인류가 간직한 가장 소중한 희망과 고귀한 상상력은 그저 원시인의 환상과 무지에서 비롯된 산물일 뿐인가? 또한 인류의 위대한 지도

---

208 남근 숭배(Phallicism): 남성의 생식기, 즉 남근을 생명력, 다산, 창조력의 상징으로 숭배하는 신앙 형태이다. 고대 사회에서 널리 퍼져 있었으며, 풍요와 다산을 기원하는 의식과 연관되어 나타난다.
209 비교 신화학(Comparative Mythology): 전 세계 다양한 문화권의 신화들을 비교, 분석하여 그 기원, 구조, 기능, 상징적 의미 등을 연구하는 학문 분야다. 비교 신화학은 신화 속에 담긴 인류의 보편적인 경험과 사유를 탐구하며, 문화 간 유사성과 차이점을 밝혀내는 데 중점을 둔다.

자들, 인류애를 위해 살고, 일하며, 고난을 겪고, 순교했던 영웅들이, 단지 천문학적 사실의 의인화나 미개한 상상력에서 나온 상징들을 믿으며 헛된 삶을 살았단 말인가?"

전 세계 종교가 공통적인 속성을 갖게 된 것에 대한 두 번째 설명은 위대한 영적 스승들로 구성된 형제단(Brotherhood)의 존재를 가정합니다. 이 형제단은 태고적 가르침(original teaching)을 수호하고 전수하는 역할을 맡았습니다. 그들은 과거 진화 주기의 산물로서, 우리 지구에 존재하는 어린 인류의 스승이자 안내자 역할을 했습니다. 위대한 형제단은 다양한 인종과 민족의 특수성에 가장 잘 맞는 형태로 종교의 근본 진리를 가르쳤습니다.

그러한 관점에 따르면, 위대한 종교의 창시자들은 하나의 형제단에 속해 있습니다. 종교 창시자들의 임무는 낮은 등급의 형제단 구성원들, 즉 다양한 등급의 입문자들과 제자들, 그리고 영적 통찰력, 철학적 지식, 윤리적 지혜에 뛰어난 사람들의 도움을 받아 수행되었습니다. 이 입문자들과 제자들은 영적 통찰, 철학적 지식, 그리고 윤리적 지혜의 순수함에서 높은 경지에 도달한 자들이었습니다. 이들(진보된 영혼들)은 초기 민족들을 이끌며, 그들(어린 영혼들)에게 정치 체제를 제공하고 법을 제정했으며, 왕으로서 그들을 다스리고 철학자로서 가르쳤으며, 사제로서 인도했습니다. 고대의 모든 민족들은 그러한 위대한 인물들, 반신(demigods), 그리고 영웅들을 회상하며, 그들의 흔적을 문학, 건축, 입법 등에서 남겼습니다.

이러한 위대한 영적 스승들이 실제로 존재했음을 부정하기는 어렵습니다. 그 이유는 전 세계에 걸친 보편적인 전통, 여전히 존재하는 경전들, 그리고 지금은 대부분 폐허로 남은 선사 시대의 유적들 등에 의해 그들의 존재가 증명되고 있기 때문입니다. 무지한 사람들이 거부할 다른 증거들은 차치하더라도 말입니다. 동양의 성스러운 경전들은 이 위대한 스승들의 업적을 입증하는 가장 훌륭한 증거라 할 수 있습니다. 왜냐하면 오늘날이나 근대에 이르기까지 그 누구도 이 경전들이 구현한 영적 숭고함, 철학적 지성의 찬란함, 그리고 윤리적 깊이와 순수함에 근접조차 하지 못했기 때문입니다. 더 나아가 이 성스러운 경전들 속에서 발견되는 가르침들은 외형적인 표현 방식에서 차이가 있음에도 불구하고, 신(God), 인간(Man), 우주(Universe)에 대한 본질적인 내용이 서로 동일하다는 점을 알 수 있습니다. 따라서 이 가르침들이 공통된 중심 근원, 즉 하나의 핵심적인 가르침 체계로부터 유래했다고 보는 것이 그리 불합리하지 않을 것입니다.

우리는 이 핵심적인 가르침 체계를 '신성한 지혜(Divine Wisdom)'라고 부르며, 그리스어로 이를 "신지학(Theosophy)"이라 칭합니다.

모든 종교의 기원이자 근간으로서, 신지학은 그 어떤 종교와도 대립하지 않습니다. 오히려 신지학은 모든 종교를 정화하는 역할을 합니다. 무지의 완고함과 미신의 축적으로 인해 외부적으로 표현되는 과정에서 해로운 요소로 변질된 종교들의 내면에 있는 가치 있는 의미를 드러냅니다. 그러나 신지학은 각 종교 내에서 스스로를 인식하고 옹호하며, 각 종교에 감추어진 지혜를 드러내고자 합니다. 어느 누구도 신지학자가 된다고 해서 그리스도교인, 불교도, 힌두교도가 아니게 되는 것은 아닙니다. 오히려 자신의 신앙에 대한 더 깊은 통찰력, 영적인 진리에 대한 더 굳건한 신념, 그 신성한 가르침에 대한 더 넓은 이해를 얻게 될 것입니다. 신지학은 과거에 종교를 탄생시켰던 것처럼, 현대에는 종교를 정당화하고 옹호합니다. 신지학은 모든 종교가 깎여 나온 바위이며, 모든 종교가 파헤쳐져 나온 구덩이라고 할 수 있습니다. 신지학은 지적 비판의 장에서 인간 마음의 가장 깊은 갈망과 감정을 정당화하고, 인류의 희망을 확인시켜 줍니다. 그리고 하나님에 대한 우리의 믿음을 고귀하게 회복시켜 줍니다.

다양한 세계의 경전들을 연구하다 보면 다음 진술의 진실성은 더욱 명백해집니다. 방대한 자료 중 일부만 발췌하더라도 이 사실을 입증하기에 충분하며, 더 깊은 검증을 원하는 학생들에게 안내자 역할을 하기에 충분할 것입니다. 종교의 주된 영적 진리들은 다음과 같이 요약할 수 있습니다.

1. 하나의 영원하고, 무한하며, 인식할 수 없는 실재(實在)가 존재한다.
2. 그 실재로부터, '발현된 신(God)'이 나타나 하나에서 둘로, 그리고 둘에서 셋으로 점차 전개된다.
3. 발현된 삼위일체(Trinity)로부터 우주의 질서를 이끄는 수많은 영적 지성체들이 나온다.

4. 인간은 발현된 신의 반영이며, 따라서 본질적으로 삼위일체이다. 인간 내면의 참된 자아는 불멸하며, 우주의 자아와 본질적으로 하나이다.
5. 인간은 욕망에 이끌려 반복되는 환생을 통해 진화의 길을 걷는다. 그러나 인간은 지식과 희생을 통해 욕망으로부터 해방되며, 잠재적 신성이 현실에서 실재적 신성으로 전환되어 신적인 능력을 드러낸다.

세계 종교의 공통적 가르침

1) 중국 고대 종교의 가르침

중국의 문명이 현재는 고착화된 문명으로 여겨지지만, 과거에는 아틀란티스 대륙에 거주했던 위대한 제4 근원 인종의 네 번째 하위 인종인 투르족[210]들이 초기 중국에 살고 있었습니다. 이 인종은 아틀란티스 대륙에서 살았으며, 이후 여러 지역으로 퍼져 나갔습니다. 같은 네 번째 인종의 마지막 분파인 몽골족은 이후에 이 지역의 인구를 보강하였고, 이로 인해 중국에는 제5 근원 인종인 아리안 인종이 인도에 정착하기 이전의 고대 전통이 남아 있습니다.

---

210 투르족(Turanians): 신지학에서 제4 근원 인종의 네 번째 하위 인종으로 분류되는 고대 민족이다. 이들은 중앙아시아에 기원을 둔 것으로 추정되며, 잃어버린 대륙 아틀란티스에서 이주해 온 것으로 여겨진다. 투르족은 한때 번성하여 고대 중국 문명 형성에 기여했다고 전해지며, 이후 몽골족과 융합된 것으로 보인다.

중국의 고전 《징창징》[211] 또는 《정결의 경전(Classic of Purity)》은 독특한 아름다움을 지닌 고대 경전의 단편을 제공하며, '근본 가르침(original teaching)'에 내재된 고요함과 평화의 정신을 드러냅니다. 레그[212] 씨는 자신의 번역본 《동양의 성스러운 책들》[213] 서문에서 이 경전에 대해 다음과 같이 설명합니다.

"이 문서는 서기 222년 오(吳)나라 시대의 도교 신자인 코 위안[214] (또는 쉬안)의 저술로 여겨집니다. 코 위안은 불사의 경지에 이르렀다고 전해지며, 일반적으로 신선으로 불립니다. 그는 다양한 기적을 행했으며 기이하고 특이한 성격으로 묘사됩니다. 한번은 조난 사고를 당했을 때, 물속에서 젖지 않은 옷차림으로 나와 물 위를 자유롭게 걸어 다녔다고 전해집니다. 마침내 그는 밝은 대낮에 하늘로 올라갔습니다. 이 모든 이야기는 후대에 꾸며 낸 허구로 치부될 수 있습니다."

하지만 이런 종류의 이야기들은 다양한 계층의 입문자(Initiate)들에 관한 전설에서 반복적으로 나타나는 이야기로 단순히 '꾸며 낸 이야기'로만 볼 수 없습니다.

---

211 《징창징(Ching Chang Ching)》: 도교 경전 중 하나로, 마음의 정화와 깨달음을 추구하는 내용을 담고 있다.
212 레그(Mr. Legge): 제임스 레그(James Legge, 1815-1897)는 스코틀랜드 출신의 선교 사이자 중국학 학자로, 방대한 양의 중국 고전을 영어로 번역한 것으로 잘 알려져 있다.
213 《동양의 성스러운 책들》: 제임스 레그가 번역한 《The Sacred Books of the East》는 동양의 주요 종교 경전들을 모아 놓은 총서이다.
214 코 위안(또는 쉬안): 전설적인 도교 신선으로, 신통력을 지녔다고 전해진다.

그리고 우리는 코 위안 자신이 이 책에 대해 직접 언급한 다음 내용에 더 관심이 있습니다.

"내가 참된 도(道)를 얻었을 때, 나는 이 경(經)을 만 번이나 암송했습니다. 이 경은 천상의 영(靈)들이 수행하는 것이며, 이 하계의 학자들에게는 전해지지 않았던 것입니다. 나는 이것을 동화(東華)의 신성한 통치자로부터 얻었고, 그는 금문(金門)의 신성한 통치자로부터 받았으며, 금문의 신성한 통치자는 서왕모(西王母)로부터 받았습니다."

여기서 "금문의 신성한 통치자"는 아틀란티스의 톨텍 제국을 다스렸던 입문자의 칭호였으며, 그 칭호의 사용은 투르족이 톨텍족으로부터 분리되었을 때 《정결의 경전》이 아틀란티스에서 중국으로 전해졌음을 시사합니다. 이 개념은 고대 투르족과 몽골족의 종교에서 유일한 실재를 가리키는 이름인 도(道), 문자 그대로 "길"을 다루는 이 간결한 논문의 내용에 의해 더욱 뒷받침됩니다. 경전에는 다음과 같이 쓰여 있습니다.

"위대한 도(道)는 형체가 없지만, 하늘과 땅을 낳고 기릅니다. 위대한 도는 감정이 없지만, 해와 달을 운행하게 합니다. 위대한 도는 이름이 없지만, 만물의 성장과 유지를 관장합니다."(27)

이것은 단일성으로서의 발현된 신을 나타내지만, 이원성이 뒤따릅니다.

"이제 도(道)는 양(陽)과 음(陰)이라는 두 가지 형태로 스스로를 보여주며, 운동과 정지라는 두 가지 상태를 가집니다. 하늘은 양이고 땅은 음입니다. 하늘은 움직이고 땅은 정지해 있습니다. 남성적인 것은 양이고 여성적인 것은 음입니다. 근원적인 양(陽)은 하강했고, 음(陰)의 흐름은 널리 퍼져, 만물이 생성되었습니다."(28)

이 구절은 자연의 능동적인 면과 수용적인 면, 즉 생성자인 영(Spirit)과 양육자인 물질(Matter) 간의 구분에 대한 언급이 있어 특히 흥미롭습니다. 이는 후대의 저술들에서 매우 익숙하게 등장하는 개념입니다.

《도덕경(道德經)》에서는 비발현과 발현에 대한 가르침이 매우 분명하게 드러납니다.

도(道)[215]는 말로 표현할 수 있는 도(道)가 아니며, 영원히 변치 않는 참된 도(道)도 아닙니다. 이름 붙일 수 있는 이름은 영원히 변치 않는 참된 이름이 아닙니다. 이름이 없을 때, 그것은 하늘과 땅의 근원이 되고, 이름이 있을 때, 그것은 만물을 낳는 어머니가 됩니다. … 이 두 가지는 서로 다른 것처럼 보이지만, 실제로는 같은 근원에서 나옵니다. 다만 이름이 다를 뿐입니다. 우리는 이 근원의 심오함을 '신비(Mystery)'라고 부릅니다.(29)

215　도(道): 여기서는 만물의 근원이자 우주의 궁극적 실재를 의미한다.

여기서 카발라[216]를 공부하는 학생들은 신성한 이름 중 하나인 "감추어진 신비[217]"를 떠올릴 것입니다. 계속해서

"하늘과 땅 이전에 생겨난, 무언가 규정되지 않고 완전한 것이 있었습니다. 얼마나 고요하고 형체가 없는지, 홀로 서서 아무런 변화도 겪지 않으며, 모든 곳에 미치고 (고갈될) 위험도 없습니다. 그것은 만물의 어머니로 여겨질 수 있습니다. 나는 그 이름을 모르기에, 그것을 도(道)라고 부릅니다. 애써 이름을 붙이자면, 그것을 위대하다고 부르겠습니다. 위대하기에, 그것은 (끊임없이 흐르며) 나아갑니다. 나아가면서, 그것은 멀어집니다. 멀어졌다가, 그것은 되돌아옵니다."(30)

힌두 문학에서 매우 익숙한, 나아감과 되돌아옴이라는 원초적 생명의 개념을 여기서 보는 것은 매우 흥미롭습니다. 다음 구절 역시 익숙하게 느껴집니다.

"천하 만물은 존재함(그리고 이름 붙여짐)으로써 하나로부터 생겨났습니다. 그 존재함은 존재하지 않음(그리고 이름 붙여지지 않음)으로써 그것으로부터 생겨났습니다."(31)

---

216 카발라(Kabalah): 유대교 신비주의 전통으로, 우주의 근원과 신성한 존재에 대한 비의적(祕儀的) 가르침을 담고 있다.
217 감추어진 신비(the Concealed Mystery): 카발라에서 신의 무한하고 불가해한 본질을 나타내는 표현 중 하나이다.

우주가 존재하게 되려면, 비발현된 존재는 반드시 유일자를 내보내야 하며, 그 유일자로부터 이원성(duality)과 삼원성(trinity)이 비롯됩니다.

"도(道)는 하나를 낳고, 하나는 둘을 낳고, 둘은 셋을 낳으며, 셋은 만물을 낳았습니다. 만물은 자신 탄생한 암흑(Obscurity)을 뒤로하고, 자신이 드러난 빛(Brightness)으로 나아가며, 이 과정은 공허의 숨결(Breath of vacancy)로 조화됩니다."(32)

위 '공허의 숨결'은 '공간의 숨결[218]'이 더 적절한 번역일 것입니다. 왜냐하면 모든 것이 도(道)로부터 비롯되었기에, 그것은 만물 안에 존재하기 때문입니다.

"위대한 도(道)는 만물에 두루 퍼져 있습니다. 그것은 왼쪽에서도, 오른쪽에서도 발견될 수 있습니다… 그것은 만물을 옷처럼 감싸지만, 그들의 주인이라 자처하지 않습니다. 그것은 가장 작은 것들 속에서도 그 이름이 불릴 수 있습니다. 만물은 (근원으로) 돌아가 사라지지만, 그렇게 되도록 주관하는 것이 바로 그것임을 알지 못합니다. 그것은 가장 위대한 것들 속에서도 그 이름이 불릴 수 있습니다."(33)

장자(기원전 4세기)는 고대의 가르침을 제시하면서 도(道)에서 비롯된

---

[218] 공간의 숨결(Breath of Space): '공허의 숨결(Breath of vacancy)'을 보다 자연스럽게 번역한 표현이다. 어둠과 밝음, 즉 비발현과 발현 사이의 조화를 이루는 힘을 의미한다. 이는 우주의 근원적인 생명력 또는 에너지로 해석될 수 있다.

영적 지성체들에 대해 다음과 같이 언급합니다.

"그것(道)은 자체 내에 자신의 근원과 존재 기반을 두고 있습니다. 하늘과 땅이 있기 전, 태고부터 그것은 확고히 존재해 왔습니다. 그것으로부터 영(靈)들의 신비로운 존재가 비롯되었고, 그것으로부터 신(神)의 신비로운 존재가 비롯되었습니다."(34)

이러한 지성체들의 이름이 다수 열거되지만, 그 존재들은 중국 종교에서 중요한 역할을 하는 것으로 잘 알려져 있으므로, 더 많은 인용은 필요하지 않을 것입니다.

레그(Mr. Legge)에 따르면 도교에서는 인간에게 영(spirit), 정신(mind), 육체(body)의 삼위일체로 간주합니다. 이러한 구분은 《정결의 경전》에서 욕망을 제거해야 유일자와 합일할 수 있다는 가르침을 통해 명확하게 드러납니다.

"인간의 영(靈)은 맑음을 사랑하지만, 그의 정신(mind)은 맑음을 방해합니다. 인간의 정신은 고요함을 사랑하지만, 그의 욕망이 고요함을 떨쳐 냅니다. 만약 인간이 항상 욕망을 떨쳐 낼 수 있다면, 그의 정신은 저절로 고요해질 것입니다. 인간이 정신을 깨끗하게 하면, 그의 영은 저절로 맑아집니다… 인간이 이 경지에 이르지 못하는 이유는 그들의 정신이 정화되지 않았고, 욕망이 떨쳐 내지지 않았기 때문입니다. 욕망을 떨쳐 낼 수 있다면, 자신의 정신을 들여다보아도 더 이상 자신의 것이 아닙니다. 자신의 육체를 밖에서 보아도 더 이상 자신의 것이 아닙니다. 더 멀리 밖의 사물을 보아도, 그것들은 자신과 아무런 상관이 없는 것들입니다."(35)

그런 다음, "완전한 고요함의 상태"로 들어가는 단계를 제시한 후, 다음과 같이 묻습니다.

"장소에 구애받지 않는 안식의 상태에서 어떻게 욕망이 일어날 수 있겠습니까? 그리고 더 이상 욕망이 일어나지 않을 때 참된 고요와 안식이 있습니다. 그 참된 고요는 지속적인 특성이 되어 외부의 사물에 (오류 없이) 반응합니다. 참되고 지속적인 특성은 본성을 소유합니다. 그러한 지속적인 반응과 지속적인 고요 속에는 지속적인 순수함과 안식이 있습니다. 이 절대적인 순수함을 가진 자는 점차 참된 도(道)의 (영감) 속으로 들어갑니다."(36)

"영감"이라는 단어는 오히려 의미를 흐리게 합니다. 도(道)로 들어가는 것은 전체 사상 및 다른 경전들과 일맥상통하기 때문입니다. 도교에서는 욕망을 버리는 것이 매우 강조됩니다. 《정결의 경전》의 한 주석가는 도(道)를 이해하는 것은 절대적인 맑음에 달려 있다고 말합니다. 절대적인 맑음을 얻는 것은 전적으로 욕망을 버리는 데 달려 있으며, 이것이 이 논문의 긴급하고 실질적인 가르침입니다.

《도덕경》은 다음과 같이 말합니다.

"도를 보려면, 욕망이 없는 상태에서만
그 깊은 신비를 볼 수 있습니다.
욕망이 있으면, 볼 수 있는 것은
그 겉모습에 불과합니다."(37)

윤회는 예상만큼 명확하게 가르쳐지지 않는 것으로 보이지만, 그 주된 개념이 당연한 것으로 여겨졌고, 실체가 인간뿐 아니라 동물의 탄생을 거친다고 간주되었음을 암시하는 구절들이 발견됩니다. 예를 들어, 장자(莊子)에는 죽음을 바라보는 한 남자의 독특하고도 지혜로운 이야기가 있습니다. 그의 친구가 그에게 말했습니다.

"조물주는 참으로 위대하시네. 이제 그분이 자네를 어떤 모습으로 만드실까? 자네를 어디로 보내실까? 자네를 쥐의 간으로 만드실까, 아니면 벌레의 다리로 만드실까?"

사례(Szelai)가 대답했습니다.

"부모가 자식에게 동서남북 어디로 가라고 명령한다면, 자식은 그저 부모의 뜻을 따를 것이야. … 여기 위대한 대장장이가 금속을 주조하고 있다 생각해 보게. 만약 금속이 도가니 속에서 튀어나오며 '나는 반드시 저 검처럼 되어야 해!'라고 고집을 부린다면, 대장장이는 그걸 불길한 징조로 여길 걸세. 마찬가지로, 우리가 모태 속에서 태어나 새로운 형체를 얻을 때 '나는 반드시 인간이 되어야 해!'라고 집착한다면, 조물주께서도 그걸 불길한 것으로 여기실 거야. 하늘과 땅은 거대한 용광로요, 조물주는 위대한 대장장이라네. 이런 이치가 명백한데,

우리가 어디로 가더라도 그곳이 어찌 우리에게 부적합하겠는가? 우리는 고요한 잠 속에서 깨어나는 것처럼 태어나고, 고요한 깨어남 속으로 들어가는 것처럼 죽을 뿐일세."(38)

2) 힌두교의 가르침

이제 다섯 번째 인종인 아리안 인종(Āryan Race)으로 눈을 돌려보면, 가장 오래되고 위대한 아리안 종교인 브라만교[219]에 구현된 동일한 가르침을 발견할 수 있습니다. 《찬도기야 우파니샤드[220]》에서는 영원한 존재가 "둘도 없는 유일한 존재"로 선언되며, 다음과 같이 쓰여 있습니다.

브라흐만은 뜻(Will)을 세웠습니다. "나는 우주를 위해 증식하리라." (vi, ii, 1, 3)

지고의 로고스(Logos), 즉 브라흐만(Brahman)은 존재(Being), 의식(Consciousness), 지복(Bliss)의 세 가지 속성을 지니며, 다음과 같이 전해집니다.

이로부터 생명, 정신(mind), 그리고 모든 감각, 에테르, 공기, 불, 물, 만물의 근원인 대지가 생겨납니다.(39)

---

219 브라만교(Brāhmanical): 힌두교의 초기 형태로, 베다(Veda) 경전과 우파니샤드(Upanishad) 철학에 기반을 둔 종교
220 찬도기야 우파니샤드(Chandogyopanishad): 사마 베다(Sama Veda)에 속하는 초기 우파니샤드 중 하나로, 우주의 근원적 소리인 옴(Om)에 대한 가르침과 아트만(Atman)과 브라만(Brahman)의 합일에 대한 심오한 통찰을 담고 있다.

힌두 경전만큼 신성에 대한 웅장한 묘사를 담고 있는 곳은 어디에도 없지만, 이제는 너무나 익숙해져 버렸기에 간략한 인용만으로도 충분할 것입니다. 다음은 그 방대한 보석과 같은 가르침의 표본입니다.

"가까우면서도 드러나지 않는 비밀스러운 자리에 존재하며, 위대한 거처 안에 머뭅니다. 그 안에는 움직이는 모든 것, 숨 쉬는 모든 것, 눈을 감는 모든 것이 자리 잡고 있습니다. 그것이 바로 경배해야 할 대상이며, 존재와 비존재를 아우르는 최고의 존재, 모든 피조물의 이해를 초월한 존재입니다. 찬란하며, 그 어떤 미세한 것보다도 더 미세하고, 우주와 그 안의 모든 존재들이 그 속에 자리하고 있습니다. 그것, 그 영원불멸의 브라만이 바로 생명이고, 소리이며, 정신입니다. … 황금색 최고 단계의 껍질 안에 존재하는 흠 없는, 분할되지 않은 브라만은 빛 중의 순수한 빛입니다. 그 빛은 자아를 아는 자들[221]에 의해 인식됩니다. 그 죽지 않는 브라만은 앞에도 있고, 뒤에도 있으며, 오른쪽과 왼쪽, 아래와 위 모든 곳에 존재합니다. 이 브라만은 진정으로 모든 것을 아우릅니다. 이것이야말로 최고의 것입니다."

"우주 너머에, 지고하고 위대하며, 모든 존재의 육신 안에 숨겨진, 전 우주의 유일한 숨결, 주님이신 브라흐만이 계시며, 그분을 앎으로써 (인간은) 불멸에 이릅니다. 나는 어둠 너머에 있는 저 태양처럼 빛나는 전능한 영(Spirit)을 알고 있습니다… 나는 그분이 불멸하고, 태고적

---

221 자아를 아는 자들: 아트만(Atman)과 브라흐만의 합일을 깨달은 자들을 의미한다.

이며, 만물의 영혼이고, 그 본성으로 편재하며, 브라흐만의 앎을 추구하는 이들은 그를 '태어나지 않은 자'로 부르는 분임을 알고 있습니다."(41)

어둠도 없고, 낮도 밤도 없으며, 존재도 비존재도 없을 때, (거기에는) 오직 시바[222]만이 있습니다. 그것은 파괴될 수 없는 것이며, 사비트리(태양신, Savriti)가 숭배해야 할 대상이며, 그것으로부터 태고의 지혜가 나왔습니다. 위에도, 아래에도, 중간에도, 그분은 이해될 수 없습니다. 무한한 영광이라는 이름을 가진 그분을 위한 어떤 유사점도 없습니다. 그분의 형상은 시각으로 확립되지 않으며, 누구도 눈으로 그분을 볼 수 없습니다. 마음과 정신으로 그분을 알고, 가슴속에 그를 모시는 자들만이 불멸하게 됩니다.(42)

인간의 내적 자아는 우주의 자아와 하나라는 사상 즉 "나는 그것이다(I am That)"라는 개념은 모든 힌두 사상에 철저히 스며들어 있습니다. 인간은 종종 "브라흐만의 신성한 도시[223]"(43), "아홉 개의 문이 있는 도시[224]"(44)로 불리며, 신은 심장의 공간에 거한다고 표현됩니다.(45)

---

222 시바(Shiva): 힌두교의 주요 신 중 하나로, 파괴와 재창조를 담당.
223 브라흐만의 신성한 도시(divine town of Brahman): 인간 육체, 특히 심장을 신성한 존재인 브라흐만이 거주하는 곳으로 표현. 인간 내면의 신성을 강조한다.
224 아홉 개의 문이 있는 도시(town of nine gates): 인간 육체를 아홉 개의 문(두 눈, 두 귀, 두 콧구멍, 입, 배설 기관, 생식 기관)을 가진 도시로 비유한 표현. 감각적 자극을 통제하고 내면의 신성에 집중해야 함을 강조한다.

"증명될 수 없고, 영원하며, 흠이 없고, 에테르보다 높으며, 태어나지 않았고, 위대하고 영원한 영혼인 그 존재는 오직 한 가지 방식으로 보입니다… 이 위대하고 태어나지 않은 영혼은 모든 생명체에 지적인 영혼으로 거하는 바로 그 존재이며, 심장 속의 에테르[225]로 거하는 바로 그 존재입니다. 심장 속의 에테르는 그 안에 거한다고 일컬어지는 유일자를 가리키는 신비로운 구절로 알려져 있습니다. 그 안에서 그것은 잠들어 있습니다. 그것은 만물을 제압하는 자, 만물의 통치자, 만물의 주권자입니다. 그것은 선행으로 더 커지지도 않고, 악행으로 더 작아지지도 않습니다. 그것은 만물의 통치자, 모든 존재의 주권자, 모든 존재의 보호자, 다리, 세상이 무너지지 않도록 지탱하는 자입니다."(46)

우주를 진화시키는 존재로서 신을 바라볼 때, 그 세 가지 본성이 시바(Shiva), 비슈누(Vishnu), 브라흐마(Brahmā)로 분명하게 드러납니다. 혹은 비슈누가 물속에 잠들어 있고, 그의 몸에서 연꽃이 피어나며, 그 연꽃 안에 브라흐마가 있는 모습으로 묘사되기도 합니다. 인간 또한 세 가지 측면을 지니고 있습니다. 이를 만두키야 우파니샤드[226]에서는 자아가 육체, 미묘체(심령체), 정신체에 의해 제약된 존재로 설명하

---

225 심장 속의 에테르: 인간 내면의 신성한 공간, 즉 아트만(Atman)을 상징하며 내면의 신성을 의미한다.
226 만두키야 우파니샤드(Mandukyopanishad): 가장 짧지만 핵심적인 우파니샤드 중 하나로, 신성한 음절 '옴(Om)'을 통해 인간 의식의 네 가지 상태(깨어 있음, 꿈, 깊은 수면, 초월적 의식)를 설명한다. 이를 통해 궁극적 실재인 브라흐만(Brahman)과의 합일을 추구하는 가르침을 담고 있다.

며, 결국 이 모든 것에서 초월해 "이원성이 없는" 유일자로 올라간다고 묘사합니다.

삼위일체[227](Trimurti)로부터 많은 신들이 나왔으며, 이들은 우주를 운영하고 관리하는 존재로 연결됩니다. 이에 대해 《브리하다란야카 우파니샤드[228]》에서는 다음과 같이 말합니다.

"시간의 흐름 속에서 날과 해를 회전시키시며 세월을 완성시키는 그분! 신들이여 그분을 경배하라. 빛 중의 빛인 불멸의 생명(Immortal Life)을 경배하라."(47)

힌두교에서 윤회 사상을 언급하는 것은 거의 불필요합니다. 힌두교의 삶의 철학 전체가 여러 번의 태어남과 죽음을 통한 영혼의 여정, 즉 윤회를 중심으로 전개되기 때문입니다. 윤회를 당연한 진리로 여기지 않는 힌두교 서적은 찾아볼 수 없습니다. 인간은 욕망에 의해 변

---

227 트리무르티(Trimurti)는 힌두교의 최고신 개념을 세 가지 주요 신의 형태로 나타내는 삼위일체이다. 일반적으로 다음 세 신을 지칭한다.
  *브라흐마(Brahmā): 우주의 창조를 담당하는 신
  *비슈누(Vishnu): 창조된 우주를 유지하고 보존하는 신
  *시바(Shiva): 우주를 파괴하고 변화시키는 신
  이 세 신은 각기 다른 역할을 수행하지만, 하나의 궁극적인 신성(브라흐만)의 세 가지 측면으로 여겨진다.
228 브리하다란야카 우파니샤드(Brihadaranyakopanishad): "위대한 숲의 가르침"이라는 뜻으로, 가장 오래되고 방대한 우파니샤드 중 하나. 아트만(Atman)과 브라만(Brahman)의 동일성, 윤회, 해탈 등 힌두 철학의 핵심 사상을 담고 있으며, 특히 현자 야즈나발키야(Yajnavalkya)의 가르침으로 잘 알려져 있다.

화의 수레바퀴에 묶여 있습니다. 따라서 지식과 헌신, 그리고 욕망의 소멸을 통해 인간은 스스로를 해방해야 합니다. 영혼이 신을 알 때 해방됩니다.(48) 지식으로 정화된 지성은 그를 봅니다.(49) 헌신과 결합된 지식은 브라흐만의 거처를 찾습니다.(50) 브라흐만을 아는 자는 브라흐만이 됩니다.(51) 욕망이 멈출 때, 필멸의 존재는 불멸의 존재가 되고 브라흐만을 얻습니다.(52)

3) 불교의 가르침

북방 불교는 고대 신앙과 완전히 일치합니다. 그러나 남방 불교는 로고스 삼위일체와 그 근원인 유일한 존재에 대한 개념을 놓친 것으로 보입니다. 삼위로 나타나는 로고스는 다음과 같습니다. 첫 번째 로고스는 무한한 빛인 아미타바[229]입니다. 두 번째 로고스는 아발로키테슈바라[230], 즉 파드마파니(첸레지)입니다. 세 번째 로고스는 만주슈리[231]로, "창조적 지혜의 대표자이며 브라흐마에 해당합니다."(아이텔의 산스크리트-중국어 사전 참조) 중국 불교는 분명히 로고스 너머의 근원적 존재에 대한 개념을 포함하지 않습니다. 하지만 네팔 불교는 아디붓다

---

229 아미타바(Amitabha): "무한한 광명"이라는 뜻으로, 서방 극락정토의 주재자이자 중생을 구제하는 자비로운 부처. 대승 불교, 특히 정토 신앙에서 널리 숭배되며, 그의 이름을 염송하면 극락왕생한다고 믿어진다.
230 아바로키테슈바라(Avalokiteshvara): "자비의 눈으로 중생을 굽어살피는 자"라는 뜻으로, 대자대비의 보살. 고통받는 중생의 소리를 듣고 구제하며, 관세음보살(관음보살)로 널리 알려져 있다.
231 만주슈리(Manjusri): "지혜의 보살"로, 지혜의 검으로 무명(無明)의 어둠을 베어 중생을 깨달음으로 인도한다. 문수보살(文殊菩薩)로 널리 알려져 있으며, 학문과 지혜를 상징하는 보살이다.

232)를 상정하며, 아미타바는 그로부터 비롯됩니다. 아이텔은 파드마파니(관세음)가 자비로운 섭리의 대표자이며 부분적으로 시바에 해당한다고 말합니다. 그러나 불교 삼위일체의 화신을 보내는 측면에서, 파드마파니는 연꽃(불과 물, 또는 우주의 주요 구성 요소로서의 영과 물질)을 지니고 있다는 점에서 비슈누와 동일한 개념을 나타내는 것으로 보입니다.

윤회와 카르마는 불교의 근본 교리입니다. 따라서 불교에서는 해탈의 길을 설명하는 것을 우선시합니다. 붓다 역시 힌두교도들에게 설법하는 힌두교도였기 때문에, 그의 가르침에는 브라만교의 교리가 자연스럽게 녹아들어 있습니다. 따라서 윤회와 카르마를 따로 강조할 필요는 거의 없습니다. 붓다께서는 정화자이자 개혁자였지, 인습 타파주의자가 아니었습니다. 그분은 비전의 가르침에 속하는 근본적인 진리가 아니라 무지로 인한 부가물들을 공격하셨습니다.

"잘 설해진 법의 길을 걷는 자들은, 건너기 힘든 생사의 거대한 바다의 저편 언덕에 도달합니다."(53)

욕망은 인간을 속박하므로 반드시 제거해야 합니다.

"축복받은 자(붓다)는 말씀하셨습니다. '욕망의 굴레에 얽매인 자가

---

232 아디붓다(Adi-Buddha): "최초의 붓다"라는 뜻으로, 일부 대승 불교와 금강승 불교에서 근본 불성이자 모든 붓다의 근원으로 여겨지는 존재. 자성불(自性佛), 본초불(本初佛)이라고도 하며, 우주 만물의 근원이자 궁극적 실재를 상징한다.

그 굴레에서 벗어나기란 어렵다. 확고한 자, 욕망의 행복에 연연하지 않는 자는 욕망을 떨쳐 버리고 곧 열반으로 떠난다…. 인간에게 영속적인 욕망은 없다. 욕망을 경험하는 자에게 욕망은 무상하다. 그러니 영속적이지 않은 것에서 벗어나 죽음의 거처에 머물지 말라."(54)

"세상의 재물에 대한 욕망, 죄악, 육신의 눈의 속박을 소멸하고, 욕망을 뿌리째 뽑아 버린 자, 그를 나는 브라흐마나(최상의 존재)라 부르노라."(55)

그리고 브라흐마나는 "마지막 몸을 가진 자"(56)로 정의되며, 다음과 같은 자입니다.

"자신의 이전 거처(생)를 알고, 천국과 지옥을 인지하며, 탄생을 끝내는 길을 찾은 성자(무니)"(57)

4) 유대교와 카발라의 가르침

일반 대중에게 공개된 히브리 경전에서는 삼위일체의 개념이 뚜렷하게 나타나지는 않지만, 이원성은 분명하게 드러나며, 언급되는 신은 분명히 현현하지 않은 유일자가 아니라 로고스입니다.

"나는 주(Lord)이며 다른 이는 없다. 내가 빛을 만들고 어둠을 창조하며, 평화를 만들고 재앙을 창조하나니, 이 모든 일을 행하는 것은 나 주(Lord)이다."(이사야서 45:6-7)

그러나 필로[233]는 로고스 교리를 매우 명확하게 제시합니다. 이는 요한복음에서도 발견됩니다.

"태초에 말씀[로고스]이 계셨고, 말씀은 하나님과 함께 계셨으며, 말씀은 곧 하나님이셨다… 만물은 그로 말미암아 지은 바 되었으니, 지은 것 중에 그가 없이는 된 것이 하나도 없느니라."(요한복음 1:1, 3)

카발라에서는 유일자, 삼위(Three), 일곱 존재(the Seven), 그리고 다수(Many)에 대한 교리가 분명하게 가르쳐집니다.

"태곳적 태고, 미지 중의 미지인 존재는 형체를 가지고 있으면서도 형체를 가지고 있지 않습니다. 이는 그 형체를 통해 우주가 유지되며, 동시에 그 형체를 초월하여 이해되어질 수 없습니다. 그 존재가 처음 이 형체[케테르, 왕관, 제1 로고스]를 취했을 때 그로부터 아홉 개의 찬란한 빛이 나오도록 허락하셨습니다. [지혜의 음성은 케테르와 함께 삼중체 이루며, 그다음 일곱 개의 하위 세피로트가 따라옵니다.] … 그 존재는 태곳적 태고이며, 신비 중의 신비이며, 미지 중의 미지입니다."

"그 존재는 우리에게 나타날 때 사용하는 형체를 가지고 있습니다.

---

233 필로: 기원전 1세기 알렉산드리아의 유대인 철학자. 유대교와 헬레니즘 철학을 융합하고, 신과 세상을 매개하는 로고스 개념을 발전시켰다.

그 형체를 통해 그 존재는 '태고의 사람'으로 더욱이 태고 중의 태고로 알려지며, 미지 중의 미지, 가장 이해할 수 없는 가장 높은 형체로 인식됩니다. 그러나 그 존재가 스스로를 나타내기 위해 사용하는 그 형체 속에서도 여전히 미지의 상태로 남아 있습니다."(58)

마이어[234]는 그 "형체"가 "아인 소프[235]인 '태곳적 태고'가 아니"라고 지적합니다.

다시 말해, "거룩한 상부에는 세 개의 빛이 존재하며, 이들은 하나로 결합됩니다. 이 세 빛은 '토라(Torah)'의 기반이며, 이로 인해 모든 문을 열립니다… 와서 보십시오! 말씀의 신비를. 이것들은 세 가지 단계이며 각 단계는 스스로 존재하지만, 모두 하나이고 하나로 묶여 있으며 서로 분리되지 않습니다… 셋은 하나에서 나오고, 하나가 셋 안에 존재하며, 그것은 둘 사이의 힘이고, 둘은 하나를 양육합니다. 하나는 여러 측면을 양육하며, 이로써 모두가 하나라는 사실이 드러납니다."(59)

말할 필요도 없이 히브리인들이 다신교 사상을 가지고 있었습니다.

---

234 아이작 마이어(Isaac Myer): 19세기 미국의 변호사이자 저술가로, 특히 카발라 연구에 전념하여 《카발라: 유대인의 철학적 저작(Qabbalah: The Philosophical Writings of Solomon Ben Yehudah Ibn Gebirol)》 등 저서를 남겼다.
235 아인 소프(Ain Soph): 카발라에서 무한하고 형언할 수 없는 신성, 혹은 무한의 존재를 지칭하는 용어. 만물 창조 이전의 근원적인 상태를 나타내며, "한계가 없는", "무한한 빛(Ain Soph Aur)"으로도 표현된다.

"주여, 신들 가운데 누가 주님과 같으리이까?"(출애굽기 15:11) 그리고 "하나님의 아들들", "주님의 천사들", "열 개의 천사의 군대"와 같이 수많은 하위의 대리자들의 존재를 믿었습니다.

그리고 우주의 시작에 관해 조하르[236]는 다음과 같이 가르칩니다.

"시작에는 왕(King)의 의지가 있었습니다. 이는 어떠한 존재 이전의 것이며, 이 의지로부터 발산(emanation)된 것들로 인해 모든 것이 존재하게 되었습니다. 이 의지는 아직 모습을 드러내지 않은 것들을 밤의 베일에서 벗겨 내어 눈에 보이게 하기 위해 모든 피조물의 형태를 계획하고 새겨 넣었습니다. 이 모든 것은 최고의 찬란한 빛 속에서 이루어졌으며, 이는 사분형의 신성한 '테트락튀스'[237] 안에서 이루어졌습니다."(60)

신성이 내재하지 않는 것은 존재할 수 없습니다. 윤회와 관련하여, 영혼은 지상에 오기 전에 신성한 생각 안에 존재한다고 가르칩니다. 만일 영혼이 시련 동안 완전히 순수하게 남아 있으면 환생을 피할 수

---

[236] 조하르(Zohar): "광휘의 서"라는 뜻의 카발라의 근본 문헌으로, 성경의 신비적 해석을 통해 신, 우주, 인간 영혼의 본질을 탐구한다. 13세기 스페인에서 모세스 데 레온(Moses de Leon)에 의해 편집된 것으로 추정되며, 중세 이후 유대 신비주의 사상에 지대한 영향을 미쳤다.
[237] 테트락티스(Tetractys): 점을 삼각형 모양으로 배열한 도형으로, 고대 그리스의 피타고라스학파에서 신성하게 여긴 상징이다. 1부터 4까지의 숫자의 합(1 + 2 + 3 + 4 = 10)을 나타내며, 우주의 조화와 완전성을 상징한다고 믿어졌다.

있지만, 이것은 이론적인 가능성일 뿐인 것으로 보입니다. 그리고 다음과 같이 말합니다.

"모든 영혼은 순환(환생, a'leen o'gilgoolah)의 지배를 받지만, 인간은 거룩하신 분의 길을 알지 못합니다. 축복받으소서! 사람들은 자신들이 모든 시간 동안 어떻게 심판을 받아왔는지, 그리고 이 세상에 오기 전과 이 세상을 떠난 후에 어떻게 되었는지 알지 못합니다."(61)

이러한 믿음의 흔적은 엘리야가 돌아올 것이라는 믿음과 후에 엘리야가 세례 요한으로 돌아왔다는 믿음에서와 같이 히브리와 그리스도교 성경 모두에서 나타납니다.

5) 이집트 종교의 가르침

이집트를 살펴보면, 우리는 그곳에서 태곳적부터 유명한 삼위일체인 라, 이중적 두 번째 로고스인 오시리스-이시스, 그리고 호루스를 발견합니다. 아문-라에 대한 위대한 찬가가 기억날 것입니다.

"신들은 자신들을 낳은 것의 영혼을 찬양함으로써 당신의 위엄 앞에 절합니다… 그리고 당신께 말합니다. '의식 있는 신들의 무의식의 아버지로부터 나온 모든 발현에 평화가 있기를… 존재를 낳으시는 분이시여, 우리는 당신으로부터 나오는 영혼을 경배합니다. 오, 당신 미지의 분이시여, 당신은 우리를 낳으셨고, 우리는 당신으로부터 내려와 우리 안에 살아있는 각각 신성한 영혼을 경배하며 당신을 맞이합

니다.'"(62)

"의식 있는 신들의 아버지"는 로고스입니다. "무의식의 아버지"는 유일한 존재입니다. 무의식이라는 것은 의식이 부족하다는 의미가 아니라, 우리가 의식이라고 부르는 제한된 것보다 무한히 더 큰 존재임을 의미합니다.

우리는 《이집트 사자의 서[238]》 단편들에서 인간 영혼의 환생, 그 여정, 그리고 궁극적으로 로고스와의 하나 됨에 대한 개념을 찾아볼 수 있습니다. 유명한 파피루스인 '평화 속에서 승리한 서기 아니(Ani)'의 기록은 다른 신앙의 경전을 연상시키는 구절들로 가득 차 있습니다. 그는 지하 세계를 여행하며 자신의 육체로 다시 들어가리라는 기대(이집트인들 사이에서 환생이 취한 형태)를 하고 로고스와 자신을 동일시합니다.

오시리스 아니(Osiris Ani)가 말하길:
"나는 위대한 자이며, 위대한 자(아버지)의 아들이다.
나는 불이며, 불의 아들이다. …
나는 나의 뼈를 결합시켰고, 스스로를 온전하게 만들었으며, 다시 젊음을 되찾았다.
나는 영원의 주인이신 오시리스이다."(xliii, 1, 4)

---

[238] 《이집트 사자의 서(Book of the Dead)》: 영혼의 사후 여정을 안내하는 고대 이집트의 안내서. 오시리스 심판 통과와 영생 획득을 위한 지침을 담고 있다.

피에레의 《이집트 사자의 서 개정판》에서 우리는 다음과 같은 인상적인 구절을 발견합니다.

"나는 이름이 수수께끼 같은 존재이며, 수백만 년을 위한 거처를 스스로 준비하는 자이다(p. 22).
어머니로부터 내게 온 마음(심장, heart)이여,
내가 이 세상에서 존재하는 데 없어서는 안 될 이 마음(heart)이여…
어머니로부터 내게 온 마음(heart)이여,
내가 변화를 성취하기 위해 반드시 필요한 이 마음(heart)이여(pp. 113-114)."

6) 조로아스터교의 가르침

조로아스터교[239]에서는 무한한 공간으로 형상화된 유일한 존재에 대한 개념이 발견되며, 그로부터 창조주 아후라마즈다[240]인 로고스가 비롯됩니다.

"전지전능하고 선하며, 비할 데 없이 찬란한 존재: 빛의 영역은 아후라마즈다의 거처입니다."(63)

---

239 조로아스터교(Zoroastrianism): 고대 페르시아에서 기원한 유일신 종교로, 자라투스트라교라고도 불린다. 선과 빛의 신 아후라 마즈다(Ahura Mazda)를 숭배하며, 선과 악의 끊임없는 투쟁, 그리고 최후의 심판과 구원을 강조하는 이원론적 세계관을 특징으로 한다.
240 아후라마즈다(Ahura Mazda): 조로아스터교의 최고신으로, "지혜로운 주님"이라는 뜻을 지닌다. 선과 빛, 진리의 신으로, 악과 어둠의 세력인 앙그라 마이뉴(Angra Mainyu)에 대적하는 존재로 묘사된다.

자라투스트라교의 주요 전례인 야스나[241]에서 그에게 먼저 경의를 표합니다.

"나는 (예배를) 선언하고 완성하리라. 창조주이시며, 빛나고 영광스러우시며, 가장 위대하고 가장 선하시며, 가장 아름다우시며(?)(우리의 개념으로는), 가장 확고하시며, 가장 현명하시며, 가장 완벽한 몸을 가지신 유일하신 분, 그분의 의로운 질서로 인해 자신의 목적을 가장 틀림없이 달성하시는 분, 우리의 마음을 올바르게 이끄시는 분, 멀리까지 기쁨을 창조하는 은혜를 보내시는 분, 우리를 만드시고 빚으셨으며, 우리를 양육하고 보호하신 분, 가장 풍요로운 영이신 아후라 마즈다께."(64)

그런 다음 예배자는 아메샤 스펜타[242]와 다른 신들에게 경의를 표하지만, 최고의 현현한 신, 즉 로고스는 여기에서 삼위일체로 제시되지 않습니다. 히브리인들과 마찬가지로, 일반 대중에게 공개된 신앙에서는 이 근본적인 진리를 간과하는 경향이 있었습니다. 다행히도 우리는 후대에 대중적인 믿음에서 사라졌지만, 원시 가르침을 추적

---

241 야스나(Yasna): 조로아스터교 경전인 아베스타의 주요 부분 중 하나. 제례 의식에 사용되는 기도문과 찬가로 구성되어 있으며, 아후라 마즈다를 비롯한 여러 신들에 대한 숭배를 표현한다.
242 아메샤 스펜타(Amesha Spentas): 조로아스터교에서 최고신 아후라 마즈다를 보좌하는 여섯 대천사 혹은 신적 존재들. "불멸의 성스러운 존재들"이라는 뜻으로, 각기 선, 정의, 힘, 헌신, 완전함, 불멸 등 신성한 덕목을 관장하며 세상을 유지하고 보호하는 역할을 한다.

할 수 있습니다. 하우그(Haug) 박사[243]는 그의 《파시즈에 관한 에세이 (Essays on the Parsis)》에서 아후라 마즈다(Ahuramazda) — 아우하르마즈드(Aûharmazd) 또는 하르마즈드(Hârmazd) — 가 최고 존재이며, 그로부터 다음과 같은 것들이 생성되었다고 말합니다.

"비록 서로 다르지만 결합하여 물질세계와 정신세계를 창조한 두 가지 원초적 원인이 있었습니다(p. 303)."

이들은 쌍둥이라 불렸고 아후라마즈다뿐만 아니라 인간 안에도 어디에나 존재합니다. 하나는 실재를 생성하고 다른 하나는 비실재를 생성합니다. 후기 조로아스터교에서 이들은 선과 악의 대립하는 영이 되었습니다. 초기 가르침에서 그들(쌍둥이 영)은 분명히 두 번째 로고스를 형성했으며, 이원성은 두 번째 로고스의 특징이었습니다.

"선"과 "악"은 단지 빛과 어둠, 영과 물질, 우주의 근본적인 "쌍둥이", 하나에서 나온 둘입니다.

후대의 사상을 비판하면서 하우그 박사는 다음과 같이 말합니다.

"이것이 신성한 존재의 두 부분만을 형성하는 두 창조적 영에 대한 조로아스터의 원래 개념입니다. 그러나 시간이 지남에 따라 위대한

---

243 하우그(Haug): 마르틴 하우그(Martin Haug)를 의미하며, 19세기 독일의 동양학 학자.

창시자의 이 교리는 오해와 잘못된 해석으로 인해 변질되고 타락했습니다. 스펜토마이뉴슈(선한 영)는 아후라마즈다 자신의 이름으로 여겨졌고, 앙그로마이뉴슈(악한 영)는 아후라마즈다와 완전히 분리됨으로써 아후라마즈다의 영원한 적으로 간주되었습니다. 그리하여 신과 악마의 이원론이 생겨났습니다(p. 205)."

하우그 박사의 견해는 대천사들이 조로아스터(자라투스트라)에게 전해 준 다른 가타[244]들과 함께 있는 가타 아후나바이티[245]에 의해 뒷받침되는 것으로 보입니다.

"태초에 한 쌍의 쌍둥이, 즉 각각 고유한 활동을 하는 두 영이 있었습니다. 이들은 선과 악입니다… 그리고 이 두 영이 결합하여 첫 번째 것(물질적인 것)을 창조했습니다. 하나는 실재, 다른 하나는 비실재입니다… 그리고 이 생명을 돕기 위해(증가시키기 위해) 아르마이티[246]는 부와 선하고 참된 마음을 가지고 왔습니다. 영원한 존재인 그녀는 물질세계를 창조했습니다… 모든 완전한 것은 최고의 존재, 즉 선한 마음과

---

244 가타(Gatha): 조로아스터교의 창시자 자라투스트라가 직접 지었다고 전해지는 17편의 찬가. 아베스타어(Avestan)로 기록된 가장 오래되고 신성한 조로아스터교 경전으로, 아후라마즈다(Ahura Mazda)를 찬양하고 숭배하는 내용이 담겨 있다.
245 가타 아후나바이티(Gatha Ahunavaiti): 아베스타(Avesta)의 야스나(Yasna) 28-34장에 해당하는 부분으로, 가타(Gatha) 중에서도 가장 먼저 쓰인 일곱 개의 장. 자라투스트라의 신학, 철학, 윤리적 가르침이 담겨 있어 조로아스터교 신앙의 핵심을 이룬다.
246 아르마이티(Armaiti): 조로아스터교의 여신으로, 처음에는 지혜, 특히 최초의 지혜와 지혜의 여신으로 여겨졌다. 후대에 창조신과 동일시되었고, 대지의 여신으로 숭배되었다. 헌신, 경건, 신앙을 상징하며, 아후라 마즈다의 딸이자 아메샤 스펜타 중 하나로 여겨진다.

현명함, 그리고 정의로움으로 알려진 아후라 마즈다의 찬란한 거처에 모여 있습니다."(65)

여기에서 세 로고스가 보입니다. 첫 번째 로고스인 아후라마즈다는 지고한 생명입니다. 그 안에 그리고 그로부터 "쌍둥이"인 두 번째 로고스가 나옵니다. 그러고 나서 우주의 창조주인 세 번째 로고스, 아르마이티, 즉 정신(Mind)이 등장합니다. 나중에 미트라[247]가 등장하는데, 대중 신앙에서는 원초적 진리를 어느 정도 가립니다. 그에 대해 다음과 같이 전해집니다.

"아후라 마즈다가 이 모든 움직이는 세계를 유지하고 지켜보도록 세우신 분. 결코 잠들지 않고 깨어 마즈다의 창조물을 지키시는 분."(66)

미트라는 천상의 빛인 하위 신이었고, 바루나는 위대한 지배 지성 중 하나인 천상 자체였습니다. 이러한 지배 지성 중 가장 높은 존재는 아후라마즈다의 선한 생각인 보후 마나[248]가 이끄는 여섯 아메샤 스펜타였습니다.

---

247 미트라(Mithra): 고대 인도-이란 신화에 등장하는 신으로, 계약, 맹세, 빛, 태양과 관련되며, 우정의 신으로도 여겨졌다. 로마 제국에서 미트라 신앙(Mithraism)이라는 밀교 종교로 발전하여 널리 숭배되었으며, 신지학에서는 미트라를 태양신이자 영적 스승 중 하나로 간주한다.
248 보후 마나(Vohu Manah): 조로아스터교에서 "선한 생각", "좋은 마음"을 뜻하며, 아후라 마즈다를 보좌하는 여섯 대천사(아메샤 스펜타) 중 하나. 가축, 특히 소를 보호하는 역할을 하며, 인간에게 선한 생각과 지혜를 부여한다고 여겨진다.

"모든 물질적 창조를 담당하는 자들."(67)

지금까지 번역된 조로아스터교 경전들에서 환생은 가르쳐지지 않는 것으로 보입니다. 현대의 파르시(Parsi)인들 사이에서도 환생에 대한 믿음은 일반적이지 않습니다. 하지만, 조로아스터교 교리 속에서 인간의 영혼을 하나의 "불꽃"으로 간주하는 개념을 발견할 수 있습니다. 이 불꽃은 작은 "불꽃"으로 시작하여 결국 위대한 "불길"로 성장하여 최상의 불(Supreme Fire)에 다시 하나가 되어야 한다는 사상입니다. 이 개념은 필연적으로 영혼의 발전을 내포하며, 이를 위해 다시 태어나는 환생은 필요불가결한 과정임을 암시합니다. 따라서 조로아스터교를 온전히 이해하려면 칼데아 신탁[249]과 관련 문헌들을 다시 복원해야만 합니다. 이 문헌들이야말로 조로아스터교의 실제적 뿌리를 담고 있기 때문입니다.

7) 그리스 종교의 가르침

조로아스터교의 사상에서 서쪽으로 이동하여 고대 그리스로 눈을 돌려보면, 오르페우스 신비 체계[250]를 만나게 됩니다. 이 전승은 G. R. S. 미드[251]가 그의 저서 《오르페우스》에서 풍부한 학문적 자료를

---

249 칼데아 신탁(Chaldean Oracles): 2세기경에 헬레니즘 이집트에서 만들어진 것으로 추정되는 신탁 모음집. 신플라톤주의와 그노시스주의에 영향을 미쳤으며, 우주론, 신학, 영혼론, 구원론, 마법적 실천 등을 다루는 신비주의적이고 철학적인 내용을 담고 있다.
250 오르페우스 신비 체계: 고대 그리스 오르페우스교의 신학, 철학, 의례, 수행법을 아우르는 체계. 유일한 존재, 로고스 삼위일체, 영혼의 불멸과 윤회, 신과의 합일을 가르친다.
251 G. R. S. 미드(G. R. S. Mead): 19세기 말-20세기 초 활동한 영국의 신지학자, 작가, 편집자, 번역가. 초기 신지학 운동의 핵심 인물 중 하나로, 헬레나 블라바츠키의 개인 비서였으며, 그노시스주의, 헤르메스주의, 초기 그리스도교 연구로 잘 알려져 있다.

바탕으로 상세히 설명했습니다. 오르페우스의 신학에서는 무한하고 불가해한 최초의 원리를 형언할 수 없는 삼중의 알려지지 않은 어둠이라고 표현했습니다. 이는 유일한 존재에 주어진 이름이었습니다.

"오르페우스 신학에 따르면, 우주의 만물은 말로 다 할 수 없는 근원에서 비롯됩니다. 이는 인간 지성의 미약함과 빈곤함으로는 감히 파악할 수 없는 영역이기에, 우리는 그저 이름 붙여 부를 뿐입니다. 오르페우스 전승은 이 근원을 이집트인들의 경건한 언어를 빌려 '삼중으로 알 수 없는 어둠(Thrice-unknown Darkness)'이라 묘사합니다. 이 어둠을 응시할 때, 모든 지식은 무지를 깨닫게 됩니다."(68)

이로부터 "근원적 삼위일체(Primordial Triad)", 즉 우주적 선(Universal Good), 우주적 영혼(Universal Soul), 우주적 정신(Universal Mind)이 나오며, 이는 다시 로고스의 삼위일체를 형성합니다. 이에 대해 미드는 다음과 같이 씁니다.

"지성에 현현할 수 있는 첫 번째 삼위일체는 현현할 수 없는 것의 반영이거나 대체물일 뿐입니다. 그 본질은 다음과 같습니다. (a) 초본질적인 선; (b) 스스로 움직이는 원소(self-motive essence)인 영혼(the World Soul); (c) 나눌 수 없고 움직이지 않는 본질인 지성(또는 정신)."(69)

이후, 일련의 계속해서 하강하는 삼위일체가 나타나며, 최초의 특성을 점점 더 희미한 광채로 보여 주다가 마침내 인간에 이릅니다. 인간은,

"잠재적으로 우주의 본질과 총체를 모두 지니고 있습니다… '인간과 신들의 종족은 하나입니다.'(70) … 따라서 인간은 우주 또는 대우주와 구별하기 위해 소우주 또는 작은 세계라고 불렸습니다."(71)

인간은 누스[252], 즉 진정한 정신과 로고스, 즉 이성적 부분, 알로고스(Alogos), 즉 비이성적 부분을 지니고 있습니다. 이 두 부분은 다시 삼위일체를 형성하여 더 정교한 7중의 구성(칠중체[253])을 이룹니다. 인간은 또한 세 가지 몸체, 즉 육체, 미묘체, 그리고 광휘체, 즉 아우고에이데스를 지닌 것으로 여겨졌습니다.

"이는 '원인체' 또는 영혼의 카르마적 옷으로, 그 안에 영혼의 운명, 또는 오히려 과거 원인의 모든 씨앗이 저장되어 있습니다. 이것은 때때로 '실 영혼(thread-soul)'이라고 불리는 것으로, 한 화신(化身)에서 다른 화신(化身)으로 넘어가는 '몸체'입니다."(72)

윤회에 관해서는 다음과 같습니다.

"모든 나라의 신비(Mysteries) 의식 신봉자들과 마찬가지로 오르페우

---

252 누스(Nous): 만물의 근원인 '유일자(The One)'에서 발출된 첫 번째 존재이자, 우주적 정신, 신성한 지성, 이성을 의미한다. 플라톤 철학과 신플라톤주의, 헤르메스 철학, 그노시스주의에서 중요한 개념으로, 우주 창조와 인식의 근원으로 여겨진다.
253 칠중체: 신지학에서 인간의 다차원적 본성을 설명하는 개념. 영적 본성부터 육체에 이르기까지 일곱 가지 구성 요소로 즉, 육체, 에테르체, 심령체, 정신체 하위, 정신체 상위, 붓디, 아트마로 구성된다.

스교도들은 윤회를 믿었습니다."(73)

이에 대해 미드(G.R.S. Mead)는 풍부한 증거를 제시하며, 플라톤, 엠페도클레스, 피타고라스 등이 윤회를 가르쳤음을 보여 줍니다. 오직 덕을 통해서만 인간은 생명의 수레바퀴에서 벗어날 수 있었습니다.

테일러[254]는 《플로티노스의 선집(Select Works of Plotinus)》에 대한 주석에서, 유일자를 초월한 유일자, 즉 비현현적 존재에 대한 플라톤의 가르침에 대해 다마스키우스의 글을 인용합니다.

"아마도 플라톤은 유일자(the one)를 매개로 삼아, 유일자를 초월한 형언할 수 없는 존재로 우리를 이끕니다. 이것이 지금 논의의 주제입니다. 그리고 이것은 그가 다른 것들을 제거함으로써 유일자로 이끄는 것과 같은 방식으로, 유일자를 제거함으로써 이루어집니다… 유일자를 초월한 존재는 가장 완벽한 침묵 속에서 경배되어야 합니다… 유일자는 스스로 존재하기를 원하지만, 다른 어떤 것과 함께하려 하지 않습니다. 그러나 유일자를 초월한 미지의 존재는 완전히 형언할 수 없으며, 우리는 그 존재를 안다고도, 모른다고도 할 수 없습니다. 다만 그 존재 자체는 초월적인 무지(super-ignorance)를 지니고 있습니다. 따라서 유일자 자체도 이 존재에 근접함으로써 어두워집니다. 만

---

254 테일러(Taylor): 토마스 테일러(Thomas Taylor)를 의미하며, 18세기 영국의 철학자이자 번역가로, 신플라톤주의 철학을 연구했다.

일 그렇게 말할 수 있다면, 거대한 근원(immense principle)에 가까이 있음으로써, 유일자는 마치 진정으로 신비로운 침묵의 지성소(adytum) 안에 머무는 것과 같습니다… 첫 번째 존재(The first)는 유일자와 모든 것 위에 존재하며, 이 둘보다 더 단순합니다."(pp. 341-343)

피타고라스학파[255], 플라톤학파[256], 신플라톤주의 학파[257]는 힌두교 및 불교 사상과 매우 많은 접점을 가지고 있어, 그들이 하나의 원천에서 비롯되었음이 분명합니다. R. 가르베[258]는 자신의 저서 《상키야 철학(Die Sāmkhya Philosophie)》[259](iii, pp. 85-105)에서 이러한 접점 중 다수를 제시했으며, 그의 주장은 다음과 같이 요약될 수 있습니다.

가장 두드러지는 것은 우파니샤드와 엘레아학파[260]에서 가르치는

---

255 피타고라스학파(Pythagorean): 기원전 6세기경 수학자이자 철학자인 피타고라스를 중심으로 형성된 학파이자 종교 공동체. 수가 만물의 근원이라는 신비주의적 수론을 바탕으로, 영혼 불멸과 윤회를 믿었다.
256 플라톤학파(Platonic school): 고대 그리스의 철학자 플라톤의 가르침을 따르는 학파. 이데아론을 중심으로 형이상학, 인식론, 윤리학, 정치학 등 다양한 분야를 탐구했다.
257 신플라톤주의 학파(Neo-Platonic school): 3세기경 플로티노스에 의해 시작되어 6세기까지 이어진 후기 플라톤주의 학파이다. 플라톤 철학을 바탕으로 유출설(Emanation)을 통해 유일자(the One)로부터 우주의 전개 과정을 설명하며, 일자와의 합일을 추구했다.
258 R. 가르베(Richard Garbe): 19세기 후반-20세기 초반 활동한 독일의 인도학자이자 철학자. 특히 상키야 철학 연구의 권위자로, 저서 《상키야 철학(Die Sāmkhya Philosophie)》을 통해 상키야 철학과 서양 철학의 유사성을 탐구했다.
259 상키야 철학(Sāmkhya Philosophy): 인도 육파 철학 중 하나. 이원론적 철학 체계로, 우주의 근본 원리로서 순수 정신(푸루샤)과 근원 물질(프라크리티)을 상정한다.
260 엘레아 학파(Eleatic school): 기원전 6세기-5세기 고대 그리스 엘레아 지방을 중심으로 활동한 철학 학파. 유일하고 불변하는 존재를 강조했으며, 대표적인 철학자로 파르메니데스가 있다.

유일하고 유일한 존재 교리의 유사성, 더 정확하게는 동일성입니다. 제노파네스[261]는 신과 우주의 통일성, 그리고 유일자의 불변성을 가르쳤습니다. 파르메니데스[262]는 더 나아가, 오직 태어나지 않고, 파괴되지 않으며, 어디에나 존재하는 유일자만 실재를 간주될 수 있다고 주장했습니다. 또한, 모든 다양성과 변화하는 것은 단지 겉모습에 불과하다고 보았습니다. 더 나아가, 존재(Being)와 사고(Thinking)가 동일하다고 설명했는데, 이러한 가르침은 우파니샤드와 이로부터 발전한 베단타 철학의 핵심 내용과 완전히 동일합니다. 그러나 이보다 더 이른 시기의 탈레스[263]조차도, 존재하는 모든 것이 물에서 비롯되었다고 보았는데, 이는 우주가 물에서 비롯되었다는 베다 교리와 놀랍도록 유사합니다. 이후 아낙시만드로스[264]는 모든 것의 근본(ἀρχή)으로 영원하고, 무한하며, 규정되지 않은 실체를 가정했습니다. 이 실체로부터 모든 특정한 실체들이 발생하고 그 안으로 되돌아갑니다. ― 이는 우주의 모든 물질적인 측면이 전개되는 근원 물질(Prakṛti[265]), 즉, 상키야 철학의 근본 전제와 동일한 가정입니다.

---

261 제노파네스(Xenophanes): 기원전 6세기경 활동한 그리스의 철학자이자 시인. 엘레아 학파의 선구자로, 신인동형론적 신관을 비판하고 유일하고 불변하는 신을 주장했다.
262 파르메니데스(Parmenides): 기원전 5세기경 엘레아학파의 대표적인 그리스 철학자. '있는 것(to on)'만이 유일한 실재이며, 생성, 변화, 소멸은 감각의 환상이라고 주장하는 존재론을 제시했다.
263 탈레스(Thales): 기원전 6세기경 밀레토스 출신의 그리스 철학자. 만물의 근원을 물로 보았으며, 서양 철학의 아버지로 불린다.
264 아낙시만드로스(Anaximander): 기원전 6세기경 밀레토스 출신의 그리스 철학자. 탈레스의 제자로, 만물의 근원을 무한하고 불확정적인 아페이론(Apeiron)으로 보았다.
265 프라크리티(Prakṛti): 상키야 철학에서 우주의 근본 물질을 의미한다. 세 가지 구나(Guna)로 구성되며, *푸루샤와의 결합으로 인해 우주가 전개된다.
  *푸루샤(Puruṣa): 상키야 철학에서 영원불변하는 순수 정신, 순수 의식을 의미한다. 프라크리티와 결합하여 우주 만물을 경험한다.

그리고 그의 유명한 말인 "만물은 유전한다(πάντα ρεῖ)"는 모든 것이 세 가지 구나(gunas)의 끊임없는 활동 속에서 영원히 변화한다는 상키야 철학의 특징적인 관점을 표현합니다. 엠페도클레스[266]는 윤회와 진화에 대해 상키야 철학과 실질적으로 동일한 이론을 가르쳤습니다. 또한 이미 존재하지 않는 것으로부터는 아무것도 생겨날 수 없다는 그의 이론은 상키야 철학의 특징적인 교리와 더욱 밀접하게 일치합니다.

아낙사고라스[267]와 데모크리토스[268]도 여러 가지 면에서 긴밀한 일치를 보입니다. 특히 후자의 신의 본성과 위치에 대한 견해와, 에피쿠로스[269]에게서도 특히 몇몇 세부적인 사항에서 주목할 만한 유사성이 나타납니다. 그러나 가장 빈번하고 밀접한 가르침과 논증의 일치가 발견되는 것은 피타고라스의 가르침입니다. 이는 피타고라스 자신이 인도를 방문하여 그곳에서 철학을 배웠기 때문이라고 전통은 설명합

---

266 프라크리티(Prakr̥ti): 상키야 철학에서 우주의 근본 물질을 의미한다. 세 가지 구나(Guna)로 구성되며, *푸루샤와의 결합으로 인해 우주가 전개된다.
*푸루샤(Puruṣa): 상키야 철학에서 영원불변하는 순수 정신, 순수 의식을 의미한다. 프라크리티와 결합하여 우주 만물을 경험한다.
267 아낙사고라스(Anaxagoras): 기원전 5세기경 이오니아 출신의 그리스 철학자. 만물은 무수히 많은 종자(spermata)로 구성되며, 정신(Nous)이 이들을 움직여 우주를 형성한다고 주장했다.
268 데모크리토스(Democritus): 기원전 5세기경 그리스 철학자. 원자론을 집대성하여, 만물은 더 이상 나눌 수 없는 원자(atom)와 허공으로 이루어져 있다고 주장했다.
269 에피쿠로스(Epicurus): 기원전 4세기-3세기경 그리스 철학자. 쾌락주의 철학인 에피쿠로스 학파를 창시했으며, 정신적 쾌락(ataraxia)과 고통의 부재(aponia)를 통해 행복을 추구했다.

니다. 후대에 우리는 몇몇 독특한 상키야 철학와 불교 사상이 그노시스 사상270)에서 중요한 역할을 하는 것을 발견합니다. 《상키야 철학》 97쪽에서 가르베가 인용한 라센271)의 다음 인용문은 이를 매우 명확하게 보여 줍니다.

"불교는 일반적으로 영(Spirit)과 빛(Light)을 명확하게 구분하며, 후자를 비물질적인 것으로 간주하지 않습니다. 그러나 그들(불교) 사이에서는 그노시스주의의 견해와 밀접하게 관련된 빛에 대한 견해가 발견됩니다. 이에 따르면, 빛은 물질 속에서 정신이 발현된 것입니다. 이처럼 빛으로 둘러싸인 지성은 물질과 관계를 맺게 되는데, 그 안에서 빛은 줄어들 수 있고 마침내 완전히 가려질 수 있습니다. 이 경우 지성은 결국 완전한 무의식에 빠지게 됩니다."

최고 지성에 대해서는, 그것이 빛도 아니고 빛 아님도 아니며, 어둠도 아니고 어둠 아님도 아니라고 주장됩니다. 왜냐하면 이러한 모든 표현은 지성과 빛의 관계를 나타내기 때문입니다. 빛은 처음에는 이러한 연결로부터 자유로웠지만, 나중에는 지성을 에워싸고 물질과의

---

270 그노시스 사상(Gnosticism): 기원후 1세기-3세기경 지중해 세계에서 유행했던 종교 및 철학 사상의 한 조류다. 영적 깨달음(그노시스, gnosis)을 통한 구원을 강조하며, 물질세계를 악한 조물주(데미우르고스)가 창조한 불완전한 곳으로 보고, 영혼은 이로부터 탈출하여 참된 신이 있는 빛의 세계로 돌아가야 한다고 주장했다.
271 크리스티안 라센(Christian Lassen): 19세기 노르웨이 출신의 동양학자이자 인도학 연구의 선구자. 고대 인도 언어, 문학, 종교, 역사 연구에 큰 공헌을 했으며, 특히 산스크리트어와 팔리어 연구에 업적을 남겼다.

연결을 매개합니다. 이로부터 불교적 관점은 최상위 지성이 스스로 빛을 생성하는 능력을 가지고 있다고 여기며, 이 점에서도 불교와 그노시스주의 사이에 일치가 있다는 결론이 나옵니다.

여기서 가르베는 여기서 언급된 특징들과 관련하여, 그노시스주의와 상키야 철학 사이의 일치가 불교와의 일치보다 훨씬 더 가깝다고 지적합니다. 왜냐하면 빛과 영의 관계에 대한 이러한 견해는 불교의 후기 단계에 속하며, 불교 자체의 근본적이거나 특징적인 것이 전혀 아니지만, 상키야 철학은 영이 빛이라고 명확하고 정확하게 가르치기 때문입니다. 더 후대에 상키야 철학의 영향은 신플라톤주의 저술가들에게서 매우 분명하게 드러납니다. 로고스 또는 말씀(Word) 교리는 상키야 철학에서 비롯된 것은 아니지만, 그 세부 사항에서도 인도에서 유래했음을 보여 줍니다. 인도에서는 신성한 말씀인 바크[272]라는 개념이 브라만교 체계에서 매우 중요한 역할을 합니다.

8) 그리스도교의 가르침

그노시스주의 및 신플라톤주의 체계와 동시대에 존재했던 그리스도교로 넘어오면, 우리는 이제 매우 익숙해진 대부분의 동일한 근본 가르침을 추적하는 데 어려움을 겪지 않을 것입니다. 삼중 로고스는 삼위일체로 나타납니다. 모든 생명의 근원인 첫 번째 로고스는 성

---

272 바크(Vāch): 힌두교에서 신성한 말씀, 언어의 힘, 또는 그 힘의 여신을 의미합니다. 창조와 계시의 매개체로 여겨지며, 종종 브라흐마의 배우자이자 예술, 지혜, 학문의 여신인 사라스바티와 동일시된다.

부(Father)입니다. 이중적 본성을 지닌 두 번째 로고스는 성자(Son), 즉 신-인(God-man)입니다. 세 번째 로고스, 즉 창조적 정신은 성령(Holy Ghost)으로 나타납니다. 성령은 혼돈의 물 위를 맴돌며 이 세상을 창조했습니다. 그런 다음 "하나님의 일곱 영"(요한계시록 4:5)과 대천사와 천상의 존재들이 나옵니다. 이 모든 것으로부터 비롯되고, 결국 이 모든 것이 돌아가는 단일한 존재(One Existence)에 대해서는 거의 암시만 있을 뿐입니다. 그것은 탐구로써는 발견할 수 없는 본성입니다. 그러나 가톨릭교회의 위대한 교부들은 심오하고 헤아릴 수 없는 신성, 이해할 수 없고 무한하며, 따라서 필연적으로 하나이고 나눌 수 없는 존재를 항상 전제로 둡니다.

인간은 "하나님의 형상"대로 만들어졌으며(창세기 1:26-27), 따라서 그 본성에 있어 영과 혼과 몸의 삼중 구조를 이룹니다(데살로니가전서 5:23). 인간은 "하나님의 거처"(에베소서 2:22), "하나님의 성전"(고린도전서 3:16), "성령의 성전"(고린도전서 6:19)으로 묘사됩니다. 이러한 구절들은 힌두교의 가르침을 정확히 반영합니다.

신약성경에서는 환생의 교리가 명확하게 가르쳐지기보다는 당연한 것으로 여겨지는 경향이 있습니다. 예를 들어, 예수께서는 세례 요한에 대해 말씀하시면서 세례 요한이 올 것으로 예언된 엘리야라고 선언하셨습니다(마태복음 11:14). 이는 "내가 엘리야 선지자를 보내리라"(말라기 4:5)라는 말씀을 언급하신 것입니다. 또한 사람들이 메시아가 오기 전에 엘리야가 온다고 한 예언에 대해 질문했을 때, 예수는 "엘리야가 이미 왔으나 사람들이 알아보지 못하였다"(마태복음 17:12)라고 답하셨습니다. 마찬가지로, 제자들이 태어날 때부터 맹인으로 태어난 사람이 그 맹인의 죄에 따른 벌인지 질문했을 때, 예수는 태아 이전 상태에서의 죄의 가능성을 부정하지 않고, 그것이 원인이 아니라고만 답변하셨습니다(요한복음 9:1-3). 요한계시록 3장 12절에 나오는 "이기는 자"에게 적용된 "내 하나님의 성전에 기둥이 되게 하리니 그가 결코 다시 나가지 아니하리라"라는 주목할 만한 구절은 윤회로부터의 해방을 의미하는 것으로 해석하기도 합니다. 일부 초기 그리스도교 교부들의 글에서도, 환생에 대한 당대의 믿음이 존재했음을 지지하는 근거를 찾을 수 있습니다. 어떤 사람들은 이것이 단순히 영혼의 선재(pre-existence of the Soul)를 제시한다고 주장하지만, 이러한 해석은 증거에 의해 충분히 뒷받침되지 않는 것처럼 보입니다.

9) 다양한 전통의 윤리적 통일성

우주에 대한 개념과 육체의 속박에서 벗어나 더 높은 영역의 자유를 누린 사람들의 경험의 통일성만큼이나 도덕적 가르침의 통일성 또한 놀랍습니다. 이 태고의 가르침은 특정한 수호자들의 손에 맡겨졌음이 분명하며, 그들은 가르침을 전수하는 학교를 세우고 그 교리를 연구하는 제자들을 양성했습니다. 우리가 도덕적 가르침, 제자들에게 요구되는 수련 과정, 그리고 그들이 도달한 정신적, 영적 경지를 연구해 보면, 이러한 학교들과 수호자들의 수련법이 동일하다는 것을 분명히 알 수 있습니다.

관련해서 도덕경에서는 수행자들의 유형을 날카롭게 구분합니다.

"가장 높은 부류의 수행자는 도(道)에 대해 들으면 열심히 실천한다. 중간 부류의 수행자는 도에 대해 들으면 지키는 듯하다가도 잃어버리는 듯하다. 가장 낮은 부류의 수행자는 도에 대해 들으면 크게 비웃는다."(74)

같은 책 《도덕경》에서 우리는 다음 구절을 읽습니다.

"현자는 자신의 몸을 가장 낮은 자리에 둡니다. 그러나 그 낮은 자리가 가장 앞선 자리에 있게 됩니다. 그는 자신의 몸을 마치 자신과 상관없는 것처럼 대하지만, 그럼에도 그의 몸은 보존됩니다. 이는 현자가 사사로운 이익을 추구하지 않기 때문이 아니겠습니까? 그러므로 사사로운 이익이 이루어지는 것입니다. (vii, 2) … 현자는 자신을 드러내지 않으므로 빛나고, 자신을 내세우지 않으므로 뛰어나며, 자신을 자랑하지 않으므로 그 공로가 인정되고, 자신에게 만족하지 않으므로 우월함을 얻습니다. 그가 이처럼 다투지 않기 때문에 천하에 그 현자와 다툴 자가 없습니다. (xxii, 2) … 야망을 품는 것보다 더 큰 죄는 없고, 자신의 처지에 만족하지 못하는 것보다 더 큰 재앙은 없으며, (끊임없이) 얻고자 하는 것보다 더 큰 잘못은 없습니다. (xlvi, 2) … 나에게 선한 자에게 나 역시 선하게 대하고, 나에게 선하지 않은 자에게도 나 역시 선하게 대하니, 이로써 모두가 선해집니다. 나에게 진실한 자에게 나 역시 진실하게 대하고, 나에게 진실하지 않은 자에게도 나 역시 진실하게 대하니, 이로써 모두가 진실해집니다. (xlix, 1) … 스스로

덕을 풍부하게 갖춘 자는 갓난아기와 같습니다. 독충도 그를 쏘지 못하고, 맹수도 그를 해치지 못하며, 맹금도 그 현자를 덮치지 못합니다. (xlix, 1) … 나에게는 세 가지 보물이 있어 소중히 간직하고 있습니다. 첫째는 자애로움이고, 두 번째는 검소함이며, 세 번째는 남 앞에 서는 것을 삼가는 것입니다. 자애로움은 심지어 전쟁에서도 승리를 가져다주며, 자신의 자리를 굳건히 지킵니다. 하늘은 현자의 자애로움으로 그를 지키고 보호합니다. (lxvii, 2, 4)"

힌두교도들 중에는 스승(Guru)으로부터 비밀 가르침을 받을 자격이 있다고 여겨지는 선별된 학자들이 있었습니다. 반면, 올바른 삶에 대한 일반적인 규칙은 마누 법전, 우파니샤드, 마하바라타[273] 및 기타 여러 경전에서 찾을 수 있습니다.

"진실을 말하고, 남을 기쁘게 하는 말을 하라. 불쾌한 진실을 말하지 말고, 듣기 좋은 거짓을 말하지 말라. 이것이 영원한 법칙이니라."(Manu[274], iv. 138) "어떤 생명체에게도 고통을 주지 말고, 천천히 영적 공덕을 쌓으라."(iv. 238) "두 번째로 태어난 자(브라만) 중, 그가 창조된 존재들에게 조금의 위험도 끼친 적이 없다면, 육신을 떠난 후 그

273　마하바라타(Mahabharata): 인도의 대서사시 중 하나. 쿠룩셰트라 전쟁을 배경으로 판다바와 카우라바 두 왕가의 갈등을 다루며, 다양한 철학적, 종교적 가르침을 담고 있다. 특히, 크리슈나가 아르주나에게 전하는 가르침인 '바가바드 기타'가 포함되어 있다.
274　마누 법전(Manusmriti): 고대 인도의 법전. 사회 질서, 계급 제도, 종교 의례, 개인의 의무 등 힌두교 사회의 전반적인 규범을 제시하고 있으며, 다르마 샤스트라(Dharma Shastra)의 대표적인 문헌이다.

에게는 어느 방향에서도 위험이 닥치지 않을 것이다."(vi, 40) "모욕적인 말을 참을성 있게 견디고, 누구도 모욕하지 말며, 이 덧없는 육신 때문에 누구의 적도 되지 말라. 화내는 자에게 화로 갚지 말고, 저주를 받을 때 축복하라."(vi, 47-48) "욕정, 두려움, 분노에서 벗어나 나를 생각하고, 나에게 의지하며, 지혜의 불로 정화된 자들이 나의 본질에 들어왔느니라."(Bhagavad Gîtâ[275], iv, 10) "마음(Manas)이 평화롭고, 욕망이 가라앉았으며, 죄가 없고 브라흐만과 하나 된 요기(Yogi)에게 지고의 기쁨이 있느니라."(iv, 27) "어떤 존재에게도 악의를 품지 않고, 우호적이고 자비로우며, 집착과 이기심이 없고, 기쁨과 고통에 평정하며, 용서하고, 항상 만족하며, 조화롭고, 자아가 통제되고, 확고하며, 마음(Manas)과 지성(Buddhi)을 나에게 바친 나의 헌신자는 나에게 소중하니라."(xii, 13, 14)

붓다께서는 깨달은 자(Arhat)들에게 비밀 가르침을 전하셨습니다. 붓다의 가르침 중 공개된 내용은 다음과 같습니다.

"현명한 자는 진지함, 미덕, 순수함을 통해 어떤 홍수도 잠기게 할 수 없는 섬을 만듭니다."(Udânavarga[276], iv, 5) "이 세상의 현명한 자는

---

275 바가바드 기타(Bhagavad Gita): "신의 노래"라는 뜻으로, 힌두교 대서사시 마하바라타(Mahabharata)의 일부를 구성하는 경전. 크리슈나(Krishna) 신이 전쟁터의 아르주나(Arjuna) 왕자에게 전하는 가르침을 담고 있으며, 다르마(Dharma), 카르마(Karma), 박티(Bhakti), 요가(Yoga) 등 힌두교의 핵심 사상을 담고 있는 힌두교 성전이다.
276 《우다나바르가(Udanavarga)》: 초기 불교 경전 중 하나로, 붓다의 감흥어, 즉 영감에 찬 말씀을 모아 놓은 법구경(法句經) 계통의 경전. 윤리적 가르침과 실천적 지혜를 담은 게송들로 구성되어 있으며, 산스크리트어, 간다라어, 티베트어 등으로 전해진다.

신념과 지혜를 굳게 지키니, 이 두가지를 가장 큰 보물로 삼고 다른 모든 재물을 버립니다."(x, 9) "악의를 품은 자에게 악의를 품는 자는 결코 순수해질 수 없습니다. 그러나 악의를 품지 않는 자는 미워하는 자를 평온하게 합니다. 증오는 인류에게 고통을 가져오므로, 성자는 증오를 모릅니다."(xiii, 12) "분노하지 않음으로써 분노를 이기고, 선으로 악을 이기고, 관대함으로 탐욕을 이기고, 진실로 거짓을 이기십시오."(xx, 18)

조로아스터교도에서는 '아후라마즈다를 찬양하라'는 가르침과 함께 다음과 같은 교훈이 전해집니다.

"가장 아름다운 것, 가장 순수한 것, 불멸하는 것, 빛나는 것, 모든 선한 것을 찬미합니다. 우리는 선한 영을 존경하고, 선한 왕국을 존경하며, 선한 법칙과 선한 지혜를 존경합니다."(Yasna[277], xxxvii) "이 거처에 만족, 축복, 순수함, 그리고 순수한 지혜가 임하기를."(Yasna, lix) "순수함은 최고의 선입니다. 행복은 순수함에서 오는 자, 곧 가장 순수한 자에게 주어집니다."(Ashem-vohu[278]) "모든 선한 생각, 말, 행동은 참된 앎과 함께 행해집니다. 반면 모든 악한 생각, 말, 행동은 참된 앎 없이

---

277 야스나(Yasna): 조로아스터교 경전인 아베스타(Avesta)의 핵심적인 부분을 구성하는 예배 의식서이자 찬가 모음집. '제사', '예배'를 뜻하며, 신에게 바치는 기도, 찬양, 의례 절차 등을 상세히 기록하고 있어 조로아스터교 신앙과 의례를 이해하는 데 가장 중요한 문헌이다.
278 아셈-보후(Ashem-vohu): 조로아스터교에서 가장 신성한 기도문 중 하나. "진리(Asha)는 최고의 선"이라는 내용을 담고 있으며, 정의와 질서의 중요성을 강조한다.

행해집니다."(Mispa Kumata[279])(75)

히브리인들에게는 "예언자 학교"와 카발라가 있었고, 일반 대중에게 공개된 책들에서는 다음과 같은 보편적인 도덕적 가르침을 발견할 수 있습니다.

"여호와의 산에 오를 자가 누구며 그의 거룩한 곳에 설 자가 누구인가? 곧 손이 깨끗하며 마음이 청결하며 뜻을 허탄한 데에 두지 아니하며 거짓 맹세하지 아니하는 자로다."(시편 24:3-4) "여호와께서 너희에게 요구하시는 것이 무엇이냐? 오직 정의를 행하며, 인자를 사랑하며, 겸손하게 네 하나님과 함께 행하는 것이 아니냐?"(미가 6:8) "진리의 입술은 영원히 보존되거니와 거짓된 혀는 한순간일 뿐이니라."(잠언 12:19) "내가 기뻐하는 금식은 흉악의 결박을 풀어 주며 멍에의 줄을 끌러 주며 압제 당하는 자를 자유하게 하며 모든 멍에를 꺾는 것이 아니겠느냐? 또 주린 자에게 네 양식을 나누어 주며 유리하는 빈민을 집에 들이며 헐벗은 자를 보면 입히며 또 네 골육을 피하여 스스로 숨지 아니하는 것이 아니겠느냐?"(이사야 58:6-7)

예수 그리스도께서는 제자들에게 비밀 가르침을 주셨고(마태복음 13:10-17), 제자들에게 다음과 같이 명하셨습니다.

---

[279] 미스파 쿠마타(Mispa Kumata): 조로아스터교의 윤리적 가르침을 요약한 경구. "선한 생각, 선한 말, 선한 행동"을 강조하며, 앎(지혜)을 동반한 실천의 중요성을 역설한다.

"거룩한 것을 개에게 주지 말며 너희 진주를 돼지 앞에 던지지 말라"(마태복음 7:6)

공개적인 가르침으로는 산상수훈의 팔복과 다음과 같은 가르침을 참고할 수 있습니다.

"나는 너희에게 이르노니 너희 원수를 사랑하며 너희를 저주하는 자를 축복하며 너희를 미워하는 자에게 선을 행하며 너희를 모욕하고 핍박하는 자를 위하여 기도하라… 그러므로 하늘에 계신 너희 아버지의 온전하심과 같이 너희도 온전하라."(마태복음 5:44-48) "자기 목숨을 얻는 자는 잃을 것이요 나를 위하여 자기 목숨을 잃는 자는 얻으리라."(마태복음 10:39) "누구든지 이 어린아이와 같이 자기를 낮추는 자가 천국에서 큰 자니라."(마태복음 18:4) "성령의 열매는 사랑과 희락과 화평과 오래 참음과 자비와 양선과 충성과 온유와 절제니 이같은 것을 금지할 법이 없느니라."(갈라디아서 5:22-23) "사랑하는 자들아 우리가 서로 사랑하자. 사랑은 하나님께 속한 것이니 사랑하는 자마다 하나님으로부터 나서 하나님을 알고 사랑하지 아니하는 자는 하나님을 알지 못하나니 이는 하나님은 사랑이심이라"(요한일서 4:7-8)

피타고라스학파와 신플라톤주의 학파는 그리스의 전통을 이어 갔습니다. 우리는 피타고라스가 인도에서 가르침의 일부를 얻었고, 플라톤이 이집트의 학교들에서 공부하고 입문했다는 것을 알고 있습니다. 다른 학파들보다 그리스 학파에 대한 더 자세한 정보가 공개되었습니다. 피타고라스학파는 맹세를 다짐한 제자들로 구성된 내부 집단과 외부 제도 모두를 운영했습니다. 내부 집단의 회원들은 5년간의 수련 기간 동안 세 단계에 걸쳐 훈련을 받았습니다.(76) 피타고라스학파의 외부 훈련은 다음과 같이 설명합니다.

"먼저 우리 자신을 완전히 신에게 맡겨야 합니다. 사람이 기도할 때는 어떤 특정한 혜택을 구해서는 안 됩니다. 오직 신의 지혜에 따라 올바르고 적절한 것이 주어진다는 믿음을 가져야 하며, 자신의 이기적인 욕망이 아니라 신의 뜻에 의지해야 합니다.(77) "오직 덕을 통해서만 인간은 지복에 이르며, 이것은 이성적 존재로서 인간만이 누릴 수 있는 특권입니다."(78) "인간은 본성적으로 선하지도 행복하지도 않지만, 참된 가르침을 통해 그렇게 될 수 있습니다(μαθήσιος καὶ προνι΄ας ποτιδέεται)."(79)

가장 신성한 의무는 효도입니다. "신은 자신을 낳아 준 이를 공경하고 존경하는 자에게 축복을 내리신다"라고 팜펠루스[280]는 말했습니다.(80) 자신의 부모에게 감사할 줄 모르는 것은 모든 범죄 중 가장 사악한 것이라고 페릭티오네[281]는 기록합니다.(81) 모든 피타고라스학파 저술들은 순결과 섬세함으로 유명했습니다.(82) 정절과 결혼에 관한

---

280 팜펠루스(Pampelus): 고대 그리스의 저술가로 추정되고 오렐리(Orelli)의 저서에 그의 글 〈De Parentibus(부모에 관하여)〉가 인용되었다.
281 페릭티오네(Perictione): 기원전 5세기-4세기경 활동한 그리스 여성 철학자로, 플라톤의 어머니라는 설이 있다. "여성의 조화에 관하여(On the Harmony of Women)" 등의 저술이 단편으로 전해진다.

모든 것에서 그들의 원칙은 최고의 순수함을 유지했습니다.

위대한 스승(피타고라스)은 어디에서나 순결과 절제를 권장합니다. … 간통은 가장 엄격하게 비난받았습니다.(84) 더욱이, 남편은 아내를 부드럽고 온화하게 대하는 것이 명령되었습니다. 이는 그가 아내를 "신들 앞에서" 동반자로 삼았기 때문이었습니다.(85) 그래서 결혼은 단순한 육체적인 결합이 아니라 영적인 유대였습니다. 그러므로 아내는 자신의 남편을 자신보다 더 사랑해야 하며, 모든 일에서 충실하고 순종적이어야 한다고 여겨졌습니다. 특히 흥미로운 점은, 고대 그리스 역사에서 가장 훌륭한 여성들의 성품이 피타고라스학파의 교육을 통해 형성되었다는 점입니다. 이는 남성들에게도 마찬가지였습니다.

고대 세계의 작가들은 한결같이 이 학파의 교육이 가장 순수한 정조와 감수성뿐만 아니라, 소박함, 섬세함, 그리고 진지한 추구에 대한 맛을 그 어디에서도 볼 수 없는 최고 수준으로 발전시켰다고 인정합니다. 이러한 점은 그리스도교 작가들조차도 인정하고 있습니다.(86) 피타고라스학파의 구성원들 사이에서는 정의라는 개념이 그들의 모든 행동을 이끌었습니다. 동시에 서로 간에는 엄격한 관용과 연민이 지켜졌습니다. 왜냐하면 '정의'는 모든 덕목의 기반이기 때문입니다. 폴루스[282]가 가르치듯이(87), "정의는 영혼 안에서 평화와 조화를 유지

---

282 폴루스(Polus): 기원전 5세기경 활동한 그리스 철학자로 스토베우스의 《Sermones》에 그의 글이 인용되었다.

시키는 원칙이다. 정의는 모든 사회에서 질서를 이끌어내고, 남편과 아내 사이의 화합을 이루며, 주인과 하인의 사이에도 사랑을 창조한다."

10) 비전 철학자들의 영성과 수행

피타고라스학파에서는 한 사람의 말이 곧 그 사람의 의무이자 약속과도 같았습니다. 그리고 인간은 항상 죽음을 준비하며 살아가야 한다고 가르쳤습니다.(88) 한편 피타고라스는 기혼자들이 완전한 독신(수행자)283) 생활을 하기 전에 먼저 부모가 될 것을 지시했습니다. 이는 거룩한 삶과 신성한 지식의 계승을 이어 갈 아이들이 좋은 환경에서 태어날 수 있도록 하기 위함입니다.(83) 이것은 매우 흥미로운데, 인도의 위대한 법전인 마나바 다르마 샤스트라284)에 규정된 것과 정확히 동일한 규정이기 때문입니다.

신플라톤주의 학파에서 덕을 다루는 방식은 흥미롭습니다. 도덕과 영적 발전 사이의 구별이 명확하게 이루어지는데, 플로티노스가 말했듯이 "노력의 목적은 죄를 없애는 것이 아니라 신과 하나 되는 것입니다."(89) 덕의 체계는 여러 단계로 나뉘며, 가장 낮은 단계는 '규범적 덕'을 통해 죄 없는 상태가 되는 것입니다. 이를 통해 인간은 행동 면

---

283 완전한 독신(Absolute Celibacy): 단순한 성관계 금지를 넘어, 세속적 욕망과 애착(가족, 재산, 명예 등)에서 벗어나 오로지 영적 수행에 전념하는 삶의 방식. 피타고라스학파에서는 내적 수련 과정과 연결된, 높은 단계의 영적 성장을 위한 필수 조건으로 여겼다.
284 마나바 다르마 샤스트라(Manava Dharma Shastra): "마누 법전"으로 더 잘 알려져 있다. 고대 인도의 법전으로, 사회 질서, 계급 제도, 종교 의례, 개인의 의무 등 힌두교 사회의 전반적인 규범을 제시한다.

에서 완전해지며, (이를 넘어선 단계인 육체적·윤리적 상태로의 상승이 먼저 필요하며) 이 단계에서는 이성이 비합리적인 본성을 통제하고 다듬습니다. 이보다 상위 단계에는 정화의 덕이 있습니다. 이는 오직 이성에만 속하며, 영혼을 생성의 속박에서 해방시킵니다. 그다음은 지성의 덕으로, 영혼을 자신보다 상위의 본성과 연결합니다. 마지막으로 원형의 덕[285]은 영혼에게 참된 존재에 대한 앎을 부여합니다. 그러므로 규범적 덕을 행하는 자는 훌륭한 사람입니다. 정화의 덕을 행하는 자는 영적 존재, 혹은 선한 데몬(daimon)입니다(소크라테스의 다이몬과 같은 선한 영적 지성을 의미합니다). 오직 지성적 덕만을 행하는 자는 신입니다. 그러나 원형의 덕을 행하는 자는 신들의 아버지입니다.(90)

이들 제자들은 다양한 수행법을 통해 육신에서 벗어나 더 높은 영역으로 상승하는 법을 배웠습니다. 마치 풀이 껍질에서 나오듯, 내면의 참자아는 육체라는 껍질에서 스스로를 끄집어내야 했습니다.(91) 힌두교의 "빛의 몸" 또는 "광휘체(radiant body)"는 신플라톤주의자들의 "광명체(luciform body)"와 같으며, 이 안에서 인간은 참나(Self)를 발견하기 위해 상승합니다.

"진정한 자아(참나)는 눈에 보이는 것도 아니고, 말로 설명할 수 있는 것도 아니며, 어떤 감각으로도 느낄 수 있는 것이 아닙니다. 또한, 단

---

285 원형의 덕(Paradigmatic Virtues): 플라톤 철학에서, 완전하고 불변하는 이데아(Idea)에 근거한 덕. 참된 앎(지혜)을 통해 도달할 수 있는 이상적이고 완전한 덕목으로, 현상 세계의 불완전한 덕들의 원형(原型)이 된다.

순한 고행이나 종교 의식을 통해서도 온전히 파악할 수 없습니다. 오직 고요한 지혜와 순수한 본성을 통해서만, 명상 속에서 분리되지 않은 하나(the partless One)를 볼 수 있습니다. 이 미묘한 자아는 다섯 가지 생명력이 잠들어 있는 마음으로 알아야 합니다. 모든 피조물의 마음은 이러한 생명력으로 가득 차 있습니다. 이 안에서, 정화되면, 진정한 자아(참나)가 드러납니다."(92)

오직 그때라야 인간은 분리가 없는 영역, 즉 "천구(spheres)들이 멈춘 곳"에 들어갈 수 있습니다. G. R. S. 미드는 〈테일러의 플로티노스에 대한 서문〉에서, 명백히 힌두교의 투리야[286](네 번째 의식 상태)에 해당하는 영역에 대한 플로티노스의 묘사를 인용합니다.

"그들(깨달은 존재들) 또한 모든 것을 봅니다. 그들이 보는 것은 생성의 세계에 속한 것이 아니라, 본질이 함께하는 존재들입니다. 그리고 그들은 다른 존재들 안에서 자신을 인식합니다. 그곳에서는 모든 것이 투명하여, 어둡거나 저항하는 것이 없고, 모든 것이 누구에게나 내면 깊숙이까지 완전히 드러나 있습니다. 왜냐하면 그곳에서는 어디서든 빛이 빛과 만나기 때문입니다. 모든 존재는 자기 자신 안에 모든 것을 담고 있으며, 또 타인 안에서도 모든 것을 봅니다. 그러므로 모든 것은 어디에나 있고, 전체는 곧 전체 속에 있으며, 전체는 모든 것입

---

286 투리야(Turiya): 힌두 철학, 특히 베단타 철학에서 말하는 네 번째 의식 상태. 깊은 수면, 꿈꾸는 상태, 깨어 있는 상태를 모두 초월한 순수 의식 상태를 의미하며, 진정한 자아(아트만)와 궁극적 실재(브라흐만)를 깨닫는 경지로 여겨진다.

니다. 각각의 존재는 또한 모든 존재입니다. 그곳의 광휘는 무한하며, 모든 것은 위대합니다. 왜냐하면 작아 보이는 것조차도 본질적으로는 위대하기 때문입니다. 그곳의 태양은 동시에 모든 별이며, 다시 말해 각각의 별은 태양이자 모든 별들입니다. 각각의 존재 안에는 고유한 특성이 두드러지지만, 동시에 그 안에서 만물이 드러납니다. 그곳의 운동은 순수합니다. 그것은 움직이는 주체가 자신과 다른 존재에 의해 혼란을 겪지 않기 때문입니다."(p. lxxiii)

이 묘사는 실패한 묘사입니다. 왜냐하면 그 영역은 필멸의 언어로 묘사할 수 있는 영역을 넘어서기 때문입니다. 그러나 이 묘사는 오직 눈이 열린 자만이 쓸 수 있는 묘사입니다.

세계 종교의 유사성의 근원

전 세계 종교들 사이의 유사성을 논하는 것만으로도 한 권의 책을 쉽게 채울 수 있을 것입니다. 하지만 위에서 제시된 불완전한 설명은 신지학(Theosophy)을 공부하기 위한 서문으로서 충분할 것입니다. 이러한 세계 종교의 모든 유사성은 하나의 공통된 근원으로 이어지며, 그 근원은 바로 백색 형제단(White Lodge), 즉 인류의 진화를 지켜보고 인도하며 이러한 진리를 온전히 보존해 온 아뎁트 계층(Hierarchy of Adepts)입니다. 그들은 필요할 때마다 인류의 귀에 이러한 진실들을 다시금 확언했습니다. 그들은 다른 세계들과 이전의 더 초기 인류로부터 우리 지구를 돕기 위해 왔으며, 우리 자신에게서 지금 일어나고 있는 과정과 유사한 방식으로 진화해 왔습니다. 이는 현재 우리가 진행 중인 연구를 마치면 더욱 분명히 이해할 수 있을 것입니다. 그리고 인간 역사의 초기부터 현대에 이르기까지, 이들은 꾸준히 도움을 제공해 왔습니다. 우리 인류 중에서도 가장 높은 영적 자질을 갖춘 이들과 협력하여 그 도움을 더욱 강화해 왔습니다.

위대한 스승들은 여전히 열성적인 제자들을 가르치고, 길을 보여주며, 제자의 발걸음을 인도합니다. 봉사하기 위해 알고자 하는 사랑, 이타적 열망, 헌신이라는 희생의 제물을 손에 들고 스승들을 찾는 모든 이들은 그들에게 다가갈 수 있습니다. 여전히 위대한 스승들은 비전의 수련법을 행하고, 비전의 신비를 드러냅니다. 그들 문(Lodge)의 입구에 있는 두 기둥은 사랑과 지혜이며, 그 좁은 문을 통과할 수 있는 이들은 오직 욕망과 이기심의 짐을 내려놓은 자들뿐입니다.

모든 존재에게 평화가 깃들기를.

미주

01. The Secret Doctrine, Vol. 1, p. 330, Adyar ed.
02. Mundakopanishad, II, ii, 10
03. The Secret Doctrine, Vol. 1, p. 331, Adyar ed.
04. The Secret Doctrine, Vol. 1, p. 195, Adyar ed.
05. The Secret Doctrine, Vol. 1, pp. 166, 174 (1893 ed.); or Vol. 1, pp. 199, 205, Adyar ed.
06. C.W. Leadbeater, Astral Plane, p. 52
07. Book of Dzyan, Stanza vii, 5; The Secret Doctrine, Vol. 1, p. 66 (1893 ed.), p. 98 (Adyar ed.)
08. Evolution and Ethics, p. 61 (1894 ed.); Kokoro: Hints and Echoes of Japanese Inner Life by Lafcadio Hearn, pp. 237-239 (London, 1896)
09. "Conditions of Life After Death," Nineteenth Century, Nov. 1896
10. Life of Dr. Thomas Young by G. Peacock, D.D.
11. North British Review, Sept. 1866
12. Annie Besant, Reincarnation, p. 64
13. Annie Besant, Reincarnation, p. 67
14. Chhāndogyopanishad, IV, xiv, 1
15. Brihadāranyakopanishad, IV, iv, 5, 7
16. Karma, pp. 50-51
17. Bhagavad Gîtâ, viii, 3
18. Bhagavad Gîtâ, vi, 34
19. Bhagavad Gîtâ, ii, 59
20. The Secret Doctrine, Vol. 1, p. 64 (1893 ed.), p. 249 (Adyar ed.)
21. The Secret Doctrine, Vol. 1, p. 221 (1893 ed.), p. 249 (Adyar ed.)
22. The Secret Doctrine, Vol. 1, p. 176 (1893 ed.), p. 207 (Adyar ed.)
23. The Secret Doctrine, Vol. 1, p. 147 (1893 ed.), p. 180 (Adyar ed.)
24. Op. cit., p. 19
25. Op. cit., Vol. 3, p. 562 (1893 ed.)
26. Book of Dzyan, Stanzas of Dzyan, 3: 13; The Secret Doctrine, Vol. 2, p. 18 (1893 ed.), Vol. 3, p. 29 (Adyar ed.)
27. Tāo Te Ching, i, 1
28. Classic of Purity, i, 2
29. Tāo Te Ching, i, 1, 2, 4
30. Tāo Te Ching, xxv, 1-3
31. Tāo Te Ching, xl, 2
32. Tāo Te Ching, xlii, 1
33. Tāo Te Ching, xxxiv, 1, 2

34. Bk. vi, Pt. I, Sec. vi, 7
35. Classic of Purity, i, 3, 4
36. Classic of Purity, i, 5
37. Tāo Teh Ching, i, 3
38. Bk. vi, Pt. I, Sec. vi
39. Mundakopanishad, ii, 3
40. Mundakopanishad, II, ii, 1, 2, 9, 11
41. Shvetāshvataropanishad, iii, 7, 8, 21
42. Ibid., iv, 18-20
43. Mundakopanishad, cited
44. Shvetâshvataropanishad, iii, 14
45. Ibid., ii
46. Brihadāranyakopanishad, IV, iv, 20, 22; Tr. Dr. E. Röer
47. Brihadāranyakopanishad, IV, iv, 16
48. Shvetāshvataropanishad, i, 8
49. Mundakopanishad, III, i, 8
50. Mundakopanishad, III, ii, 4
51. Mundakopanishad, III, ii, 9
52. Kathopanishad, vi, 14
53. Udānavarga, xxix, 37
54. Ibid., ii, 6, 8
55. Ibid., xxxiii, 68
56. Udānavarga, xxxiii, 41
57. Ibid., xxxiii, 55
58. Isaac Myer, Qabbalah, from the Zohar, pp. 274-275
59. Ibid., pp. 373, 375, 376
60. Myer, Qabbalah, pp. 194-195
61. Ibid., p. 198
62. Quoted in The Secret Doctrine, Vol. 3, p. 485 (1893 ed.), Vol. 5, p. 463 (Adyar ed.)
63. The Bundahis, Sacred Books of the East, V, pp. 3, 4; V, p. 2
64. Sacred Books of the East, Vol. XXXI, pp. 195-196
65. Yasna, xxx, 3, 4, 7, 10; Tr. Dr. Haug, pp. 149-151
66. Mihir Yast, xxvii, 103; Sacred Books of the East, XV
67. Sacred Books of the East, V, p. 10 note
68. Thomas Taylor, quoted in Orpheus, p. 93
69. Ibid., p. 94

70. Pindar(Pythagorean), quoted by Clemens, Strom., Vol. 5, p. 709
71. Ibid., p. 271
72. Ibid., p. 284
73. Ibid., p. 292
74. Sacred Books of the East, xxxix, op. Cit., xli, 1
75. Selected from the Avesta in Ancient Iranian and Zoroastrian Morals by Dhunjibhoy Jamsetji Medhora
76. G.R.S. Mead, Orpheus, p. 263
77. Diodorus Siculus, ix, 41
78. Hippodamus, De Felicitate, ii, Orelli, Opusc. Græcor. Sent. et Moral., ii, p. 284
79. Hippo, ibid.
80. De Parentibus, Orelli, op. cit., ii, p. 345
81. Ibid., p. 350
82. Œlian, Hist. Var., xiv, 19
83. Iamblichus, Vit. Pythag., and Hierocl., ap. Stob. Serm., xlv, 14
84. Iamb., ibid.
85. See Lascaulx, Zur Geschichte der Ehe bei den Griechen, in Mémoires de l'Académie de Bavière, vii, 107 sq.
86. Justin, xx, 4; 참조
87. ap. Stob., Serm., viii, ed. Schow, p. 232
88. Hippolytus, Philosophumena, vi
89. Select Works of Plotinus, Tr. Thomas Taylor, ed. 1895, p. 11
90. "Note on Intellectual Prudence," pp. 325-332
91. Kathopanishad, vi, 17
92. Mundakopanishad, III, ii, 8, 9

부록:
핵심 용어 해설집

차례

제1장. 형이상학적 우주론 476

1. 파라브라만: 궁극의 실재, 만물의 근원
2. 브라흐만: 우주적 의식, 신성한 에너지
3. 공(空): 무한한 잠재력을 지닌 빈 공간
4. 절대자: 모든 것을 초월한 궁극적 실재
5. 로고스: 우주 창조의 원리, 신성한 법칙
6. 삼중 로고스: 로고스의 세 가지 발현
   * 6-1. 제1 로고스: 신성한 의지
   * 6-2. 제2 로고스: 신성한 사랑-지혜
   * 6-3. 제3 로고스: 신성한 활동적 지성

제2장. 우주 창조의 존재들 479

1. 마하트: 우주적 지성, 마음의 원형
2. 대주재자/천상의 주관자: 우주 질서와 진화를 주관하는 존재들
3. 디야니 조한스: 천상의 위계, 명상의 주
4. 구축자: 우주 창조를 돕는 천상의 존재
5. 루나 피트리스: 인류에게 육체를 부여한 존재들
6. 솔라 피트리스: 인류에게 지성과 자의식을 부여한 존재들

제3장. 우주의 근원 물질 481

1. 물라프라크리티: 최초의 근원 물질
2. 영-물질: 영과 물질의 통합된 실체
3. 우주의 일곱 원소: 우주를 구성하는 기본 요소
4. 아카샤: 모든 기록이 저장된 우주적 공간
5. 에테르/프라나: 생명 에너지
6. 에테르 원소: 4원소(불, 물, 공기, 흙)의 근원 에너지
    * 6-1. 공기 원소: 바람, 호흡과 관련된 에너지
    * 6-2. 불 원소: 열, 빛과 관련된 에너지
    * 6-3. 물 원소: 액체, 감정과 관련된 에너지
    * 6-4. 흙 원소: 고체, 물질과 관련된 에너지

제4장. 우주의 구조와 계층 484

1. 아디계: 존재의 궁극적 차원
    * 1-1. 아디: '최초의', '근원'
2. 모나드계: 모나드 의식의 현현 차원
    * 2-1. 모나드: 개별화된 신성한 자아
3. 아트믹계: 신성한 의지의 차원
4. 붓디계: 영적 직관과 사랑의 차원
5. 상위 정신계: 추상적 사고의 차원
6. 하위 정신계: 구체적 사고의 차원
7. 심령계: 감정과 욕망의 차원
8. 에테르계: 생명 에너지의 차원
9. 물질계: 감각으로 경험하는 물리적 차원

제5장. 태양계, 행성계 그리고 지구 488

1. 우주적 사슬: 우주 만물의 상호 연결 체계
2. 행성 사슬: 태양계 내 행성들의 진화적 연결
3. 행성 로고스: 행성을 주관하는 천상의 존재
4. 글로브(Globes, 영역): 행성 진화의 7단계
5. 주기: 행성 사슬 내 생명 파동의 순환

제6장. 인간의 구성 원리 490

1. 구성 원리: 인간을 구성하는 근본 요소
2. 상위 삼원리: 영원불멸의 영적 본질
   * 2-1. 아트마: 신성한 불꽃, 참나
   * 2-2. 붓디: 영적 직관의 원리
      * 2-2-1. 붓디체: 영적 직관을 경험하는 미묘체
   * 2-3. 상위 마나스: 고차원적 지성
      * 2-3-1. 원인체: 과거 생의 경험이 저장된 미묘체
3. 하위 사원리: 일시적인 개체적 자아
   * 3-1. 하위 마나스: 구체적 지성
      * 3-1-1. 정신체: 구체적 사고를 담당하는 미묘체
   * 3-2. 카마: 욕망의 원리
   * 3-3. 링가 샤리라/심령체: 감정, 욕망을 경험하는 미묘체
   * 3-4. 스툴라 샤리라/육체: 물질계의 육체
      * 3-4-1. 에테르체: 생명 에너지를 전달하는 미묘체
4. 카마-마나스: 욕망과 지성이 결합된 상태

제7장. 인간의 본성 495

1. 신성한 자아/아트마: 영적 근원
2. 상위 자아/개별적 자아/참자아: 불멸의 영적 자아
3. 생각하는 존재/마나스: 사고하고 추론하는 지성적 자아
4. 하위 자아/개체적 자아: 생애 동안의 자아 정체성
5. 에고: 분리된 자아감각

제8장. 진화의 여정 497

1. 원소계: 의식 진화의 초기 단계
   * 1-1. 제1 원소계: 상위 정신계에서 최초 의식
   * 1-2. 제2 원소계: 하위 정신계에서 형체화
   * 1-3. 제3 원소계: 심령계에서 감정적 형체 생성
2. 광물계: 무기 생명체 영역
3. 식물계: 유기 생명체 영역
4. 동물계: 움직이고 감각하는 생명체 영역
5. 인간계: 이성과 자의식을 지닌 존재의 영역

제1장
형이상학적 우주론

1. 파라브라만(Parabrahman): 궁극의 실재, 만물의 근원
* 풀이: 파라브라만은 신지학에서 우주의 근원이 되는 초월적이고 절대적인 실재를 의미한다. 모든 이원성과 대립, 한계를 초월한 무한하고 영원한 존재로, 어떠한 속성이나 형태, 특징으로도 정의할 수 없는 불가해한 존재이다. '브라만을 넘어선 존재'라는 뜻으로, 우주 만물의 근원이면서 동시에 그 모든 것을 초월해 있다. 모든 창조와 발현의 배후에 있는 부동(不動)의 원리이자, 비인격적이고 절대적인 궁극적 실재이다.
* 관련 용어: 브라흐만, 절대자, 궁극적 실재, 비인격적 절대자, 무한, 영원

2. 브라흐만(Brahman): 우주적 의식, 신성한 에너지
* 풀이: 브라만은 우주의 근원이 되는 영원하고 무한한 실재를 의미하며, 우주적 에너지, 혹은 우주적 의식으로 묘사된다. 만물에 내재하면서 동시에 만물을 초월해 있는 존재로, 모든 현상의 배후에 있는 비인격적이고 스스로 존재하는 원리이다. 우주의 창조, 유지, 파괴의 순환을 주관하며, 모든 존재의 근원이자 목적지이다. 또한 영과 물질이 본질적으로 하나임을 나타내는 영-물질의 근원이기도 하다.
* 관련 용어: 파라브라만, 우주적 의식, 우주적 에너지, 아트마, 신성한 불꽃, 영-물질

3. 공(空)(The Void/Śūnyatā): 무한한 잠재력을 지닌 빈 공간
* 풀이: 신지학에서 공(空)은 무한한 가능성과 잠재력을 지닌 비어 있는 공간을 의미한다. 이는 단순히 아무것도 없는 텅 빈 상태가 아니라, 모든 것이 그로부터 비롯되는 창조의 모태와 같은 공간이다. 무한한 잠재성을 내포하고 있으며,

이로부터 우주 만물이 발현된다. 모든 현상의 근원이 되는 무한한 공간이자, 동시에 모든 한계를 초월한 무한한 자유의 상태를 상징한다.
* 관련 용어: 무한한 잠재성, 창조의 모태, 공간, 무한

4. 절대자(The Absolute): 모든 것을 초월한 궁극적 실재

* 풀이: 절대자는 신지학에서 궁극적이고 무조건적인 실재를 지칭하는 용어로, 파라브라만과 유사한 의미를 지닌다. 모든 상대적인 것, 즉 시간, 공간, 인과, 이원성 등을 초월하는 유일하고 궁극적인 존재 또는 원리로 묘사된다. 모든 현상의 근원이면서 동시에 그 모든 것을 초월하며, 어떠한 속성이나 제한으로도 규정될 수 없는 무한하고 영원한 실재이다.
* 관련 용어: 파라브라만, 브라만, 궁극적 실재, 무조건적 실재, 초월, 무한, 영원

5. 로고스(Logos): 우주 창조의 원리, 신성한 법칙

* 풀이: 로고스는 신지학에서 우주 창조의 근본 원리이자, 우주 만물을 지배하는 신성한 법칙, 우주를 운행하는 원리, 우주적 섭리이다. 우주의 질서와 조화를 유지하는 근원적인 지혜이자 힘으로, 모든 존재의 진화를 이끄는 원동력이다. 창조의 말씀이자, 우주의 설계도와 같은 역할을 하며, 우주 만물에 내재하여 그들의 존재와 활동을 인도한다.
* 관련 용어: 우주적 섭리, 우주의 법칙, 삼중 로고스, 신성한 지혜, 창조

6. 삼중 로고스(The Three Logoi): 로고스의 세 가지 발현

* 풀이: 삼중 로고스는 신지학에서 우주 창조의 과정을 주관하는 로고스의 세 가지 측면을 의미한다. 신성한 본질의 세 가지 발현 양태로, 각각 의지, 사랑-지혜, 활동적 지성으로 나타난다. 우주 창조의 세 단계를 상징하며, 각각의 로고스는 고유한 역할과 기능을 가지고 우주의 창조와 진화를 이끈다.
* 관련 용어: 로고스, 창조, 신성한 본질, 의지, 사랑-지혜, 활동적 지성

* 6-1. 제1 로고스(The First Logos): 신성한 의지

* 풀이: 제1 로고스는 우주 창조의 첫 번째 단계로, 신성한 의지의 발현을 나타낸다. 창조의 근본 동력이자, 모든 존재의 시작점을 의미한다. 무한한 잠재성으로부터 유한한 존재를 창조하는 힘이며, 우주의 진화 방향을 결정하는 근원적인 의지이다. 아버지의 원리로 상징되며, 모든 창조의 기원이 되는 힘이다.
* 관련 용어: 삼중 로고스, 의지, 신성한 의지, 창조, 아버지 원리

* 6-2. 제2 로고스(The Second Logos): 신성한 사랑-지혜

* 풀이: 제2 로고스는 우주 창조의 두 번째 단계로, 신성한 사랑과 지혜의 발현을 나타낸다. 모든 존재를 연결하고 조화롭게 하는 힘이며, 우주의 질서와 균형을 유지하는 원리이다. 어머니의 원리로 상징되며, 모든 생명을 품고 성장시키는 사랑과 지혜의 힘이다.
* 관련 용어: 삼중 로고스, 사랑-지혜, 신성한 사랑, 신성한 지혜, 어머니 원리

* 6-3. 제3 로고스(The Third Logos): 신성한 활동적 지성

* 풀이: 제3 로고스는 우주 창조의 세 번째 단계로, 신성한 활동적 지성의 발현을 나타낸다. 우주의 물질적 측면을 창조하고, 그 안에서 지적인 활동을 전개하는 힘이다. 우주의 진화 과정을 구체적으로 이끌어 가는 원동력이며, 모든 존재에게 생명과 형태를 부여한다. 성령의 원리로 상징되며, 우주를 창조하고 진화시키는 활동적인 지성이다.
* 관련 용어: 삼중 로고스, 활동적 지성, 신성한 지성, 창조, 진화, 성령의 원리

제2장
우주 창조의 존재들

1. 마하트(Mahat): 우주적 지성, 마음의 원형
* 풀이: 마하트는 신성한 활동적 지성(제3 로고스)의 발현으로, 우주 창조 과정에서 나타나는 최초의 원리 중 하나이다. 우주적 지성이자 우주적 마음의 원형으로서, 모든 지적 활동과 의식의 근원으로 여겨진다. 우주 만물의 설계도와 같은 역할을 하며, 우주의 진화 과정을 계획하고 주도한다. 개별적인 존재들에게는 지성과 사고 능력을 부여하는 근원적 힘으로 작용한다.
* 관련 용어: 우주적 지성, 우주적 마음, 제3 로고스, 활동적 지성, 지성, 의식

2. 대주재자/천상의 주관자(Great Overlords/Celestial Overseers): 우주 질서와 진화를 주관하는 존재들
* 풀이: 대주재자는 우주의 질서와 진화를 감독하고 관리하는 천상의 존재들이다. 이들은 높은 영적 지혜와 능력을 지닌 존재들로, 우주의 법칙에 따라 행성과 항성계, 은하계 등의 거시적인 진화를 인도한다. 인류를 포함한 모든 생명체의 영적 성장을 돕는 역할을 하며, 신성한 의지의 대리자로서 우주의 조화와 균형을 유지한다.
* 관련 용어: 천상의 존재들, 신성한 의지, 우주의 법칙, 진화, 영적 성장

3. 디야니 조한스(Dhyani Chohans): 천상의 위계, 명상의 주
* 풀이: 디야니 조한스는 "명상의 주님들"로 번역되며, 천상의 위계에서 높은 등급에 속하는 존재들을 지칭한다. 이들은 지성과 명상의 힘을 통해 우주의 진화에 기여하며, 특히 행성계와 그 안의 생명체들의 발전에 중요한 역할을 담당한다. 여러 등급으로 나뉘며, 각각 고유한 역할과 책임을 지니고 있다. "마음의 아들들" 혹은 "마나사푸트라", "솔라 피트리스"와 연관되어 설명되기도 한다.
* 관련 용어: 천상의 존재, 천상의 위계, 명상의 주님, 마나사푸트라, 우주 진화, 태양 천사, 솔라 피트리스

4. 구축자(Builder): 우주 창조를 돕는 천상의 존재

* 풀이: 구축자는 신성한 계획에 따라 우주 만물을 창조하고, 우주의 질서와 조화를 유지하는 천상의 존재들이다. 이들은 대주재자의 지시에 따라 행성, 항성, 은하계 등을 건설하고, 그 안에서 생명체가 진화할 수 있는 환경을 조성한다. 물질세계를 구성하는 원소와 에너지를 다루는 능력을 지닌 우주의 구축자로서, 물질 우주의 창조와 유지에 기여한다.
* 관련 용어: 천상의 존재들, 신성한 계획, 창조, 우주의 질서, 물질 우주

5. 루나 피트리스(Lunar Pitris): 인류에게 육체를 부여한 존재들

* 풀이: 루나 피트리스는 "달의 조상들"로 번역되며, 인류의 진화 과정에서 물질적인 육체, 즉 형체를 부여하는 데 기여한 존재들이다. 달과 관련된 에너지와 연관되어 있으며, 지구상에 생명체가 물질적 형태를 갖추고 나타나는 데 중요한 역할을 했다. 특히 제3 근원 인종 시기에 인류의 육체 형성에 크게 기여한 것으로 알려져 있다.
* 관련 용어: 달의 조상, 육체, 형체, 진화, 제3 근원 인종

6. 솔라 피트리스(Solar Pitris): 인류에게 지성과 자의식을 부여한 존재들

* 풀이: 솔라 피트리스는 "태양의 조상들"로 번역되며, 인류에게 높은 지성, 의식, 그리고 자의식을 부여한 존재들이다. "마음의 아들들(Sons of Mind)", "마나사푸트라(Manasaputras)", "태양 천사(Solar Angels)"와 동일한 존재로, 인류가 동물계에서 벗어나 진정한 인간으로 진화하는 데 결정적인 역할을 했다. 태양과 관련된 에너지와 연관되어 있으며, 제5 근원 인종 시기에 인류에게 특히 큰 영향을 미쳤다. 인류의 영적 스승이자 조력자로서, 개인의 내면에 잠재된 신성한 불꽃을 일깨우고, 영적 성장을 돕는다.
* 관련 용어: 태양의 조상, 높은 지성, 의식, 자의식, 마음의 아들들, 마나사푸트라, 태양 천사, 영적 스승, 제5 근원 인종, 호아넌드라스

제3장
우주의 근원 물질

1. 물라프라크리티(Mulaprakriti): 최초의 근원 물질
* 풀이: 물라프라크리티는 신지학에서 모든 물질의 근원이 되는 미분화된 우주적 실체이다. "뿌리-물질"이라는 뜻으로, 모든 물질 현상이 발현되기 이전의 원초적이고 순수한 상태를 의미한다. 브라만과 불가분으로 결합된 우주적 에너지의 잠재태로, 우주 창조 시 브라만의 활동을 통해 다양한 물질 현상으로 발현된다.
* 관련 용어: 근원 물질, 우주적 실체, 우주적 근원 물질, 브라만, 발현

2. 영-물질(Spirit-Matter): 영과 물질의 통합된 실체
* 풀이: 영-물질은 영과 물질이 사실은 하나라는 것을 나타내는 개념이다. 신지학에서는 영과 물질이 서로 분리된 별개의 존재가 아니라, 마치 동전의 양면처럼, 하나의 근원에서 비롯된 같은 실체의 서로 다른 두 가지 모습으로 본다. 즉, 영은 가장 높은 진동을, 물질은 가장 낮은 진동을 나타내는 동일한 에너지의 다른 형태인 셈이다.
* 관련 용어: 영, 물질, 일원론, 실재, 의식, 브라만, 물라프라크리티

3. 우주의 일곱 원소(Seven Elements): 우주를 구성하는 기본 요소
* 정의: 우주 만물을 구성하는 근본적인 일곱 가지 요소로, 에테르, 불, 공기, 물, 흙, 그리고 그 너머의 두 가지 미지의 원소로 구성된다.
* 설명: 신지학에서는 우주 만물이 일곱 가지 근본 원소로 구성되어 있다고 본다. 이 중 다섯 가지 원소는 에테르, 불, 공기, 물, 흙으로, 고대부터 전해 내려오는 사원소 개념에 에테르를 추가한 것이다. 나머지 두 원소는 아직 인류에게 알려지지 않은 미지의 원소로, 앞으로의 진화 과정에서 밝혀질 것으로 여겨진다. 이 일곱 원소는 단순한 물질적 요소를 넘어, 우주의 근본적인 에너지와 진동을 나

타내며, 모든 현상의 기초를 이룬다.
* 관련 용어: 에테르, 불, 공기, 물, 흙, 사원소, 진동

4. 아카샤(Akasha): 모든 기록이 저장된 우주적 공간

* 정의: 우주 만물에 편재하는 근원적인 실체이자, 모든 현상의 기록이 보존되는 우주적 저장소이다.
* 설명: 아카샤는 우주 만물에 편재하는 근원적인 실체로, 공간, 에테르와 유사하지만 더 근원적이고 미묘한 차원을 지닌 것으로 여겨진다. 아카샤는 모든 현상의 기록, 즉 과거, 현재, 미래의 모든 사건, 생각, 감정 등이 새겨지는 우주적 저장소(아카식 레코드) 역할을 한다. 또한, 아카샤는 모든 진동과 에너지의 근원이자 매개체로서, 우주의 모든 현상이 그 안에서 일어나고 소멸하는 장(場)으로 이해된다.
* 관련 용어: 에테르, 공간, 아카식 레코드, 우주적 저장소, 진동

5. 에테르/프라나(Ether/Prana): 생명 에너지

* 풀이: 에테르는 물질계와 심령계(Astral Plane) 사이에 존재하는 미묘한 에너지 혹은 준물질적 매질을 의미한다. 에테르는 생명 에너지, 즉 프라나(Prana)와 동일한 개념으로 이해되며, 모든 생명체의 존재와 활동을 가능하게 하는 근원적인 힘으로 여겨진다.
* 관련 용어: 프라나, 생명 에너지, 에테르계, 에테르체

6. 에테르 원소(Elemental Essence): 4원소(불, 물, 공기, 흙)의 근원 에너지

* 풀이: 에테르 원소는 물질계와 심령계 사이에서 작용하는 미세하고 원초적인 에너지이다. 4원소(불, 물, 공기, 흙)의 가장 근본 형태로, 자연계의 모든 현상과 생명 활동의 기초를 이룬다. 각 원소의 속성은 이 에테르 원소의 진동수에 따라 결정된다. 에테르 원소는 심령계에서 주로 작용하며, 물질계와 비물질계를 연결하는 역할을 한다. 이는 에텔(Aether)보다 낮은 차원의 에너지로, 물질계 구성에 필수적인 토대가 된다.
* 관련 용어: 4원소, 불, 물, 공기, 흙, 심령계, 에텔

* **6-1. 공기 원소(Air Element): 바람, 호흡과 관련된 에너지**
* 풀이: 공기 원소는 에테르계에서 바람, 호흡, 기체의 흐름과 관련된 에너지를 나타낸다. 이는 정신적인 활동, 사고, 의사소통과도 연관되어 있다. 신비학에서는 공기의 정령인 실프(Sylphs)가 이 원소를 주관한다고 보며, 신지학에서는 힌두교의 신 파바나(Pavana)를 공기의 신으로 여긴다.
* 관련 용어: 에테르계, 실프, 파바나, 바람, 호흡

* **6-2. 불 원소(Fire Element): 열, 빛과 관련된 에너지**
* 풀이: 불 원소는 에테르계에서 열, 빛, 그리고 에너지의 변환과 관련된 에너지를 나타낸다. 이는 신체 대사, 열정, 의지력과도 연관되어 있다. 신비학에서는 불의 정령인 샐러맨더(Salamanders)가 이 원소를 주관한다고 보며, 신지학에서는 힌두교의 신 아그니(Agni)를 불의 신으로 여긴다.
* 관련 용어: 에테르계, 샐러맨더, 아그니, 열, 빛, 변환

* **6-3. 물 원소(Water Element): 액체, 감정과 관련된 에너지**
* 풀이: 물 원소는 에테르계에서 액체의 흐름, 감정, 그리고 유연성과 관련된 에너지를 나타낸다. 이는 정화, 치유, 그리고 직관력과도 연관되어 있다. 신비학에서는 물의 정령인 운데네(Undines)가 이 원소를 주관한다고 보며, 신지학에서는 힌두교의 신 바루나(Varuna)를 물의 신으로 여긴다.
* 관련 용어: 에테르계, 운데네, 바루나, 감정, 정화, 치유

* **6-4. 흙 원소(Earth Element): 고체, 물질과 관련된 에너지**
* 풀이: 흙 원소는 에테르계에서 고체, 안정성, 그리고 물질적인 현실과 관련된 에너지를 나타낸다. 이는 신체의 구조, 성장, 그리고 생존과도 연관되어 있다. 신비학에서는 땅의 정령인 그노움(Gnomes)이 이 원소를 주관한다고 보며, 신지학에서는 크시티(Kshiti)를 땅의 신 중의 하나로 간주한다.
* 관련 용어: 에테르계, 그노움, 크시티, 안정성, 물질, 현실

제4장
우주의 구조와 계층

1. 아디계(Adi Plane): 존재의 궁극적 차원

* 풀이: 아디계는 우주의 가장 높은 영적 차원으로, 신성한 근원 그 자체를 나타낸다. 모든 창조와 발현이 비롯된 태초의 영역이며, 영혼의 최종적 귀결점이다. 아디계는 순수한 존재의 상태이자 무한한 가능성이 깃든 근원적 공간으로, 우주적 설계의 본질이며 그 속에서 모든 개별적 의식은 신성의 원천 속으로 융합된다.
* 관련 용어: 아디, 신성한 근원, 파라브라만, 태초, 무한

* 1-1. 아디(Adi): '최초의', '근원'

* 풀이: 아디는 가장 높은 영적 차원인 아디계의 어원을 이루는 단어로, 모든 것의 시작, 즉 태초의 근원을 상징한다. 아디는 신성한 근원과 가장 가까운, 혹은 신성한 근원 그 자체를 의미한다고 볼 수 있다. 따라서 아디는 모든 발현의 시작점이자, 모든 존재가 궁극적으로 돌아가야 할 본향을 의미한다.
* 관련 용어: 아디계, 파라브라만, 근원, 태초

2. 모나드계(Monadic Plane): 모나드 의식의 현현 차원

* 풀이: 모나드계는 아디계 다음으로 높은 고차원 영적 차원으로, 각 존재의 참된 자아인 모나드가 의식적으로 현현하는 영역이다. 이 계는 신성과 개별성이 동시에 존재하는 순수 영의 차원으로, 인간의 의식으로 표현할 수 없는 일체감과 신성의 충만함이 존재하는 순수 통일의식의 경지로 묘사된다.
* 관련 용어: 모나드, 아디계, 아트마, 불멸의 자아, 개체적 신성, 일체의식

* 2-1. 모나드(Monad): 개별화된 신성한 자아

* 풀이: 모나드는 개별 존재의 영원불멸하는 영적 핵심으로, 절대자에서 비롯된 불멸의 신성한 단위이다. 모나드는 하위 차원들(아트믹계, 붓디계, 정신계 등)로 자신의 광선(Ray)을 투사하며 개별 영혼을 형성하고, 이를 통해 물질계에서 다양한 경험과 학습을 통해 진화를 지속한다. 모나드는 인간 내면에 존재하는 신성한 불꽃이자 참된 자아(참나)로, 개별 영혼의 불멸하는 본질이며 모든 의식적인 발현체의 근원이 된다.
* 관련 용어: 모나드계, 아트마, 영혼, 개별성, 신성한 불꽃

3. 아트믹계(Atmic Plane): 신성한 의지의 차원

* 풀이: 아트믹계는 신성한 의지, 즉 아트마(Atma)가 거하는 영역이다. 이곳은 영적 진리의 근원적인 힘이 존재하는 차원으로, 모든 존재의 진화 방향을 결정하는 신성한 계획이 비롯되는 곳이다. 모나드계 바로 아래에 위치하며, 모나드로부터 받은 신성한 의지를 하위 차원으로 전달하는 역할을 한다.
* 관련 용어: 아트마, 신성한 의지, 영적 진리, 신성한 계획

4. 붓디계(Buddhi Plane): 영적 직관과 사랑의 차원

* 풀이: 붓디계는 영적 진리를 지성을 초월한 직관으로 이해하는 차원으로, 조건 없는 사랑과 지복 상태를 통해 영혼이 자신의 신성한 본성을 체험하고 이를 하위 차원으로 전달하는 경로가 된다. 이곳은 상위 정신계보다 더 높은 차원에 위치하며, 아트믹계로부터 내려오는 신성한 의지를 직관적으로 이해하고 수용하는 영역이다. 영혼은 붓디체를 통해 이 차원의 지복과 영적 직관을 체험하며, 자신의 신성한 본성을 발현한다.
* 관련 용어: 붓디, 영적 직관, 지복, 조건 없는 사랑, 깨달음, 붓디체

5. 상위 정신계(Higher Mental Plane): 추상적 사고의 차원

* 풀이: 상위 정신계는 구체적인 형상을 초월한 추상적 사고와 개념, 그리고 영적 진리에 대한 통찰이 일어나는 영역이다. 이곳은 하위 정신계보다 더 높은 차원에 위치하며, 붓디계로부터 내려오는 영적 직관을 이해하고 해석하는 역할을 한다. 영혼은 원인체를 통하여 상위 정신계를 체험하며, 과거 생의 경험과 카르마의 원인을 내포한 채 자신의 진화와 통찰을 창조적으로 발현한다.
* 관련 용어: 상위 마나스, 추상적 사고, 영감, 통찰, 원인체

6. 하위 정신계(Lower Mental Plane): 구체적 사고의 차원

* 풀이: 하위 정신계는 일상적인 사고와 지식, 논리, 분석, 추론 등이 일어나는 의식의 영역이다. 이곳은 상위 정신계보다 더 낮은 차원에 위치하며, 상위 정신계로부터 받은 추상적인 개념들을 구체적인 형태로 변환하여 이해하는 역할을 한다. 영혼은 정신체를 매개로 하여 하위 정신계를 체험하고 자신을 표현한다.
* 관련 용어: 하위 마나스, 구체적 사고, 논리, 분석, 정신체

7. 심령계(Astral Plane): 감정과 욕망의 차원

* 풀이: 심령계는 인간의 감정과 욕망, 그리고 본능이 존재하는 차원이다. 이곳은 물질계와 정신계 사이에 위치하며, 물질계보다 더 미묘하고 유동적인 에너지로 구성되어 있다. 영혼은 심령체를 통해 심령계를 체험하고, 꿈, 유체 이탈, 임사 체험 등과 같은 경험들이 일어나는 영역으로 알려져 있다.
* 관련 용어: 아스트랄체, 감정, 욕망, 카마

8. 에테르계(Etheric Plane): 생명 에너지의 차원

* 정의: 생명 에너지가 흐르는 영역으로, 물질계와 심령계 사이의 다리 역할을 한다.
* 설명: 에테르계는 물질계와 심령계 사이에 존재하는 미묘한 에너지 영역이다. 이곳은 생명 에너지, 즉 프라나(Prana)가 흐르는 통로 역할을 하며, 인간의 육체에 생명력을 공급하고 건강을 유지하는 데 중요한 역할을 한다. 영혼은 에테르체를 통해 에테르계의 생명 에너지를 차크라와 경락을 통해 육체로 전달한다.
* 관련 용어: 에테르체, 생명 에너지, 차크라, 경락

9. 물질계(Physical Plane): 감각으로 경험하는 물리적 차원

* 정의: 우리가 감각을 통해 경험하는 물리적 우주이다.
* 설명: 물질계는 우리가 살고 있는 물리적 우주를 의미하며, 오감을 통해 인식할 수 있는 가장 밀도가 높은 차원이다. 이곳은 신지학에서 가장 낮은 차원에 해당하지만, 영혼의 진화를 위한 중요한 배움의 장으로 여겨진다. 영혼은 육체를 통해 물질계를 경험하며 자신을 표현한다.
* 관련 용어: 육체, 오감, 물질, 현실

제5장
태양계, 행성계 그리고 지구

1. 우주적 사슬(Cosmic Chain): 우주 만물의 상호 연결 체계
* 풀이: 우주적 사슬은 우주 만물이 서로 연결되어 진화하는 상호 연결된 체계를 의미한다. 이는 행성, 항성계, 은하계 등 우주의 모든 구성 요소들이 서로 영향을 주고받으며, 함께 진화하는 거대한 연결망을 나타낸다. 우주적 사슬은 모든 존재가 근원적으로 하나이며, 서로 긴밀하게 연결되어 있다는 신지학의 핵심 사상을 반영하며, 우주 만물의 근원적 상호 연결성을 포괄하는 거시적 개념이다.
* 관련 용어: 진화, 상호 연결, 연결망, 우주, 일체성, 행성 사슬

2. 행성 사슬(Planetary Chain): 태양계 내 행성들의 진화적 연결
* 풀이: 행성 사슬은 태양계 내에서 진화를 위해 서로 연결된 7개의 영역(Globes)들의 묶음을 의미한다. 각 행성 사슬은 7개의 주기를 거치며 진화하며, 각 주기마다 생명체는 7개의 영역을 순차적으로 거치면서 영적, 정신적, 물질적 경험을 축적한다. 지구는 현재 태양계의 네 번째 행성 사슬에 속해 있다고 여겨진다. 행성 사슬은 태양계 내에서 생명체의 진화가 이루어지는 기본적인 틀을 제공하며, 우주적 사슬이라는 거대한 틀 안에 포함되는 미시적 개념이다.
* 관련 용어: 태양계, 글로브, 주기, 진화, 행성, 우주적 사슬

3. 행성 로고스(Planetary Logos): 행성을 주관하는 천상의 존재
* 풀이: 행성 로고스는 각 행성을 주재하는 천상의 존재이자, 행성의 진화를 주관하는 신성한 의지의 대리자이다. 이들은 태양 로고스의 지시를 받아 해당 행성의 모든 생명체의 진화를 감독하고 인도하는 역할을 한다. 행성 로고스는 행성의 물리적, 정신적, 영적 진화를 모두 관장하며, 행성 내 모든 존재의 조화로운 발전을 돕는다.
* 관련 용어: 천상의 존재, 신성한 의지, 진화, 태양 로고스, 행성

4. 글로브(Globes, 영역): 행성 진화의 7단계

* 풀이: 글로브(영역)는 행성 진화의 7단계를 나타내는 개념으로, 행성 로고스의 의식이 순차적으로 거쳐 가는 일곱 개의 차원 혹은 에너지 영역을 의미한다. 각 영역은 고유한 특성과 진동 수준을 지니고 있으며, 행성 로고스는 이 일곱 영역을 순환하면서 행성의 진화를 이끈다. 각 영역은 행성의 진화 과정에서 특정한 단계와 역할을 나타내며, 생명체는 이 영역들을 거치면서 다양한 경험을 축적하고 영적으로 성장한다.
* 관련 용어: 행성 진화, 행성 로고스, 차원, 진동, 주기

5. 주기(Rounds): 행성 사슬 내 생명 파동의 순환

* 정의: 주기(Rounds)는 행성 사슬 내에서 생명 파동(life-wave), 즉 진화하는 영혼의 흐름이 일곱 영역을 한 바퀴 순환하는 기간을 의미한다. 각 주기 동안 생명 파동은 각 영역에 차례대로 화신(incarnate)하여, 해당 영역의 환경과 조건에 맞는 경험을 얻고 배움을 얻는다. 하나의 주기가 끝나면 생명 파동은 더 높은 진동 수준의 다음 주기를 시작하며, 이러한 과정은 행성 사슬 내에서 일곱 번의 주기를 거칠 때까지 계속된다.
* 관련 용어: 행성 사슬, 글로브, 생명 파동, 진화, 화신

제6장
인간의 구성 원리

1. 구성 원리(Principle): 인간을 구성하는 근본 요소
* 풀이: 구성 원리는 인간을 포함한 모든 존재를 구성하는 근본 요소를 의미한다. 신지학에서는 인간이 육체뿐만 아니라, 영, 혼, 정신 등 다차원적인 존재로 구성되어 있다고 보며, 이러한 각 차원을 구성하는 요소들을 구성 원리라고 부른다. 각 구성 원리는 고유한 특성과 기능을 지니고 있으며, 서로 상호작용 하여 인간의 전체적인 존재를 형성한다.
* 관련 용어: 영, 혼, 정신, 육체, 다차원, 상위 삼원리, 하위 사원리

2. 상위 삼원리(Higher Triad): 영원불멸의 영적 본질
* 풀이: 상위 삼원리는 인간의 영원불멸하는 영적 본질을 구성하는 세 가지 구성 원리, 즉 아트마, 붓디, 상위 마나스를 통칭하는 용어이다. 상위 삼원리는 신성한 근원에서 비롯된 영혼의 핵심을 이루며, 윤회를 거듭하며 진화하는 주체이다. 상위 삼원리는 인간의 내면에 존재하는 신성한 불꽃이자, 진정한 자아를 나타낸다.
* 관련 용어: 아트마, 붓디, 상위 마나스, 영혼, 신성한 불꽃, 진아, 윤회

* 2-1. 아트마(Atma): 신성한 불꽃, 참나
* 풀이: 아트마는 개체 내에 깃든 신성한 불꽃이자, 인간의 가장 깊은 근원, 가장 높은 영적 원리이다. 아트마는 신성한 근원, 즉 파라브라만으로부터 비롯된 영원불멸의 존재이며, 모든 개별 존재 안에 내재된 신성의 씨앗이다. 아트마는 붓디, 상위 마나스와 결합하여 진화하는 개별 영혼을 구성하지만, 그 자체는 진화하지 않는 불변의 신성한 본질이다.
* 관련 용어: 신성한 불꽃, 신성한 근원, 파라브라만, 영혼, 상위 삼원리, 윤회

* 2-2. 붓디(Buddhi): 영적 직관의 원리

* 풀이: 붓디는 영적 직관의 원리이자, 영혼의 자리로, 아트마의 빛을 수용하여 상위 마나스에 전달하는 역할을 한다. 붓디는 조건 없는 사랑, 지복, 영적 통찰의 원천이며, 인간이 신성한 지혜와 연결될 수 있도록 돕는 다리와 같다. 붓디는 상위 삼원리의 두 번째 구성 원리로서, 아트마와 상위 마나스를 연결하는 중요한 역할을 한다.
* 관련 용어: 영적 직관, 영혼, 아트마, 상위 마나스, 신성한 지혜, 상위 삼원리

* 2-2-1. 붓디체(Buddhic Body): 영적 직관을 경험하는 미묘체

* 풀이: 붓디체는 붓디계의 진동에 상응하는 미묘체로, 영적 직관과 지복을 경험하는 도구이다. 붓디체는 상위 삼원리의 일부로서, 아트마의 빛을 받아 붓디의 지혜와 사랑을 경험하고 표현하는 역할을 한다. 붓디체는 영적 수행을 통해 계발되며, 붓디 의식이 발달함에 따라 더욱 활성화되고 정묘해진다.
* 관련 용어: 붓디계, 미묘체, 영적 직관, 지복, 아트마, 상위 삼원리

* 2-3. 상위 마나스(Higher Manas): 고차원적 지성

* 풀이: 상위 마나스는 고차원적인 지성이자 추상적 사고의 원리로, 영혼의 진화에 필수적인 영감과 통찰을 제공한다. 상위 마나스는 붓디와 하위 마나스 사이에 위치하며, 붓디로부터 받은 영적 직관을 이해하고 해석하여 하위 마나스에 전달하는 역할을 한다. 상위 마나스는 창조적인 영감과 아이디어의 원천이며, 영적 진리에 대한 통찰을 제공하여 영혼의 성장을 돕는다.
* 관련 용어: 지성, 추상적 사고, 영감, 통찰, 붓디, 하위 마나스, 영혼의 진화

* 2-3-1. 원인체(Causal Body): 과거 생의 경험이 저장된 미묘체

* 풀이: 원인체는 상위 정신계의 진동에 상응하는 미묘체로, 과거 생의 경험과 카르마의 원인이 저장되는 영혼의 기록 보관소이다. 원인체는 영혼의 진화에 있어 중요한 역할을 하며, 각 생애에서 얻은 지혜와 교훈을 축적하여 다음 생으로 전달되는 역할을 한다. 원인체는 상위 마나스의 도구로서, 영혼이 자신의 카르

밀한 패턴을 이해하고, 영적 성장을 위한 방향을 설정하도록 돕는다.
* 관련 용어: 상위 정신계, 미묘체, 카르마, 영혼의 진화, 상위 마나스

3. 하위 사원리(Lower Quaternary): 일시적인 개체적 자아

* 풀이: 하위 사원리는 인간의 일시적인 개체적 자아를 구성하는 네 가지 구성 원리, 즉 하위 마나스, 카마, 링가 샤리라(심령체), 스툴라 샤리라(육체)를 통칭하는 용어이다. 에테르체는 스툴라 샤리라의 미묘한 측면으로 포함된다. 하위 사원리는 죽음과 함께 해체되는 일시적인 요소들로, 상위 삼원리가 물질계에서 경험을 얻고 배우기 위한 도구 역할을 한다. 각 구성 원리는 고유한 기능과 역할을 담당한다.
* 관련 용어: 하위 마나스, 카마, 링가 샤리라, 심령체, 에테르체, 스툴라 샤리라, 육체, 개체적 자아

* 3-1. 하위 마나스(Lower Manas): 구체적 지성

* 풀이: 하위 마나스는 구체적 지성이자 논리적, 분석적 사고의 원리로, 감각을 통해 얻은 정보를 처리하고, 일상적인 지식을 축적한다. 하위 마나스는 상위 마나스와 육체 사이에서 다리 역할을 하며, 상위 마나스로부터 받은 추상적인 개념을 구체적인 형태로 변환하여 현실 세계에 적용하도록 돕는다. 하위 마나스는 생존과 적응에 필수적인 역할을 하지만, 감각적 경험에만 의존할 경우, 영적 진리를 온전히 이해하는 데 한계가 있을 수 있다.
* 관련 용어: 구체적 지성, 논리적 사고, 분석적 사고, 상위 마나스, 감각

* 3-1-1. 정신체(Mental Body): 구체적 사고를 담당하는 미묘체

* 풀이: 정신체는 하위 정신계의 진동에 상응하는 미묘체로, 구체적인 생각과 이미지를 형성하고, 일상적인 지식을 저장하는 역할을 한다. 정신체는 하위 마나스의 도구로서, 감각을 통해 얻은 정보를 처리하고, 논리적, 분석적 사고를 수행하는 데 사용된다. 정신체는 일상생활을 영위하고, 현실 세계에 적응하는 데 필수적인 역할을 한다.
* 관련 용어: 하위 정신계, 미묘체, 하위 마나스, 생각, 지식

* 3-2. 카마(Kama): 욕망의 원리
* 풀이: 카마는 욕망의 원리로, 감각적인 쾌락과 만족을 추구하는 충동과 본능을 포함한다. 카마는 생존과 번식에 필수적인 역할을 하지만, 지나치게 강할 경우, 집착과 고통을 유발할 수 있다. 카마는 하위 자아의 주요 동력 중 하나이며, 영적 수행을 통해 정화하고 조절해야 할 대상이다.
* 관련 용어: 욕망, 감각적 쾌락, 충동, 본능, 하위 자아

* 3-3. 링가 샤리라/심령체(Linga Sharira/Astral Body): 감정, 욕망을 경험하는 미묘체
* 풀이: 링가 샤리라(심령체)는 심령계에 속하는 미묘체로, 에테르체의 형판 역할을 하며, 감정과 욕망을 경험하는 도구이다. 링가 샤리라는 에테르체보다 더 미세한 에너지로 구성되며, 개인의 감정 상태, 욕망, 본능적인 충동 등이 반영된다. 링가 샤리라는 육체의 생명력을 유지하고, 감각 기관을 통해 외부 세계와 상호작용 하는 데 중요한 역할을 한다.
* 관련 용어: 심령계, 미묘체, 에테르체, 감정, 욕망, 카마

* 3-4. 스툴라 샤리라/육체(Sthula Sharira/Physical Body): 물질계의 육체
* 풀이: 스스툴라 샤리라(육체)는 물질계에 속하는 가장 거칠고 밀도가 높은 신체로, 감각 기관을 통해 외부 세계를 경험하고 상호작용하는 도구이다. 에테르체를 포함한 이 신체는 하위 사원리의 가장 바깥층을 이루며, 영혼이 물질계에서 활동하기 위한 필수적인 도구이다.
* 관련 용어: 물질계, 감각 기관, 하위 사원리, 에테르체, 정신체, 심령체

* 3-4-1. 에테르체/에테르 이중체(Etheric Body/Etheric Double):

생명 에너지를 전달하는 미묘체

* 풀이: 에테르체는 생명 에너지, 즉 프라나(Prana)를 전달하여 육체에 생명력을 공급하고, 육체와 심령체를 연결하는 미묘체이다. 육체와 동일한 형태와 크기를 지니고 있으며, 모든 기관과 조직에 상응하는 미묘한 구조를 갖고 있다. 스툴라 샤리라의 미묘한 층으로 간주되며, 차크라와 나디를 통해 생명 에너지를 조절하고 분배한다.
* 관련 용어: 에테르계, 생명 에너지, 생명력, 차크라, 나디, 심령체

4. 카마-마나스(Kama-Manas): 욕망과 지성이 결합된 상태

* 풀이: 카마-마나스는 욕망(카마)과 하위 지성(마나스)이 결합된 상태로, 감각적 쾌락과 욕망에 이끌리는 하위 자아의 지배적인 상태를 의미한다. 카마-마나스는 인간의 행동을 이끄는 주요 동력이지만, 영적 성장을 위해서는 반드시 극복해야 할 대상이다. 카마-마나스에 지배될 경우, 인간은 욕망의 노예가 되어 고통과 윤회의 굴레에서 벗어나기 어렵다.
* 관련 용어: 카마, 하위 마나스, 욕망, 하위 자아, 윤회

제7장
인간의 본성

1. 신성한 자아/아트마(Divine Self/Ātma): 영적 근원

* 풀이: 신성한 자아는 인간 존재의 근원이자, 우주적 신성과 연결된 내면의 신성한 본질이다. 이는 모든 존재 안에 내재된 신성의 불꽃이며, 참된 자아의 정수이자 영적 여정의 궁극적 목표이다. 변하지 않는 순수한 의식으로, 시간과 고통의 영향을 받지 않는다.
* 관련 용어: 신성한 불꽃, 신성한 근원, 참된 자아, 진리, 영적 여정

2. 상위 자아/개별적 자아/참자아(Higher Self/Individuality/Ego): 불멸의 영적 자아

* 풀이: 상위 자아는 신성한 자아(Atma)의 빛을 반영하여 작용하는 불멸의 영적 자아로, 인간 존재의 '참된 나'이다. 아트마-붓디-상위 마나스로 구성되며 윤회를 통해 진화한다. 여기서 "Ego"는 영적 자아로서의 의미이며, 심리학적 ego와는 다르다. 상위 자아는 하위 자아에 영감을 주고 삶의 방향을 이끄는 역할을 한다.
* 관련 용어: 개별 영혼, 아트마, 붓디, 상위 마나스, 진정한 인간, 불멸의 자아, 영적 주체

3. 생각하는 존재/마나스(Thinker/Manas): 사고하고 추론하는 지성적 자아

* 풀이: 마나스는 인간의 지성을 담당하는 정신 원리로, 사고와 추론의 중심이다. 상위 자아와 하위 자아 사이의 연결자 역할을 하며, 상위 마나스는 추상적 사고, 하위 마나스는 감각과 결합한 구체적 사고를 맡는다. 인간이 영혼으로 진화하는 데 필수적인 전환점이자 의식의 균형 축이 된다.
* 관련 용어: 마나스, 상위 마나스, 하위 마나스, 지성, 사고, 진화, 인간 정신 원리

4. 하위 자아/개체적 자아(Lower Self/Personality):

생애 동안의 자아 정체성

* 풀이: 하위 자아는 육체, 감정, 욕망, 하위 지성으로 이루어진 일시적 자아이며, 생애 동안 유지되다 죽음과 함께 사라진다. 이는 상위 자아가 물질계를 경험하기 위한 도구로, 매 생애마다 변화하는 자아 정체성이다. 상위 자아와의 연결이 약하면 고통과 혼란의 원인이 될 수 있다.
* 관련 용어: 하위 사원리, 감정체, 욕망체, 물질계, 생애 자아, 도구 자아

5. 에고(ego): 분리된 자아감각

* 풀이: ego는 자신을 개별적 존재로 인식하는 자아감각이며, 하위 자아의 중심 구조다. 생존과 보호에 기여하지만, 분리의식과 갈등의 원인이 되기도 한다. 에고는 경쟁적이며 진정한 자아로 오인되기 쉬워, 영적 수행에서는 이를 초월하고 상위 자아와 합일하는 것이 핵심 과제가 된다.
* 관련 용어: 개체 의식, 자기중심성, 하위 자아, 자아상, 분리의식, 영적 수행

제8장
진화의 여정

1. 원소계(Elemental Kingdoms): 의식 진화의 초기 단계

* 풀이: 신지학에서 원소계는 모나드가 인간계에 이르기 전, 자연의 근본적인 힘과 에너지가 의식의 초기 형태로 발현되는 비물질적 영역을 말한다. 이 영역은 세 단계로 나뉘며, 각 단계에서 모나드는 물질적 형태를 얻기 위한 준비를 하며, 물질계와 비물질계 사이에서 활동한다.
* 관련 용어: 모나드, 의식, 진화, 비물질적 존재, 물질계, 제1 원소계, 제2 원소계, 제3 원소계

* 1-1. 제1 원소계(First Elemental Kingdom): 상위 정신계에서 최초 의식

* 풀이: 제1 원소계는 모나드가 상위 정신계의 가장 추상적이고 섬세한 물질과 반응을 시작하는 단계이다. 여기서 모나드는 최초의 반응적 떨림을 통해 자신의 주위에 정신적 물질을 모으며, 점진적으로 반응성을 발전시킨다.
* 관련 용어: 모나드, 상위 정신계, 정신적 물질, 반응성

* 1-2. 제2 원소계(Second Elemental Kingdom): 하위 정신계에서 형체화

* 풀이: 제2 원소계는 모나드가 하위 정신계에서 에테르 원소(Elemental Essence)와 상호작용 하여, 더 낮은 정신적 진동을 통해 형태를 발전시키는 단계이다. 이 단계에서 모나드는 다양한 형태의 생명체와 상호작용 하며, 물질계로의 진입을 준비한다.
* 관련 용어: 모나드, 하위 정신계, 에테르 원소, 형태, 정신적 진동

* 1-3. 제3 원소계(Third Elemental Kingdom):
심령계에서 감정적 형체 생성

* 풀이: 제3 원소계는 모나드가 심령계에서 감정적이고 더 밀집된 물질적 진동에 반응하여 특정 형태를 생성하는 단계이다. 이 단계에서 모나드 그룹은 개별화의 기초가 되는 속성들을 발전시키며, 물질계 진화를 위한 준비를 마친다.
* 관련 용어: 모나드, 심령계, 에테르 원소, 감정적 진동, 모나드 그룹, 개별화

2. 광물계(Mineral Kingdom): 무기 생명체 영역

* 풀이: 광물계는 무기물로 구성된 자연의 영역으로, 가장 기초적인 형태의 생명과 의식이 발현되는 단계이다. 광물계는 흙, 바위, 수정, 금속 등 다양한 형태로 존재하며, 지구의 물리적 구성에 필수적인 역할을 한다. 광물계는 생명의 진화 과정에서 가장 낮은 단계에 위치하지만, 그 자체로 고유한 질서와 아름다움을 지니고 있으며, 더 높은 생명 형태로의 진화를 위한 토대를 제공한다.
* 관련 용어: 무기물, 생명, 의식, 진화, 지구

3. 식물계(Vegetable Kingdom): 유기 생명체 영역

* 풀이: 식물계는 광합성을 통해 에너지를 얻고, 생장과 번식을 하는 유기체로 구성된 자연의 영역이다. 식물계는 광물계보다 더 발전된 형태의 생명과 의식을 지니고 있으며, 주변 환경에 대한 감각과 반응성이 발달하기 시작하는 단계이다. 식물계는 지구의 생태계 유지에 필수적인 역할을 하며, 동물계와 인간계에 산소와 영양분을 공급한다.
* 관련 용어: 광합성, 유기체, 생장, 번식, 감각, 반응성

4. 동물계(Animal Kingdom): 움직이고 감각하는 생명체 영역

* 풀이: 동물계는 움직임, 감각, 욕망, 본능이 발달한 유기체로 구성된 자연의 영역이다. 동물계는 식물계보다 더 발전된 형태의 생명과 의식을 지니고 있으며, 개체 의식이 발현되기 시작하는 단계이다. 동물계는 다양한 종으로 구성되며, 각 종은 고유한 생존 방식과 행동 패턴을 지니고 있다. 동물계는 지구의 생태계 균형을 유지하는 데 중요한 역할을 하며, 인간계와 밀접한 관계를 맺고 있다.
* 관련 용어: 유기체, 움직임, 감각, 욕망, 본능, 개체 의식

5. 인간계(Human Kingdom): 이성과 자의식을 지닌 존재의 영역

* 풀이: 인간계는 이성, 자의식, 자유 의지를 지닌 존재로 구성된 자연의 영역이다. 인간계는 동물계보다 더 발전된 형태의 생명과 의식을 지니고 있으며, 영적 진화를 위한 잠재력이 발현되는 단계이다. 인간계는 지구상에서 가장 지적인 존재로 여겨지며, 문화, 문명, 과학, 예술 등 다양한 분야에서 고유한 업적을 이루어 왔다. 인간계는 자신의 선택과 행동에 책임을 지며, 영적 성장을 통해 더 높은 의식 수준으로 나아갈 수 있는 잠재력을 지니고 있다.
* 관련 용어: 이성, 자의식, 자유 의지, 영적 진화, 잠재력, 문화